Staat – Souveränität – Nation
Beiträge zur aktuellen Staatsdiskussion

Herausgegeben von
R. Voigt
Netphen, Deutschland

S. Salzborn
Göttingen, Deutschland

Weitere Bände in dieser Reihe:
http://www.springer.com/series/12756

Zu einem modernen Staat gehören Staatsgebiet, Staatsgewalt und Staatsvolk (Georg Jellinek). In Gestalt des Nationalstaates gibt sich das Staatsvolk auf einem bestimmten Territorium eine institutionelle Form, die sich über die Jahrhunderte bewährt hat. Seit seiner Etablierung im Gefolge der Französischen Revolution hat der Nationalstaat Differenzen in der Gesellschaft auszugleichen vermocht, die andere Herrschaftsverbände gesprengt haben. Herzstück des Staates ist die Souveränität (Jean Bodin), ein nicht souveräner Herrschaftsverband ist kein echter Staat (Hermann Heller). Umgekehrt ist der Weg von der eingeschränkten Souveränität bis zum Scheitern eines Staates nicht weit. Nur der Staat ist jedoch Garant für Sicherheit, Freiheit und Wohlstand der Menschen. Keine internationale Organisation könnte diese Garantie in ähnlicher Weise übernehmen.

Bis vor wenigen Jahren schien das Ende des herkömmlichen souveränen Nationalstaates gekommen zu sein. An seine Stelle sollten supranationale Institutionen wie die Europäische Union und – auf längere Sicht – der kosmopolitische Weltstaat treten. Die Zustimmung der Bürgerinnen und Bürger zu weiterer Integration schwindet jedoch, während gleichzeitig die Eurokratie immer mehr Macht anzuhäufen versucht. Die demokratische Legitimation politischer Entscheidungen ist zweifelhaft geworden. Das Vertrauen in die Politik nimmt ab.

Wichtige Orientierungspunkte (NATO, EU, USA) haben ihre Bedeutung für die Gestaltung der Politik verloren. In dieser Situation ist der souveräne Nationalstaat, jenes „Glanzstück occidentalen Rationalismus" (Carl Schmitt), der letzte Anker, an dem sich die Nationen festhalten (können). Dabei spielt die Frage nur eine untergeordnete Rolle, ob die Nation „gemacht" (Benedict Anderson) worden oder ursprünglich bereits vorhanden ist, denn es geht nicht um eine ethnisch definierte Nation, sondern um das, was Cicero das „Vaterland des Rechts" genannt hat.

Die „Staatsabstinenz" scheint sich auch in der Politikwissenschaft ihrem Ende zu nähern. Und wie soll der Staat der Zukunft gestaltet sein? Dieser Thematik will sich die interdisziplinäre Reihe Staat – Souveränität – Nation widmen, die Monografien und Sammelbände von Forschern und Forscherinnen aus unterschiedlichen Disziplinen einem interessierten Publikum vorstellen will. Das besondere Anliegen der Herausgeber der Reihe ist es, einer neuen Generation von politisch interessierten Studierenden den Staat in allen seinen Facetten vorzustellen.

Rüdiger Voigt
Samuel Salzborn

Nabila Abbas · Annette Förster
Emanuel Richter
(Hrsg.)

Supranationalität und Demokratie

Die Europäische Union in Zeiten der Krise

 Springer VS

Herausgeber
Nabila Abbas
Institut für Politische Wissenschaft
RWTH Aachen
Aachen
Deutschland

Prof. Dr. Emanuel Richter
Institut für Politische Wissenschaft
RWTH Aachen
Aachen
Deutschland

Dr. Annette Förster
Institut für Politische Wissenschaft
RWTH Aachen
Aachen
Deutschland

ISBN 978-3-658-05334-5   ISBN 978-3-658-05335-2 (eBook)
DOI 10.1007/978-3-658-05335-2

Die Deutsche Nationalbibliothek verzeichnet diese Publikation in der Deutschen Nationalbibliografie; detaillierte bibliografische Daten sind im Internet über http://dnb.d-nb. de abrufbar.

Springer VS
© Springer Fachmedien Wiesbaden 2015

Lektorat: Jan Treibel, Stefanie Loyal

Gedruckt auf säurefreiem und chlorfrei gebleichtem Papier

Springer VS ist eine Marke von Springer DE. Springer DE ist Teil der Fachverlagsgruppe Springer Science+Business Media
www.springer-vs.de

Inhaltsverzeichnis

Autorenverzeichnis

Nabila Abbas Wissenschaftliche Mitarbeiterin am Institut für Politische Wissenschaft der Rheinisch-Westfälischen Technischen Hochschule Aachen. Neuere Veröffentlichungen: Der Konflikt um die Leerstelle. Das politische Denken Claude Leforts zwischen Totalitarismus und Demokratie, in: Martinsen, Fransiska/Flügel-Martinsen, Oliver (Hg.), Demokratietheorie und Staatskritik aus Frankreich. Neuere Diskurse und Perspektiven (2014), im Erscheinen; Demokratie zwischen Marktkonformität und Widerstand, in: Forschungsjournal Soziale Bewegungen (2012), Heft 3, 128–131; Demokratie zwischen Konflikt und Konsens – Zum Begriff des Politischen bei Jacques Rancière und Claude Lefort, veröffentlicht vom Institut für Politische Wissenschaft, RWTH Aachen, www.ipw.rwth-aachen.de/pub/select_tx.html (2011).

Hans-Jürgen Bieling, Dr. phil., Professor für Politik und Wirtschaft (Political Economy) und Wirtschaftsdidaktik am Institut für Politikwissenschaft der Eberhard Karls Universität Tübingen. Neuere Veröffentlichungen: Die Globalisierungs- und Weltordnungspolitik der Europäischen Union. Wiesbaden: VS-Verlag(2010); Theorien der europäischen Integration, (hrsg. mit Marika Lerch). Wiesbaden: VS-Verlag (2012): European Financial Capitalism and the Politics of (De-)financialization, in: Competition & Change, 3/17 (2013), 283–298; Das Projekt der „Euro-Rettung" und die Widersprüche des europäischen Krisenkonstitutionalismus, in: Zeitschrift für Internationale Beziehungen 1/20 (2013), 89–103.

Stephan Dreischer, Dr. phil., Wissenschaftlicher Mitarbeiter am Sonderforschungsbereich 804 „Transzendenz und Gemeinsinn". Neuere Veröffentlichungen: Ressourcen europäischer Ordnungskonstruktion. Die Gründungsphase der Europäischen Gemeinschaft für Kohle und Stahl, in: Patzelt, Werner J. (Hg.), Die Machbarkeit politischer Ordnung. Transzendenz und Konstruktion. Bielefeld: transcript Verlag (2013), 311–357; Transzendenz und Konkurrenz:

eine Einführung, in: Dreischer, Stephan/Lundgreen, Christoph/Scholz, Sylka/
Schulz, Daniel (Hg.), Jenseits der Geltung. Konkurrierende Transzendenz-
behauptungen von der Antike bis zur Gegenwart. Berlin/Boston: de Gruyter
(2013), 1–26 (gemeinsam mit Ch. Lundgreen, S. Scholz und D. Schulz); Vom
parlamentarischen Forum zum parlamentarischen Mitgestalter. Verlaufsformen
europaparlamentarischer Entwicklung, in: Patzelt, Werner J. (Hg.), Parlamente
und ihre Evolution. Baden-Baden: Nomos (2012), 213–250; Parlamente und
ihre Zeit. Kategorien der Analyse, in: Patzelt, Werner J./Dreischer, Stephan
(Hg.), Parlamente und ihre Zeit. Zeitstrukturen als Machtpotentiale. Baden-
Baden: Nomos (2009), 9–54.

Annette Förster, PhD, Wissenschaftliche Mitarbeiterin am Institut für Poli-
tische Wissenschaft der Rheinisch-Westfälischen Technischen Hochschule
Aachen. Neuere Veröffentlichungen: Peace, Justice and International Order.
Decent Peace in John Rawls' *The Law of Peoples.* Basingstoke: Palgrave
Macmillan (2014), im Erscheinen; mit Lemke, Matthias, Die Legitimation
von Ausnahmezuständen. Eine Analyse zeitübergreifender Legitimationsmuster am Beispiel der USA, in: Lemke, Matthias/Schwarz, Oliver/Stark,
Toralf/Weissenbach, Kristina (Hg.), Legitimität – Überlegungen zu einem
politikwissenschaftlichen Grundbegriff. Wiesbaden: VS Verlag für Sozialwissenschaften, im Erscheinen; Ja zur Folter – Ja zum Rechtsstaat? Wider die Re-
Legitimierung der Folter in Deutschland, in: Biegi, Mandana/Förster, Jürgen/
Otten, Henrique Ricardo/Philipp, Thomas (Hg.), Demokratie, Recht und Legitimität im 21. Jahrhundert. Wiesbaden: VS Verlag für Sozialwissenschaften
(2008), 111–127.

Claudio Franzius, Dr. iur. Privatdozent an der Juristischen Fakultät der
Humboldt-Universität zu Berlin, Lehrstuhlvertretung für Deutsches und
europäisches Öffentliches Recht an der Ruhr-Universität Bochum. Neuere
Veröffentlichungen: Recht und Politik in der transnationalen Konstellation.
Frankfurt/New York: Campus (2014), im Erscheinen; mit Franz C. Mayer
und Jürgen Neyer (Hg.), Grenzen der europäischen Integration: Herausforde-
rungen für Recht und Politik, Baden-Baden: Nomos (2014); Modalitäten und
Wirkungsfaktoren der Steuerung durch Recht, in: Wolfgang Hoffmann-Riem/
Eberhard Schmidt-Aßmann/Andreas Voßkuhle (Hg.), Grundlagen des Verwal-
tungsrechts, Bd. 1, München: C. H. Beck (2012), § 4; mit Ulrich K. Preuß, Die
Zukunft der europäischen Demokratie, Baden-Baden: Nomos (2012).

Dieter Grimm, Dr. iur., Dr. h.c. mult., Professor für Öffentliches Recht an der Humboldt-Universität zu Berlin und an der Yale Law School, New Haven, USA; Permanent Fellow (vormals Rektor) des Wissenschaftskollegs zu Berlin; Bundesverfassungsrichter a. D. Neuere Veröffentlichungen: Die Rolle der nationalen Verfassungsgerichte in der europäischen Demokratie, in: Franzius, Claudio/Mayer, Franz/Neyer, Jürgen (Hg.), Grenzen der europäischen Integration. Baden-Baden: Nomos (2014), 27; Types of Constitutions, in: Rosenfeld, Michel/Sajo, Andras (Hg.), The Oxford Handbook of Comparative Constitutional Law. Oxford: Oxford University Press (2012), 98; Die Zukunft der Verfassung II, Berlin: Suhrkamp (2012); The Achievement of Constitutionalism and its Prospects in a Changed World, in: Dobner, Petra/Loughlin, Martin (Hg.), The Twilight of Constitutionalism? Oxford: Oxford University Press (2010), 3; Souveränität. Herkunft und Zukunft eines Schlüsselbegriffs. Berlin: Berlin University Press (2010).

Jürgen Neyer, Dr. phil., Professor für europäische und internationale Politik an der Europa-Universität Viadrina. Neuere Veröffentlichungen: Grenzen der europäischen Integration. Herausforderungen für Recht und Politik. Baden-Baden: Nomos (Hg. zus. mit Claudio Franzius und Franz Mayer) (2014); Globale Demokratie. Eine zeitgemäße Einführung in die Internationale Beziehungen. Baden-Baden: Nomos (2013); The Justification of Europe. A Political Theory of Supranational Integration. Oxford: Oxford University Press (2012); Political Theory of the European Union, Oxford University Press (Hg. zus. mit Antje Wiener) (2011).

Emanuel Richter, Dr. phil., Professor für Politikwissenschaft am Institut für Politische Wissenschaft der Rheinisch-Westfälischen Technischen Hochschule Aachen. Neuere Veröffentlichungen: Multikulturalität und Demokratie. Zuwanderung und die konzeptionellen sowie praktischen Probleme der politischen Integration, in: Ariens, Elke/derselbe/Sicking, Manfred (Hg.), Multikulturalität in Europa. Teilhabe in der Einwanderungsgesellschaft. Bielefeld: transcript Verlag (2013), 41–70; Demokratischer Symbolismus. Ein Instrument zur Kritik der Erscheinungsformen von Demokratie, in: Forschungsjournal Soziale Bewegungen. 1 (2013), 19–32; Was ist politische Kompetenz? Politiker und engagierte Bürger in der Demokratie. Frankfurt a. M./New York: Campus Verlag (2011); Die Wurzeln der Demokratie. Weilerswist: Velbrück Verlag (2008); 20 Fragen an Europa – eine demokratische Selbstbefragung. Opladen: Budrich Verlag (2007).

Claudia Ritter, Dr. phil., lehrt Politikwissenschaft an der Universität Kassel. Neuere Veröffentlichungen: Zur Konstruktion des Nationalen in Prozessen der Europäisierung, in: Soeffner, Hans-Georg (Hg.), Transnationale Vergesellschaftungen. Verhandlungen des 35. Kongresses der Deutschen Gesellschaft für Soziologie in Frankfurt am Main 2010, Hg. in Auftrag v. Hans-Georg Soeffner. Wiesbaden: VS Verlag. (2012), CD-Rom; Europäische Identitäten?, in: Zeitschrift für Politische Theorie.1/1 (2010), 95–102; Funktionaler Anachronismus. Kollektive politische Selbstverständnisse in der Europäischen Union, in: Schaal, Gary S. (Hg.), Techniken rationaler Selbstbindung. Schriftenreihe: Kultur und Technik Bd. 11. Münster: LIT Verlag (2009), 96–113.

Gunnar Folke Schuppert, Dr. iur., em. professor, bis September 2011 Forschungsprofessor für „Neue Formen von Governance" am Wissenschaftszentrum Berlin für Sozialforschung und leitete dort das WZB-Rule of Law-Center. Wichtigste Veröffentlichungen: Governance und Rechtssetzung – Grundlagen einer modernen Regelungswissenschaft Baden-Baden: Nomos (2011); Staat als Prozess. Frankfurt a. M.: Campus (2010); Politische Kultur. Baden-Baden: Nomos (2008); Staatswissenschaft. Baden-Baden: Nomos (2003); Verwaltungswissenschaft. Baden-Baden: Nomos (2000).

Gabriele Wilde, Dr. phil., Professorin für Politikwissenschaft mit Schwerpunkt der Geschlechterforschung am Institut für Politikwissenschaft der Westfälischen Wilhelms-Universität Münster. Neuere Veröffentlichungen: Jenseits von Recht und neoliberaler Ordnung. Zur Integration von Geschlecht in die politikwissenschaftliche Europaforschung, in: Dies/Friedrich, Stefanie (Hg.), Im Blick der Disziplinen. Geschlecht und Geschlechterverhältnisse in der wissenschaftlichen Analyse, Münster: Westfälisches Dampfboot (2013), 21–54; Totale Grenzen des Politischen. Die Zerstörung der Öffentlichkeit bei Hannah Arendt, in: Falsche Sicherheiten. Geschlechterverhältnisse in autoritären Regimen. Femina Politica. Zeitschrift für feministische Politik – Wissenschaft. 1/21 (2012), 17–28; Europäische Gleichstellungsnormen. Neoliberale Politik oder postneoliberale Chance für demokratische Geschlechterverhältnisse?, in: juridikum. Zeitschrift für Kritik, Recht, Gesellschaft. Gemeinsame Ausgabe mit der Zeitschrift Kritische Justiz zum Thema Postneoliberale Rechtsordnung? Suchprozesse in der Krise. 4 (2010), 449–464; Gesellschaftsvertrag – Geschlechtervertrag, in: Ludwig, Gundula/Sauer Birgit/Wöhl, Stefanie (Hg.), Staat und Geschlecht. Grundlagen und aktuelle Herausforderungen feministischer Staatstheorie. Baden-Baden: Nomos-Verlag (2009), 31–46.

Abkürzungsverzeichnis

ABl.:	Amtsblatt
Abs.:	Absatz
AdR:	Ausschuss der Regionen
AEUV:	Vertrag über die Arbeitsweise der Europäischen Union
Art.:	Artikel
BA:	Bundesagentur für Arbeit
BNE:	Bruttonationaleinkommen
BRICS:	Gruppe der Staaten Brasilien, Russland, Indien, China, Südafrika
BvE:	Bundesverfassungsgericht, Abteilung Verfassungsstreitigkeiten zwischen Bundesorganen
BVerfGE:	Bundesverfassungsgericht
COSAC:	Conference of Parliamentary Committees for Union Affairs of Parliaments of the European Union
EA:	Erste Auflage
EBA:	European Banking Authority
ebd.:	ebenda
EBS:	Europäische Beschäftigungsstrategie
EEA:	Einheitliche Europäische Akte
EFSF:	European Financial Stability Facility
EG:	Europäische Gemeinschaft
EIOPA:	European Insurance and Occupational Pensions Authority
EP:	Europäisches Parlament
ESM:	European Stability Mechanism
EU:	Europäische Union
EuGH:	Europäischer Gerichtshof
EUV:	Vertrag über die Europäische Union
EWGV:	Vertrag über die Europäische Wirtschaftsgemeinschaft
EZB:	Europäische Zentralbank

G 20:   Gruppe der zwanzig wichtigsten Industrie- und Schwellenländer
GASP: Gemeinsame Außen- und Sicherheitspolitik
GATT: General Agreement on Tariffs and Trade
GG: Grundgesetz der Bundesrepublik Deutschland
GO: Geschäftsordnung
hg.:   herausgegeben von
lit.:   Buchstabe
Mrd.:   Milliarden
NAP: Nationale Aktionspläne
NGO: Non Governmental Organization
OECD: Organization for Economic Co-operation and Development
OMK: Offene Methode der Koordinierung
o.w.A.:   ohne weitere Angaben
PR: Public Relations
Rn.:   Randnummer
Rs.:   Rechtssache
Slg.:   Sammlung der Rechtsprechung
SWP: Stabilitäts- und Wachstumspakt
TEPSA: Trans European Policy Studies Association
TNKs: Transnationale Konzerne
Urt.:   Urteil
vgl.:   vergleiche
WSA: Wirtschafts- und Sozialausschuss
WWU: Wirtschafts- und Währungsunion

Supranationalität und Demokratie

Nabila Abbas, Annette Förster und Emanuel Richter

1 Der Problemhorizont: neue Herausforderungen an die demokratische Legitimität der europäischen Einigung

Seit ihrer Gründungsphase gilt die supranationale Integration in Europa nicht einfach nur als ein wirtschaftspolitischer Zweckverband. Sie wurde vielmehr durchweg auch als ein politisches Projekt wahrgenommen und vorangetrieben, das Handlungsautonomie von den Nationalstaaten abzieht, eigene Staatsqualität erlangt, politische Identifikationsanreize bereitstellt und so mit weitreichenden demokratischen Ansprüchen und Erwartungen einhergeht. Je deutlicher die Herrschaftsgewalt der Europäischen Union (EU) an Konturen gewann, umso dringlicher stellte sich das Anliegen ihrer demokratischen Legitimation. Mit dem Zuwachs an supranationaler Regulierung wurden dem europäischen Organgefüge freilich immer häufiger Defizite in Hinblick auf seine demokratischen Qualitäten bescheinigt, die Demokratie gilt notorisch als unerfülltes Desiderat des supranationalen Geschehens. Das Themenfeld *Supranationalität und Demokratie* bildet jedenfalls seit langem einen zentralen Gegenstandsbereich, der über die teils ersehnte, teils bezweifelte politische Qualität der Europäischen Union als weltweit einzigartiger transnationaler Kooperationsform Auskunft gibt.

N. Abbas (✉) · A. Förster · E. Richter
Institute für Politische Wissenschaft,
RWTH Aachen, Aachen, Deutschland
E-Mail: nabila.abbas@ipw.rwth-aachen.de

A. Förster
E-Mail: annette.foerster@ipw.rwth-aachen.de

E. Richter
E-Mail: richter@ipw.rwth-aachen.de

© Springer Fachmedien Wiesbaden 2015   1
N. Abbas et al. (Hrsg.), *Supranationalität und Demokratie*,
Staat – Souveränität – Nation, DOI 10.1007/978-3-658-05335-2_1

Nun steht es derzeit nicht zum Besten mit der europäischen Einigung. Das Organgefüge der Europäischen Union kann den selbst gesetzten Erwartungen an seine politische und ökonomische Leistungsfähigkeit kaum genügen, einige nationale Regierungen schwingen sich zu „Zuchtmeistern" der supranationalen Dynamik auf, und die europäischen Bürgerinnen und Bürger nehmen das Geschehen entweder teilnahmslos hin oder schwören enttäuscht von jenem Einverständnis mit der Integration ab, das die Fortentwicklung der europäischen Einigung bislang implizit legitimatorisch getragen hat. Insbesondere unter den misslichen Bedingungen einer anhaltenden Krise präsentiert sich die supranationale Integration in Europa seit einiger Zeit in einem ernüchternden Erscheinungsbild: Der „Euro" als das Symbol der Einheit im sensiblen Bereich der gemeinsamen Währungspolitik büßt seine Bindungskraft ein; Mitgliedstaaten geraten an den Rand der Staatsinsolvenz und werden von den Integrationspartnern rüde diszipliniert oder mit herabwürdigenden Solidaritätszweifeln konfrontiert; Parteien formieren sich, die unverhohlen nationale Abschottung, europäische Desintegration oder gar den Austritt aus der Europäischen Union predigen; Jugendliche demonstrieren in transnationalen Kundgebungen, um die Enttäuschung und die wachsenden Europa-Ressentiments einer ganzen Alterskohorte zum Ausdruck zu bringen; und schließlich nehmen jene öffentlichen Debatten und Medienkommentare zu, die bislang ungekannte Zweifel an der Zweckerfüllung supranationaler Integration artikulieren.

Es stellt sich die Frage, wo in diesem Szenario noch der in eine institutionelle Ordnung gegossene Wille des europäischen Volkes auszumachen ist. Es gibt ein supranationales Herrschaftssystem mit regulativer Macht; es gibt einen großen Bedarf an politischer Legitimation, der gerade in Krisenzeiten der Stärkung und Reform bedarf – aber gibt es auch die Akteure, die als souveräne Begründer der politischen Herrschaftsgewalt, als solidarische Gemeinschaft von Bürgerinnen und Bürgern, als wirkungsvolle öffentliche Kontrollinstanzen und als politisch Gestaltungsmächtige in Erscheinung treten? Sinkt das vielfach beschworene, in offiziellen EU-Dokumenten proklamierte „Europa der Bürgerinnen und Bürger" auf den Status einer abgeschmackten Formelhaftigkeit herab, die nur noch ironisch an die einstmals hehre Vision einer integrationsfördernden europäischen Zusammengehörigkeit erinnert?

Wenn die supranationale Herrschaftsgewalt nur noch in Kategorien technokratischer Zweckerfüllung bemessen werden kann, ist der demokratische Anspruch hinfällig und zieht sich als Legitimationsmuster, wenn überhaupt, auf die nationale oder subnationale Ebene zurück. Dann werden die Ziele der bürgerschaftlichen Partizipation und der Identifikation mit der europäischen Ordnung sowie die Erwartung des solidarischen Zusammenhalts unter den Europäern einem exekutiven Reglement geopfert, das als perpetuiertes Notstandsregime der Krisenbewältigung die Zwänge zur unerlässlichen Kooperation in supranationale Rechtsakte, Verordnungen, Richtlinien und Empfehlungen umsetzt, die alle europäischen Bürgerinnen und Bürger bestenfalls im schlichten Modus von Betroffenen befolgen, oder gegen die sie vielleicht einfach nur enttäuscht und empört rebellieren.

Muss auf die demokratischen Legitimationsansprüche gegenüber dem Integrationsgefüge verzichtet werden, können sie revitalisiert oder auf andere Bereiche des europäischen Miteinanders umgelenkt werden? Solche demokratischen Fragen stellen sich in bislang ungeahnter Hartnäckigkeit und in frappierender Reichweite. Die Stichworte „Supranationalität" und „Demokratie" markieren ein Themenfeld, das im Rahmen anhaltender Leistungsschwächen und wachsender Ressentiments gegen das Integrationsgeschehen mehr denn je in den Mittelpunkt der öffentlichen Aufmerksamkeit gerät und neue fachwissenschaftliche Diskurse provoziert. Es erscheint unumgänglich, das Themenfeld erneut aufzugreifen, um es in einem Kreis ausgewiesener Expertinnen und Experten neu zu vermessen, aktuelle Entwicklungen einzuordnen und einen zeitgemäßen, von erschöpften Perspektiven abrückenden Blick auf die Frage nach der Demokratie im Rahmen der europäischen Integration zu richten.

Wir wollen im Folgenden die Problemhorizonte, die in diesem Buch abgeschritten werden, ausführlicher darlegen. Zunächst einmal werden die Legitimationsdefizite europäischen Regierens immer deutlicher. Naheliegende Fragen stellen sich in erhöhter Dringlichkeit: Inwieweit handelt es sich bei der Europäischen Union um ein staatsähnliches Gebilde, um die Vorstufe eines parlamentarischen Regierungssystems, das von Elementen des Konstitutionalismus, der Gewaltenteilung, demokratisch legitimierter Institutionen und einer medial gestützten Öffentlichkeit getragen werden muss? In der supranationalen Integrationsgeschichte ist offenbar ein „strukturelles Demokratiedefizit" angelegt, das aus der notorischen Lücke zwischen dem voluntaristischen Einverständnis der europäischen Bürgerschaft mit dem supranationalen Organgefüge und den wachsenden supranationalen Entscheidungsspielräumen besteht (Höreth und Mann 2013). Aus der Sicht politisch einflussreicher und wirtschaftlich konsolidierter Nationalstaaten sind der supranationalen Integration gleichzeitig strikte Grenzen hinsichtlich ihrer Eingriffstiefe in die nationale Autonomie gesetzt, obwohl die supranationale Regulierungsdichte eigentlich mehr Staatsähnlichkeit und ein stärkeres konstitutionelles Profil der EU erfordert, um demokratischen Legitimationserfordernissen genügen zu können. So sitzen im Kreis der europäischen Bürgerschaft die Zweifel tief und sie mehren sich in der Krise, ob die Zusammengehörigkeit bereits so intensiv und gefestigt sei, dass wir uns in einer europaweiten, wechselseitigen Haftungsgemeinschaft befinden. Es bleibt schwierig oder schlicht unmöglich, die „Wir-Perspektive" eines „europäischen Bürgers" anzunehmen (Habermas 2013, S. 90). Ungeachtet dessen

ist die öffentliche Wahrnehmung der EU weiterhin und mehr denn je von dem Gespür eklatanter demokratischer Legitimationsschwächen geprägt. Nationale Vorbehalte und Klagen über eine zu weitreichende, demokratisch defizitäre supranationale Regulierungsmacht stehen sich unvermittelt gegenüber und blockieren eine
plausible Auflösung der europäischen Demokratiefrage.

Es drängt sich die Frage auf, ob die demokratischen Standards unangemessen
sind, mit denen man die supranationale Integration zu klassifizieren versucht.
Schon mit der Gründungsgeschichte europäischer Integration war die Einschätzung verbunden gewesen, es handele sich um ein Systems „sui generis", das weder
ganz strikt in Kategorien der Staatsähnlichkeit, noch im konventionellen Anforde-
rungsprofil demokratischen Regierens bemessen werden könne und eine Eigendynamik aufweise, deren Finalität noch nicht greifbar sei. Politik- und Rechtswissenschaft haben einige Mühe darauf verwendet, ein angemessenes Verständnis
der supranationalen Demokratiefrage zu entwickeln und die treffende Problem-
beschreibung nicht durch das Beharren auf einem „methodologischen Nationalismus" zu verfehlen oder durch die Anwendung obsoleter Demokratiemodelle zu
vereiteln. In bemerkenswerter Häufigkeit werden jedenfalls uniforme Ordnungs-
kriterien für die Klassifikation der EU preisgegeben. Sei es der Verweis auf die
komplexe Verkoppelung von Recht und Politik, auf das Kollisionsrecht, auf den
Verfassungsverbund als Ersatz für eine konstitutionelle Einheit, auf governance-
Netzwerke, auf „Inkrementalismus" im Sinne kleinschrittiger Reformen, auf pluralistische Akteurskonstellationen, auf die Mehrebenenpolitik – überall werden der
supranationalen Integration „Fragmentierungsdiagnosen" ausgestellt, die sich von
der bisher geltenden Dominanz der „Unitarisierungsphantasien" und der Homo-
genitäts-Leitbilder verabschieden (Möllers 2010, S. 152). Dem korrespondieren
semantische Strategien von Seiten der EU-Organe, die skeptisch als „technokratischer Verhüllungscode" bewertet werden können (Priester 2014, S. 102): Begriffe
wie „Regierung", „Staat" oder „Autorität" werden im Rahmen der Beschreibungs-
muster des supranationalen Geschehens vermieden, an deren Stelle treten Voka-
beln wie „Dialog", „Flexibilität", „Kommunikation", die eine Art Übergang zur
„organischen Demokratie" suggerieren sollen, einer Demokratie jenseits staatsfi-
xierter Ordnungsvorstellungen (Priester 2014, S. 102 f.). Es haben sich neuartige
Formen einer politischen und administrativen Interaktion samt einem veränderten
Sprachgebrauch etabliert, die auf veränderte institutionelle Abläufe hindeuten und
zu einer Revision des supranationalen Legitimationsbedarfs aufrufen. Freilich geht
dieses neue Erscheinungsbild der EU, die Ausbreitung komplexer und disparater
Ordnungsstrukturen, mit der Schwierigkeit einher, die Punkte markieren zu können, an denen das fragmentierte demokratische Projekt noch andocken kann.

Ein bedeutsamer Träger supranationaler Homogenitätsvisionen und wachsender Staatsähnlichkeit hat zudem in den letzten Jahren seine Überzeugungskraft massiv eingebüßt: das Projekt des „Europäischen Binnenmarkts", das gleichwohl schon weit vorangeschritten ist. Der Binnenmarkt hat keineswegs das schon in den Gründungsverträgen gegebene Versprechen eines auf hohem Niveau einander angeglichenen Wohlstands eingelöst, sondern hat im Strudel eines weltweiten neoliberalen Kampfs um Wettbewerbsfähigkeit und Marktanteile Europa desillusioniert und gespalten (Streeck 2013). Unter den Bedingungen immenser wirtschaftlicher, finanzieller und fiskalischer Krisen in einigen EU-Mitgliedstaaten verliert der Europäische Binnenmarkt den Charakter einer integrationspolitischen Verheißung und wandelt sich zu einer geradezu existenziellen, sich auf persönliche Schicksale auswirkenden Herausforderung. Zweifelsohne wird die europäische Integration seit ihrem Beginn von Krisen unterschiedlichen Charakters und verschiedener Tragweite begleitet (Kaelble 2013). Aber die anhaltende Euro- und Europakrise wirkt doch als ein dramatischer Symptomverstärker. Im Zuge des ungleichen Kampfes um die „Marktfähigkeit" mehren sich skeptische Fragen, welche politischen Legitimationserfordernisse sich jenseits der internen EU-Funktionslogik mit ihrem einseitigen Imperativ eines supranational homogenisierten Binnenmarkts stellen könnten. Die Motive und Zwänge zu Kooperation, Integration und europaweiter Solidarität verlieren schleichend ihre bisher fraglose Evidenz und schüren die Zweifel darüber, ob die transnationale Ordnung den Willen des Volkes angemessen repräsentiert. Europa sucht gewissermaßen nach den fragwürdig gewordenen Legitimationsgrundlagen seines supranationalen „contrat social" (Guérot 2013, S. 6).

Die Euro- und Europakrise trägt das ihre zur ordnungspolitischen Verwirrung bei. Sie führt in Verbindung mit den Maximen größtmöglicher Wirtschaftsfreiheit im Kreis der Mitgliedstaaten zu dramatischen sozialen Verwerfungen. Diese unterstreichen, dass es kein zusammengehöriges „europäisches Volk" gibt, nicht nur aus Gründen der fehlenden Perzeption von identitätsstiftender Einheit, sondern aufgrund der im Rahmen der Krisen wachsenden realen Asymmetrien innerhalb des Mitgliederkreises: Die Kluft zwischen jenen Bürgerinnen und Bürgern, die durch den materiellen „output" der EU als Integrationsgewinner gelten dürfen, und denjenigen, die hinsichtlich ihrer persönlichen wirtschaftlichen Lage, ihrer sozialen Absicherung und ihrer politischen Entfaltungsmöglichkeiten durch die europäische Integration geradezu existenziell beeinträchtigt werden, wächst (Geppert 2013, S. 118 f.). Statt die in den Präambeln der EU-Verträge niedergelegten Aussichten auf die Angleichung von Wirtschaftsniveaus und auf die gemeinsame Förderung des Wohlstands zu bedienen, entwickelt sich die EU zum Gefährdungspotential europaweiter Gleichheitspolitik. Komplementär dazu vereinnahmen einige wenige, ökonomisch starke und politisch einflussreiche Staaten die supranationalen Entscheidungsabläufe, andere Staatengruppen werden zu Mitläufern degradiert. Ein asymmetrischer Intergouvernementalismus greift Platz (Puetter 2012).

Bislang undenkbare, polarisierte Alternativen hinsichtlich der transnationalen Verflechtung in Europa werden erkennbar. Es könnte zu einem technokratischen supranationalen Regiment kommen, das zentralistisch wichtige politische Kompetenzen an sich zieht und damit die Regulierungsvollmacht der EU entschieden festigt, aber dabei die Suche nach demokratischen Legitimationsgrundlagen endgültig aufgibt und nur noch eine Art zentralisierten „Krisenkonstitutionalismus" betreibt (Bieling 2013). Oder es könnte sich die Inkaufnahme eines Zerbrechens der supranationalen Gemeinschaft abzeichnen zugunsten eines ungebremst kompetitiven Kampfes unter Nationalstaaten um wirtschaftliche und politische Selbstbehauptung, dem jegliche Elemente einer transnationalen bürgerschaftlichen Zusammengehörigkeit abhanden kommen. Europa scheint sein sorgsam gepflegtes Profil als anspruchsvolle Wertegemeinschaft einzubüßen und in den Status einer weiteren globalen Problemzone herabzusinken, in der die zur Selbstvermarktung gezwungenen Individuen der neoliberalen Dynamik ausgesetzt sind und in den Wettstreit um ihre Marktfähigkeit treten (Streeck 2013). Die krude Ausrichtung auf kompetitive Marktförmigkeit hat jedenfalls längst Besitz von der Integrationsdynamik ergriffen. Schon jetzt wird deutlich, dass die EU außerstande ist, grundlegenden egalitären Postulaten wie der Förderung der Geschlechtergleichheit jenseits der neoliberalen Engführung Geltung zu verschaffen. Stattdessen wird im Strudel der Binnenmarktsdynamik den Frauen zugemutet, sich als besonders konkurrenzwillige Wirtschaftssubjekte im einseitigen Rollenverständnis von Arbeitnehmerinnen der kompetitiven Selbstbehauptung zu stellen. Die Appelle an die Einheit Europas unter den Bedingungen globaler Verteilungskämpfe wirken daher eher wie hilflose Beschwörungsformeln eines Zusammenhalts, der unter dem Druck eines bis ins Persönliche reichenden, marktkonformen Wettbewerbs auf allen Ebenen kollektiven Handelns gar nicht mehr aufrecht zu erhalten ist. Europa wird zum regionalen Teilgebiet einer konkurrenzwirtschaftlichen Dynamik, der Zusammenhalt einer europäischen Bürgerschaft, die sich gar als „demos" begreifen soll, nimmt die Züge einer sarkastischen Beschwörungsformel an.

Dennoch gibt es Erwartungen einer demokratischen Revitalisierung, sie richten sich unverdrossen auf das Europäische Parlament. Diese Erwartungen zehren von der Hoffnung, mit dem Ausbau der Mechanismen eines gewaltenteiligen Regierungssystems die demokratische Legitimität, ein europäisches Bürgerbewusstsein und partizipatives Engagement doch noch nachträglich entfalten zu können. Das Europäische Parlament gilt nach wie vor als der Hoffnungsträger für die schrittweise Umwandlung der EU zu einer repräsentativen Demokratie. Mit diesem Anspruch wird die Rückstufung der EU zum technokratischen Zweckverband ebenso bekämpft wie ein substantieller Rückbau der Integration. Ist aber das Europäische Parlament als Organ hinreichend, um die repräsentativen Mechanismen einer staatsähnlichen Ordnung gewährleisten zu können? Das Europäische Parlament scheint bei genauerer Betrachtung trotz intensiver eigener Bemühungen außerstande, eine tragfähige parlamentarische Legitimationsgrundlage für die gesamte EU bereitzustellen und damit eigenständig das bestehende Demokratiedefizit auszugleichen. Dies gilt umso mehr, je weiter in Krisenzeiten die intergouvernementale Einflussnahme auf die Steuerung des supranationalen Regulierungspotentials voranschreitet. Andererseits scheint ohne jeglichen funktionstüchtigen Parlamentarismus in einem solch komplexen System wie der EU auch keine substanzielle demokratische Errungenschaft erzielbar. Vielleicht liegt eine Lösung darin, die noch kaum ausgeschöpfte Dynamik des Lissabon-Vertrags aufzugreifen und den kooperativen Einflussbereich nationaler Parlamente zu stärken (Neyer 2012)? Solange sich in Hinsicht auf die parlamentarischen Qualitäten der EU keine einschneidenden Veränderungen abzeichnen, besteht das supranationale Demokratiedefizit unvermindert fort und nährt die Grundsatzzweifel an der EU.

Eine intensivierte Wahrnehmung des supranationalen Demokratieproblems weist darauf hin, dass nicht nur einzelne institutionelle Schwächen und Funktionsdefizite der Europäischen Union den Bezugspunkt einer kritischen Bestandsaufnahme bilden können, sondern allgemeinere Fragen nach dem Sinn, der Dynamik und dem Ziel der historisch beispiellosen transnationalen Zusammenarbeit in Europa ins Blickfeld rücken müssen. Indem die Integrationsdichte voranschreitet und gleichzeitig ihre Krisenanfälligkeit wächst, treten Grundsatzfragen auf den Plan, die zur Rekapitulation des *Sinns* supranationaler Einigung aufrufen. Sogar in den Kreisen nationaler politischer Führungszirkel und Parteien mehren sich die kritischen Töne, die plötzlich eine Integrationsdynamik in Frage stellen, die bislang ungefragt hingenommen wurde. Das führt zu bislang tabuisierten Nachfragen: Könnte es sein, dass die europäische Integration gewissermaßen bereits jetzt „vollendet" ist, ohne je das Stadium eigener Staatlichkeit erreichen zu können? Ist das Einigungswerk „fertig" gebaut und müssen dementsprechend die demokratischen Erwartungen an die erkennbar gewordenen Leistungsgrenzen angepasst werden (Bittner 2014; Loth 2014)? Schon ist die These von der endgültig enttäuschten Gründungseuphorie supranationaler Integration im Raum: „The European dream has come to an end" (Gillingham 2012, S. 19). Ist gar davon auszugehen, dass sich aufgrund eines „overstretch" bereits Prozesse einer „Desintegration" abzeichnen, die sich in der Gestalt von Deregulierung, vermehrten Vetopositionen, Vertragsverletzungen durch Mitgliedstaaten, immer häufigeren intergouvernementalen Absprachen, immer unverhohlener betriebenem partikularistischem EU-Lobbying

oder hemmungsloser negativer Europa-Berichterstattung in den Medien niederschlagen (Eppler und Scheller 2013; Stuby 2013)? Man diskutiert darüber, dass
die Erwartung einer „postnationalen Demokratie" schon deshalb überzogen sei,
weil die Demokratie jenseits des Nationalstaats auf Komplexitätsgrenzen stoße,
die bürgerschaftliche Identitätsbildung überfordere; vor diesem Hintergrund werde deutlich, dass die EU von Anfang an für demokratische Ansprüche ungeeignet
erschien, weil sie diese Komplexitätsgrenzen seit jeher massiv überschritten habe
(Finkielkraut und Beck 2014).

Jedenfalls kündigt sich das Erfordernis an, die konventionelle Europarhetorik
aufzugeben, die stereotyp ein erforderliches „mehr" an Integration predigt, die
Bürgerinnen und Bürger über ihre mangelnde Einsichtsfähigkeit in die supranationalen Sachzwänge belehrt, Europas Rolle in der Welt beschwört und das Menetekel eines wirtschaftlich bedeutungslosen, in eine nationalistisch und patriotisch
aufgeladene, fremdenfeindliche Abgrenzungspolitik zurückgefallene Rivalität
unter den Staaten des Kontinents an die Wand malt. Das „mahnende europäische
Über-Ich" hat seine Überzeugungskraft eingebüßt (Bittner 2014, S. 5). Besonders
in Deutschland herrscht aber, aus verständlichen historischen Gründen, immer
noch eine stereotype Einigungsrhetorik vor, die insofern problematisch erscheint,
als sie tatsächlich bestehende ambivalente oder ablehnende Positionen nicht zu
tilgen vermag, sondern sie nur tabuisiert, und damit der umso vehementeren Artikulation von Skepsis anlässlich der heimlichen Stimmabgabe bei den Europawahlen Vorschub leistet – wobei vor allem rechtspopulistische Parteien von solchen
Kräfte profitieren. Die zwanghaft affirmativen Europadiskurse brauchen jedenfalls
ein „Moratorium": Karl Schlögel konstatiert lakonisch „[…] eine gewisse Müdigkeit, die nicht unbedingt etwas mit der Müdigkeit der Europäer, sondern mit der
Erschöpfung eines alt gewordenen Diskurses, den Stereotypen des Europabildes,
der Erfahrungslosigkeit und der Begriffsfixiertheit des Europadiskurses zu tun hat"
(Schlögel 2013, S. 35). Vielleicht ist die Akzeptanz einer ihrer Finalitätsvisionen
beraubten Einigungspolitik der angemessene öffentliche Umgang mit dem Integrationsgeschehen, der die EU von der Rolle entlastet, das Objekt eines „volkspä-
dagogischen Unternehmens" zur Verhinderung von Nationalismus zu sein (Bisky
2014, S. 9).

In Gestalt von integrationspolitischen Durchhalteappellen einerseits und offener Integrationsfeindlichkeit andererseits greift freilich ein Denken in Extremen
Platz, und damit nistet sich ein bedrohlicher Spaltpilz in das transnationale Ko-
operations- und Institutionengefüge ein. Nicht die immer wieder beschworenen
Europaenthusiasten scheinen diejenigen zu sein, die geneigt sind, eine affektive
Haltung zur supranationalen Einigung einzunehmen, sondern die Integrationsver-
lierer, die freilich der EU nicht huldigen, sondern sie verteufeln. Rund um die

achte Direktwahl des Europäischen Parlaments im Jahr 2014 traten in bemerkenswerter Vehemenz populistische, integrationsfeindliche Parteien und Bewegungen in Erscheinung, die unverhohlen mit nationalistischen Parolen aufwarten. Sie lassen sich aber nicht durch eifrige Integrationsappelle mindern oder gar unsichtbar machen, sondern müssen als Symptome ernstgenommen werden, die sich auch auf die europäische Demokratiefrage auswirken (Hartleb 2014). Der stärker werdende integrationsfeindliche Populismus stellt nicht nur eine zufällige, mit nationalspezifischen Integrationsschwierigkeiten zu erklärende Ansammlung von abtrünnigen Positionen dar, sondern markiert die unbeholfene, simplifizierende Artikulation der Ängste von Marginalisierten und Integrationsverlierern, die sich auf der europäischen Bühne nicht als integrationsstiftende demokratische Akteure zu sehen vermögen. Das europäische Organgefüge verliert erhebliche Anteile an der Loyalität seiner Bürgerinnen und Bürger.

Wie kann unter diesen Bedingungen hartnäckiger und simplifizierender Zweifel die supranationale Demokratiefrage sinnvoll aufrechterhalten werden? Das lässt sich nur erreichen, wenn die geschilderte Tendenz zur Europaskepsis oder die immer offener artikulierte Systemopposition als agonal wirkende Elemente eines demokratischen Legitimationsprozesses anerkannt und in ihrer Störfunktion in die Integrationsdynamik einbezogen werden. Oppositionelle und antagonistische Positionen auf supranationaler Ebene müssen mehr Aufmerksamkeit erhalten und als ungeahnte Kräfte im Spannungsfeld von rechtlicher, wirtschaftlicher und politischer Interaktionsverdichtung ernstgenommen werden. Die Vision eines zusammengehörigen europäischen Volkes wird darunter natürlich leiden. Durch die kritischen Haltungen gegenüber der europäischen Integration schwindet allerdings nicht einfach nur supranationales Legitimationspotential, sondern es wird umgekehrt auch eine „Politisierung" eingeleitet, die immerhin das öffentliche Bewusstsein über supranationale Dynamiken schärft (De Wilde und Zürn 2012). So werden zumindest die wenigen Ansatzpunkte erkennbar, die Aussicht auf eine kritische Auseinandersetzung der europäischen Bürgerinnen und Bürger mit den Optionen des kooperativen Handelns auf supranationaler Ebene eröffnen. Sie haben sich bereits in einigen Referenda über integrationspolitische Grundsatzfragen oder in einer partizipativen Aktivierung rund um die im Lissabon-Vertrag verortete „Europäische Bürgerinitiative" artikuliert. Vor allem aber eröffnet sich der Weg zur Politisierung der europäischen Bürgerschaft in der offenen Austragung europapolitischer Kontroversen. Hier kündigen sich neuartige Positionsbestimmungen Betroffener, skeptische Sinnfragen nach der EU-Dynamik, kritische Erwägungen über europäische Solidarität und Identifikation und das reflexive Abwägen von Alternativen an, die allesamt im Kreis der europäischen Bürgerinnen und Bürger der intensivierten wechselseitigen Wahrnehmung als entweder erzwungene oder freiwillige, widerständige oder voluntaristische Kooperationspartner dienen. Ob sich solche Rekapitulationen als Verstärker demokratischer Legitimation positiv auf das bestehende EU-System auswirken, bleibt allerdings insbesondere vor dem Hintergrund der kriselnden Leistungsfähigkeit der EU sehr fraglich. Eine Politisierung der europäischen Bürgerschaft könnte sich unversehens gegen die EU richten und Alternativen ersehnen, die Demokratie entfalten, aber den Bezugspunkt der EU preisgeben. Diese Abspaltung des europäischen Bewusstseins vom EU-Europa lässt sich freilich auch positiv als Aufhebung einer auf die EU fixierten Wahrnehmungssperre interpretieren: „Europa ist auch da, wo es nicht als solches wahrgenommen wird" (Schlögel 2013, S. 12).

Es zeigt sich, dass vor dem Hintergrund der jüngeren supranationalen Entwicklungen und Dynamiken, vor allem angesichts der nachhaltigen Erschütterungen, die Euro- und Europakrisen auf den öffentlichen Konsens zum „Projekt Europa" ausgeübt haben, der Fragenhorizont „Supranationalität und Demokratie" neu aufgerollt werden muss. Die Demokratiefrage bleibt bestehen, aber ihre Bezugnahme auf die Integrationsidee, auf deren Dynamik und auf ihre institutionelle Ausformung in Gestalt der EU muss grundlegend überdacht werden. Die gewandelte Gestalt und Perzeption des supranationalen Geschehens eröffnet neue Einblicke in die demokratischen Problemhorizonte, sie schürt das Erfordernis einer grundlegenden Rekapitulation und Revision der demokratischen Potentiale supranationaler Integration. Dieses Buch versammelt eine Reihe von Beiträgen aufmerksamer politikwissenschaftlicher und rechtswissenschaftlicher Beobachter des Integrationsgeschehens, die sich diesem Anliegen widmen.

2 Die Beiträge des Bandes

Der Band ist entlang der eingeführten Spannungsfelder zwischen supranationaler Integration und Demokratie in der EU in vier Teile gegliedert, die die verschiedenen Aspekte der Problematik aufgreifen: Zunächst steht die Thematik der *Legitimationsdefizite europäischen Regierens* im Mittelpunkt. Einerseits existiert ein demokratisches Legitimationsdefizit der beträchtlichen Regulierungsvollmacht, die sich auf supranationaler Ebene ausgeprägt hat. Andererseits kann dieses Legitimationsdefizit nicht unumwunden in herkömmlichen Kategorien bemessen werden, die sich an konventionellen Maßstäben der Staatsqualität orientieren, denn diese werden aus nationalstaatlichen Analogien gewonnen. Aber wie weit kann die Legitimationsfrage der EU von dem Setting losgelöst werden, in dem sie sich erhebt – nämlich der Kooperation unter nationalstaatlichen Akteuren und Institutionen zum Wohle von Bürgerinnen und Bürgern, die sich nicht nur als „Unionsbürger" verstehen? Bei den demokratischen Legitimationsfragen der EU-Integration unterscheidet *Dieter Grimm* zwischen der „Konstituierung" und der „Ausübung" von Legitimationspotential. Bei beiden konstatiert Grimm in seinem Beitrag „Zum Stand der demokratischen Legitimation der Europäischen Union nach Lissabon" Defizite: Die Konstituierung ist wegen ihrer Mittelbarkeit defizitär, die EU ist nicht eigenlegitimiert. Nur das Europäische Parlament trägt als schwacher Mitspieler zu einer Eigenlegitimation der EU bei; es fehlt aber der repräsentative öffentliche Unterbau. Der Ausübung von Legitimation mangelt es ebenfalls an grundlegenden demokratischen Qualitäten, während das EU-Recht mehr und mehr Verfassungsqualität annimmt. Supranationales „Verwalten" im Interesse eines freizügigen europäischen Binnenmarkts, durchgesetzt durch den EuGH, ersetzt europäische Politikgestaltung. Aus deutscher verfassungsrechtlicher Sicht sollen die Mitgliedstaaten die „Herren der Verträge" bleiben. Die Lösung, mehr unmittelbar legitimierte Staatsqualität für die EU, widerspräche Grimm zufolge dem deutschen verfassungsrechtlichen Vorbehalt. Deshalb gilt: Je mehr rechtliche Verbindlichkeit die EU hervorbringt, desto schwächer wird ihre demokratische Legitimation.

Gunnar Folke Schuppert plädiert für eine konsequente Rekapitulation der EU-Legitimationsgrundlagen, die insbesondere in Hinblick auf ihre Governance, Netzwerk- und Kommunikationskultur erforderlich ist. In seinem Beitrag „Legitimationsmodi eines Systems supranationaler Herrschaftsverflechtung" weist er darauf hin, dass der Staatlichkeit der Europäischen Union weit mehr Governance-Charakter zukommt als gemeinhin angenommen. Demnach sind nicht unbedingt das EU-System, sondern die semantischen Kategorien ihrer Bewertung defizitär. Die EU weist eine „verflochtene Staatlichkeit" auf, die in der politischen Praxis zu einer Dominanz der Exekutiven führt. Diese „verflochtene Staatlichkeit" oder auch „Mehrebenenstaatlichkeit" genannt, erfordert, analog gedacht, eine Legitimation auf mehreren Ebenen. Die Legitimation wird unter anderem durch ausgiebige Kommunikationsräume und durch eine Vielfalt an institutionellen Arrangements erbracht, zu denen auch die Komitologie, die „Open Method of Coordination" und die plurale „Informationsverwaltung" zählen.

Im zweiten Teil rückt die *neoliberale Vereinnahmung politischer Optionen* ins Licht. Seit langem steht supranational das Projekt des einheitlichen Binnenmarkts im Mittelpunkt, das sich auch als neoliberales Unternehmen zur Förderung von Marktfähigkeit verstehen lässt – mit einigen Gewinnern und vielen Verlierern. Im Zuge der Euro- und Europakrise verschärfen sich die darin angelegten Spannungen noch. Politische Optionen supranationaler Integration, wie die Ausprägung einer bürgerschaftlichen Solidargemeinschaft und partizipatorischer Mitentscheidungsverfahren, werden autoritativen und technokratischen Handlungsmaximen geopfert. Supranationale Politikbereiche wie die „Geschlechterpolitik" spiegeln diese Restriktionen der Integrationsdynamik in ernüchternder Klarheit wider.

Hans-Jürgen Bieling konstatiert, dass die EU durch eine technokratisch verstärkte supranationale Staatlichkeit und eine demokratisch entleerte Volkssouveränität gekennzeichnet ist. Die EU hat eine Staatsähnlichkeit ausgebildet, der die klassische Kongruenz von Volkssouveränität und Territorial-/Nationalstaat nicht mehr zu entsprechen vermag. Er stellt in seinem Beitrag „Volkssouveränität und europäische Integration" heraus, dass sowohl die Institutionenordnung als auch das direkt gewählte EP diese Defizite nicht auffangen können. Diese Diskordanz wird von einem liberalkapitalistischen Kontext der Marktkonformität der EU begleitet: Konkurrenzwirtschaftliche, auf Wettbewerb ausgerichtete Ziele treten in den Vordergrund, die soziale Ungleichheit und wirtschaftliche und soziale Unsicherheiten innerhalb der EU massiv verschärfen. Im Rahmen der Eurokrise gibt es Tendenzen zu einer „autoritären Neugründung" der EU mit Zentralisierungsbestrebungen („Krisenkonstitutionalismus"), die die Demokratie endgültig minimiert. Die europäische Staatlichkeit wird dadurch rechtsstaatlich, technokratisch und funktional ausgeführt und schürt auf diese Weise Politikverdrossenheit. Eine Antwort auf die Frage nach einer hinreichenden demokratischen Kontrolle und Partizipation wäre die Minderung der Konsens- und Kompromissorientierung der EU und die Verstärkung von Protest- und Oppositionspotentialitäten.

Gabriele Wilde zeigt auf, inwiefern die europäische Geschlechterpolitik nicht nur das Ergebnis einer Zentralisation politischer Macht in supranationale Eliten ist, sondern die Herausbildung eines eigenständigen europäischen Normensystems auch ein neoliberales Politikverständnis zum Ausdruck bringt. In ihrem Aufsatz „Supranationale Gouvernementalität: Zur Neuordnung des Verhältnisses von Recht, politischer Herrschaft und demokratischen Geschlechterverhältnissen" stellt sie die ökonomischen Imperative der Geschlechterpolitik der EU heraus. Demnach spielt Geschlechterpolitik in der EU durchaus eine Rolle, wird aber als reine Arbeitsmarkts- und Beschäftigungspolitik betrieben und damit entschieden restringiert. Gleichstellung wird in dieser Hinsicht neoliberal vereinnahmt und nur noch als gleiche Chance auf Erwerbstätigkeit verstanden. Es herrscht eine einseitige Rationalität einer neoliberal verstandenen „supranationalen Gouvernementalität" (Foucault) vor, die auf geschlechtsneutrale Vollbeschäftigung ausgerichtet ist. Damit werden inner- und intergeschlechtliche Konkurrenzverhältnisse geschürt und eine inklusive demokratische Politikgestaltung durch eine formalistische genderpolitische Rechtsetzung ersetzt. Die „supranationale Gouvernementalität" kann als eine Spielform der Postdemokratie verstanden werden, die sowohl demokratische Institutionen als auch die Handlungs- und Wirkungsmacht einer politischen Bürgerschaft aushöhlt.

Im dritten Teil kommen die demokratischen Erwartungen zur Sprache, die sich an eine Fortentwicklung des bestehenden EU-Systems heften. *Der Parlamentarismus als Hoffnungsträger der Demokratie* wird analysiert. Das Europäische Parlament weist zwar als bürgerschaftliches Repräsentationsorgan und parlamentarisches Element einer supranationalen Gewaltenteilung viele Defizite auf, aber es bleibt doch der Hoffnungsträger für eine Demokratisierung des EU-Systems insgesamt. Diesen Ansprüchen vermag es jedoch nur ansatzweise zu genügen, ohne damit den Weg zu einem hinlänglich legitimierten parlamentarischen Regierungssystem auf europäischer Ebene weisen zu können. Vielleicht sind solche Erwartungen aber auch prinzipiell überzogen, und vielleicht könnte es genügen, die Intention und Dynamik einer Kooperation unter Nationalstaaten auch als Empfehlung zu verstehen, größere Erwartungen an die europapolitische Einbindung nationaler Parlamente und an deren Zusammenarbeit zu richten und nicht alle demokratischen Legitimationsbedürfnisse dem Europäischen Parlament aufzubürden.

Seit der Direktwahl hat sich das Europäische Parlament zu einem „parlamentarischen Mitgestalter" emporgearbeitet (Haushaltsverfahren, Gesetzgebungsprozess, Investitur der Kommission). In der Rückkehr zu einem intergouvernementalen Krisenmanagement sieht *Stephan Dreischer* eine Entwertung dieser Rechte. In seinem Aufsatz „Das Europäische Parlament – fit durch die Krise? Parlamentarische Funktionserfüllung im Kontext von Lissabon-Vertrag und Finanzkrisenbewältigung" skizziert Dreischer das Europäische Parlament als schwachen demokratischen Akteur, der durch die Eurokrise zusätzlich gehemmt wurde. Die verschiedenen Funktionen eines Parlamentes, wie Repräsentation, Kontrolle und Gesetzgebung, kann das Europäische Parlament nur begrenzt erfüllen. So sieht Dreischer einen Stillstand, wenn nicht eine Rückentwicklung der Gestaltungsmacht des Europäischen Parlamentes, denen sehr begrenzte Entfaltungspotentiale gegenüberstehen.

Jürgen Neyer spricht sich in seinem Beitrag „Europapolitik als Demokratiepolitik" dafür aus, deutsche Europapolitik angemessen als Demokratiepolitik zu verstehen. Der Autor kritisiert die vorherrschende integrationistische Ausrichtung der deutschen Europaforschung und argumentiert für seine Ersetzung durch eine enger an demokratiepraktischen Erwägungen ausgerichtete Rationalität. Konkret folgen aus diesen Überlegungen zweierlei Forderungen: erstens nach einer Aufwertung der Rolle nationaler Parlamente in der EU und ihrer Zusammenarbeit (COSAC) und zweitens nach dem Übergang zu einer Transferunion, die raffinierte Kontroll- und Sanktionsmöglichkeiten von Geberländern einschließt. Der Versuch der Entpolitisierung von Politikbereichen, wie beispielsweise der Finanz- und Geldpolitik, sei es durch Technokratisierung und das Unterbinden eines demokratischen Disputs oder sei es durch eine propagierte „Alternativlosigkeit" der Europapolitik, führt langfristig nur dazu, dass die europäischen Institutionen an Glaubwürdigkeit und Integrität verlieren.

Im vierten Teil werden Potentiale einer *Politisierung der supranationalen Integration* neu ausgelotet. Rechtliche und politische Homogenitätsvisionen müssen verabschiedet werden, um die Pluralität von Interessen, Bedürfnissen, Kooperationsformen, Institutionen und Entscheidungsprozessen, die sich auf supranationaler Ebene abspielen, angemessen verstehen und bewerten zu können. Die Widersprüche, Antagonismen und Rückschläge des Integrationsgeschehens sind selbst konstitutiver Teil der politischen Zusammengehörigkeit, die sich aus der Integrationsdynamik ergeben hat. So wird auch die Proklamation einer deutlich konturierten supranationalen Identität der Bürgerinnen und Bürger in Europa von überzogenen Einheitsbestrebungen getrieben und verkennt, dass es durchaus identitätsstiftende Grenzüberschreitungen nationaler Bezugsräume gibt – die sich aber nicht unversehens mit dem EU-Gebilde zur Deckung bringen lassen. Die Politisierungspotentiale, die das supranationale System selbst bereithält, bleiben gering. In einigen EU-Referenda einzelner Mitgliedstaaten schien kurzzeitig die Möglichkeit zu einer dezidiert demokratischen Mitgestaltung auf, und die im Lissabon-Vertrag verankerte Europäische Bürgerinitiative mobilisiert immerhin partizipationswillige Bürgerinnen und Bürger. Aber wiederum gilt: Eine so in Gang gesetzte Politisierung stärkt nicht unbedingt die demokratische Legitimation des EU-Systems, sondern artikuliert erst einmal nur die transnationalisierten Nachfragen und Zweifel hinsichtlich dessen, was sich auf EU-Ebene an regulativer Kapazität angesammelt hat. Vielleicht ergibt sich eine transnationale Politisierung, die sich jedoch außerhalb des EU-Rahmens manifestiert und sich nicht unmittelbar für dessen demokratische Legitimationsbedürfnisse nutzen lässt.

Mit der Konstitutionalisierungsproblematik und dem Verhältnis von Recht und Politik in der EU setzt sich *Claudio Franzius* in seinem Beitrag „Transnationalisierung der Demokratie? Recht und Politik in der Europäischen Union" auseinander; er konstatiert ein „neues" Demokratiedefizit, das sich im Regieren des Europäischen Rates und damit einer Art Fremdbestimmung der Wähler zeigt. Dieses Defizit muss nach Franzius durch einen „konstitutionellen Pluralismus" aufgefangen werden, der mehr sein muss als eine Rechtsordnung (konventioneller Konstitutionalismus) und mehr als ein Einverständnis nationaler Exekutiven. Er muss getragen werden von einem pluralistischen, hybriden, auch die Artikulation von Widerspruch („Kontestation") und Alternativen einbeziehenden Einverständnis der beteiligten Bürgerinnen und Bürger, das nicht auf den einheitlichen europäischen demos zielt und weiter reicht als die EP-Wahlakte. Europapolitik muss transparent und öffentlich sein und den Bürgerinnen und Bürgern Raum bieten, Konflikte zu diskutieren. Diversität, Pluralismus und Antagonismus statt Homogenität und Fremdbestimmung, so Franzius' Forderung.

Claudia Ritter untersucht im Rahmen der Demokratiefrage in „Es wächst auseinander, was zusammenzugehören schien... Demos und Identität in transnationalen Erfahrungsräumen", wie es um eine transnationale europäische Identität bestellt ist. Die Demokratiefrage der EU wird unversehens mit dem Erfordernis eines kohärenten „demos" und einer Übernahme der Einigungsproklamationen von (politischen und intellektuellen) Eliten durch die „Masse" der europäischen Bürgerschaft verbunden. Das versperrt Ritter zufolge den Blick für eine Ambivalenz, die sich bei genauerer Betrachtung ergibt: Den EU-demos gibt es nicht, weil das Institutionengeflecht nicht hinreichende Anknüpfungspunkte bietet; aber es gibt durchaus, neben den fortbestehenden nationalen Identitäten, transnationale Identitäten in Europa. Diese bleiben jedoch fluid und manifestieren sich kaum entlang konventioneller „Grenzen" und stellen damit auch kein integrationspolitisches Demokratisierungspotential bereit.

Legt man einen symbolisch erweiterten Demokratiebegriff an die EU an, dann zeigt sich, dass sie kaum eine bürgerschaftliche Verfügungsgewalt über deren politische Ordnung aufweist, so *Emanuel Richter* in seinem Beitrag „Demokratische Gestaltungsmacht und europäische Integration – die Potentiale demokratischer Einflussnahme auf die politische Ordnung der Europäischen Union". Die einzigen Ansatzpunkte sind für Richter die Referenda über den „Verfassungsvertrag" 2005 und 2008 in Frankreich, den Niederlanden und Irland, bei denen eine kurzzeitig aufscheinende politische Verfügungsgewalt zu schroffer Ablehnung führte, und die Schaffung der Europäischen Bürgerinitiative im Lissabon-Vertrag (Art. 11), die zwar keine substantielle Einflussnahme garantiert, aber eine erstaunlich hohe Mobilisierung von Bürgerinnen und Bürgern in Gang setzt. Als bemerkenswert erachtet Richter auch die gegenwärtigen Kontroversen über die Dynamik europäischer Integration (Entwicklung zum Bundesstaat, Instanz zur Bewältigung des Krisenkapitalismus, Antagonismus hegemonialer Kulturverständnisse). Sie deuten immerhin auf eine kritische Rekapitulation möglicher Integrationsdynamiken und -ziele und demonstrieren damit eine vertiefte öffentliche Auseinandersetzung mit dem Sinn, den Implikationen und mit den eigenen Wünschen in Hinblick auf die politische Gestalt supranationaler Integration. In Richters Perspektive umfassender politischer Partizipationsideale hat die EU vielleicht noch ein „demos", aber keine passende „polity".

Literatur

Bieling, Hans-Jürgen. 2013. Zum gesellschafts- und integrationspolitischen Charakter des europäischen Krisenkonstitutionalismus. *Forschungsjournal Soziale Bewegungen* 26 (1): 51–60.
Bisky, Jens. 2014. Fürchtet die Müdigkeit. Europas Krise ist nicht vorüber. Nun sollte endlich ein Gespräch über die Zwecke der EU stattfinden. *Süddeutsche Zeitung* 7 (Januar, 9).

Bittner, Jochen. 2014. Wenn nicht jetzt, wann dann? Großbritanniens Premier Cameron hat die besten Reformideen für Europa. Angela Merkel sollte sich daran orientieren. *DIE ZEIT* 2 (2. Januar): 5.

De Wilde, Pieter, und Michael Zürn. 2012. Can the politicization of European integration be reversed? *Journal of Common Market Studies* 50 (S1): 137–153.

Eppler, Annegret, und Henrik Scheller. 2013. Zug- und Gegenkräfte im europäischen Integrationsprozess. In *Zur Konzeptionalisierung europäischer Desintegration. Zug- und Gegenkräfte im europäischen Integrationsprozess,* Hrsg. Annegret Eppler und Henrik Scheller, 11–42. Baden-Baden: Nomos.

Finkielkraut, Alain, und Ulrich Beck. 2014. Mein Erzfeind, mein Nachbar. Alain Finkielkraut und Ulrich Beck über Nation, Einwanderung und Identität. Ein Streitgespräch. *DIE ZEIT* 6 (13. Februar): 3.

Geppert, Dominik. 2013. *Ein Europa, das es nicht gibt. Die fatale Sprengkraft des Euro.* Berlin: Europa Verlag.

Gillingham, John. 2012. The end of the European dream. In *Key Controversies in European Integration,* Hrsg. Hubert Zimmermann und Andreas Dür, 19–31. Basingstoke: Palgrave Macmillan.

Guérot, Ulrike. 2013. Zwischen Haushalts- und Legitimationsdefizit: Zur Zukunft der europäischen Demokratie. *Aus Politik und Zeitgeschichte* 63 (6–7): 3–10.

Habermas, Jürgen. 2013. *Im Sog der Technokratie. Kleine Politische Schriften XII.* Berlin: Suhrkamp.

Hartleb, Florian. 2014. Zerstrittene Populisten: Akute Lawinengefahr. *The European* 1: 52–53.

Höreth, Marcus, und Dennis-Jonathan Mann. 2013. Die Legitimitätsfrage als Zug- oder Gegenkraft im europäischen Integrationsprozess? In *Zur Konzeptionalisierung europäischer Desintegration. Zug- und Gegenkräfte im europäischen Integrationsprozess,* Hrsg. Annegret Eppler und Henrik Scheller, 45–70. Baden-Baden: Nomos.

Kaelble, Hartmut. 2013. Spirale nach unten oder produktive Krisen? Zur Geschichte politischer Entscheidungskrisen in der europäischen Integration. *Integration* 36 (3): 169–182.

Loth, Wilfried. 2014. *Europas Einigung. Eine unvollendete Geschichte.* Frankfurt a. M.: Campus.

Möllers, Christoph. 2010. Fragmentierung als Demokratieproblem? In *Strukturfragen der Europäischen Union,* Hrsg. Claudio Franzius, Franz C. Mayer, und Jürgen Neyer, 150–170. Baden-Baden: Nomos.

Neyer, Jürgen. 2012. *The justification of Europe. A political theory of supranational integration.* Oxford: Oxford University Press.

Priester, Karin. 2014. Governance in Europa: Auf dem Weg in die Postdemokratie? *Blätter für deutsche und internationale Politik* 4: 99–110.

Puetter, Uwe. 2012. The new intergovernmentalism in EU governance. In *Key controversies in European integration,* Hrsg. Hubert Zimmermann und Andreas Dür, 56–62. London: Palgrave Macmillan.

Schlögel, Karl. 2013. *Grenzland Europa. Unterwegs auf einem neuen Kontinent.* München: Carl Hanser.

Streeck, Wolfgang. 2013. *Gekaufte Zeit. Die vertagte Krise des demokratischen Kapitalismus.* Berlin: Suhrkamp.

Stuby, Gerhard. 2013. Europas Zukunft: Mit oder ohne Demokratie? *Blätter für deutsche und internationale Politik* 12: 59–67.

Zum Stand der demokratischen Legitimation der Europäischen Union nach Lissabon

Dieter Grimm

1 Zwei Sichtweisen europäischer Demokratie

„Lissabon" gibt zwei juristischen Dokumenten den Namen: dem Vertrag, der seit dem 1. Dezember 2009 die Rechtsgrundlage der Europäischen Union bildet, und dem Urteil des Bundesverfassungsgerichts vom 30. Juni 2009, mit dem das deutsche Zustimmungsgesetz zu diesem Vertrag für vereinbar mit dem Grundgesetz erklärt wurde. Die demokratische Legitimation der EU spielt in beiden Dokumenten eine erhebliche Rolle. Die Stärkung der europäischen Demokratie gehört zu den erklärten Zielen des Vertrages (vgl. Präambel, 7. Erwägungsgrund.). Nach Art. 1 Abs. 2 EUV stellt er „eine neue Stufe bei der Verwirklichung einer immer engeren Union der Völker Europas dar". Art. 9 ff. konkretisieren die „demokratischen Grundsätze". Gemäß Art. 10 Abs. 1 EUV beruht die Arbeitsweise der Union auf der repräsentativen Demokratie. Im Folgenden werden zwei Repräsentationsformen unterschieden. Nach Abs. 2 sind die Bürgerinnen und Bürger auf Unionsebene unmittelbar im Europäischen Parlament vertreten. Nach Abs. 3 werden die Mitgliedstaaten im Europäischen Rat von ihren Staats- oder Regierungschefs, im

Die Erstveröffentlichung dieses Textes erfolgte in Heinig, Hans M,/Terhechte, Jörg P. (Hg) (2013), Postnationale Demokratie, Postdemokratie, Neoetatismus. Tübingen: Mohr Siebeck, Der Zweitabdruck erfolgte mit freundlicher Genehmigung des Autors und des Verlages.

D. Grimm (✉)
Wissenschaftskolleg zu Berlin, Berlin, Deutschland
E-Mail: grimm@wiko-berlin.de

© Springer Fachmedien Wiesbaden 2015
N. Abbas et al. (Hrsg.), *Supranationalität und Demokratie,*
Staat – Souveränität – Nation, DOI 10.1007/978-3-658-05335-2_2

Rat von ihren Regierungen vertreten, die ihrerseits den nationalen Parlamenten oder den Staatsbürgern unmittelbar demokratisch verantwortlich sind. Im Weiteren wird Transparenz zugesagt und eine Europäische Bürgerinitiative eingeführt. Das Europäische Parlament erhält mehr Rechte.

Von der Billigung des Vertragsinhalts durch das Bundesverfassungsgericht darf aber nicht auf Zufriedenheit mit dem Entwicklungsstand der europäischen Demokratie geschlossen werden. Das Gericht ist keineswegs frei von Bedenken gegen den Vertrag, und gerade was die Demokratie angeht, äußert es sich sehr kritisch. Im Urteil heißt es: „Der Vertrag von Lissabon führt nicht auf eine neue Entwicklungsstufe der Demokratie" (BVerfGE 123, 267 (379)). Und weiter: „Das Europäische Parlament ist auch nach der Neuformulierung in Art. 14 Abs. 2 EUV-Lissabon und entgegen dem Anspruch, den Art. 10 Absatz 1 EUV-Lissabon nach seinem Wortlaut zu erheben scheint, kein Repräsentationsorgan eines souveränen europäischen Volkes" (ebd., S. 372). Das – gemessen an staatlichen Demokratieanforderungen – bestehende Demokratiedefizit der europäischen Hoheitsgewalt könne auch durch die auf Beteiligung und Transparenz zielenden Rechte der Bürger nicht aufgewogen werden (vgl. ebd., S. 377 ff.). Die Struktur der EU bilde vielmehr ein „erhebliches Hindernis bei der personellen und sachlichen Durchsetzung eines repräsentativen parlamentarischen Mehrheitswillens" (ebd., S. 376.). Das Gericht ringt sich daher nur mühsam zu einem „noch" vereinbar mit dem Grundgesetz durch (vgl. ebd., S. 370).

Wenn man vor dem Hintergrund dieser Divergenzen den Zustand der demokratischen Legitimation der EU und der von ihr ausgeübten Hoheitsgewalt untersuchen will, muss man von der rechtlichen Einrichtung und Ausgestaltung der demokratischen Legitimationsströme ausgehen. Dabei ist zwischen den Ebenen der Hervorbringung und Organisation der europäischen öffentlichen Gewalt, in konstitutioneller Terminologie also dem *pouvoir constituant*, und der Ausübung europäischer öffentlicher Gewalt, also dem *pouvoir constitué*, zu unterscheiden. Demokratie erschöpft sich allerdings nicht im Rechtlich-Institutionellen. Dieses bildet lediglich die Grundlage und den Rahmen eines demokratischen Prozesses, der in den verfassten Institutionen und Verfahren gipfelt, aber nicht aufgeht, sondern in der Gesellschaft wurzelt und die Bürger samt ihren Assoziationen und spontanen kollektiven Aktionsformen sowie die intermediären Einrichtungen, namentlich die Medien einer demokratischen Öffentlichkeit, umfasst. Auf dieser dem rechtlichen Rahmen vorgelagerten Ebene der tatsächlichen Voraussetzungen und Entwicklungschancen entscheidet sich die demokratische Substanz einer politischen Einheit. Ihr demokratischer Zustand ergibt sich erst aus der Zusammenschau beider.

2 Die Konstituierungsebene

Oberster Grundsatz jeder staatlichen Demokratie ist, dass die Staatsgewalt vom Volk ausgeht. Volk meint das Staatsvolk. Dieses ist das Legitimationssubjekt. Es besitzt originäre Gewalt. Es kann sie aber nicht durchgängig selber ausüben, sondern benötigt dafür Organe. Diese leiten ihre Gewalt vom Volk ab. Das Legitimationsprinzip des demokratischen Staates ist die Volkssouveränität. Sie äußert sich im Akt der Verfassungsgebung. In ihm werden Form und Inhalt der politischen Einheit festgelegt. Üblicherweise geschieht das dadurch, dass eine verfassunggebende Versammlung vom Volk eingesetzt wird oder ein Verfassungsentwurf vom Volk in Kraft gesetzt wird. Bedingung ist das nicht. Es erscheint ausreichend, dass die Staatsgewalt dem Volk als Quelle aller öffentlichen Gewalt zugeschrieben und so ausgestaltet wird, dass sich der Volkswille für die Ausübung der Staatsgewalt Geltung verschaffen kann. Das setzt voraus, dass die Staatsorgane die Staatsgewalt im Auftrag des Volkes ausüben und sich für die Ausübung vor dem Volk zu verantworten haben. Das wichtigste Mittel zur Realisierung des Legitimations- und Verantwortungszusammenhangs ist die Wahl, sein Vehikel die Parteienkonkurrenz um Wählerstimmen.

Die Rechtsgrundlage der EU, das Dokument, dem sie Existenz, Form und Inhalt verdankt, sind die europäischen Verträge, aktuell der Vertrag von Lissabon als vorläufig letzter in einer Reihe von Gründungs- und Änderungsverträgen. Er bildet das Äquivalent zur Staatsverfassung. In der Entstehungsweise unterscheidet er sich aber von einer Verfassung. Zustande gekommen ist er auf dieselbe Weise wie alle bisherigen europäischen Verträge. Die Staats- und Regierungschefs der Mitgliedstaaten haben einen völkerrechtlichen Vertrag geschlossen, der dann von den Mitgliedstaaten in dem von ihren nationalen Verfassungen vorgesehenen Verfahren ratifiziert wurde. Die Unionsbürger – von einem Unionsvolk sprechen die Verträge nicht – hatten daran keinen Anteil. Das Legitimationsprinzip der europäischen Verträge ist nicht die Volkssouveränität, sondern die Staatensouveränität.

Das heißt aber nicht, dass der EU die demokratische Legitimation fehle. Der Lissabon-Vertrag verleiht ihr wie schon seine Vorgänger eine demokratische Legitimation insofern, als die Mitgliedstaaten ihm ihrerseits in einem demokratischen Verfahren zugestimmt haben. Die Völker der Mitgliedstaaten waren daran beteiligt, dort wo ein Referendum stattfand, direkt, dort wo ein Parlamentsbeschluss genügte, indirekt. Aber sie waren beteiligt als Staatsvölker, die dem Vertragsschluss durch ihre nationalen Regierungen zustimmten, nicht als Unionsvolk. Die demokratische Legitimation des Vertrages rührt also ausschließlich von den Mitgliedstaaten her. Die EU war Objekt des Vertragsschlusses, nicht Subjekt. Sie besitzt, was ihre Existenz, ihre Zwecke und ihre Organisation angeht, keine Eigenlegitimation, sondern ist fremdlegitimiert.

Das ließe sich freilich ändern. Die EU ist nicht ein für alle Mal auf Fremdlegitimation festgelegt. Die Mitgliedstaaten hätten im Weg des Vertragsschlusses
die konstituierende Gewalt für die Zukunft auf die EU übertragen und damit die
völkerrechtlichen Verträge zur Verfassung machen können. Das ist aber nicht geschehen und war selbst in dem gescheiterten Verfassungsvertrag nicht vorgesehen. Änderungen des Vertrages erfolgen auch in Zukunft im Wesentlichen nach
dem völkerrechtlichen Modus. Das nunmehr in Art. 48 EUV geregelte Verfahren
zur Vertragsänderung ist aber differenzierter und komplizierter geworden: differenzierter, indem Art. 48 drei Verfahrensarten unterscheidet; komplizierter, indem
nicht nur Regeln für die Entscheidung, sondern auch für die Vorbereitung der Entscheidung aufgestellt werden, und zwar für jede Verfahrensart andere. Das kann
hier nicht in allen Einzelheiten dargestellt werden. Zusammengefasst lässt sich
sagen, dass die Unionsbürger als Legitimationssubjekte nirgends unmittelbar ins
Spiel kommen. Mittelbar kommen sie über das Europäische Parlament ins Spiel.
Die Beteiligung bleibt aber im Wesentlichen auf die Vorbereitungsphase beschränkt. Zur Mitentscheidung ist das Europäische Parlament nur in einem unter-
geordneten Fall berufen.

Im ordentlichen Änderungsverfahren ändert sich am Entscheidungsmodus
gegenüber der bisherigen Lage nichts. Vertragsänderungen werden von einer
Konferenz der Regierungen der Mitgliedstaaten einstimmig beschlossen (Art. 48
Abs. 4 Satz 1 EUV) und treten in Kraft, wenn sie von allen Mitgliedstaaten nach
Maßgabe ihrer Verfassungen ratifiziert worden sind (Art. 48 Abs. 4 Satz 2 EUV).
Im vereinfachten Änderungsverfahren, das allein den Dritten Teil des AEUV („Die
internen Politiken und Maßnahmen der Union") betrifft und in keinem Fall zur
Ausdehnung von EU-Kompetenzen führen darf (Art. 48 Abs. 6 Satz 3 EUV), be-
schließt der Europäische Rat. Der Beschluss muss einstimmig fallen und tritt nach
Zustimmung sämtlicher Mitgliedstaaten in Kraft (Art. 48 Abs. 6 Satz 2 EUV). Dieses Verfahren ist erstmals im Zuge der Bekämpfung der Finanzkrise zur Anwendung gekommen und hat zur Ergänzung von Art. 136 AEUV geführt. Der EuGH
hat die Gültigkeit des Beschlusses bestätigt.[1]

Schließlich kann im sogenannten Brückenverfahren im Geltungsbereich des
AEUV oder des Titels V des EUV („Allgemeine Bestimmungen über das auswärti-
ge Handeln der Union und besondere Bestimmungen über die gemeinsame Außen-
und Sicherheitspolitik") in einzelnen Fällen vom Erfordernis der Einstimmigkeit
im Rat zur qualifizierten Mehrheit und vom besonderen zum ordentlichen Gesetz-

---

[1] Siehe Urteil in der Rechtssache Rs. C-370/12 vom 27.11.2012; EuGRZ 2012, 732, dort 717
auch die Stellungnahme der Generalanwältin Kokott.

gebungsverfahren, in dem das Parlament mitentscheidet, übergangen werden. Der Beschluss erfordert Einstimmigkeit im Europäischen Rat, das Europäische Parlament muss zustimmen, jedes nationale Parlament hat ein Vetorecht (Art. 48 Abs. 6 Satz 7 EUV). Eine Ratifikation in den Mitgliedstaaten ist nicht vorgeschrieben.

Während die Entscheidung im ordentlichen Verfahren den Mitgliedstaaten vorbehalten ist, also außerhalb der EU fällt, entscheidet im vereinfachten Verfahren und im allgemeinen Brückenverfahren der Europäische Rat, also ein Organ der EU. Die EU ist hier folglich nicht Objekt, sondern Subjekt der Entscheidung. Allerdings handelt es sich um dasjenige Organ, in dem die Staatsoberhäupter oder Regierungschefs der Mitgliedstaaten sitzen, und diese müssen einstimmig entscheiden. Im allgemeinen Brückenverfahren tritt dagegen ein Element europäischer Eigenlegitimation hinzu, insofern das Europäische Parlament mitentscheidet, wenn auch lediglich mit negativer Wirkung. Es kann Beschlüsse des Europäischen Rats nur ablehnen, nicht auf den Weg bringen oder inhaltlich determinieren.

Das Bundesverfassungsgericht hat sich mit dem Verfahren der Vertragsänderung im Zusammenhang mit seiner Annahme auseinandergesetzt, dass es „nach Maßgabe der Integrationsermächtigung des Art. 23 Abs. 1 GG in Verbindung mit der Präambel, Art. 20, Art. 79 Abs. 3 und Art. 146 GG kein eigenständiges Legitimationssubjekt für die europäische öffentliche Gewalt geben (kann), das sich unabgeleitet von fremdem Willen und damit aus eigenem Recht gleichsam auf höherer Ebene verfassen könnte" (BVerfGE 123, 267 (349)). Daraus folgt für das Gericht, dass die Mitgliedstaaten die „Herren der Verträge" bleiben müssen, der *pouvoir constituant* also nicht auf die EU übergehen darf und die Kompetenz-Kompetenz weiterhin den Mitgliedstaaten zustehen muss. Darin liegt folglich eine Begrenzung der Integrationsbereitschaft Deutschlands und mithin auch eine Begrenzung der demokratischen Eigenlegitimation Europas. Sie darf die Fremdlegitimation durch die Mitgliedstaaten nicht verdrängen.

Diese Begrenzung wird selber wieder demokratisch gerechtfertigt, und zwar auf der höchsten Rangstufe des Grundgesetzes, Art. 79 Abs. 3 GG. Geschützt wird die verfassunggebende Gewalt des deutschen Volkes. Von ihm empfangen die Organe des deutschen Staates ihr Mandat. Das Mandat schließt gemäß Art. 79 Abs. 1 Satz 1 und Abs. 2 GG auch Änderungen der Verfassung ein. Der verfassungsändernde Gesetzgeber kann aber nicht die ihm vorgegebene Grundlage seiner Befugnisse aufheben und das Auftragsverhältnis beenden. Die Selbstbestimmung des deutschen Volkes, die nach innen in der verfassunggebenden Gewalt, nach außen in der Souveränität Ausdruck findet, steht nicht zur Disposition. Nicht nur können die Organe der Bundesrepublik diese nicht aufgeben und auf die EU übertragen. Sie können auch nicht die Verfassung derart ändern, dass eine solche Übertragung zulässig würde. Die Ermächtigung dazu kann allein das deutsche Volk erteilen,

aber wegen der Änderungsfestigkeit des Grundgesetzes in diesem Punkt nur im
Wege der Inkraftsetzung einer neuen Verfassung, die die Eingliederung Deutschlands in einen europäischen Staat ausdrücklich vorsieht oder erlaubt (vgl. BVerfGE
123, 267 (347 f., 363 ff.)).

Was das ordentliche Änderungsverfahren angeht, kann kein Zweifel bestehen,
dass die konstituierende Gewalt nicht auf die EU übergegangen ist. Im vereinfachten Verfahren und namentlich im allgemeinen Brückenverfahren ist das weniger
eindeutig. Entscheidungsinstanz ist in beiden Fällen der Europäische Rat, also im
Unterschied zu der Konferenz der Staats- und Regierungschefs, die nicht zu den
EU-Organen zählt, ein EU-Organ. Formal betrachtet geht es also nicht mehr um
Fremdbestimmung, sondern um Selbstbestimmung. Bei materieller Betrachtung
schrumpft dieser Unterschied aber, denn der Personenkreis der Konferenz und des
Europäischen Rats ist identisch, und Entscheidungen fallen hier wie dort einstimmig. Kein Mitgliedstaat wird also einem fremden Willen unterworfen. Insofern
kann man sagen, dass die Mitgliedstaaten auch im vereinfachten Verfahren die
„Herren der Verträge" bleiben. Im Brückenverfahren kann den Mitgliedstaaten
zwar keine Vertragsänderung aufgezwungen werden, die sie ablehnen. Sie können aber ihrerseits nicht jede Änderung, die sie wünschen, durchsetzen. Insofern
schmälert das Brückenverfahren den Vollbesitz der konstituierenden Gewalt, allerdings in einem engen Bereich von relativ geringem Gewicht.

Ein europäisches Legitimationssubjekt für die rechtliche Grundordnung der EU
entsteht dadurch jedenfalls nicht. Jürgen Habermas' ambitionierter Versuch, eine
europäische verfassunggebende Gewalt der Bürger nachzuweisen, die von diesen
doppelt, einmal als Unionsbürger, einmal als Staatsbürger wahrgenommen wird,
hat im Lissabon-Vertrag keine Grundlage (vgl. Habermas 2011, S. 62–74).[2] Dort,
wo im Staat die Demokratie gipfelt, auf der Ebene des *pouvoir constituant*, gibt es
keine europäische Demokratie. Gäbe es sie hier, würde das bedeuten, dass die EU
sich, was ihre Existenz, ihre Rechtsgrundlage, ihre Zwecke und Befugnisse angeht,
von den Mitgliedstaaten verselbständigt hätte und eine selbsttragende Einrichtung
geworden wäre. Die Entscheidung über die Kompetenzverteilung fiele nicht mehr
auf der unteren, sondern auf der höheren Ebene. Mit anderen Worten: die EU wäre
willentlich oder unwillentlich selber zum Staat geworden.

Weil das Grundgesetz die Preisgabe der souveränen deutschen Staatlichkeit
verbietet, dürfte sich die Bundesrepublik einem solchen Unterfangen nicht anschließen. Die Verstaatlichung der EU bildet für Deutschland kein erstrebenswer-
tes Ziel, sondern eine abzuwehrende Gefahr. Die Gefahr erscheint freilich nicht

---

[2] Näher dazu siehe meine Auseinandersetzung mit Habermas' Thesen in Grimm 2012,
S. 275, 285 ff.

akut. Deswegen richtet sich die verfassungsgerichtliche Besorgnis auf die näherliegende Bedrohung durch die Neuregelung des Vertragsänderungsverfahrens. Jede Befugniserweiterung für die EU bedeutet eine Änderung des Grundgesetzes, weil die aufgrund einer solchen Befugnis ergehenden europäischen Rechtsakte in Deutschland Geltung beanspruchen, ohne sich nach dem Grundgesetz richten zu müssen. Das Bundesverfassungsgericht verlangt deswegen, dass die deutsche Zustimmung nach den Vorschriften erfolgt, die für Verfassungsänderungen gelten, und zwar auch, soweit das vom Europarecht und von Art. 23 Abs. 1 Satz 3 GG nicht ausdrücklich gefordert wird.

Das hat namentlich zur Folge, dass Art. 79 Abs. 2 und 3 GG beachtet werden muss. Der Bundestag hat die „Integrationsverantwortung" (BverfGE 123, 267 (351, 356, 433)). Er kann sie freilich nur wahrnehmen, wenn er übersieht, was bei einer Vertragsänderung auf dem Spiel steht. Das Bundesverfassungsgericht ist sich aber bewusst, dass die Tragweite einer Ermächtigung im vereinfachten Vertragsänderungsverfahren nur schwer bestimmbar und kaum vorhersehbar ist. Es begnügt sich gleichwohl damit, die innerstaatlichen Anforderungen an die deutsche Zustimmung über das vom Lissabon-Vertrag vorgesehene Maß hinaus anzuheben, obwohl damit der schweren Vorhersehbarkeit und also der Möglichkeit des Bundestages, seine Integrationsverantwortung wahrzunehmen, nicht abgeholfen werden kann.

Besorgt zeigt sich das Bundesverfassungsgericht allerdings auch über die nicht erst mit dem Lissabon-Vertrag entstandene Gefahr schleichender Vertragsänderungen. Damit sind Änderungen gemeint, die nicht im Weg des Vertragsschlusses, sondern im Gewand der Vertragsauslegung erfolgen und damit die Vorkehrungen von Art. 48 EUV unterlaufen. Das Gericht sagt dazu, die EU dürfe sich der Kompetenz-Kompetenz nicht „bemächtigen" (ebd. S. 353). Beim „Bemächtigen" sind nicht die Mitgliedstaaten am Werk, die die Kompetenz-Kompetenz durch einen Akt der Vertragsänderung abgeben, vielmehr ist die EU selber am Werk, die sich die Kompetenz-Kompetenz holt.

Diese Gefahr geht nach Ansicht des Gerichts vor allem vom EuGH aus. Wenn es den Lissabon-Vertrag daran nicht scheitern lassen will, kommen auch hier jedoch nur Vorkehrungen auf der nationalen Ebene in Betracht. Daher bekräftigt das Gericht, dass Rechtsakte, die auf eine Vertragsauslegung gestützt sind, welche die Grenze zur Vertragsänderung überschreitet, in Deutschland keine Anwendung finden. Die Befugnis, darüber mit Wirkung für Deutschland letztverbindlich zu entscheiden, reklamiert das Bundesverfassungsgericht für sich, denn „anders können die von Art. 4 Abs. 2 Satz 1 EUV-Lissabon anerkannten grundlegenden politischen und verfassungsmäßigen Strukturen souveräner Mitgliedstaaten bei fortschreitender Integration nicht gewahrt werden" (BVerfGE 123, 267 (354); BVerfGE 126, 286). Das Gericht bildet so das einzig wirksame Gegengewicht gegen diejenigen

Terraingewinne, welche die EU auf administrativen und judikativen Pfaden erzielt (vgl. Grimm 2012, S. 128).

3   Die Ausübungsebene

Auf der Ausübungsebene verlangt das Demokratieprinzip, dass die mit öffentlichen Aufgaben betrauten und mit öffentlicher Gewalt ausgestatteten Personen und ihre Handlungen demokratisch legitimiert sind (vgl. Böckenförde 2004, S. 429). Die Legitimation hat personelle, funktionale und sachliche Aspekte. In personeller Hinsicht bedeutet demokratische Legitimation, dass die Mandatsinhaber und Amtswalter in eine Legitimationskette eingegliedert sind, die auf die Bürger rückführbar ist. In funktionaler Hinsicht geht es darum, dass sie zu ihren Handlungen von den Bürgern autorisiert sind. Öffentliche Gewalt ist stets kompetenziell begrenzt. Unautorisiertes Handeln stellt nicht lediglich eine Kompetenzverletzung, sondern auch einen Demokratieverstoß dar. In sachlicher Hinsicht verlangt das Demokratieprinzip, dass sich die Handlungen der Organwalter aus dem Willen der Bürger herleiten lassen. Der demokratisch gebildete Wille muss sich in ihre Entscheidungen hineinvermitteln. Wie diese Grundsätze im Einzelnen ausgestaltet werden, ist offen. Es gibt kein Einheitsmodell demokratischer Herrschaft.

In den Anfängen der europäischen Integration ging die demokratische Legitimation der europäischen Hoheitsgewalt allein von den Mitgliedstaaten aus. Eine europäische Eigenlegitimation war nicht vorgesehen. Die Legitimationskette für die EWG-Organe führte auf die nationalen Wahlen zurück. Die aus ihnen hervorgegangenen Regierungen der Mitgliedstaaten bildeten den Rat. Sie entschieden über die Zusammensetzung von Kommission und EuGH. Das anfangs als „Versammlung" bezeichnete Europäische Parlament setzte sich aus Abgeordneten der mitgliedstaatlichen Parlamente zusammen und hatte keine Entscheidungsbefugnisse, sondern nur beratende Funktionen. Der Rat war der alleinige europäische Gesetzgeber, wenn auch ohne das Initiativrecht, das der Kommission als Wahrer des Gemeinschaftsinteresses zustand. Das Einstimmigkeitsprinzip bei Ratsentscheidungen garantierte, dass die Legitimationskette zu den Mitgliedstaaten nicht unterbrochen wurde. Kommission und Gericht waren an das von den Mitgliedstaaten vereinbarte Primärrecht und das vom Rat gesetzte Sekundärrecht gebunden.

Ein Bedürfnis nach demokratischer Eigenlegitimation machte sich erst geltend, als 1987 mit der Einheitlichen Europäischen Akte das Einstimmigkeitsprinzip im Rat aufgegeben wurde. War es bis dahin ausgeschlossen, dass in einem Mitgliedstaat europäisches Recht Geltung beanspruchte, dem dieser nicht zuvor durch seine demokratisch legitimierten und kontrollierten Organe zugestimmt hatte, so kann seitdem der Fall eintreten, dass in Mitgliedstaaten europäisches Normen zur Anwendung kommen, die von dem demokratisch gebildeten Willen der Staaten nicht getragen werden, ihm womöglich sogar entgegengesetzt sind. Angesichts dieser Verselbständigung der Gemeinschaft von den Mitgliedstaaten reichte die nationale Legitimationszufuhr nicht mehr aus. Sollte die europäische gesetzgebende Gewalt demokratisch hinlänglich legitimiert sein, musste eine Eigenlegitimation hinzutreten. Dafür bot sich nach staatlichem Vorbild das Europäische Parlament an.

Bereits seit 1979 wird das Europäische Parlament nicht mehr von den nationalen Parlamenten beschickt, sondern von den Bürgern der Mitgliedstaaten direkt gewählt, in Ermangelung eines europäischen Wahlrechts allerdings nach dem nationalen Wahlrecht jedes Mitgliedstaates. Durch die EEA erhielt es begrenzten Anteil an der europäischen Gesetzgebung und wurde nun auch offiziell als Parlament mit der Funktion, eine demokratische Repräsentation der Völker der Mitgliedstaaten auf Gemeinschaftsebene zu sein, anerkannt. Die nachfolgenden Verträge dehnten seine Rechte weiter aus, ohne das Parlament jedoch dem Rat bei der Gesetzgebung gleichzustellen. Die Bildung der Kommission hing seit dem Vertrag von Maastricht von der Zustimmung des Europäischen Parlaments ab. Schon mit dem Vertrag von Nizza wurden die Kommissare vom Rat ernannt, nicht mehr von den nationalen Regierungen entsandt.

Nach dem Lissabon-Vertrag gilt für die demokratische Legitimation der Unionsorgane und ihrer Rechtsakte Folgendes. Eine direkte europäische Legitimation in personeller Hinsicht genießt nur das Europäische Parlament. Umgekehrt sind der Europäische Rat und dessen Präsident sowie der Rat allein von den Mitgliedstaaten legitimiert. Die Kommission kann sich auf eine gemischte Legitimation stützen. Der Kommissionspräsident wird auf Vorschlag des Europäischen Rats vom Europäischen Parlament gewählt. Die übrigen Mitglieder der Kommission werden vom Rat im Einvernehmen mit dem gewählten Präsidenten benannt. Das Kollegium bedarf der Zustimmung des Europäischen Parlaments. Der Europäische Rat ernennt die Kommissare. Die Berufung der Mitglieder des EuGH ist weiterhin allein Sache der nationalen Regierungen.

Diese Feststellungen über die personelle Legitimation sind jedoch wenig aussagekräftig, solange sie nicht in Beziehung zum relativen Gewicht und den Befugnissen der Organe gesetzt werden. Geschieht das, so zeigt sich, dass das europäisch am stärksten legitimierte, in seiner personellen Besetzung von den Mitgliedstaaten völlig unabhängige Organ, das Europäische Parlament, nach seinen Befugnissen das schwächste ist. Trotz des Kompetenzgewinns bei Gesetzgebung, Haushaltsaufstellung und Bildung der Kommission bleibt es im Wesentlichen auf Zustimmungsrechte zu anderwärts getroffenen Entscheidungen beschränkt, kann vermittels seiner Vetopositionen freilich im Vorfeld auf den Entscheidungsinhalt Einfluss nehmen und hat die Möglichkeit, die Kommission durch ein Misstrauensvotum zum Rücktritt zu zwingen.

Seine begrenzte Rolle zeigt sich aber vor allem daran, dass die Politik der Kommission und erst recht die der übrigen Organe vom Wahlausgang unabhängig sind. Die großen Richtungsentscheidungen bleiben dem Europäischen Rat vorbehalten, die kleineren dem Rat und der Kommission. Die Mehrheitsverhältnisse im Europäischen Parlament sind nicht ausschlaggebend für das Handeln der anderen Organe. Schon der Begriff der parlamentarischen Mehrheit scheint angesichts der Tatsache, dass im Europa-Wahlkampf die nationalen Parteien konkurrieren, während im Europäischen Parlament übernationale Fraktionen richtungsverwandter nationaler Parteien agieren, fragwürdig.

Bei den europäischen Leitentscheidungen in den von den nationalen Regierungen besetzten Ratsorganen dominieren nicht Parteilinien, sondern nationale Interessen, die im Wege der Negotiation, nicht der Deliberation ausgeglichen werden. Die gemischt legitimierte Kommission, deren Mitglieder nicht weisungsgebunden gegenüber ihren Herkunftsstaaten sind, zieht einen beträchtlichen Grad an Selbständigkeit aus dem Initiativmonopol bei der Gesetzgebung, ihrer Unabhängigkeit von den Mitgliedstaaten bei der Durchsetzung des Integrationsprogramms, ihrem Recht, Vertragsverletzungsverfahren gegen die Mitgliedstaaten beim EuGH in Gang zu setzen, und dem europäischen Horizont ihres Fachpersonals in den Generaldirektionen.

4   Das Demokratiedefizit

Wird dieser Zustand der EU zu Recht als demokratisch defizitär beurteilt?

Das ist zuvörderst eine Frage des Maßstabs. Zöge man die Anforderungen an staatliche Demokratien heran, so schnitte die EU schlecht ab. Indessen ist die EU kein Staat und darf nach Auffassung des Bundesverfassungsgerichts auch keiner werden, wenn Deutschland ihr weiter angehören soll. Das Bundesverfassungsgericht betont daher wieder und wieder, dass die europäische Demokratie nicht der staatlichen nachgebildet werden muss und folglich auch nicht am staatlichen Maßstab gemessen werden darf (vgl. BVerfGE 123, 267).[3] Da sie eine Veranstaltung souveräner Staaten ist und ihre demokratische Legitimation zum größeren Teil von diesen erhält, soll das erforderliche Legitimationsniveau vielmehr von der

---

[3] Dort S. 344: nicht an den konkreten Ausprägungen des Demokratieprinzips im Staat messen; 347: Abweichungen von den Organisationsprinzipien staatlicher Demokratie erlaubt; 365: keine strukturelle Kongruenz nötig; 366: nicht in der gleichen Weise zu verwirklichen wie im Grundgesetz.

Menge der übertragenen Kompetenzen sowie dem Grad der Verselbständigung der europäischen Entscheidungsverfahren abhängen (vgl. ebd., 364.). Der Maßstab ist also variabel. Die Anforderungen wachsen mit dem Fortschritt der Integration. Sie dürfen aber nicht beliebig wachsen. Verfassungsrechtliche Grenzen der europäischen Demokratie ergeben sich aus der Funktionsfähigkeit der mitgliedstaatlichen Demokratie und dem aus dem Grundgesetz abgeleiteten Verstaatlichungsverbot.

Dass der notwendige Demokratisierungsgrad der EU von dem Umfang ihrer Zuständigkeiten und dem Ausmaß ihrer Verselbständigung von den Mitgliedstaaten abhängt, leuchtet ein. Die Schwierigkeiten kommen mit der Handhabung dieser Kriterien. Auch wenn man davon ausgeht, dass der gegenwärtige Legitimierungsgrad ausreicht, kündigt sich in dem „noch" des Bundesverfassungsgerichts doch an, dass sich das im Fortgang der Integration ändern kann. Die entscheidende Frage lautet dann aber, wie sich bestimmen lässt, wann die demokratischen Anforderungen erhöht werden müssen und mit welchen Mitteln das geschehen soll. Wo liegt die Schwelle, hinter der die Erhöhung des Legitimationsniveaus notwendig ist, und wann stößt die Erhöhung an die verfassungsrechtliche Grenze von Art. 38 Abs. 1 GG, wonach dem Deutschen Bundestag genügend Politiksubstanz erhalten bleiben muss, damit seine Wahl noch politisch folgenreich ist? Auch das ist schwer zu bestimmen. Die Liste der Gesetzgebungsmaterien im Lissabon-Urteil, die das Bundesverfassungsgericht für besonders stark national geprägt hält, markiert jedenfalls diese Grenze nicht, sondern ist eher als Warnsignal gemeint (vgl. ebd. 359 (Liste), 357 (kein Übertragungsverbot)).

Es scheint nicht einmal möglich, verlässliche Auskunft über das aktuelle Verhältnis von vergemeinschafteten zu staatlichen Regelungsmaterien zu erhalten. Jenseits der wenigen in Art. 3 AEUV geregelten ausschließlichen Zuständigkeiten der EU ist die Gemengelage unübersichtlich und in ständiger Veränderung begriffen. Das hat seine Ursache nicht zuletzt darin, dass die Kompetenzabgrenzung zwischen der EU und den Mitgliedstaaten nicht, wie in Bundesstaaten üblich, von einem gegenständlichen, sondern einem finalen Kriterium beherrscht wird. Nach Art. 26 AEUV darf die EU diejenigen Maßnahmen ergreifen, die zur Verwirklichung des Binnenmarkts und zur Aufrechterhaltung seiner Funktionsfähigkeit erforderlich sind.

Zu diesen Maßnahmen gehört insbesondere die Abschaffung nationaler Rechtsnormen, die ein Hindernis für die Verwirklichung des Binnenmarkts und den Wettbewerb bilden. Sie müssen den wirtschaftlichen Grundfreiheiten des Art. 24 Abs. 2 AEUV weichen. Was ein Hindernis bildet, kann eng definiert und auf Normen beschränkt werden, die ausländische Marktteilnehmer diskriminieren. Es kann aber auch weit definiert werden mit der Folge, dass als Behinderung des freien Verkehrs von Waren, Personen, Dienstleistungen und Kapital auch nationale Regeln gelten, denen keinerlei wirtschaftliches oder gar diskriminierendes Motiv zugrunde liegt. Wählt man diese Interpretation, wird die Norm entgrenzt und kann nach den wirtschaftspolitischen Präferenzen der Rechtsanwender eingesetzt werden. Die Kommission tendiert, meist mit Rückendeckung des EuGH, zu einer weiten Interpretation (Haltern 2007, S. 657–798; Streinz 2010, S. 1). Zahlreiche Normen des nationalen Rechts haben aufgrund dessen ihre Anwendbarkeit verloren, auch wenn sie legitime Schutzziele verfolgten oder sogar in Erfüllung verfassungsrechtlicher Schutzpflichten erlassen wurden. Das endet nicht zwangsläufig in Deregulierung, denn im Verfolg des Binnenmarkt-Ziels kann gemäß Art. 114 ff. AEUV nationales Recht durch Unionsrecht ersetzt werden. Aber die Bedingungen für die Setzung europäischen Rechts sind schwerer als die Bedingungen für die Abschaffung nationalen Rechts. Während die negative Integration, also die Beseitigung nationaler Regelungen, auf administrativem und judikativem Weg erfolgt, ohne dass die politischen Organe Rat und Parlament intervenieren könnten, verlangt die positive Integration durch Setzung von Unionsrecht einen politischen Akt von Kommission, Rat und Parlament, für den die Konsensschwellen hoch liegen (vgl. Scharpf 1999, S. 43–83).

Ähnliche Schwierigkeiten tauchen bei Anwendung des Kriteriums der Verselbständigung der europäischen Entscheidungsverfahren von den Mitgliedstaaten auf. Ohne die Verselbständigung hätte es keinen Integrationsfortschritt, aber auch kein Demokratieproblem gegeben. Will man das Problem lösen, muss man ermitteln, wo und wie es zur Verselbständigung kommt. Im Europäischen Rat kann keine Verselbständigung eintreten. In ihm sind die Staaten durch ihre höchsten Repräsentanten vertreten und entscheiden einstimmig. Im Rat entscheiden ebenfalls nur die Vertreter der Staaten, jedoch meist mit Mehrheit. Der demokratisch gebildete Wille der überstimmten Staaten wird also übergangen. Aber das Entscheidungsverfahren ist nicht gegenüber den Mitgliedstaaten verselbständigt.

Das Europäische Parlament ist dagegen gerade der Quell der europäischen Eigenlegitimation, durch das die Lücken der Fremdlegitimation geschlossen werden sollen. Aus diesem Grund ist es institutionell von den Mitgliedstaaten verselbständigt worden, funktional aber nicht, denn es muss bei der Gesetzgebung mit dem Rat zusammenwirken. Desgleichen wirkt es an der Berufung der Kommission nur mit. Verselbständigt von den Mitgliedstaaten ist es allein im Fall des Misstrauensvotums gegen die Kommission. Eine Verselbständigung träte jedoch ein, wenn das Parlament zum eigentlichen Gesetzgeber würde und sich über etwaige Mitentscheidungsrechte des Rates hinwegsetzen dürfte. Zur Verselbständigung käme es auch, wenn das Parlament die Kommission bildete, so wie im parlamentarischen System die Volksvertretung die Regierung bildet. Dann müsste das europäische Demokratieniveau angehoben werden.

Es bleiben die Rechtsanwendungs- und -durchsetzungsinstanzen EuGH und Kommission. Der EuGH ist in seinem Entscheidungsverfahren vollständig von den Mitgliedstaaten verselbständigt. Er muss es aber auch sein, weil er anders seine Aufgabe der Auslegung und Durchsetzung des Unionsrechts nicht erfüllen könnte. Dass manche nationale Höchstgerichte sich gegenüber dem EuGH das letzte Wort vorbehalten, bringt dessen Entscheidungsverfahren nicht in Abhängigkeit von den Mitgliedstaaten. Die Kommission soll gegenüber den Mitgliedstaaten, die im Rat zuvörderst ihre nationalen Interessen verfolgen, ganz dem Gemeinschaftsinteresse verpflichtet sein, muss sich also ebenfalls von den Mitgliedstaaten verselbständigen, um diese Funktion erfüllen zu können. Die Verselbständigung wird insbesondere dort relevant, wo die Kommission dem Unionsrecht Anerkennung verschafft. Sie setzt dann, soweit es um Primärrecht geht, den demokratisch gebildeten Willen der Mitgliedstaaten als „Herren der Verträge", soweit es um Sekundärrecht geht, den Willen der europäischen Gesetzgebungsorgane Rat und Parlament durch. Ihre Rechtsbindung soll die Verselbständigung kompensieren.

Man muss sich aber fragen, wie weit das angesichts der Interpretationsfähigkeit und -bedürftigkeit des Rechts in dem spezifisch europäischen Fall gelingt. Interpretationen können die Intention des Normsetzers treffen oder verfehlen. Das ist im nationalen Recht nicht anders als im europäischen. Findet der Normsetzer, dass die Rechtsanwendung seine Intentionen verfehlt oder zu unerwünschten Ergebnissen führt, kann er die rechtsanwendenden Instanzen durch Gesetzesänderung umprogrammieren. Auf diese Weise wird die Verselbständigung von den demokratisch stärker legitimierten Gesetzgebungsorganen verhindert. Gerade diese demokratiesichernde Möglichkeit ist aber in der EU stark herabgesetzt. Das hängt mit der Eigenart des europäischen Primärrechts zusammen. Die Verträge, das Verfassungsäquivalent auf europäischer Ebene, beschränken sich nicht darauf, nach Art einer Verfassung Ziele, Kompetenzen, Organisation und Verfahren der Union festzulegen, sondern enthalten auch zahlreiche Regelungen, die im Staat im Gesetzesrecht zu finden wären, zum Beispiel das gesamte Wettbewerbsrecht. Das ist einer der Gründe, aus denen der Umfang der Verträge selbst denjenigen wortreicher Verfassungen bei weitem überschreitet.

Da die Regelungen aber aufgrund der Rechtsprechung des EuGH konstitutionalisiert worden sind, kann die Kommission sie gegenüber den Mitgliedstaaten unangefochten durchsetzen. Die Durchsetzung ist quasi Verfassungsvollzug. Entscheidende Umgestaltungen der Wirtschafts- und Sozialsysteme der Mitgliedstaaten, der Abbau zahlreicher öffentlicher Dienstleistungen, die Beseitigung nationaler Schutznormen, die Neubestimmung des Verhältnisses von Markt und Staat sind auf diese Weise zustande gekommen (Höpner und Schäfer 2008, S. 129; Scharpf 2002, S. 645; Joerges und Rödl 2009, S. 1). Da es um Vertragsvollzug geht, kommt

weder das europäisch legitimierte Parlament noch der national legitimierte Rat
ins Spiel. Halten sie die Maßnahmen der Kommission für schädlich oder finden
sie, dass sie nicht die Intentionen der Mitgliedstaaten beim Vertragsschluss wi-
derspiegeln, so können sie die Entscheidungen der Kommission nicht im Wege
der Rechtsänderung korrigieren, wie es eine staatliche Legislative gegenüber der
Exekutive könnte. Jede Korrektur würde vielmehr eine Vertragsänderung voraus-
setzen, die an Schwierigkeit Verfassungsänderungen auf der nationalen Ebene weit
hinter sich lässt und daher meist illusorisch ist. Das europäische Demokratiedefizit
ist zum großen Teil eine Folge dieses Missverhältnisses von Politik und Verwaltung in der EU.

Finden die Mitgliedstaaten, dass der Kommission die Deckung durch den Vertrag fehlt, bleibt ihnen nur die Nichtigkeitsklage beim EuGH. Der EuGH, der zwar
personell allein von den einzelnen Mitgliedstaaten besetzt wird, ist ihnen gegenüber jedoch aufgrund der richterlichen Unabhängigkeit und begünstigt durch seine
juristische Professionalität bei einem integrationsfreundlichen Selbstverständnis
am weitesten verselbständigt. Erst durch seine Rechtsprechung ist es zur unmittelbaren Anwendbarkeit der ursprünglich als Richtlinien für die Rechtsetzung
gedachten vier wirtschaftlichen Grundfreiheiten und zum Vorrang des Gemein-
schaftsrechts vor dem nationalen Recht einschließlich der nationalen Verfassungen
gekommen, ohne welche die EU eine supranationale Organisation unter vielen geblieben wäre (vgl. van Gend und Loos, Slg. 1963, S. 1; Costa/ENEL, Slg. 1964,
1253; Weiler 1999; Alter 2001; Stone Sweet 2004.). Auf diesem Feld erzielt die
Verselbständigung europäischer Entscheidungsverfahren ihren höchsten Grad und
hier spitzt sich das Demokratieproblem besonders zu. Der EuGH ist freier als jedes
nationale Gericht (vgl. Scharpf 2011, S. 186).

Hier tut sich auch eine demokratie-abträgliche Kluft zwischen Zuständigkeit
und Verantwortlichkeit auf. Zuständig für die genannten Entscheidungen sind die
administrativen und judikativen Institutionen der EU, Kommission und EuGH,
während die politischen Institutionen, Parlament und Rat, sowie die Mitgliedstaaten daran keinen Anteil haben und auch nicht über Umsteuerungsmöglichkeiten
für die Zukunft verfügen. Die administrativen und judikativen Institutionen der EU
können aber für ihr Handeln nicht verantwortlich gemacht werden. Sie sind von
dem Ausgang der Europawahlen relativ unabhängig und auch gegenüber öffentli-
chem Druck weitgehend immunisiert.

Neben der Schwierigkeit zu bestimmen, wann eine Ausweitung europäischer
Kompetenzen oder die Verselbständigung eines Entscheidungsverfahrens eine
Erhöhung des europäischen Demokratieniveaus verlangt, tritt weiter die Schwie-
rigkeit zu bestimmen, worin eine erhöhte Demokratisierung bestehen könnte. Im
Lissabon-Urteil richtet sich die Kritik an der europäischen Demokratie vornehm-

lich darauf, dass das Europäische Parlament nach nationalen Kontingenten und „nicht als Vertretung der Unionsbürger als ununterscheidbarer Einheit nach dem Prinzip der Wahlrechtsgleichheit" gewählt wird (vgl. BVerfGE 123, 267 (371)), weswegen es der EU „an einem durch gleiche Wahl aller Unionsbürger zustande gekommenen politischen Entscheidungsorgan mit der Fähigkeit zur einheitlichen Repräsentation des Volkswillens" fehle (vgl. ebd., 372). Das könnte als Auffor-derung zu einer Änderung des Wahlrechts gelesen werden. Das Gericht hat aber nur den Lissabon-Vertrag auf seine Vereinbarkeit mit dem Grundgesetz zu prüfen. Der bestehende Zustand wird daher am Ende hingenommen, weil die Grundregel der Wahlrechtsgleichheit nur innerhalb eines Volkes gelte, „nicht in einem supra-nationalen Vertretungsorgan, das [...] eine Vertretung der miteinander vertraglich verbundenen Völker bleibt" (ebd., 371).

Im Lissabon-Urteil wird jedoch noch ein zweites Defizit konstatiert. Es fehle zudem an „einem System der Herrschaftsorganisation, in dem ein europäischer Mehrheitswille die Regierungsbildung so trägt, dass er auf freie und gleiche Wahl-entscheidungen zurückreicht und ein echter und für die Bürger transparenter Wett-streit zwischen Regierung und Opposition entstehen kann" (ebd., 372). Damit wird auf den geringen Entscheidungsgehalt der europäischen Wahlen und die fehlende Rückbindung des Handelns der Kommission an eine parlamentarische Mehrheit angespielt, die mitverantwortlich dafür sind, dass die Einwirkungschancen der Wähler auf die europäische Politik gering bleiben.

Auch hier gilt aber wieder, dass damit keine Reformforderung erhoben, sondern die Hinnehmbarkeit des Lissabon-Vertrages begründet wird. Denn „die Bildung einer eigenständigen und mit dem in Staaten üblichen Machtbefugnissen ausge-statteten Regierung aus dem Parlament heraus (wäre) grundlegenden Einwänden ausgesetzt" (ebd.). Solange es bei den Charakteristika eines Staatenverbundes bleibt, ist eine staatsanaloge Ausgestaltung der europäischen Demokratie nicht nötig (ebd., 368 f.). Wenn dagegen die Schwelle zum Bundesstaat überschritten würde, „müssten demokratische Anforderungen auf einem Niveau eingehalten werden, das den Anforderungen an die Legitimation eines staatlich organisierten Herrschaftsverbandes vollständig entspräche" (ebd., 364) – dann aber ohne die Bundesrepublik.

Zu den Problemen, die aus der Verwischung der Grenze zwischen Verfassungs-recht und Gesetzesrecht auf der europäischen Ebene herrühren, äußert sich das Bundesverfassungsgericht nicht. Sie bilden aber einen wichtigen Grund für die Legitimationsschwäche Europas, indem sie die Möglichkeit des Fällens von Ent-scheidungen hoher politischer Relevanz im unpolitischen Modus erst eröffnen. Das geeignete Mittel, dieses Problem zu lösen, bestünde in der Reduktion des Pri-märrechts auf seinen quasi-verfassungsrechtlichen Kern und die Ansiedlung des großen Restes auf der Ebene des einfachen Rechts. Es wird in der Reformdiskussion aber nicht ernstlich erwogen. Weitere Kompetenzverlagerungen und Verselbständigungen werden freilich nicht ausbleiben. Ebenso wenig werden Verfassungsklagen dagegen ausbleiben. Dann muss das Gericht mit seinen Maßstäben operieren und wird dabei nicht nur vor der Schwierigkeit stehen, den Eindruck des Dezisionismus zu vermeiden, sondern sich überhaupt in einer misslichen Situation befinden. Der einzelne Übertragungsakt, der einzelne Schritt zu weiterer Verselbständigung oder gar die einzelne extensive Interpretation wird immer zu klein erscheinen, um das Ergebnis zu rechtfertigen, dass das deutsche Zustimmungsgesetz verfassungswidrig sei oder dass erst ein neuer Vertrag zur Erhöhung des Demokratieniveaus geschlossen werden müsse, ehe die Kompetenzübertragung wirksam werden kann. Das Problem schafft erst die Summe vieler Einzelschritte. Die Summe steht aber nie zur gerichtlichen Prüfung.

Im Lissabon-Urteil dient das beklagte europäische Demokratiedefizit zugleich zur Rechtfertigung der Verfassungsmäßigkeit des Lissabon-Vertrages, denn auch nach diesem Vertrag wird die EU kein staatsanaloges Gebilde. Als Beleg wird gerade die Differenz zwischen dem Europäischen Parlament und einem staatlichen Parlament angeführt. Der Vertrag von Lissabon habe sich „gegen das Konzept einer europäischen Bundesverfassung entschieden, in dem ein europäisches Parlament als Repräsentationsorgan eines damit konstitutionell verfassten neuen Bundesvolks in den Mittelpunkt träte" (ebd., 370 f.). Die EU genüge demokratischen Grundsätzen, „weil sie bei qualitativer Betrachtung ihrer Aufgaben- und Herrschaftsorganisation gerade nicht staatsanalog aufgebaut ist" (ebd., 371). Das Europäische Parlament müsse „nicht in der Weise gleichheitsgerecht sein, dass auf Unterschiede im Stimmengewicht der Unionsbürger in Abhängigkeit von der Bevölkerungszahl der Mitgliedstaaten verzichtet wird" (ebd.).

Damit führt das Integrationsprogramm allerdings in ein Dilemma. Das Bundesverfassungsgericht hält die europäische Demokratie für defizitär, warnt aber gleichzeitig vor der Deckung des Defizits, weil die EU dann staatsanalog aufgebaut wäre und folglich von Deutschland abgelehnt werden müsste. Die Brücke zwischen den beiden Positionen ist das „noch". Das Defizit ist bei gegebener Kompetenzverteilung und Verselbständigung „noch" hinnehmbar. Das „noch" lässt freilich erkennen, dass das gegenwärtige Legitimationsniveau bald nicht mehr ausreichen könnte. Was dann? Da sich eine Grenze für weitere Kompetenzübertragungen oder Verselbständigungen kaum benennen lässt, wird dieses „noch" notgedrungen perpetuiert, solange die EU nicht gänzlich aus der Trägerschaft der Mitgliedstaaten gelöst wird und die verfassunggebende Gewalt und mit ihr die Kompetenz-Kompetenz übernimmt.

5 Die Reformansätze und die Bedeutung der gesellschaftlichen Ebene

Für ein Defizit an europäischer Demokratie gibt es also genügend Anhaltspunkte. Aber es besteht nicht darin, dass die europäische Demokratie einem anderen als dem staatlichen Muster folgt, sondern dass sich verselbständigte Bereiche gebildet haben, in die weder die nationale noch die europäische Legitimation hineinreicht. Die meisten Vorschläge zur Behebung der Legitimationsschwäche der EU schlagen allerdings gerade den staatsanalogen Weg ein. Sie setzen beim Europäischen Parlament an. Es soll in die zentrale Position einrücken, die nationale Parlamente einnehmen, und zu diesem Zweck mit denjenigen Befugnissen ausgestattet werden, die diese traditionell besitzen. Es würde dadurch den Rang mit dem Rat tauschen, der nur noch als Staatenkammer des Parlaments fungierte und auf Vetorechte beschränkt wäre. Die Kommission würde zur parlamentarischen Regierung. Manche vervollständigen das Modell durch einen europäischen Präsidenten, volksgewählt oder anderweitig bestimmt, der als oberster Repräsentant der EU fungierte. Vom Bundesstaat trennte sie dann nur noch die verfassunggebende Gewalt.

Dass damit das Demokratiedefizit beseitigt wäre, wird ebenso unterstellt, wie seinerzeit vorausgesetzt wurde, dass die Akzeptanz der EU bei den Unionsbürgern eine Frage der Umwandlung der Verträge in eine Verfassung sei (vgl. Grimm 2004, S. 448). Das eine ist aber ebenso unwahrscheinlich wie das andere. Die Erwartung, mit institutionellen Reformen sei es getan, verkürzt das Demokratieproblem. Die Legitimationsschwäche tut sich ja nicht so sehr in der Organstruktur der EU auf. Hier gibt es Verbesserungsbedarf in denjenigen Bereichen, in denen Verselbständigung und Legitimation nicht kongruent sind. Aber in ihren Grundzügen ist die Organstruktur einer supranationalen Einrichtung adäquat. Die demokratischen Defizite treten vielmehr vor allem bei den gesellschaftlichen Voraussetzungen von Demokratie in Erscheinung. Darauf weist auch das Bundesverfassungsgericht ausdrücklich hin (BVerfGE 123, 267 (358)).

Das Parlament kann die ihm zugedachte legitimationsvermittelnde Funktion nur erfüllen, wenn es in einen lebendigen politischen Prozess der Meinungsbildung und Interessenartikulation eingebettet ist. Dieser Prozess bedarf vermittelnder Instanzen wie politische Parteien, Verbände, Bürgerinitiativen und vor allem Kommunikationsmedien. Sie erst stellen die dauernde Wechselbeziehung zwischen Wählern und Organen her, ohne die Demokratie eine formale Angelegenheit bleibt, welche sich in periodischen Wahlen erschöpft, deren legitimierende Kraft gering ist. Diese Voraussetzungen sind in den Mitgliedstaaten, wenn auch in unterschiedlicher Dichte und Wirksamkeit, erheblich besser als in der EU.

In der EU fehlt es an einer solchen gesellschaftlichen Substruktur noch immer weitgehend, und für eine schnelle Veränderung der Verhältnisse spricht nichts. Insbesondere gibt es bislang keinen kontinuierlichen europaweiten Diskurs, der über kleine Zirkel von Eliten und Experten hinausgeht, sondern nur eine Addition von 27 nationalen Diskursen über europäische Fragen. Das gilt auch für die Wahl des Europäischen Parlaments. Der durch Wahlen vermittelte Legitimations- und Verantwortungszusammenhang bleibt dünn und lückenhaft. Die EU wird daher noch länger auf die Legitimationszufuhr von den Mitgliedstaaten angewiesen sein und würde folglich, allein oder vorwiegend auf Eigenlegitimation angewiesen, an demokratischer Substanz ärmer sein als jetzt. Das ist der entscheidende Einwand gegen die Übertragung des staatlichen Modells auf die europäische Ebene.

Vergleicht man die beiden Legitimationsstränge der EU, so zeigt sich, dass ihre demokratische Legitimation noch immer stärker von dem Beitrag zehrt, den ihr die Mitgliedstaaten vermitteln. Schwächungen, die hier eintreten, lassen sich durch die europäische Eigenlegitimation nicht ohne weiteres ausgleichen. Unter diesen Umständen liegt aber eine funktionstüchtige nationale Demokratie, die den Staatsbürgern den Eindruck von Responsivität für ihre Vorstellungen und Bedürfnisse geben kann, im Eigeninteresse der EU. Die Funktionstüchtigkeit der nationalen Demokratie hängt allerdings nicht nur von den Mitgliedstaaten ab. Vielmehr ziehen die Mängel der europäischen Demokratie auch die staatliche Demokratie in Mitleidenschaft. Dass europäische Entscheidungen, die tief in gewachsene Strukturen der Mitgliedstaaten eingreifen, im unpolitischen Modus der Vertragsdurchsetzung getroffen werden, führt zu einer Belastung der nationalen Demokratien.

Da die EU keine eigenen Vollzugsorgane für ihre Entscheidungen besitzt und das staatliche Gewaltmonopol bisher von der europäischen Integration unberührt geblieben ist, fällt die Durchsetzung der europäischen Rechtsakte den staatlichen Institutionen zu. Diese stehen aber im Unterschied zu den europäischen Institutionen in einem wesentlich effektiveren demokratischen Legitimations- und Verantwortungszusammenhang und sind gegen die öffentliche Meinung nicht immunisiert. Sie werden daher von der Bevölkerung zur Verantwortung gezogen, und zwar auch für Entscheidungen anderer, die sie nicht zu verantworten, sondern nur zu vollziehen hatten, während bei der EU lediglich ein diffuser Unmut ankommt. Die Folge ist eine Delegitimierung der staatlichen Demokratie (vgl. Rossen-Stadtfeld 2005, S. 45; Bach 2013, S. 105).

Die Delegitimierung durch das europäische Demokratiedefizit ist kein abstraktes Risiko, sondern eine konkrete Gefahr. Sie stand dem Bundesverfassungsgericht im Lissabon-Urteil vor Augen. Dabei mag die europäische Demokratie übermäßig skeptisch beurteilt worden sein. Im Gegenzug sollte das Urteil aber nicht als nationalistisch geziehen werden. Staatliche und europäische Demokratie hängen zusammen, indes nicht nach Art kommunizierender Röhren. Die Verluste der staatlichen Demokratie schlagen nicht als Gewinne der europäischen zu Buche. Solange die europäische Eigenlegitimation die staatliche Legitimationszufuhr nicht ersetzen kann, muss der EU an dieser gelegen sein. An dem Bewusstsein für diesen Zusammenhang scheint es noch zu fehlen.

Literatur

Alter, Karen J. 2001. *Establishing the supremacy of European law: The making of an international rule of law in Europe.* Oxford: Oxford University Press.

Bach, Maurizio. 2013. Jenseits der Souveränitätsfiktion: Der Nationalstaat in der Europäischen Union. In *Der entmachtete Leviathan. Sonderband 5 der Zeitschrift für Politik,* Hrsg. Maurizio Bach, 105–124. Baden-Baden: Nomos.

Böckenförde, Ernst-Wolfgang. 2004. Demokratie als Verfassungsprinzip. In *Handbuch des Staatsrechts.* Bd. III. 3. Aufl., Hrsg. Josef Isensee und Paul Kirchhof, 429–496. Heidelberg: C. F. Müller.

Grimm, Dieter. 2004. Integration durch Verfassung? *Leviathan* 32:448–463.

Grimm, Dieter. 2012. *Die Zukunft der Verfassung II: Auswirkungen von Europäisierung und Globalisierung.* Berlin: Suhrkamp.

Habermas, Jürgen. 2011. *Zur Verfassung Europas.* Berlin: Suhrkamp.

Haltern, Ulrich. 2007. *Europarecht. Dogmatik im Kontext.* 2. Aufl. Tübingen: Mohr Siebeck.

Höpner, Martin, und Armin Schäfer. 2008. Eine neue Phase der europäischen Integration. In *Die politische Ökonomie der europäischen Integration,* Hrsg. Martin Höpner und Armin Schäfer, 129–156. Frankfurt a. M.: Campus.

Joerges, Christian, und Florian Rödl. 2009. Informal politics, formalized law and the „Social Deficit" of European integration. *European Law Journal* 15:1–19.

Rossen-Stadtfeld, Helge. 2005. Demokratische Staatlichkeit in Europa: ein verblassendes Bild. *Jahrbuch des öffentlichen Rechts.* N.F. 53:45–77.

Scharpf, Fritz. 1999. *Governing in Europe. Effective and democratic?* Oxford: Oxford University Press.

Scharpf, Fritz. 2002. The European social model. *Journal of Common Market Studies* 40 (4): 645–670.

Scharpf, Fritz. 2011. Das Bundesverfassungsgericht als Hüter der demokratischen Selbstgestaltungsfähigkeit. In *Herzkammern der Republik,* Hrsg. Michael Stolleis, 186–199. München: C.H. Beck.

Stone Sweet, Alec. 2004. *The judicial construction of Europe.* Oxford: Oxford University Press.

Streinz, Rudolf. 2010. Die Rolle des EuGH im Prozess der europäischen Integration. Anmerkungen zu gegenläufigen Tendenzen in der neueren Rechtsprechung. *Archiv des öffentlichen Rechts* 135 (1): 1–28.

Weiler, Joseph H. H. 1999. *The constitution of Europe*. Cambridge: Cambridge University Press.

Legitimationsmodi eines Systems supranationaler Herrschaftsverflechtung: Das Beispiel der Europäischen Union

Gunnar Folke Schuppert

Wenn man über die Legitimationsbedürftigkeit und vor allem über die Legitimationsfähigkeit eines Herrschaftsgebildes etwas aussagen will, ist man gut beraten, wenn man sich zunächst darüber Klarheit verschafft, wie dieses Herrschaftsgebilde beschaffen ist und ob es bestimmte Eigenarten aufweist, die unter dem Gesichtspunkt seiner Legitimationsfähigkeit von Bedeutung sein könnten. In diesem Sinne hat das Bundesverfassungsgericht in seinem berühmten Lissabon-Urteil (BVerfGE 123, 267 – Lissabon) für die Europäische Union – um die es im Folgenden gehen soll – ausdrücklich hervorgehoben, es sei bei dem gegenwärtigen Integrationsstand nicht geboten, „das europäische Institutionensystem demokratisch in einer staatsanalogen Weise auszugestalten" (a.a.O, Randnr. 278), eine methodisch wertvolle Einsicht, die sich allerdings im Verlaufe der breit ausgreifenden Entscheidungsbegründung zunehmend verflüchtigt. Es erscheint uns daher für die Überzeugungskraft unserer Argumentation unabdingbar zu sein, zunächst einen kurzen Blick auf die Eigenart des Herrschaftsgebildes EU zu werfen.

1 EU-Staatlichkeit – was könnte das sein?

Zur Vorbereitung des Kolloquiums anlässlich meines Abschieds von der Forschungsprofessur am Wissenschaftszentrum Berlin für Sozialforschung hatte ich zwei Teilnehmern die Aufgabe gestellt, uns zu verraten, was EU-Staatlichkeit wohl

G. F. Schuppert (✉)
Humboldt-Universität zu Berlin, Berlin, Deutschland
E-Mail: schuppert@wzb.eu

© Springer Fachmedien Wiesbaden 2015
N. Abbas et al. (Hrsg.), *Supranationalität und Demokratie,*
Staat – Souveränität – Nation, DOI 10.1007/978-3-658-05335-2_3

sein könnte. Gewissheit darüber haben die erteilten Antworten allerdings nicht gegeben, wohl auch nicht geben können (Dokumentation der Beiträge nunmehr bei
Voßkuhle et al. 2013). Tanja Börzel hat den eleganten Ausweg gewählt, die Frage
aufzuwerfen, ob es sich bei der EU-Staatlichkeit womöglich um ein Oxymoron
handle. Auf diese Weise etwas ratlos zurückgelassen, hofft man, etwas mehr an
Aufschluss in dem Kommentar von Peter M. Huber zu finden, also – Huber ist Mit-
glied des für Europafragen zuständigen Zweiten Senats des Bundesverfassungsgerichts – aus besonders berufenem Munde; aber auch in seinem Beitrag bleibt
die ganze Sache in der Schwebe, wobei er allerdings die folgende interessante
Überlegung anstellt:

> Die Frage nach einer möglichen EU-Staatlichkeit lässt sich […] nicht sicher beant-
> worten. Namentlich erscheint es nicht ausgeschlossen, dass künftige Generationen
> der Europäischen Union des Jahres 2011 Staatlichkeit zusprechen werden, wobei
> viel vom Verlauf der weiteren Entwicklung abhängen wird. Erweist sich die aktu-
> elle Finanz- und Staatsschuldenkrise als der ‚constitutional moment‘, der der euro-
> päischen Integration den entscheidenden Schub verleihen wird, so wird man in der
> Retrospektive vermutlich bereits heute eine (Bundes-)Staatlichkeit der EU bejahen.
> Sollte die Krise hingegen zu einer Disintegration der EU führen, dürfte auch die
> rechtliche Analyse des aktuellen Status quo zurückhaltender ausfallen (Huber 2013,
> S. 240).

Da wir so lange nicht warten können, müssen wir selbst einige diesbezügliche
Überlegungen anstellen, die vor allem methodischer Art sein sollen. Beginnen
wollen wir insoweit mit einer Kritik an der Defizit-Semantik des BVerfG, die uns
methodisch in die Irre zu führen scheint.

1.1 Zur Defizit-Semantik des Bundesverfassungsgerichts

Vergegenwärtigt man sich noch einmal die Entscheidungsgründe des Lissa-
bon-Urteils, so fällt auf, dass das Lippenbekenntnis des Senats, die Demokratie
der Europäischen Union könne und müsse nicht staatsanalog ausgestaltet sein
(Rn. 278; vorher schon Rn. 272), gänzlich folgenlos bleibt. Stattdessen wird vielmehr ausschließlich staatsanalog argumentiert, eine Argumentation, die zu dem
voraussehbaren Ergebnis führt und führen muss, die EU leide an einem – zudem
strukturell bedingten – *Demokratiedefizit.* Als Maßstab, an dem die EU sich messen lassen müsse, dient der Idealtyp eines voll-demokratischen Staates, der über
alle diejenigen Merkmale verfügt, die eine Demokratie nach dem Westminster-
Modell auszeichnen, also gleiches Wahlrecht („one man, one vote") und eine vom

Parlament bestellte und kontrollierte sowie abwählbare Regierung – um nur die wichtigsten Elemente zu benennen. Vergleicht man nun Idealtyp und die in vielen Integrationsschritten entstandene Institutionenarchitektur der EU (vgl. dazu Schuppert 1994), ist das Ergebnis ebenso klar wie unausweichlich: die EU ist ein demokratisch defizitäres Herrschaftsgebilde, das – bis jetzt jedenfalls – „am Rande der Staatsqualität" (Huber, a. a. O., S. 243) verharrt und dazu verdammt ist, bei Fortbestand seiner gegenwärtigen „Bauart" die Standards einer staatsanalogen Demokratie nie erreichen zu können.

Diese Sichtweise weist eine frappierende Übereinstimmung mit den argumentativen Bemühungen auf, Regieren in Räumen begrenzter Staatlichkeit angemessen zu erfassen (vgl. dazu die Beiträge in Risse 2011). Die Mainstream-Argumentation in den Failing-States-Diskursen (siehe stellvertretend Rotberg 2003; Schneckener 2006) folgt derselben Argumentationslogik wie der Zweite Senat im Lissabon-Urteil: als Maßstab dient der Idealtypus „konsolidierter Staatlichkeit", der keine Mühe hat, die staatlichen Kernfunktionen zufriedenstellend zu erfüllen, nämlich die Sicherheitsfunktion, die Wohlfahrtsfunktion, sowie die Legitimitäts- und Rechtstaatsfunktion (Rotberg 2003). Verwendet man für diese Funktionstüchtigkeit den Begriff der „governance capacity" (näher Fukuyama 2004), so ist es eine der leichtesten Übungen, die Länder der Welt nach dem Grad ihrer Governance-Qualität zu bewerten, wofür die folgenden vier Kategorien zur Verfügung stehen:

- strong states or consolidated states
- weak states
- failing states, sowie
- failed or collapsed states.

Ebenso klar wie diese „four boxes" ist der Zuteilungsmechanismus, der in der Weise funktioniert, dass drei oder vier zentrale Staatsfunktionen benannt werden, um dann zu prüfen, ob und in welchem Ausmaß diese Staatsfunktionen von dem jeweiligen Staat erfüllt werden; schneidet er bei dieser Probe der Funktionserfüllung gut ab, wandert er in das Kästchen konsolidierter Staatlichkeit – dies ist die vergleichsweise heile Welt der OECD –, lautet das Urteil „defizitäre Funktionserfüllung", gehört der auf dem Prüfstand stehende Staat in eine Box mit einem offenbar besonders abschüssigen Boden, nämlich der der „failing states".

Wir haben diese Methode als „deficit list-approach" bezeichnet und stehen ihr äußerst kritisch gegenüber (vgl. Schuppert 2010, 110 f.). Diese Defizit-Semantik versperrt den notwendigen zweiten Blick auf das jeweilige Herrschaftsgebilde, mit dem man vielleicht sehen könnte, ob und in welcher Weise es sich hier nicht um defizitäre, sondern um Erscheinungsformen *andersartiger Staatlichkeit* handelt, in denen die sogenannten Staatsfunktionen von anderen Akteuren, nach anderen Regeln und mit andersartigen Legitimationskonzepten erbracht werden. Die Defizit-Semantik ist ihrerseits eine *defizitäre Semantik*, die nicht nur nicht weiterhilft, sondern die Analyse und Bewertung von Governancestrukturen jenseits klassischer Staatlichkeit in folgenreicher Weise behindert; man sollte daher von ihr Abschied nehmen.

1.2 Die Europäische Union im staatstheoretischen Niemandsland oder zur Notwendigkeit, Übergangssituationen sprachfähig zu machen

Wenn also staatsanaloges Denken und Defizit-Semantik nicht weiterhelfen, kommt man nicht umhin, einen eigenen, methodisch unverstellten Blick auf die Eigengeartetheit des Herrschaftsgebildes EU zu werfen. Wir fühlen uns in diesem Punkte ganz einig mit Christoph Schönberger, der in seinem Beitrag „Die Europäische Union zwischen Demokratiedefizit und Bundesstaatsverbot" dem Gericht zurecht vorgeworfen hat, es habe sich in Folge seiner ausgeprägten Staatsfixiertheit (zur allgegenwärtigen Maßstabfunktion des westlichen Staatsmodells siehe Schuppert 2013) nicht in ausreichender Weise mit der Eigenart der EU beschäftigt:

> Das Kernproblem besteht darin, dass dem Gericht die Europäische Union selbst gar nicht in den Blick gerät, weil es keine eigenen Kategorien für Staatenzusammenschlüsse entwickelt. Denn entweder ist der Zusammenschluss selbst wiederum ein (Bundes-)Staat, dann stellen sich für das Gericht keine spezifischen staatstheoretischen Fragen. Ein Staat ist ein Staat, mag er auch aus dem Zusammenschluss anderer Staaten hervorgehen. Oder aber es handelt sich bei dem Zusammenschluss (noch) nicht um einen Staat, dann sind für das Recht des Verbundes weiterhin die Mitgliedsstaaten maßgeblich. *Wohin das Gericht also auch blickt, es sieht letztlich immer nur den Staat* – entweder den neuen Bundesstaat oder die alten Mitgliedstaaten. Was es nicht sieht und nicht sehen will, ist die spezifische Doppelung, die durch einen Zusammenschluss von Staaten entsteht, das Zugleich von Union und Mitgliedstaaten, dessen Wahrnehmung man sich nicht wahlweise durch den ausschließlichen Blick auf die neue Einheit oder auf die alten Einheiten entziehen kann (Schönberger 2009, S. 543, Hervorhebung durch Autor).

Wenn diese Überlegungen – wie wir meinen – richtig sind, dann kann es nicht darum gehen, weiter auf den Staat als allein selig machendes Organisationsmodell zu starren, sondern vielmehr darum, herauszufinden und benennen zu können, mit *welcher Art von Staatenzusammenschluss* wir es im Falle der EU zu tun haben oder – anders gewendet – mit welcher Variante von Bundesstaatlichkeit, die nicht mit dem klassischen Bundesstaat als Staat identisch ist. Wenn wir die Fragestellung so präzisiert haben, sollte es uns möglich sein, zumindest ein oder zwei EU-Charakteristika auf den Begriff zu bringen.

1.3 Die Europäische Union als Anwendungsfall verflochtener Staatlichkeit

Die EU gilt – darin ist man sich weitgehend einig – als ein besonders gutes Beispiel für ein Mehrebenensystem mit einer Mehrebenenstruktur (vgl. Tömmel 2008a); in der Tat erfüllt sie alle Merkmale, die Arthur Benz als Definitionselemente von „multilevel governance" aufgelistet hat:

> Von Governance in Mehrebenensystemen sollten wir nur dann sprechen, wenn politische Prozesse eine Ebene überschreiten. Unterstellt wird damit [...] nicht einfach eine organisatorische Gliederung eines politischen Systems in Ebenen, auf denen jeweils getrennte Aufgaben erfüllt werden. Mehrebenensysteme der Politik entstehen, wenn zwar die Zuständigkeiten nach Ebenen aufgeteilt, jedoch die Aufgaben interdependent sind, *wenn also Entscheidungen zwischen Ebenen koordiniert werden müssen.* Die in der Föderalismusdiskussion vielfach negativ bewertete ‚Politikverflechtung' stellt somit ein wesentliches Merkmal von multilevel governance dar. Zentraler Gegenstand der politikwissenschaftlichen Analyse sind *die Ursachen, die Formen und die Folgen der Verflechtung* (Benz 2004, 126 f., Hervorhebungen durch Autor).

Wenn sich dies so verhält – Tanja Börzel verwendet in ihrem schon zitierten Beitrag zu Recht die Formel „EU-Staatlichkeit – geteilt und verflochten" (2013, S. 231) – dann können wir kurzentschlossen EU-Staatlichkeit als *verflochtene Staatlichkeit* bezeichnen. Dieser so anschauliche Begriff scheint uns deswegen besonders nützlich zu sein, weil er uns geradezu mit der Nase auf bestimmte Konsequenzen von Verflechtungsstrukturen stoßen lässt, die gerade auch unter dem Gesichtspunkt der Legitimation von Herrschaft bedeutsam sind.

Die erste Konsequenz ist die, dass der Verflechtungsstrukturen kennzeichnende extrem hohe Koordinationsbedarf in der politischen Praxis zur **Dominanz der Exekutive** führt, und zwar auf Kosten der Parlamente, die damit als Produzenten von demokratischer Legitimität dramatisch an Bedeutung verlieren, wenn nicht gar ganz ausfallen. Es ist erneut Arthur Benz, dem wir für eine diesbezügliche Analyse des Verhaltens der zentralen Akteure in Mehrebenensystemen das Wort geben wollen:

Regierungen können durch Politikverflechtung bzw. durch Kooperation mit Regierungen auf anderen Ebenen oder in anderen Einheiten *Autonomie gegenüber ihren Parlamenten* gewinnen. Die in der ‚intergouvernementalen' Zusammenarbeit erzielten Politikergebnisse können als Sachzwänge präsentiert werden, für die Regierungen nur teilweise verantwortlich sind.

Akteure in der Verwaltung profitieren von der Verflechtung ihrer Aufgaben zwischen Ebenen, weil sie durch interadministrative Vereinbarungen ihren Bestand an Programmen und Ressourcen gegen die Ansprüche anderer Ressorts absichern können. […] Ferner können kooperierende Verwaltungen Gesetzgebungsvorschläge erarbeiten, die von den Parlamenten dann nur noch schwer zur Disposition gestellt werden können.

Damit scheinen lediglich die Parlamente in den einzelnen Gebietskörperschaften als Gegner der Politikverflechtung zu handeln. Tatsächlich erleiden sie einen Machtverlust gegenüber den Regierungen und Verwaltungen. Die Klagen von Parlamentariern über Verflechtungsstrukturen im nationalen und internationalen Kontext haben allerdings vielfach symbolischen Charakter. *Parlamente neigen zur ‚Selbstentmachtung',* weil gewählte Repräsentanten damit genauso wie Regierungen Verantwortlichkeit für konkrete Entscheidungen abwälzen können, für die dann die Regierungen oder Verwaltungen einstehen müssen (Benz 2005, 97 f., Hervorhebungen durch Autor).

Wenn man die seit dieser Analyse verstrichenen acht Jahre beobachteter Politik noch einmal Revue passieren lässt, wird man sie nicht nur als hellsichtig bezeichnen müssen; sie macht auch die jüngste Rechtsprechung des Bundesverfassungsgerichts (BVerfGE 129, 124 – Griechenlandhilfe und Europäische Finanzstabilisierungsfazilität; BVerfGE 131, 152 – ESM – Informationsrechte) plausibel, mit der das Gericht die Aufgabe übernommen hat, der Selbstentmachtung des Deutschen Bundestages entgegen zu treten und ihn – man wird es kaum anders formulieren können – „zum Jagen zu tragen".

Dies ist der eine legitimationssensible Punkt; der zweite ist prinzipieller Natur und betrifft die Frage, wie die Legitimation verflochtener Staatlichkeit konzeptualisiert werden kann. Auch insoweit scheint uns die Antwort eigentlich auf der Hand zu liegen; wir brauchen dazu lediglich den Schlusssatz des Börzel'schen Beitrages – „Mehrebenenstaatlichkeit erfordert Mehrebenendemokratie" – geringfügig wie folgt umzuformulieren: „Mehrebenenstaatlichkeit erfordert Mehrebenenlegitimation". Was dies im Einzelnen bedeutet, werden wir im nächsten Abschnitt darzulegen versuchen.

1.4 Die Europäische Union als hinkende (Bundes-)Staatlichkeit

Wie jedermann weiß, ist das Ausmaß der Verflochtenheit in der Europäischen Union je nach Politikbereich äußerst unterschiedlich; insofern kann man – wie Roland Sturm (2005) dargelegt hat – verschiedene Grade der Europäisierung natio-

nalstaatlicher Politiken unterscheiden. Wenn man sich diese unterschiedlich intensiven Vergemeinschaftungen genauer ansehen will, so kann man einen Blick in den
Beitrag von Manfred G. Schmidt über das Maß der Aufgabeneuropäisierung werfen (2005), der alle wichtigen Aufgabenbereiche mit einer Punktzahl versehen hat,
anhand derer sich das Vergemeinschaftungsausmaß der verschiedenen öffentlichen
Aufgaben leicht ersehen lässt, und zwar für den Zeitraum von 1950 bis 2004. Einzelheiten müssen hier nicht interessieren, da jedem politisch Interessierten bewusst
ist, dass der Europäisierungsgrad etwa des Schulwesens oder der Sozialpolitik sich
erheblich von dem der Agrarmarktregulierung oder der Währungspolitik unterscheidet: im Lissabon-Urteil hat das BVerfG diese aufgabenspezifische Betrachtungsweise um einen Katalog von Aufgaben bereichert, die seiner Auffassung nach
auch weiterhin in nationalstaatlicher Verantwortung verbleiben müssen.

Die Europäische Union steht also – wenn wir sie uns für einen Moment als
vierbeiniges Wesen vorstellen – auf unterschiedlich stark entwickelten Füßen (in
der Europaforschung „Säulen" genannt), was für die Art ihrer Fortbewegung bestimmte Konsequenzen hat: Sie hinkt zwangsläufig, ein Befund, der uns natürlich
nicht aus orthopädischer Perspektive interessiert, sondern unter dem Gesichtspunkt einer möglicherweise politikfeldspezifisch unterschiedlichen Legitimationsbedürftigkeit. Denn es liegt auf der Hand, dass in den Bereichen, in denen die EU
über keine Regelungskompetenzen verfügt und über Formen informaler Steuerung
und freiwilliger Kooperation „multilevel governance" zu praktizieren versucht,
die nationalstaatliche Souveränität nicht in prinzipieller und daher legitimations-
bedürftiger Intensität berührt wird. Eine solche nach Aufgabenbereichen und Ver-
gemeinschaftungsgrad differenzierende Betrachtungsweise liegt auch – wie das
BVerfG in seinem Lissabon-Urteil nicht müde wird zu betonen – dem Prinzip der
begrenzten Einzelermächtigung zugrunde, wobei die Effektivität dieses Schutz-
mechanismus zur Erhaltung mitgliedstaatlicher Verantwortung hier offen bleiben
kann.

Jedenfalls ermuntert uns dieser Befund zu dem Vorschlag, zur Kennzeichnung
der spezifischen EU-Staatlichkeit von einer *hinkenden (Bundes-)Staatlichkeit* zu
sprechen, weil man sich darüber im Klaren zu sein hat, dass das Hinken nicht etwa
durch ein so einfaches Mittel wie einer Einlegesohle behebbar, sondern strukturell
bedingt ist. Dass sich hieran etwas – zum Beispiel in den Bereichen der Sozial-
und Kulturpolitik – ändern wird, ist angesichts der divergierenden nationalstaatlichen Interessen und Traditionen nicht zu erwarten. Wir folgern daraus, dass das
erforderliche *Legitimationsniveau* nicht nur bereichsspezifisch unterschiedlich zu
bestimmen ist, sondern dass – je nach Sachbereich – es auch unterschiedliche Ver-
fahrensgestaltungen und institutionelle Arrangements sein können, die „Legitimation produzieren". Auch darauf wird sogleich näher zurückzukommen sein.

2 Legitimationsmodi supranationaler Herrschaftsverflechtung

Es ist hier nicht der Ort, uns generell und systematisch mit den vielfältigen Quellen der Legitimation politischer Herrschaft zu beschäftigen – wie dies unlängst von Michael Zürn für die postnationale Konstellation getan worden ist (vgl. Zürn 2012). Wir wollen uns vielmehr auf zwei Legitimationsmodi beschränken, für die wir im Herrschaftsraum der Europäischen Union besonders signifikantes Anschauungsmaterial gefunden haben. Der eine legitimationsgenerierende Aspekt betrifft die Art und Weise, wie in der EU Entscheidungen zustande kommen, der zweite – davon analytisch kaum sauber zu trennende – Aspekt betrifft etwas, was Frank Nullmeier, Anna Geis und Christopher Daase als „institutionelle Legitimitätspolitik" bezeichnen (vgl. Nullmeier et al. 2012, S. 25 f.), ein Begriff, mit dem zutreffend auf die legitimationsvermittelnde Funktion bestimmter institutioneller Arrangements Bezug genommen wird. Obwohl beide Legitimationsmodi ganz eng beieinander liegen – wie die Formulierung „Institutionelle Arrangements der Entscheidungsfindung" zeigt – und obwohl beide Legitimationsstränge unter dem Oberbegriff „governance as communication" (dazu Schuppert 2007) subsumiert werden können, sollen sie hier aus Gründen größerer analytischer Klarheit getrennt abgehandelt werden.

2.1 Die Legitimität der Entscheidung liegt in der Art ihrer Herstellung

Mit dieser Überschrift variieren wir geringfügig die auf die Entscheidungsfindung in den beiden Senaten des Bundesverfassungsgerichts gemünzte Formulierung Wolfgang Hoffmann-Riems: „Die Klugheit der Entscheidung liegt in der Art ihrer Herstellung" (Hoffmann-Riem 2006, S. 3); er nimmt damit Bezug auf die spezifischen Probleme der Entscheidungsfindung in *Kollegialorganen*, in denen sich in *internen Kommunikationsprozessen* eine Mehrheit (von fünf der acht Richter) herausbilden muss, die dann die gefundene Entscheidung trägt und verantwortet. Dies ist – wie man mit Gewinn nachlesen kann – Deliberation pur und unter dem Gesichtspunkt der deliberativen Demokratietheorie kaum zu toppen, obwohl der Auswahlprozess der Richter wegen seines Aushandlungscharakters demokratietheoretische Schönheitsfehler aufweist und obwohl wegen des sogenannten Beratungsgeheimnisses eine öffentliche Transparenz der Entscheidungsfindung gerade nicht gegeben ist. Man wird also – wie man aus diesem Beispiel lernen kann – die unterschiedlichen Legitimationsaspekte – Auswahl der Entscheidungsakteure,

Transparenz der Entscheidungsfindung, Diskursivität und Kommunikationsintensität der Entscheidungsherstellung – gewichten müssen und es spricht viel dafür, der Diskursivität und der Kommunikationsintensität der Herstellung von Entscheidungen ein besonderes Gewicht beizumessen, und zwar aus zwei gänzlich unterschiedlichen Gründen: Einmal deswegen, weil – so pfeifen es die Spatzen von den Dächern – Legitimität diskursiv geworden ist. Zum anderen, weil wir es bei der Entscheidungsfindung in der EU nicht nur mit acht Richtern verschiedener Sozialisation und verschiedener politischer Neigungen zu tun haben, sondern das Kunststück vollbracht werden muss, 28 Mitgliedstaaten „autonomieschonend" unter einen Hut zu bringen.

2.2 Legitimität ist diskursiv geworden oder war sie es in der EU notgedrungen schon immer?

Darüber, dass Legitimität zunehmend nur diskursiv generiert werden kann, scheint man sich in der Politikwissenschaft weitgehend einig zu sein (vgl. Nullmeier et al. 2012; Zürn 2013). Besonders dezidiert ist dieser Befund von Frank Nullmeier in dem Einleitungsbeitrag zu dem ihm herausgegebenen Band „Prekäre Legitimitäten" formuliert worden:

> Statt der fraglosen Hinnahme von Entscheidungen auf Grund von Verfahren verbinden wir heute mit dem Begriff der Legitimität ein *stetes Ringen um Rechtfertigungen* für politische Herrschaftsordnungen. Legitimität ist diskursiv geworden (Nullmeier 2010, S. 9, Hervorhebung durch Autor).

Dazu passt nahtlos das nachfolgende Zitat aus dem Einleitungsbeitrag von Wolfgang van den Daele und Friedhelm Neidhardt zu dem von ihnen herausgegebenen Band mit dem programmatischen Titel „Regierung durch Diskussion. Über Versuche mit Argumenten Politik zu machen", in dem es wie folgt heißt (van den Daele und Neidhardt 1996, S. 15, Hervorhebung durch Autor):

> *Probleme der Akzeptanz* sind eine wichtige Erklärung für den Trend zu mehr Verhandlung, Dialog und Partizipation. In wichtigen Problemfeldern ist die Abnahme beschlossener Politiken offenbar nicht mehr gewährleistet. Größere Planungs- und Standortentscheidungen lösen häufig Bürgerproteste und rechtlichen Dauerstreit aus, der alles blockiert.

Wenn dies – wofür alle zu machenden Beobachtungen sprechen – richtig ist, dann kommt in den jeweiligen *Kommunikationsräumen* und der in ihm stattfindenden

Legitimationskommunikation eine wachsende Bedeutung zu. Dazu heißt es in dem Einleitungsbeitrag von Frank Nullmeier, Anna Geis und Christopher Daase zu dem von ihnen herausgegebenen Band „Der Aufstieg der Legitimitätspolitik" eindrücklich wie folgt (Nullmeier et al. 2012, S. 31, Hervorhebung durch Autor):

> Regieren besteht durch die *Ausweitung der kommunikativen Sphäre* zu einem erheblichen Teil aus dem Austausch von Argumenten, Gründen und Rechtfertigungen. Regieren ist selbst […] kommunikativer geworden. Die Stabilität politischer Ordnungen ist damit auch von dem Ausgang dieser Rechtfertigungskommunikation abhängig. Zwar drängt sich oft der Eindruck auf, als liege nur ein kommunikatives Rauschen vor, geprägt von Moden und medialer Aufmerksamkeit. Doch dieses Rauschen kann recht schnell umschlagen, […] wird unerwartet politisch wirksam. Es sind daher nicht mehr vorrangig die direkten Akte des Gehorsams bzw. der Gehorsamsverweigerung, die die Stabilität des Systems ausmachen. *Die Legitimationskommunikation selbst ist ein (In-) Stabilitätsfaktor.*

Wenn man sich diese Passagen noch einmal auf der Zunge zergehen lässt, fragt man sich unwillkürlich, ob die EU nicht längst Entscheidungsverfahren ausgebildet hat, die der reklamierten zunehmenden Diskursivität von Legitimität Rechnung tragen, indem Verfahren bereit gestellt werden – die Stichworte lauten hier Komitologie und Open Method of Coordination – die als *Kommunikationsarenen* eine wichtige Rolle spielen.

2.3 Komitologie und offene Methode der Koordinierung als Kommunikationsarenen

Das so genannte Ausschusswesen gilt zu Recht als ein Spezifikum europäischer Verwaltung (vgl. grundlegend Joerges und Falke 2000); im ersten Zugriff kann es mit Eberhard Schmidt-Aßmann wie folgt charakterisiert werden:

> Ein Spezifikum Europäischer Verwaltung ist ein breit ausgebautes Ausschusswesen. Die Ausschüsse bilden *institutionalisierte Formen des Informationsaustausches und der Kommunikation* […] Über das Ausschusswesen werden Wissensbestände und Erfahrungen aktiviert, die die EG-Instanzen angesichts beschränkter personeller Ressourcen nicht verfügbar halten können. Eine herausgehobene Aufgabe des Ausschusswesens ist es zudem, der täglichen intergouvernementalen Abstimmung ein Forum zu bieten (Schmidt-Aßmann 2005, S. 17, Hervorhebung durch Autor).

In seinem grundlegenden Beitrag über „Europa als bürokratische Herrschaft" hat Mauricio Bach das Ausschusswesen auch und gerade unter kommunikativen Aspekten gewürdigt und die Ausschüsse zunächst einmal als *Orte der Kommunikation* geschildert:

> Der typische und verbreitetste Organisationstypus, in der sich die Beamtengremien und -netzwerke auf EU-Ebene darstellen, ist der sog. Verwaltungs- und Sachverständigenausschuss bzw. die Komitologie. [...] Ihre funktionale Unverzichtbarkeit ergibt sich aus der sozialen Tatsache, dass es sich dabei um spezifische Entscheidungskontexte und Interaktionssysteme handelt, bei denen sich aufgrund der meist überschaubaren Mitgliederzahl und der dominierenden face-to-face-Kommunikation eine situativ wirksame Gruppendynamik entfalten kann, die eher informelle Konsensfindung ohne Abstimmungen, aber nach Maßgabe des Prinzips der (diffusen) Reziprozität unterstützt. Auch wird dadurch eine Partizipation der beteiligten Akteure ermöglicht und eine relativ breite Interessenberücksichtigung gewährleistet. Hinzu kommt – wie besonders die neuere Policy-Forschung gezeigt hat –, dass in den Netzwerkgremien soziale Prozesse zum Tragen kommen, die unter der Voraussetzung einigermaßen kontinuierlicher Interaktionen und konstanter Gruppenmitgliedschaft einen Diskursstil begünstigen (Bach 2005, S. 297 f.).

Wenn diese Beschreibungen zutreffen, dann sind die die europäische Verwaltungspraxis kennzeichnenden Ausschüsse – seien dies Beamtenausschüsse, Sachverständigenausschüsse, oder in ihrer Zusammensetzung gemischte Ausschüsse – nicht nur Kommunikationsarenen, sondern zugleich „potenzielle" Orte diskursiver Legitimitätsgenerierung. Es wäre aber ein ebenso wohlmeinendes wie irreführendes Missverständnis, das Ausschusswesen in idealisierender, aber praxisferner Weise zu einem Forum demokratietheoretisch wertvoller Deliberation zu stilisieren. Dies würde erstens verkennen, dass die sogenannte Komitologie – wie Bach überzeugend dargelegt hat – ein technokratisches Politikverständnis begünstigt und – da ihre Mitglieder von Regierungen, Verwaltungen und Verbänden delegiert werden – hauptsächlich kooperative und systemische Interessen repräsentiert; zum anderen aber würde damit die uns wichtige Unterscheidung *zwischen öffentlichen und einigungsorientierten Diskursen* vernachlässigt, auf die Fritz W. Scharpf (2005) eindringlich hingewiesen hat:

> Einigungsorientierte Diskurse erleichtern vor allem die Suche nach konsensfähigen politischen Lösungen, ,die durchaus auch hinter den geschlossenen Türen der Brüsseler Comitologie, des Deutschen Vermittlungsausschusses oder diplomatischen Verhandlungsrunden stattfinden kann (Scharpf 2005, S. 719).

In eine ganz ähnliche Richtung geht die von Vivian A. Schmidt (2000) vorgeschlagene Unterscheidung zwischen dem „coordinative discourse", in dem die Regierenden sich untereinander auf eine Politik verständigen müssen und dem „communicative discourse" zwischen Regierenden und Regierten: „In beiden Diskursen geht es darum, politische Aufmerksamkeit für bestimmte Probleme zu erzeugen, mögliche Lösungen ins Spiel zu bringen und diese im Hinblick auf ihre sachliche Effektivität, ihre Verteilungswirkung und ihre normative Angemessenheit zu beurteilen und zu kritisieren. Aber während der koordinative Diskurs auch hinter verschlossenen Türen stattfinden kann, muss der kommunikative Diskurs im Lichte der Öffentlichkeit und der Medien und mit dem Blick auf Meinungsumfragen und die kommenden Wahlen geführt werden" (Scharpf 2005, S. 720). Aus legitimationstheoretischer Perspektive wird damit – wie Scharpf zutreffend resümiert – eine Rückwendung von der rein input-orientierten Perspektive zu einer an der erwartbaren Qualität der Ergebnisse orientierten output-Perspektive vollzogen.

Die Open Method of Coordination (vgl. Radaelli 2003) oder – eingedeutscht – die „Offene Methode der Koordinierung (im Folgenden als OMK abgekürzt)" (vgl. Lang und Bergfeld 2005) gilt als spezifisch EU-europäischer Governancemodus, der hier nicht zu bewerten, sondern lediglich hinsichtlich seiner Funktionslogik knapp zu skizzieren ist. Die Funktionsweise der „offenen Methode der Koordinierung", die von Bauer und Knöll als Bestandteil einer Evaluierungskultur bezeichnet worden ist (vgl. Bauer und Knöll 2003), lässt sich mit Joachim Lang und Katarina Bergfeld in aller Kürze wie folgt zusammenfassen:

> Unter dem Begriff der politischen Koordinierung versteht man ein Verfahren des Regierens, bei dem sich die Teilnehmer auf gemeinsame Ziele und Leitlinien verständigen, aber die Kompetenzen für alle Mittel, die zur Erreichung dieser Vorgaben notwendig sind, vollständig kontrollieren [...]. Die Erreichung und Umsetzung der Vorgaben geschieht durch die Vereinbarung gemeinsamer Ziele und Leitlinien für die jeweiligen Politikbereiche auf Grundlage eines systematischen Austauschs bewährter Praktiken und eines Vergleichs von Problemlagen und Lösungsstrategien. Durch die Vereinbarung gemeinsamer Ziele findet eine so genannte ‚prozessgesteuerte Konvergenz' statt. Gewährleistet wird die Umsetzung durch ein vergleichendes Verfahren und eine gegenseitige Überwachung, Bewertung und Prüfung der einzelnen Mitgliedstaaten. Sie müssen hierfür nationale Aktionspläne vorlegen, die die Anstrengungen und Erfolge dokumentieren, um so die Möglichkeit zu schaffen, die erreichten Fortschritte europaweit zu vergleichen (‚benchmarking'). Die OMK soll als Alternative zur Rechtsangleichung mittels EU-rechtlicher Instrumentarien wie Verordnung und Richtlinie neue Möglichkeiten der Politikgestaltung eröffnen. Sie erscheint als ein Prozess mittelbarer Politikgestaltung mit dem Ziel, durch einen Erfahrungsaustausch von anderen Mitgliedstaaten zu lernen und bestimmte Ideen im eigenen Land umzusetzen (Lang und Bergfeld 2005, S. 318 f.).

Auch hier liegt es uns fern, das Verfahren der offenen Koordinierung zu idealisieren (vgl. dazu die abgewogene und überzeugende Kritik bei Radaelli 2003; ferner Benz 2008); vielmehr geht es uns um die Funktionslogik dieser Methode.

Übersicht: Governance-Formen der Offenen Methode der Koordinierung

	deliberativer Modus	kompetitiver Modus
Koordination zwischen Mitgliedstaaten	• *Verhandlungen:* Festlegung der gemeinsamen Ziele • *Netzwerke* von Experten: Evaluation (sub)nationaler Programme und Maßnahmen • *Netzwerk:* Diffusion von besten Praktiken	• *Verhandlungen:* Festlegung gemeinsamer Ziele • *Netzwerke* von Experten: Indikatoren und Rankings ("scoreboards") • *Wettbewerb:* Imitation und Innovation
nationale (subnationale) Governance	*Parteienwettbewerb – Verhandlungen* *intranationale/interregionale Netzwerke*	

Abb. 1 Governance-Formen der Offenen Methode der Koordinierung. (Benz 2008, S. 49)

Abbildung 1 zeigt, wie die Elemente der Deliberation und des Wettbewerbs miteinander verbunden werden, um durch eine „weiche" Steuerung zu innovativen Politikergebnissen zu gelangen. Man wird daher auch hier von einem diskursiven und tendenziell legitimitätsgenerierenden Potenzial dieser Methode sprechen können, würden nicht ihre Ergebnisse – wie Arthur Benz näher dargelegt hat – in den Mühlen der nationalstaatlichen Umsetzung „zerschreddert":

> Diskursive Verfahren mögen geeignet sein, in geschlossenen Expertengremien Innovationen zu generieren: diese in politische Praxis der Mitgliedstaaten umzusetzen, erfordert dagegen andere Mechanismen. Der deliberative Modus der OMK stößt spätestens in der nationalen (oder subnationalen) Politik an seine Grenzen. Deshalb ist es nicht erstaunlich, dass nach vorliegenden Studien hohe Erwartungen an diesen Modus der OMK nicht gerechtfertigt sind (de la Porte und Nanz 2004; Zeitlin et al. 2005) (Benz, 2008, S. 50).

Zusammenfassend wird man festhalten können, dass die Architektur der Entscheidungsfindung in der EU durchaus als „governance by and as communication" bezeichnet werden kann, es aber kurzschlüssig wäre, „governance by and as communication" mit „governance by and as deliberation" gleichzusetzen. Man wird jeweils genau hinsehen müssen, welches die tatsächlichen rules of the game sind, nach denen politikgestaltende Entscheidungen wirklich getroffen werden. Unter Legitimationsgesichtspunkten sollte aber nicht ausschließlich und auch nicht vornehmlich auf den Deliberationsgehalt von Veranstaltungen wie der Komitologie oder der Open Method of Coordination abgestellt werden; in einem Gebilde wie der EU geht es – wie wir täglich vorgeführt bekommen – um Interessenkoordination und Interessenausgleich. Wenn dafür Foren bereitstehen, die Interessenausgleich, Deliberation und Wettbewerb sinnvoll kombinieren, so haben diese Arrangements einen der Funktionslogik der EU entsprechenden Legitimationsgehalt, der nicht gering geschätzt werden sollte.

2.4 Institutions do matter: Zum legitimatorischen Potenzial von Governanceregimen

Dass „institutions do matter", ist eigentlich eine organisationstheoretische, sowie politik- und verwaltungswissenschaftliche Binsenweisheit. Diese Einsicht, dass Institutionen kulturell (zur Institutionenkultur als Teil der Politischen Kultur – siehe Schuppert 2008), politisch und rechtlich relevant sind, liegt nicht nur der einflussreichen Schule des Neo-Institutionalismus zugrunde (vgl. dazu die inzwischen klassischen Texte von March und Olsen 1984, 1989), sondern prägt auch die moderne Steuerungstheorie sowie die diese fortentwickelnde Governance-Forschung.

Was zunächst den steuerungstheoretischen Ansatz angeht, so kann man geradezu vom *Typus institutioneller Steuerung* sprechen, wie dies etwas Volker Schneider und Patrick Kenis in folgender Weise tun:

> Anders als in der technischen Kybernetik meint Steuerung keine präzise Festlegung von Verhaltenszuständen, sondern eine Form von Handlungskanalisierung. Steuerungsinstitutionen sind aus dieser Perspektive aus unterschiedlichsten, Kanalisatoren' zusammengesetzt, wobei zu einer spezifischen Steuerungsmixtur gewisse Anreizstrukturen zählen, die Handlungen motivieren, oder Akteure zur Unterlassung bestimmter Handlungstypen veranlassen. Dies ist jedoch nicht alles. Über Anreize hinaus gibt es institutionelle Komponenten, die Handlungsrechte zuteilen, Handlungsspielräume limitieren und unerwünschte Handlungsmöglichkeiten ausgrenzen (Schneider und Kenis 1996, S. 11).

Jedenfalls – darin ist man sich einig – „sind Steuerungsprozesse von den institutionellen Gegebenheiten maßgeblich bestimmt" (Göhler 1994, S. 38). An diesen Konsens knüpft das Governance-Konzept an und erhebt die institutionelle Rahmung des Akteurhandelns geradezu zur Basiseinsicht der Politikwissenschaft. Insbesondere Renate Mayntz hat in Fortentwicklung des „akteurzentrierten Institutionalismus" (Mayntz und Scharpf 1995; Scharpf 2000) die Akteurzentriertheit relativiert und mit der Herausarbeitung der Bedeutung von Regelungsstrukturen als das Besondere des Governance-Ansatzes den ihm inhärenten „*institutional turn*" identifiziert (Mayntz 2005).

So weit, so gut. Was nun aber in dem hierzu erörternden Zusammenhang interessieren muss, ist die konkretere Frage, ob „institutions also matter in terms of legitimacy". Dies tun sie in der Tat, wie insbesondere W. Richard Scott überzeugend dargelegt hat, der die folgenden drei Pfeiler von Institutionen unterscheidet (Scott 1995, S. 35)(siehe Abb. 2).

	Regulative	Normative	Cognitive
Basis of compliance	Expedience	Social obligation	Taken for granted
Mechanism	Coercive	Normative	Mimetic
Logic	Instrumentality	Appropriateness	Orthodoxy
Indicators	Rules, laws, sanctions	Certifications, accreditation	Prevalence Isomorphism
Basis of legitimacy	Legally sanctioned	Morally governed	Culturally supported, conceptually correct

Abb. 2 Die drei Säulen der Institutionen. (Scott 1995, S. 35)

Zu dem uns interessierenden Gesichtspunkt ihrer jeweils unterschiedlichen *Legitimationsbasis* hat er folgendes ausgeführt (Scott 1995, S. 47):

> The three pillars elicit three related but distinguishable bases of legitimacy. [...] The regulative emphasis is on conformity to rules: Legitimate organizations are those established by and operating in accordance with relevant legal or quasi-legal requirements. A normative conception stresses a deeper, moral base for assessing legitimacy. Normative controls are much more likely to be internalized than are regulative controls, and the incentives for conformity are hence likely to include intrinsic as well as extrinsic rewards. A cognitive view stresses the legitimacy that comes from adopting a common frame of reference or definition of the situation. To adopt an orthodox structure or identity in order to relate to a specific situation is to seek the legitimacy that comes from cognitive consistency.

Wir selbst haben in unserem Beitrag über die Steuerungsqualität der Verwaltungsorganisation (Schuppert 2012) nicht nur diese Steuerungsfunktion, sondern neben der Konstituierungsfunktion des Organisationsrechts – der „arbeitende Staat" ist ein organisatorisch verfasster Staat – auch die demokratische Funktion von Verwaltungsorganisation und Verwaltungsorganisationsrecht hervorgehoben und dazu Folgendes ausgeführt:

> Die Staatsstrukturbestimmung der Demokratie strahlt nicht nur auf die Verwaltungsorganisation aus, sie hat sich in der Rechtsprechung des BVerfG – insbesondere zur Mitbestimmung im öffentlichen Dienst – geradezu zu einer Determinante der Verwaltungsorganisation entwickelt, die bestimmte Organisationsstrukturen für demokratisch geboten, andere hingegen für mit dem Demokratieprinzip inkompatibel erklärt. [...] an dieser Stelle bleibt festzuhalten, dass im Bereich der öffentlichen Verwaltung *Organisationsstrukturen zugleich Legitimationsstrukturen* sind und deshalb über Fragen der Verwaltungsorganisation nicht sinnvoll gesprochen werden kann, ohne

die Funktion von Verwaltungsorganisation und Verwaltungsorganisationsrecht als
Transmissionsriemen für verfassungsrechtliche Werte und Vorgaben im Hinterkopf
zu haben (Schuppert 2012, S. 1073, Hervorhebung durch Autor).

Nach diesen Vorüberlegungen gilt es nunmehr, sich etwas konkreter dem Legitimationspotenzial der Institutionenkultur der Europäischen Union zuzuwenden.

2.5   Organisationsstrukturen als Legitimationsstrukturen: zum Legitimationspotenzial der institutionellen Architektur verflochtener EU-Staatlichkeit

Wir hatten – wie erinnerlich – die EU-Staatlichkeit als verflochtene Staatlichkeit
gekennzeichnet und finden uns in dieser Charakterisierung der Sache nach unterstützt durch Ingeborg Tömmel, die bei ihrer Auflistung der Spezifika von European
Governance als vierten Punkt Folgendes notiert hat:

> Mit dem sich ausdifferenzierenden Spektrum von Governance-Modi wird eine klare
> Kompetenzzuweisung, entweder an die europäische oder die nationale [...] Ebene,
> immer unwahrscheinlicher. Stattdessen werden die jeweiligen Politiken nicht nur
> von beiden Ebenen her gesteuert, sondern zunehmend auch durch vertikale und hori-
> zontale Vernetzungen koordiniert. Damit entwickelt sich das europäische Mehrebe-
> nensystem zu einem *dichteren und komplexeren Verflechtungssystem*, in dem sich
> die europäische und die nationale (sowie gelegentlich die subnationale) Ebene über
> kooperative Governance-Modi und entsprechende institutionelle Strukturen auf viel-
> fältige Weise verschränken (Tömmel 2008b, S. 419, Hervorhebung durch Autor).

Wenn wir diese Konzeptualisierung von EU-Staatlichkeit als verflochtene Staatlichkeit zugrunde legen, so gilt es, einen Blick auf solche institutionellen Arrangements zu werfen, in denen sich – außer den von uns schon behandelten Phänome-
nen der Komitologie und der OMC – diese Verflochtenheit besonders ausgeprägt
wiederfindet: dies ist bei der europäischen Verwaltung als Verbundverwaltung sowie als „network governance" besonders deutlich der Fall.

2.6   Europäische Verbundverwaltung: Ihre Funktionslogik als Legitimationsmodus

In der rechtswissenschaftlichen Literatur hat sich für diesen Befund verflochtener
Staatlichkeit, die sich im Governance-Alltag als verflochtenes Verwaltungssystem
beschreiben lässt, der Begriff des „Europäischen Verwaltungsverbunds" etabliert

(Schmidt-Aßmann und Schöndorf-Haubold 2005; Groß 2008). Die Funktionsfähigkeit dieses *Verbundsystems* ruht auf zwei sich ergänzenden Säulen, auf *Kooperation* und *Kommunikation*.

Was zunächst den zentralen Stellenwert *organisierter Kooperation* angeht, so heißt es dazu bei Eberhard Schmidt-Aßmann unter der Überschrift „Kodependentes Verwaltungshandeln" – dieses zugleich systematisierend – wie folgt:

> Kooperation erfüllt im Gemeinschaftsrecht mehrere Aufgaben: Ihre Grundfunktion ist es, den beteiligten Verwaltungen die erforderlichen Informationen zu erschließen (informationelle Kooperation). Hierher gehören der punktuelle und gelegentliche Datenaustausch ebenso wie der Aufbau zentraler Netze; besondere Formen sind das Berichtswesen und die Statistik (Art. 285 EGV). Kooperation zeigt sich zum zweiten in vielfältigen Formen gegenseitiger Unterrichtung, Abstimmung und gemeinsamer Verfahrensführung (prozedurale Kooperation). So können z. B. Pflichten gegenseitiger Anerkennung von Diplomen oder Produktzulassungen praktisch nicht ohne begleitende Verfahren normiert werden, die für Eil- oder Streitfälle schnell greifende Klärungsmechanismen verfügbar machen. Schließlich kann Kooperation in eigens dazu gebildeten Gremien geleistet werden (Institutionelle Kooperation). Beispiele dafür sind die Verwaltungsräte der Europäischen Agenturen und das auf Gemeinschaftsebene breit entwickelte Ausschußwesen, insbesondere das System der Komitologie […]. Insgesamt kann die Europäische Verwaltung als ein *Informations-, Entscheidungs- und Kontrollverbund* beschrieben werden (Schmidt-Aßmann 2005, S. 6, Hervorhebung durch Autor).

Das zweite Zauberwort heißt *Kommunikation*. Seinen prägnantesten Ausdruck findet die Kommunikationsintensität des europäischen Verwaltungsverbundes in der Institution des Informationsnetzwerkes, zu dem es – ebenfalls bei Schmidt-Aßmann – wie folgt heißt (Schmidt-Aßmann 2005, S. 15):

> „Alle Verwaltung des Gemeinschaftsraumes ist zuallererst Informationsverwaltung. Die Zahl der Vorschriften, in denen das sekundäre EG-Recht den Mitgliedstaaten gegenüber der Kommission Unterrichtungs- und Mitteilungspflichten auferlegt, die gegenseitige Unterrichtung zwischen Mitgliedstaaten vorsieht oder EG-Instanzen zur Information der Mitgliedstaaten anhält, ist kaum zu überschauen. Sie übertrifft das, was das deutsche Bundesstaatsrecht in diesem Punkte für notwendig hält, bei weitem. In ihr drückt sich der Grundtatbestand europäischen Verwaltens aus, dass nämlich Einheit erst geschaffen werden muss. Einheit ist zunächst einmal Informationseinheit."

Einheit ist aber auch – wie wir hinzufügen wollen – Kommunikationseinheit.

Wenn diese Charakterisierungen richtig sind, dann bedeutet dies, dass EU-Staatlichkeit tagtäglich in komplexen Prozessen der Kooperation und Kommunikation stets neu erzeugt wird, ein Vorgang, den wir auch als *Ko-Produktion von Staatlichkeit* bezeichnen können. Dieser Begriff, der von Christoph Zürcher als empirischer Befund für sogenannte Räume begrenzter Staatlichkeit wie etwa Afghanistan geprägt worden ist – „consequently, I depart from the notion that statehood is provided solely by the state. Instead, I suggest that we think of statehood as a product which is produced by the state in association with other actors" (Zürcher 2007, S. 14.) – passt als von diesen Räumen abstrahierender Grundgedanke auch auf die verflochtene EU-Staatlichkeit: EU-Staatlichkeit ist ein Produktionsvorgang, an dem aufgrund ihrer institutionellen Architektur und ihrer Funktionslogik eine Vielzahl von unterschiedlich legitimierten Akteuren im kooperativen und kommunikativen Verbund beteiligt sind, seien dies von den Mitgliedstaaten entsandte Bürokraten, Mitglieder des Europäischen Parlaments, Sachverständige, die ihre Legitimation auf ihre Expertise stützen, Vertreter organisierter – prinzipiell legitimer – Interessen, sowie natürlich die Mitglieder der EU-Verwaltung selbst. In dieser Vielfalt der eingebrachten Sichtweisen und Interessen und der Verschiedenartigkeit der Legitimationsquellen liegt unseres Erachtens nicht nur die spezifische Funktionslogik, sondern auch die spezifische Legitimation der EU-Staatlichkeit gegründet.

Dass mit der Eigenart der EU-Staatlichkeit auch Legitimationsprobleme wie etwa die Dominanz der Exekutiven und die Tendenz zu einem technokratischen Politikstil verbunden sind, liegt auf der Hand und ist oft beschrieben worden. Wie man hier gegensteuern könnte und müsste, hat das Bundesverfassungsgericht zuletzt in seinem Urteil vom 19. Juni 2012 (BVerfGE 131, 152– ESM-Informationsrechte) zur Pflicht der Bundesregierung, Bundestag und Bundesrat rechtzeitig und umfassend über Angelegenheiten der EU zu unterrichten, noch einmal klar gemacht, indem es einmal die in Artikel 23 § 2 Satz 2 GG statuierte Berichtspflicht weit ausgelegt, zum anderen auf dessen sachliche Verknüpfung mit dem demokratischen Legitimationspotenzial der nationalen Parlamente hingewiesen hat:

> Die verglichen mit der allgemeinen Gewichtsverteilung zwischen Bundesregierung und Deutschem Bundestag im Bereich der auswärtigen Gewalt stärkere Einbindung des Parlaments in Angelegenheiten der Europäischen Union durch weitreichende Informations- und Mitwirkungsrechte […] ist […] Teil einer *institutionellen Architektur*, die den nationalen Parlamenten in der Europäischen Union eine über die Mitgliedstaaten hinausweisende Rolle zuweist und auf diese Weise ihr *demokratisches Legitimationspotential* für die Europäische Union fruchtbar machen will (a. a. O., Rdnr. 98, Hervorhebungen durch Autor).

2.7   Transnationale Netzwerke: Ihre Funktionen, ihre institutionelle Kompetenz und ihr legitimatorisches Potenzial

Ob European Governance vor allem als „network governance" verstanden werden muss, ist in der Europaforschung ein beliebtes Diskussionsthema (dezidiert in diesem Sinne Beate Kohler-Koch, 1999; skeptisch Tanja Börzel 2005); wir halten es in diesem Punkt mit Ingeborg Tömmel, die zwar die Skepsis Börzels teilt, zugleich aber hervorhebt, dass den Netzwerken eine wichtige Policy-Funktion zukomme „da sie formale, hierarchische Entscheidungen vorbereiten oder ergänzen, ‚soft law' generieren und/oder die beteiligten Akteure auf gleichgerichtete Problemlösungen orientieren" (Tömmel 2008b, S. 420). Wenn also „networks do matter", sollten wir fragen, was sie tun, über welche institutionelle Kompetenz sie verfügen und ob ihnen ein legitimatorisches Potenzial zukommt; dabei wird allerdings stets zu bedenken sein, dass es keine Netzwerke „an sich" gibt, sondern verschiedene Typen von Netzwerken, die es gerade hinsichtlich ihres legitimatorischen Potenzials auseinanderzuhalten gilt.

Beginnen wollen wir mit der Erläuterung ihrer Funktion am Beispiel von „government networks", denen Anne-Marie Slaughter in ihrem berühmten Buch „A New World Order" (2004) einen prominenten Platz zugewiesen hat. Wie man sich ein solches Regieren durch „government netwoks" vorzustellen hat, erläutert sie am Beispiel des „networking von Finanzministern und Bankchefs", ein Beispiel, das an Aktualität nichts verloren hat, im Gegenteil:

All of these different actors are engaged in transgovernmental networking to a remarkable degree. Indeed, finance ministers, often accompanied by central bankers, form an international infrastructure of their own. They have created networks that have answered the call, substantively if not formally, for a new international financial architecture. And they have assumed equal status in many cases with heads of state, to the extent that at some G-7 meetings the finance ministers issue separate statements from the chief executives. In some cases, of course, it is the summits of chief executives that then command meetings of their various ministers themselves who drive the agenda.

Networking among some regulators, such as central bankers, securities commissioners, and insurance supervisors, has become so established that they now have their own international organizations – the Basel Committee, IOSCO Commissioners and IAIS, among others. These organizations are transgovernmental networks that have become sufficiently formalized to warrant the title of association or organization and that have a staff and regular meetings. But they are not ‚inter-state' organizations; they are not formed by treaty or even executive agreement; they have no place on the landscape of the international legal system. (Slaughter 2004, S. 38).

In ebenso prägnanter wie zutreffender Weise sind von ihr auch die Tätigkeits-
schwerpunkte von „transgovernmental networks" zusammengefasst worden:

* *„exchanging information*
* *coordinating policy*
* *cooperating on enforcement issues*
* *collecting and distilling best practices*
* *exporting particular regulatory forms*
* *bolstering their members in domestic bureaucratic politics and*
* *transmitting information about their members' reputation "*

Wenn man sich diese Auflistung der Funktionen von „government networks" noch
einmal ansieht, so führt dies erneut zu dem, was wir als „governance by and as
communication" bezeichnen; denn Netzwerke sind äußerst kommunikationsinten-
sive Veranstaltungen, eine Kennzeichnung, in der wir uns bestätigt fühlen, wenn
wir lesen, wie Anne-Marie Slaughter die Frage beantwortet, was „government networks" hauptsächlich tun: „Their members talk a lot." (Slaughter 2004, S. 51)
    Was die institutionelle Kompetenz von Netzwerken angeht, so zeigt sie sich be-
sonders deutlich an einem etwas anderen Typ von Netzwerken, deren Schwerpunkt
nicht auf der Zusammenführung von Bürokraten verschiedener Provenienz liegt,
sondern die als *„policy networks "* Akteure aus den verschiedensten Bereichen und
Sektoren an einen wie auch immer geformten Tisch bringen. Solche Netzwerke,
die Akteure aus dem staatlichen, dem privaten und dem Dritten Sektor zusammen-
bringen, verstehen wir als Erscheinungsformen von *„sector-crossing governance "*
(Schuppert 2011, S. 287); Netzwerke haben also eine *grenzüberschreitende Funktion*, und eben nicht nur im territorialen Sinne, sondern in dem sich traditionelle
Grenzen zwischen öffentlich und privat, zwischen dem staatlichen und dem privaten Sektor durch Netzwerkbildung zunehmend auflösen.
    Man kann insoweit von *einer entdifferenzierenden Wirkung von Netzwerken*
sprechen; in diesem Sinne sieht Christoph Möllers (2005) durch die Kategorie des
Netzwerks vier herkömmliche Unterscheidungen mehr oder weniger verschwinden, nämlich

* die Unterscheidung zwischen Kooperation und Hierarchie
* die Unterscheidung zwischen hoheitlichem und privatem Handeln
* die Unterscheidung zwischen formeller und informeller Steuerung und
* die Unterscheidung zwischen Steuerung und Evolution.

Angesichts dieser erstaunlichen Fähigkeit von Netzwerken, Grenzen – einem Zauberkunststück gleich – wenn nicht verschwinden, so doch unsichtbar werden zu lassen, kann nicht verwundern, dass Netzwerke für die Staat und Hierarchie kleiner schreibende Governancetheorie zu den Lieblingsgebilden gehören.

Was nun das *legitimatorische Potential von Netzwerken* betrifft, so bedarf es über die geschilderten Vorzüge von Netzwerken hinaus zweier ergänzender Überlegungen, die weniger mit der „governance capacity" von Netzwerken zu tun haben denn mit ihrer wichtigen Rolle bei der Konturierung moderner Staatlichkeit.

Eine der größten Herausforderung des modernen Verwaltungsstaates besteht darin, das Zusammenwirken von *öffentlicher und privater Handlungskompetenz* angemessen zu organisieren (Scherzberg 2003), eine Aufgabe, die Andreas Voßkuhle (2002) als Strategie der Kooperationalisierung bezeichnet hat. Dabei geht es darum, zur Förderung des Gemeinwohls die Gemeinwohlbeiträge nicht nur staatlicher, sondern auch nicht-staatlicher Akteure zusammenzuführen, die über ihre eigene Handlungskompetenz, ihre eigene Handlungslogik und ihre eigene grundrechtsgeschützte Legitimation verfügen, die es nicht etwa zu etatisieren, sondern für die Beförderung des gemeinen Wohls zu nutzen gilt. Es geht mit anderen Worten um die *Zusammenführung zweier Legitimationsstränge* und nicht um die Auslieferung einer beim Staat monopolisierten Gemeinwohlverantwortung an private Interessen (dazu näher Schuppert 2002).

Schon seit einiger Zeit vertreten wir die Auffassung – und dies ist die zweite Überlegung –, dass zu den Wandel von Staat und Verwaltung kennzeichnenden Schlüsselbegriffen der eines neuen Zusammenspiels von Staat, Markt und Zivilgesellschaft gehört, eine Entwicklung, die in der verwaltungswissenschaftlichen Diskussion unter dem Begriff der Verantwortungsteilung geführt wird (dazu Hoffmann-Riem 2000), im politikwissenschaftlichen Diskurs hingegen unter der von Klaus Dieter Wolf geprägten Überschrift eines ‚new interplay between the state, business, and civil society' (Wolf 2008, S. 225).

Charakteristisch für dieses neue *Zusammenspiel ist ein Zusammenwirken staatlicher und nicht-staatlicher Akteure*, zu dem es bei Wolf wie folgt heißt:

From the perspective of political realism, for instance, the role shift of governments would rather be conceptualized as ‚power shift', as a ‚relative decline of states and the rise of non-state actors'. However, ‚sharing powers' does not necessarily make the state ‚weaker' as a provider of public goods than its interventionist elder brother. The shadow of hierarchy is still present; the whip is still in the window. But the negotiating, enabling or cooperative state is less keen on running things ‚from above' than on **regulating and monitoring self-regulation**. The new regulatory state is interested in reducing its governance contributions to functions which can exclusively, or most effectively, be provided by the public sector: establishing operational meta rules, **setting the legal framework for private governance contributions** and regulating externalities. Political modernization thus still counts – and depends – on the state, but it does so in terms of **a new functional division of labour and authority between public and non-state actors**. (Wolf 2008, S. 230).

In einem solchen, intelligent organisierten Zusammenwirken von privater und öffentlicher Handlungskompetenz sehen wir eine wichtige Legitimationsgrundlage moderner Staatlichkeit. Es bedarf also – und mit dieser Bemerkung möchten wir schließen – nicht des vergeblichen Rufens nach der lupenreinen Verwirklichung des Westminster-Modells in der Realität verflochtener EU-Staatlichkeit.

Literatur

Bach, Maurizio. 2005. Europa als bürokratische Herrschaft. Verwaltungsstrukturen und bürokratische Politik in der Europäischen Union. In *Europawissenschaft*, Hrsg. Gunnar Folke Schuppert, Ingolf Pernice, und Ulrich Haltern, 575–612. Baden-Baden: Nomos.

Bauer, Michael W., und Ralf Knöll. 2003. Die Methode der „offenen Koordinierung": Zukunft europäischer Politikgestaltung oder schleichende Zentralisierung? *Aus Politik und Zeitgeschichte* 1–2:33–38.

Benz, Arthur. 2004. Multi-Level Governance – Governance in Mehrebenensystemen, In *Governance-Regieren in komplexen Regelsystemen*, Hrsg. Arthur Benz, 125–146. Wiesbaden: VS Verlag für Sozialwissenschaften.

Benz, Arthur. 2005. Governance in Mehrebenensystemen. In *Governance-Forschung: Vergewisserung über Stand und Entwicklungslinien,* Hrsg. Gunnar Folke Schuppert, 95–120. Baden-Baden: Nomos.

Benz, Arthur. 2008. Entwicklung von Governance im Mehrebenensystem der EU. In *Die Europäische Union. Governance und Policy-Making. Politische Vierteljahresschrift Sonderheft*, Hrsg. Ingeborg Tömmel. Bd. 40, 36–60.

Börzel, Tanja A. 2005. European Governance – Nicht neu, aber anders, In *Governance-Forschung: Vergewisserung über Stand und Entwicklungslinien*, Hrsg. Gunnar Folke Schuppert, 72–94. Baden-Baden: Nomos.

Börzel, Tanja A. 2013. EU-Staatlichkeit – ein Oxymoron? In *Verabschiedung und Wiederentdeckung des Staates im Spannungsfeld der Disziplinen. Beihefte zu „Der Staat"*, Hrsg. Andreas Voßkuhle, Christian Bumke, und Florian Meinel, Bd. 21, 221–236. Berlin: Duncker & Humblot.

De la Porte, Caroline, und Patricia Nanz. 2004. The OMC – A deliberative-democratic mode of governance? The case of employment and pensions. *Journal of European Public Policy* 11:267–288.

Fukuyama, Francis. 2004. *State-building, governance and world order in the twenty-first century*. London: Profile Books.

Göhler, Gerhard. 1994. Politische Institutionen und ihr Kontext. Begriffliche und konzeptionelle Überlegung zur Theorie politischer Institutionen, In *Die Eigenart der Institutionen. Zum Profil politischer Institutionentheorie*, Hrsg. Gerhard Göhler, 19–46. Baden-Baden: Nomos.

Groß, Thomas. 2008. Zum Entstehen neuer institutioneller Arrangements: das Beispiel der europäischen Verbundverwaltung. In *Politische Kultur im Wandel von Staatlichkeit. WZB-Jahrbuch 2007,* Hrsg. Dieter Gosewinkel und Gunnar Folke Schuppert, 141–162. Berlin: Edition Sigma.

Hoffmann-Riem, Wolfgang. 2000. Verantwortungsteilung als Schlüsselbegriff moderner Staatlichkeit, In *Staaten und Steuern. Festschrift für Klaus Vogel zum 70. Geburtstag,* Hrsg. Paul Kirchhof et al., 47–64. Heidelberg: Müller.

Hoffmann-Riem, Wolfgang. 2006. Die Klugheit der Entscheidung ruht in ihrer Herstellung – selbst bei der Anwendung von Recht. In *Kluges Entscheiden: disziplinäre Grundlagen und interdisziplinäre Verknüpfungen,* Hrsg. Arno Scherzberg, 3–24. Tübingen: Mohr Siebeck.

Huber, Peter M. 2013. EU-Staatlichkeit – was könnte das sein?, Kommentar zum Beitrag von Tanja Börzel, In *Verabschiedung und Wiederentdeckung des Staates im Spannungsfeld der Disziplinen. Beihefte zu „Der Staat",* Hrsg. Andreas Voßkuhle et al., Bd. 21, 237–244. Berlin: Duncker & Humblot

Joerges, Christian, und Josef Falke. 2000. *Das Ausschusswesen der Europäischen Union. Praxis der Risiko-Regulierung im Binnenmarkt und ihre rechtliche Verfassung.* Baden-Baden: Nomos.

Kohler-Koch, Beate 1999. The Evolution and Transformation of European Governance, In *The transformation of governance and the European union,* Hrsg. Beate Kohler-Koch und Rainer Eisfeld, 13–34. London: Routledge.

Lang, Joachim, und Katarina Bergfeld 2005. Zur „offenen Methode der Koordinierung" als Mittel der Politikgestaltung in der Europäischen Union. *Europarecht* 40:381–396.

March, James G., und Johan P. Olson. 1984. The new institutionalism: organizational factors in political life. *American Political Science Review* 78:734–749.

March, James G., und Johan P. Olson. 1989. *Rediscovering institutions. The organizational basis of politics.* New York: Free Press.

Mayntz, Renate. 2005. Governance Theory als fortentwickelte Steuerungstheorie? In *Governance-Forschung: Vergewisserung über Stand und Entwicklungslinien,* Hrsg. Gunnar Folke Schuppert, 17–27. Baden-Baden: Nomos.

Mayntz, Renate, und W. Scharpf Fritz, 1995. Der Ansatz des akteurzentrierten Institutionalismus, In *Gesellschaftliche Selbstregelung und politische Steuerung,* Hrsg. Renate Mayntz und W. Scharpf Fritz, 39–72. Frankfurt a. M.: Campus.

Möllers, Christoph. 2005. Netzwerk als Kategorie des Organisationsrechts. Zur juristischen Beschreibung dezentraler Steuerung. In *Nicht-normative Steuerung in dezentralen Systemen,* Hrsg. Janbernd Oebbecke, 285–302. Stuttgart: Franz Steiner.

Nullmeier, Frank 2010. Einleitung, In *Prekäre Legitimitäten. Rechtfertigung von Herrschaft in der postnationalen Konstellation,* Hrsg. Frank Nullmeier, 9–15. Frankfurt a. M.: Campus.

Nullmeier, Frank, Anna Geis, und Christopher Daase 2012. Der Aufstieg der Legitimitätspolitik. Rechtfertigung und Kritik politisch-ökonomischer Ordnungen. In *Der Aufstieg der Legitimitätspolitik.* Leviathan Sonderband, Hrsg. Anna Geis, Frank Nullmeier, und Christopher Daase. Bd. 27. 11–40.

Radaelli, Claudio M. 2003. *The open method of coordination: A new governance architecture for the European union?. Rapport 1/2003.* Stockholm: Swedish Institute for European Policy Studies.

Risse, Thomas. Hrsg. 2011. *Governance without a state? Policies and politics in areas of limited statehood.* New York: Columbia University Press.

Rotberg, Robert I. 2003. Failed states, collapsed states, weak states: Causes and indicators, In *State failure and state weakness in the time of terror*, Hrsg. Robert I. Rotberg, 1–25. Washington D.C.: Brookings Institution Press.

Scharpf, Fritz W. 2000. *Interaktionsformen. Akteurzentrierter Institutionalismus in der Politikforschung*. Opladen: Leske + Budrich.

Scharpf, Fritz W. 2005. Legitimationskonzepte jenseits des Nationalstaates. In *Europawissenschaft*, Hrsg. Gunnar Folke Schuppert, Ingolf Pernice, und Ulrich Haltern, 705–741. Baden-Baden: Nomos.

Scherzberg, Arno 2003. Wozu und wie überhaupt noch öffentliches Recht?. *Erfurter Beiträge zu den Staatswissenschaften 1*.

Scherzberg, Arno. 2003. *Wozu und wie überhaupt noch öffentliches Recht? Erfurter Beiträge zu den Staatswissenschaft*. Hrsg. von Frank Ettrich, Arno Scherzberg, Gerhard Wegner. Heft 1. Berlin: Verlag De Gruyter Recht.

Schmidt, Manfred G. 2005. Aufgabeneuropäisierung. In *Europawissenschaft*, Hrsg. Gunnar Folke Schuppert, Ingolf Pernice, und Ulrich Haltern, 129–148. Baden-Baden: Nomos.

Schmidt, Vivien A. 2000. Values und discourse in the politics of welfare state adjustment. In *Welfare and work in the open economy. vol. 1: From vulnerability to competitiveness*, Hrsg. Fritz W. Scharpf und Vivien A. Schmidt, 229–309. Oxford: Oxford University Press.

Schmidt-Aßmann, v. Eberhard, und Bettina Schöndorf-Haubold. Hrsg. 2005. Der Europäische Verwaltungsverbund. Formen und Verfahren der Verwaltungszusammenarbeit in der EU. Tübingen: Mohr Siebeck.

Schmidt-Aßmann, Eberhard. 2005. Einleitung: Der Europäische Verwaltungsverbund und die Rolle des Europäischen Verwaltungsrechts. In *Der Europäische Verwaltungsverbund*, Hrsg. Eberhard Schmidt-Aßmann und Bettina Schöndorf-Haubold, 1–23. Tübingen: Mohr Siebeck.

Schneckener, Ulrich 2006. „States at Risk". Zur Analyse fragiler Staatlichkeit. In *Fragile Staatlichkeit. „States at Risk" zwischen Stabilität und Scheitern*, Hrsg. Ulrich Schneckener, 9–42. Baden-Baden: Nomos.

Schneider, Volker, und Patrick Kenis 1996. Verteilte Kontrolle. Institutionelle Steuerung in modernen Gesellschaften. In *Organisation und Netzwerk. Institutionelle Steuerung in Wirtschaft und Politik*, Hrsg. Volker Schneider und Patrick Kenis, 9–44. Frankfurt a. M.: Campus.

Schönberger, Christoph 2009. Die Europäische Union zwischen „Demokratiedefizit" und Bundesstaatsverbot. Anmerkungen zum Lissabon-Urteil des Bundesverfassungsgerichts. *Der Staat* 48:535–558.

Schuppert, Gunnar Folke 1994. Zur Staatswerdung Europas. Überlegungen zu Bedingungsfaktoren und Perspektiven der europäischen Verfassungsentwicklung. *Staatswissenschaften und Staatspraxis* 5 (1): 35–76.

Schuppert, Gunnar Folke. 2002. Gemeinwohldefinition im kooperativen Staat. In *Gemeinwohl und Gemeinsinn im Recht. Konkretisierung und Realisierung öffentlicher Interessen*, Hrsg. Herfried Münkler und Karsten Fischer, 67–98. Berlin: Akademie.

Schuppert, Gunnar Folke. 2007. Governance as Communication. Das Beispiel von European Governance. In *Entgrenzte Demokratie? Herausforderungen für die politische Interessenvermittlung*, Hrsg. Otfried Jarren, Dominik Lachenmeier, und Adrian Steiner, 287–308. Baden-Baden: Nomos.

Schuppert, Gunnar Folke. 2008. *Politische Kultur*. Baden-Baden: Nomos.

Schuppert, Gunnar Folke. 2010. *Staat als Prozess. Eine staatstheoretische Skizze in sieben Aufzügen.* Frankfurt a. M.: Campus.

Schuppert, Gunnar Folke. 2011. Partnerships. In *The sage handbook of governance,* Hrsg. Bevir Mark, 300–331. Los Angeles: Sage.

Schuppert, Gunnar Folke. 2012. Verwaltungsorganisation und Verwaltungsorganisationsrecht als Steuerungsfaktoren. In *Grundlagen des Verwaltungsrechts. Band I,* Hrsg. Wolfgang Hoffmann-Riem, Eberhard Schmidt-Aßmann, und Andreas Voßkuhle, 1067–1159. München: C.H. Beck.

Schuppert, Gunnar Folke 2013. Einige Bemerkungen zur Allgemeinen Staatsverwirrung – Ist er gegangen, kommt er zurück oder wird er nur neu gesehen? In *Der entmachtete Leviathan. Löst sich der souveräne Staat auf?,* Hrsg. Maurizio Bach, 29–48. Zeitschrift für Politik. Sonderband 5. Nomos.

Scott, W. Richard. 1995. *Institutions and organizations.* Thousand Oaks: Sage.

Slaughter, Anne-Marie. 2004. *A new world order.* Princeton: Princeton University Press.

Sturm, Roland. 2005. Was ist Europäisierung? Zur Entgrenzung und Einbindung des Nationalstaats im Prozess der Europäischen Integration. In *Europawissenschaft,* Hrsg. Gunnar Folke Schuppert, Ingolf Pernice, und Ulrich Haltern, 101–128. Baden-Baden: Nomos.

Tömmel, Ingeborg. 2008a. Governance und Policy-Making im Mehrebenensystem der EU. In *Die Europäische Union. Governance und Policy-Making. Politische Vierteljahresschrift Sonderheft.* Bd. 40. Hrsg. Ingeborg Tömmel, 13–35.

Tömmel, Ingeborg. 2008b. Governance europäischer Politiken – Konvergenzen, Divergenzen und Varianzen im EU-System. In *Die Europäische Union. Governance und Policy-Making. Politische Vierteljahresschrift Sonderheft,* Hrsg. Ingeborg Tömmel. Bd. 40, 413–423.

Van den Daele, Wolfgang, und Friedhelm Neidhardt 1996. Regierung durch Diskussion. Über Versuche, mit Argumenten Politik zu machen, In *Kommunikation und Entscheidung. Politische Funktionen öffentlicher Meinungsbildung und diskursiver Verfahren. WZB-Jahrbuch,* Hrsg. Wolfgang Van den Daele und Friedhelm Neidhardt, 9–52. Berlin: Edition Sigma.

Voßkuhle, Andreas. 2002. „Schlüsselbegriffe" der Verwaltungsrechtsreform. Eine kritische Bestandsaufnahme. *Verwaltungsarchiv* 93:184–215.

Voßkuhle, Andreas, Christian Bumke, und Florian Meinel. Hrsg. 2013. *Verabschiedung und Wiederentdeckung des Staates im Spannungsfeld der Disziplinen,* 388. Berlin: Duncker & Humblot. (Beihefte zu „Der Staat"; H. 21) ISBN 978-3-428-13944-6.

Wolf, Klaus Dieter. 2008. Emerging patterns of global governance. The new interplay between the state, business and civil society. In *Handbook of research on global corporate citizenship,* Hrsg. Georg Andreas Scherer, und Guido Palazzo, 225–248. Cheltenham: Edward Elgar.

Zeitlin, Jonathan, Philippe Pochet, und Lars Magnusson, Hrsg. 2005. *The open method of coordination in action. The European employment and social inclusion strategies.* Brüssel: Peter Lang.

Zürcher, Christoph. 2007. When governance meets troubled states. In *Staatszerfall und Governance,* Hrsg. Marianne Beisheim, und Gunnar Folke Schuppert, 11–27. Baden-Baden: Nomos.

Zürn, Michael 2012. Autorität und Legitimität in der postnationalen Konstellation. In *Der Aufstieg der Legitimitätspolitik.* Leviathan Sonderheft, Hrsg. Anna Geiß et al., Bd. 27, 41–62.

Zürn, Michael. 2013. „Critical Citizens" oder „Critical Decisions" – Eine Erwiderung. *Politische Vierteljahresschrift* 1:173–185.

Volkssouveränität und europäische Integration: Zur Transformation eines ehemals komplementären Spannungsverhältnisses

Hans-Jürgen Bieling

1 Einleitung

Was unter Demokratie, also Volksherrschaft oder Selbstregierung des Volkes, konkret zu verstehen ist, auf welchen Ordnungsstrukturen und institutionellen Verfahren sie basiert, ist in verschiedenen Zeiten und Gesellschaften unterschiedlich gefasst worden. In den jüngeren theoretischen Diskussionen scheint sich ein weithin geteiltes Demokratieverständnis herauszuschälen, demzufolge Demokratie im Kern eine Form der prozeduralisierten Volkssouveränität darstellt (vgl. Habermas 1992, S. 362). Diese Perspektive setzt voraus, dass Volkssouveränität im Sinne einer Selbstregierung des Volkes, also einer Identität von Regierenden und Regierten, in komplexen, in sich selbst keineswegs immer transparenten Gesellschaften notgedrungen Organisationsprobleme mit sich bringt. Dies gilt umso mehr, als moderne Gesellschaften nicht als ein kollektiver Akteur in Erscheinung treten, sondern in sich vielfältig gespalten und durch konkurrierende Interessenlagen und Identitäten gekennzeichnet sind, deren politische Artikulation spezifischer kommunikativer Verkehrsformen und Verfahren bedarf, um demokratischer Qualitätsstandards gerecht zu werden. Akzeptiert man diese Perspektive, drängt sich mit Blick auf die demokratische Qualität politischer Gemeinwesens die Frage nach den konkreten institutionellen Formen sowie den zivilgesellschaftlichen und politökonomischen Voraussetzungen der Prozeduralisierung auf.

H.-J. Bieling (✉)
Institut für Politikwissenschaft,
Eberhard Karls Universität Tübingen, Tübingen, Deutschland
E-Mail: hans-juergen.bieling@uni-tuebingen.de

© Springer Fachmedien Wiesbaden 2015
N. Abbas et al. (Hrsg.), *Supranationalität und Demokratie,*
Staat – Souveränität – Nation, DOI 10.1007/978-3-658-05335-2_4

Was die Europäische Union betrifft, so konzentriert sich die demokratie-theoretische Diskussion vor allem auf die institutionellen Formen sowie auf die zivilgesellschaftlichen Organisationsmuster und Konfliktdynamiken, indessen die politökonomischen Umwälzungen oft nur äußerlich beleuchtet und kaum staats-theoretisch reflektiert werden. Dieser Beitrag setzt an genau diesem Schwachpunkt an. Er fragt also danach, wie sich die demokratischen Kontroll- und Partizipations-formen in der EU entwickelt haben und inwiefern hiermit ein Wandel europäischer Staatlichkeit und eine Transformation der kapitalistischen Organisationsmuster und Dynamiken korrespondiert. Letztere bilden nicht einfach nur einen zusätzli-chen weiteren Kontext- und Einflussfaktor, sondern eine grundlegend konstitutive Analysedimension. Schließlich strukturiert die kapitalistische Entwicklungsdy-namik ihrerseits maßgeblich die gesellschaftlichen Verhältnisse, sozialen Milieus und auch zivilgesellschaftlichen Organisationsformen und Diskurse, also selbst noch die politische Öffentlichkeit und den „erweiterten Vorhof" politischer De-batten und Entscheidungen. Diese Strukturierung hat sich über die vergangenen Jahrzehnte qualitativ gewandelt. Sie vollzieht sich in wachsendem Maße als ein transnationaler, durch die europäische Integration geprägter Prozess, der sich unter demokratiepolitischen Gesichtspunkten vielfach als problematisch präsentiert. Nachfolgend wird in diesem Sinne die These entfaltet, dass die Volkssouveräni-tät durch den Integrationsprozess zunächst allmählich, unter Krisenbedingungen zuletzt allerdings vermehrt in Frage gestellt und beschleunigt transformiert wird.

Um diese These zu belegen, wird zunächst die hier eingenommene demokratie- und staatstheoretische Perspektive konzeptionell etwas systematischer dargelegt. Hiervon ausgehend befasst sich der Beitrag dann – in einer strukturgeschichtlich angelegten Argumentation – mit dem gewandelten Verhältnis von Volkssouveräni-tät und europäischer Integration. Unterschieden wird dabei zwischen drei Kons-tellationen. In der ersten Konstellation der Nachkriegsjahrzehnte gab es vereinzelt zwar bereits einige warnende Stimmen (vgl. z. B. Abendroth 2008, S. 212), die auf den verfassungsrechtlichen Charakter der europäischen Gemeinschaften und damit verbundene, aber unerfüllte Legitimationserwartungen hingewiesen haben, doch in der gesellschaftspolitischen Praxis stellten derartige Bedenken lange Zeit kein substanzielles Problem dar. Dies war nicht zuletzt darauf zurückzuführen, dass die Organisationsformen der Volkssouveränität in der damaligen Zeit zugleich sehr stark an die nationale Souveränität gebunden waren und letztere durch die euro-päische Integration – Milward (2000) spricht von der europäischen Rettung des Nationalstaats – zunächst offenkundig gestärkt wurden; bis hin zur späteren Er-möglichung weiterer nationaler Demokratisierungsschübe gegen Ende der 1960er, Anfang der 1970er Jahre. Genau dieses komplementäre Verhältnis war seit den 1980er Jahren dann aber wachsenden Spannungen und Widersprüchen ausgesetzt.

Es vollzog sich ein „Strukturwandel der europäischen Integration" (Ziltener 1999), der die Erosion der tradierten, wohlfahrtsstaatlich gestützten Gestaltungsoptionen beschleunigte und über die supranationale Verankerung eines „neuen Konstitutionalismus" (Gill 1998) zentrale politische Entscheidungsprozesse der unmittelbaren demokratischen Kontrolle und Partizipation vielfach entzog. In der dritten Konstellation, die seit Ende der 2000er Jahre mit der Weltfinanz-, Euro- und Staatsschuldenkrise eingeleitet wurde, schlägt das ehemals komplementäre Verhältnis vielfach ins Gegenteil um. Unter den Bedingungen einer krisenkonstitutionalistischen Neugründung der europäischen Integration und der Verallgemeinerung autoritär-technokratischer Entscheidungsverfahren (vgl. Bieling 2013) mehren sich die Zeichen einer substanziellen Erosion der Volkssouveränität. Die Organisationsformen ihrer (trans-)nationalen und europäischen Prozeduralisierung greifen nur noch sporadisch, so dass der allseits beklagte Übergang in die „Postdemokratie" (Crouch 2008), also der tendenzielle Rückzug der Massen aus der Politik (vgl. Mair 2006), unter Krisenbedingungen weiter beschleunigt wird. Allerdings verläuft dieser Prozess innerhalb der EU, so die abschließenden Überlegungen, keineswegs gleichförmig, sondern ungleich und ungleichzeitig. Die divergierenden politökonomischen Dynamiken (vgl. Becker und Jäger 2012) und unterschiedlichen gesellschaftspolitischen Erfahrungswelten der Länder des Zentrums und der europäischen Peripherie, insbesondere der Länder, die der Kontrolle der EU-Troika aus Kommission, EZB und IWF unterliegen, machen es damit sehr schwer, die Prozesse der Entdemokratisierung als ein übergreifendes europäisches Problem zu diskutieren.[1]

2 Demokratie als prozeduralisierte Volkssouveränität: nationalstaatliche und europäische Voraussetzungen und Verfahrensweisen

Ob und in welchem Maße, politische Entwicklungen als Entdemokratisierung wahrgenommen und interpretiert werden, hängt maßgeblich vom zugrunde gelegten Demokratieverständnis ab, insbesondere von dessen – impliziten – normativen Maßstäben und prozeduralen Organisationsvorstellungen. Die demokratietheoretische Debatte bewegte und bewegt sich dabei – zum Teil noch bis heute – im

---

[1] Um nicht missverstanden zu werden: Nicht alle Tendenzen der Entdemokratisierung sind der europäischen Integration zuzuschreiben; weitere Entwicklungen und Faktoren wie etwa die Globalisierung oder sozialstrukturelle Umbrüche spielen ebenfalls eine Rolle. Zugleich stellt die veränderte Qualität und Funktionsweise der EU – insbesondere der europäischen politischen Ökonomie – aber einen ganz wichtigen Erklärungsfaktor dar.

Spannungsfeld zweier konkurrierender Demokratiebegriffe. Auf der einen Seite stehen diejenigen Vertreter, die Demokratie in erster Linie als eine Regierungsform betrachten. Diese wird von ihnen zumeist im liberalen Sinne gefasst.[2] Gestützt auf die Institutionen der repräsentativen Demokratie und der Gewaltenteilung zwischen Legislative, Exekutive und Judikative sowie in Verbindung mit dem Prinzip der Rechtsstaatlichkeit stellte die demokratische Regierungsform vor allem eine die individuelle Freiheit gewährende und sichernde Ordnungsstruktur dar. Die individuellen Freiheitsrechte haben demzufolge Vorrang gegenüber dem Gemeinwohl; eine Präferenzordnung, die in den ökonomischen Theorien der Politik (vgl. Downs 1968) und anderen Ansätzen, die in der Demokratie eigentlich nur ein spezifisches Verfahren zur Auswahl des politischen Führungspersonals sehen (so bereits Schumpeter 1950), besonders deutlich zum Ausdruck kommt.

Im Unterschied zu dieser Perspektive, in der die Verfahren der demokratischen Kontrolle und Partizipation recht eng definiert werden, ist das Verständnis von Demokratie als Lebensform auf der anderen Seite sehr viel umfassender und emphatischer angelegt. In der Kombination von republikanischen und sozialistischen oder radikaldemokratischen Komponenten stehen nicht so sehr die individuellen Freiheitsrechte als vielmehr die Anforderungen an eine demokratische Organisation des Gemeinwohls im Zentrum der Reflexionen (vgl. Marchart 2009). Von zentraler Bedeutung ist hierbei insbesondere eine allseits zugängliche, kritische und lebhafte Öffentlichkeit, über die das Gemeinwohl maßgeblich definiert und die politischen Entscheidungsträger in den Regierungen und Parlamenten zugleich kontrolliert werden. Sofern diese Perspektive sozialistisch oder radikaldemokratisch akzentuiert wird, stützen sich die Kontroll- und Partizipationsformen nicht selten auch auf rätedemokratische Elemente, die sich auch auf den ökonomischen Organisationsbereich erstrecken und in die Betriebe hineinreichen. Die grundlegende Überzeugung von Demokratie als Lebensform besteht darin, dass sich eine vitale Demokratie durch eine permanente diskursive Neugründung ihrer Institutionen auszeichnet (vgl. Rödel et al. 1989, S. 22 ff) und dies nur dann gelingen kann, wenn für alle gesellschaftlichen Gruppen die Möglichkeit gegeben ist, ihre Interessen im öffentlichen Konflikt zu artikulieren und auf diese Weise den politischen Disput als Lebenselixier der Demokratie zu pflegen.

Diese demokratietheoretischen Perspektiven haben zumindest ansatzweise auch Eingang in die integrationspolitischen Diskussionen gefunden. Sie brechen sich dabei allerdings insofern, als die Funktionsweise des EU-Systems und – hier-

---

[2] Klassische Ausnahmen bilden die letztlich vom Faschismus faszinierten Vertreter der politischen Führungsauswahl: Vilfredo Pareto, Gaetano Mosca und Robert Michels (vgl. Deppe 1999, S. 179 ff).

mit verbunden – die demokratischen Legitimationserfordernisse sehr unterschiedlich eingeschätzt und bewertet werden. Auf der einen Seite stehen all jene Autoren, für die das supranationale Aufgabenspektrum der EU noch immer begrenzt ist. Die EU stellt danach noch immer ein primär intergouvernemental organisiertes System dar, das keinen unrealistischen Vergleichsmaßstäben und überzogenen Erwartungen ausgesetzt werden sollte, zumal die nationalen Regierungen hinreichend demokratisch legitimiert sind (vgl. Moravscik 2004). Im Kontrast hierzu wird auf der anderen Seite die intergouvernementale Ontologie zumeist nicht geteilt und stattdessen der eigenständige Charakter des EU-Systems hervorgehoben (vgl. z. B. Habermas 1998, S. 135 ff; Fossum 2006). Dieser ergibt sich nicht zuletzt daraus, dass im Zuge der voranschreitenden Vergemeinschaftung vielfältige supra- und transnationale Kooperationsformen und Entscheidungsprozesse institutionalisiert wurden. Zum Teil geschah dies, um die Markt- und Währungsintegration zu stabilisieren, zum Teil ist darüber hinaus – mit der Verankerung individueller Unionsbürgerschaftsrechte, sozialer Kollektivrechte und regulativer Mindeststandards – aber auch ein nicht-ökonomisch motivierter rechtlicher und politischer Gestaltungsrahmen geschaffen worden, der eine breitere demokratische Legitimationsgrundlage erforderlich macht.

Nicht wenige setzten in diesem Kontext vor allem auf die Herausbildung und Stärkung einer transnationalen deliberativen Demokratie, deren Grundelemente – etwa der Primat der argumentativen Kommunikation, die Inklusivität und Öffentlichkeit der Beratungen oder die Abwesenheit von externen Zwängen und internen Repressionen – in europäischen Governance-Strukturen bereits angelegt sein sollen. Dies mag in Ansätzen durchaus der Fall sein. Allerdings neigen einige Autoren einerseits dazu, das demokratische Potenzial der deliberativen Politik zu überschätzen (vgl. Bieling 2011). So gibt es zwar zahlreiche europäische Arenen der Politikberatung, doch ob diese bereits eine aktive (Selbst-)Reflexion und indirekt auch Kontrolle der politischen Prozesse ermöglichen, erscheint bei genauerem Hinsehen als fragwürdig. Andererseits werden die demokratiepolitischen Maßstäbe oft realistisch angepasst und abgesenkt; zum Beispiel dann, wenn die Tendenzen einer Verselbständigung der Deliberation und Ablösung von politischen Partizipationsformen gering geschätzt oder dadurch gerechtfertigt werden, dass die zunehmende Vergemeinschaftung der europäischen Politik nicht auf einen supranationalen Staat hinausläuft und es demzufolge nur darum geht, neben der nationalstaatlich vermittelten Legitimationskette weitere legitimationsstiftende Kommunikationsstrukturen zu etablieren.

Beide Tendenzen, die Überhöhung der deliberativen europapolitischen Praxis wie auch die Absenkung der normativen demokratietheoretischen Standards, lassen sich letztlich auch als Hinweis auf theoretische und analytische Defizite interpretieren. Zum einen werden die machtpolitischen Blockaden, die einer weiteren Förderung und Demokratisierung deliberativer Verfahren entgegenstehen, bislang nicht eingehender analysiert; ein Problem, das im nachfolgenden Abschnitt durch die Überlegungen zur politischen Ökonomie der europäischen Integration zumindest abgemildert werden soll. Zum anderen können zugleich aber auch die Gründe für die normative Zurückhaltung, das heißt das Postulat des nicht-staatlichen Charakters der EU, nicht wirklich überzeugen. Offenkundig haben sehr viele Beobachter ein recht statisches Staatsverständnis, das auf eine enge Verkopplung unterschiedlicher staatlicher Organisationselemente und damit auf die traditionellen Formen des Nationalstaats fixiert bleibt. Der Staat erscheint in diesem Sinne als ein nach innen sowie außen souveräner und unitarischer Akteur, dessen Operationsweise unmittelbar an die nationale Ebene gekoppelt ist. Im Zuge der globalen und gesellschaftlichen Umbrüche wird zuweilen zwar auch von einer Transformation und Fragmentierung des Nationalstaats gesprochen (vgl. Leibfried und Zürn 2006, S. 21 ff), doch zumeist erscheinen die hiermit verbundenen Phänomene nur als Ausdruck einer Erosion der tradierten (national-)staatlichen Organisationsmuster, nicht aber als Schritte, über die sich neue Formen einer europäischen Staatlichkeit herausbilden.

Im Kontrast zur vorherrschenden formal-institutionalistischen Perspektive, die den Staat als ein autonomes, zentralisiertes und statisches Gebilde begreift, wird hier ein Staatsverständnis zugrunde gelegt, das stärker heteronom, dezentral und dynamisch ausgerichtet ist (vgl. Bieling 2010, S. 28 ff). Für die staats- und demokratietheoretische Diskussion ist dies in mehrfacher Hinsicht bedeutsam: Erstens wird – im Sinne der Heteronomie – die gesellschaftliche Einbettung des Staatshandelns, das heißt das kompetitiv-kooperative Zusammenspiel von Staat und (Zivil-) Gesellschaft betont; zweitens geraten hierdurch zugleich die dezentrierten, alltagsweltlich erfahrbaren Dimensionen des Staates und die diesen stützenden oder hinterfragenden Diskurse, Praktiken und Symbole stärker in den Blick; und drittens wird hierdurch insofern ein dynamisches Bild von Staatlichkeit unterstellt, als sich deren Elemente in der Interaktion mit zivilgesellschaftlichen Akteuren und Diskursen permanent rekonfigurieren.

Die hier nur angedeuteten staatstheoretischen Modifikationen haben weitreichende Implikationen für das Verständnis der europäischen Politik. Letztlich erscheint diese nicht einfach mehr, wie in den meisten Governance-Analysen, als eine Variante des Regierens jenseits von Staatlichkeit, sondern selbst noch als Ausdruck eines durch eine eigene supranationale Staatlichkeit gestützten politischen Beratungs-, Aushandlungs- und Entscheidungsprozesses. Hierauf verweist unter anderem die kollektiv bindende Gestaltungsmacht prominenter EU-Institutionen wie der Europäischen Kommission, des Europäischen Parlaments (EP), des Europäischen Gerichtshofs (EuGH) oder der Europäischen Zentralbank (EZB). Hinzu kommen zahlreiche Beratungs- und Regulierungsausschüsse, mithin ein weit verzweigtes System regulativer Staatlichkeit, das auch an zivilgesellschaftliche Akteursgruppen, das heißt Verbände, Gewerkschaften, NGOs, soziale Bewegungen, diverse Experten und Journalisten rückgekoppelt ist. Allerdings sind die Formen dieser Rückkopplung, also die Pfade der zivilgesellschaftlichen Einflussnahme oft intransparent und sehr selektiv. Dies bedeute, dass sie zugunsten transnationaler Wirtschaftsinteressen ausgerichtet sind. Die hiermit korrespondierenden Machtbeziehungen sorgen zusammen mit den wohlfahrtsstaatlich vermittelten (Um-)Verteilungsmechanismen, also dem Primat der nationalen Solidarität, bislang dafür, dass die europäischen Gestaltungsmöglichkeiten und demokratischen Kontroll- und Partizipationsformen begrenzt bleiben.

Tatsächlich gibt es im EU-System aber durchaus einige Ansatzpunkte einer transnationalen Demokratie, die im Sinne einer prozeduralisierten Volkssouveränität gestärkt und weiterentwickelt werden könnten. Dies gilt erstens für die Gewaltenteilung, die im Sinne einer funktionalen Trennung von gesetzgebender, ausführender und rechtsprechender Gewalt – also dem Parlament, der Regierung und Administration sowie der Judikative – den Missbrauch politischer Macht unterbinden soll. Im Kern ist eine solche Gewaltenteilung im EU-System angelegt, wenngleich es in wichtigen Fragen allerdings eine sehr dominante Rolle der Exekutive, insbesondere der nationalen Regierungen gibt, die ihrerseits zugleich auch legislative Aufgaben übernehmen. Zweitens sind die Institutionen der repräsentativen Demokratie zu nennen, also die allgemeinen, gleichen und freien Wahlen der europäischen Volksvertreter und deren politische Gestaltungsmacht. Diese wird bislang vor allem durch die Exekutivlastigkeit des EU-Systems begrenzt, aber auch durch die kompromiss- und konsensorientierte Arbeitsweise des Europäischen Parlaments, die nur unzureichend in der Lage ist, politische Kontroversen nach außen sichtbar auszutragen, mithin konkurrierende Positionen und Argumente prozessieren zu lassen. Dies hat zur Folge, dass sich auch eine dritte, für demokratische Systeme sehr wichtige Dimension, nämlich eine lebhafte, durch eine transnationale zivilgesellschaftliche Infrastruktur gestützte europäische Öffentlichkeit, bislang nur in Ansätzen entwickeln konnte. Wenn durch die Medien, die politischen Parteien und Verbände, Intellektuelle oder soziale Bewegungen drängende Themen und Probleme ins politische System eingespeist werden, so erfolgt dies noch immer primär über die nationale, kaum aber über die europäische Öffentlichkeit. Als noch schwächer präsentiert sich der vierte Ansatzpunkt für eine Prozeduralisierung der Volkssouveränität, der auf einen europäischen Ausbau wirtschaftsdemokratischer Kontrollformen hinauslaufen würde. Schließlich verfügen die Beschäftigten in den meisten EU-Mitgliedstaaten kaum über betriebliche

Mitspracherechte, so dass der gewerkschaftliche Druck, diese Dimension auf der europäischen Ebene auszubauen, insgesamt recht schwach ist.

Die genannten Ansatzpunkte einer prozeduralisierten europäischen Volkssouveränität sind in der EU noch immer unterentwickelt. Sie lassen darüber hinaus erkennen, dass die Prozeduralisierung der Volkssouveränität in der EU spezifisch gedacht und zum Teil neu erfunden werden muss. Damit sich neue demokratische Verkehrsformen etablieren können, müssen zugleich aber auch die transnationalen Machtverhältnisse transformiert werden. Schließlich sind nicht nur im nationalen, sondern auch im europäischen Raum die staatlichen Organisationsformen, einschließlich ihrer demokratischen Verfahren, an spezifische gesellschaftliche Voraussetzungen und Kontextbedingungen gekoppelt: insbesondere an Strukturen des materiellen Ausgleichs, die alle sozialen Klassen und Gruppen ermutigen und ihnen Gelegenheit geben, sich in das politische Geschehen einzubringen, sowie an eine lebhafte und kontroverse Öffentlichkeit, die sich gegenüber drängenden gesellschaftlichen Problemlagen als hinreichend resonanzfähig erweist. Im historischen Rückblick waren diese Voraussetzungen und Kontextbedingungen nur zum Teil gegeben. So konnten in den meisten der entwickelten kapitalistischen Gesellschaften eigentlich erst nach dem Zweiten Weltkrieg, das heißt mit der Verallgemeinerung fordistischer Produktionsformen, umfassender wohlfahrtsstaatlicher Strukturen und einer phasenweise sehr starken zivilgesellschaftlichen Mobilisierung, relativ stabile demokratische Verhältnisse etabliert werden, indessen sie zuvor, in der Zwischenkriegszeit, durch faschistische Bewegungen vielfach in Frage gestellt worden waren (vgl. Therborn 1977, S. 11 ff). Auch die jüngeren, oft als „postdemokratisch" bezeichneten Entwicklungen, die nachlassende politische Organisationsbereitschaft und Wahlbeteiligung, also der partielle Rückzug der Massen aus der Politik, und die gleichzeitige Verlagerung von Entscheidungsprozessen in oligarchisch geprägte Netzwerkstrukturen (vgl. Crouch 2008, 2011), verweisen vor dem Hintergrund wachsender sozialer Ungleichheiten darauf (Schäfer 2010), dass die Widersprüche und Spannungen im Verhältnis von Kapitalismus und Demokratie nach wie vor virulent sind (vgl. Deppe 2013, S. 65 ff).

3   Der Strukturwandel der europäischen Integration und die Transformation der Volkssouveränität

Die vorangegangenen Ausführungen lassen bereits erkennen, dass die Formen einer prozeduralisierten Volkssouveränität in der Vergangenheit sehr stark nationalstaatlich verankert und zugleich an spezifische politökonomische, politisch-institutionelle und zivilgesellschaftlich-kommunikative Voraussetzungen gekoppelt waren. Wie sich diese Voraussetzungen entwickelten, war zugleich durch die internationalen, insbesondere europäischen Kontextbedingungen mit beeinflusst worden. Diese stellten sich in den Nachkriegsjahrzehnten als insgesamt vorteilhaft dar, da die begrenzte Liberalisierung in Verbindung mit dem Ausbau von Arbeitsrechten und wohlfahrtsstaatlichen Strukturen eine relativ breite, durch Massenorganisationen gestützte politische Repräsentanz unterschiedlicher sozialer Klassen und Milieus ermöglichte. Seit den 1980er Jahren haben sich die gesellschaftlichen Voraussetzungen und europäischen Kontextbedingungen dann allerdings erheblich gewandelt. Zum einen sorgten Umbrüche im kapitalistischen Wachstumsmodus, die Globalisierungsdynamik, neue Formen der Produktions- und Arbeitsorganisation, eine voranschreitende Kommerzialisierung des öffentlichen Lebens und marktvermittelte Individualisierungsschübe dafür, dass sich die Formen der politischen Partizipation und Mobilisierung verändert haben. Zum anderen wurden diese Umbrüche durch den Prozess der europäischen Integration aktiv vorangetrieben; zumal dieser neben der vertieften ökonomischen Interdependenz auch eine schrittweise Supranationalisierung von politischen Entscheidungskompetenzen mit sich brachte. Durch die voranschreitende Konstitutionalisierung der EU ergaben sich zugleich auch neue Probleme der demokratischen Partizipation und Kontrolle, die sich im Zuge der europäischen Krisen- und Reformdynamik seit 2007 weiter zuspitzten.

3.1 Stärkung der Volkssouveränität im Kontext einer eingebettet liberalen Integrationsdynamik

Wie bereits angedeutet, wurde die „demokratische Frage" als ein Problem der europäischen Integration in den Nachkriegsjahrzehnten kaum diskutiert. Die sicherheitspolitischen Aufgaben – die Kontrolle Deutschlands und die enge transatlantische Kooperation in der Konstellation des Kalten Kriegs – wurden in den europäischen Gesellschaften waren wenig kontrovers; und die grundlegende politökonomische Funktion, die darin bestand, zwischen den begrenzten nationalen Märkten und nationalstaatlichen Handlungsmöglichkeiten auf der einen und den globalen Anforderungen der Kapitalverwertung, also den Internationalisierungsstrategien der Konzerne, auf der anderen Seite gestaltend zu vermitteln (vgl. Statz 1989; Bieling 2010, S. 57 ff.), konnte insgesamt demokratieschonend, wenn nicht sogar demokratiefördernd ausgefüllt werden. Die Überbrückung der unterschiedlichen Reichweite des ökonomischen und politischen Funktionsraumes machte dabei auch eine, allerdings nur relativ begrenzte Vergemeinschaftung von Staatsfunktionen, also die Schaffung von supranationalen, mit eigenen Kompetenzen ausgestatteten Institutionen wie der Hohen Behörde und späteren Europäischen Kommission, des Europäischen Gerichtshofs (EuGH) oder der Versammlung als Vorläuferorganisation des Europäischen Parlaments erforderlich.

Diese Grenzen zeigten sich unter anderem darin, dass nahezu alle Entscheidungen einstimmig, also im Konsens getroffen wurden, sich auf einige Sektoren konzentrierten – das heißt auf die Montanunion beziehungsweise die Europäische Gemeinschaft für Kohle und Stahl (EGKS), die Europäische Atomgemeinschaft (EAG) und die schrittweise realisierte Agrarpolitik – und ansonsten auf eine Liberalisierung fokussiert waren, die im Rahmen der Europäischen Wirtschaftsgemeinschaft (EWG) über die Abschaffung der tarifären Barrieren im Güterhandel kaum hinausging. All diese Elemente verweisen darauf, dass sich die europäischen Aktivitäten nach dem Zweiten Weltkrieg sehr gut in die transatlantische Konstellation des „embedded liberalism" (Ruggie 1982) einfügten. Die Einbettung der Liberalisierungsdynamik stützte sich dabei vor allem auf zwei Komponenten: zum einen auf die regulativen Arrangements des Bretton Woods Systems, also feste Wechselkurse, Kapitalverkehrskontrollen und internationale Finanzierungshilfen, und das General Agreement on Tariffs and Trade (GATT), das Dienstleistungen, nichttarifäre Handelshemmnisse und die Kapitalmärkte weitgehend ausklammerte; und zum anderen auf eine nationale wohlfahrtsstaatliche Expansion, die sich über die sozialen Sicherungssysteme hinaus auch auf stark regulierte Arbeitsmärkte und Arbeitsbeziehungen und einen umfangreichen öffentlichen Sektor erstreckte.

Nur an wenigen Stellen ging die europäische Integration über die eingehegte und begrenzte transatlantische Liberalisierung hinaus: etwa bei der Arbeitsmigration oder einigen industrie- und verteilungspolitischen Interventionsinstrumenten in der Kohle-, Agrar- oder Regionalpolitik; wobei die Interventionsinstrumente nochmals den eingebetteten Charakter der Liberalisierung unterstrichen. In der Konsequenz blieben die Wettbewerbszwänge für die meisten Unternehmen eher moderat. Gleichwohl förderten die europäischen Arrangements den Übergang zu einem gemeinsamen Markt, der vor allem seitens der weltmarktorientierten Kapitalfraktionen als erforderlich angesehen wurde, um die Produktionsstrukturen zu modernisieren und die europäischen Ökonomien in der Weltmarktkonkurrenz mit den USA zu stärken (vgl. Bieling und Deppe 1996, S. 488 ff.). Die Herausbildung und Modernisierung der nationalen fordistischen Entwicklungsmodelle wurde durch die europäische Integration demzufolge begünstigt. So entstand eine Konstellation, in der durch die wechselseitige Verstärkung von Handelsverflechtung, Wirtschaftswachstum und Produktivitätssteigerung zusätzliche Beschäftigungs- und Wohlfahrtseffekte stimuliert wurden. In den nationalen Gesellschaften reproduzierte sich demzufolge bei den nationalen Regierungen und Parteien eine pro-europäische Grundeinstellung, die durch einen „permissiven Konsens", das heißt die stillschweigende Zustimmung der Bevölkerung zur Europapolitik der nationalen und supranationalen Entscheidungsträger, gestützt wurde (vgl. Tsoukalis 1997, S. 15 ff.).

Die demokratischen Institutionen sind durch die europäische Integration gleich mehrfach gefestigt worden. So trugen die insgesamt recht positiven materiellen Effekte – zusätzliches Wirtschaftswachstum, mehr Beschäftigung, umfassendere soziale Leistungen etc. – mit dazu bei, die sogenannte „Output-Legitimität" der europäischen, aber indirekt auch der nationalen Politik zu stärken. Dies hatte auch Implikationen für die „Input-Legitimität", das heißt die aktive Beteiligung der Bevölkerung an politischen Diskussions- und Beratungsprozessen, mithin die zentralen Dimensionen der Volkssouveränität. Schließlich verallgemeinerte sich aufgrund der erzielten Resultate und des Vertrauens in die Gestaltungskraft politischer Institutionen in den meisten Gesellschaften das Gefühl, auf die eigenen Arbeits- und Lebensbedingungen durch eine politische Teilnahme aktiv einwirken zu können. Besonders ausgeprägt war diese Stimmungslage sicherlich gegen Ende der 1960er, Anfang der 1970er Jahre. Damals hatten eine breite, studentisch geprägte Protestwelle und gewerkschaftliche Streikbewegung viele Hoffnungen geweckt, die politisch in der staatlichen Steuerungseuphorie und dem Postulat einer weitergehenden Demokratisierung der Gesellschaft ihre Entsprechung fanden. So überrascht es letztlich nicht, dass sich im Zuge dieser umfassenden gesellschaftspolitischen Mobilisierung und hochgesteckten sozial- und demokratiepolitischen Erwartungen die unterschiedlichen sozialen Klassen und Milieus auch organisationspolitisch vermehrt engagierten. Im Rückblick fällt jedenfalls auf, dass in den meisten westeuropäischen Gesellschaften – sieht man von den autoritär-faschistischen Regimen einmal ab – die öffentliche und gesellschaftspolitische Relevanz und Bindekraft politischer Massenorganisationen – wichtige Indikatoren wie die Zahl der Parteimitglieder, der gewerkschaftliche Organisationsgrad oder das Niveau der Wahlbeteiligung unterstreichen dies – ihren Höhepunkt erlangt hatte (vgl. Mair 2006, S. 40 ff).

3.2 Erosion der Demokratie infolge der beschleunigten Integration

Die Politisierung und Demokratisierung der gesellschaftlichen Verhältnisse erfolgte vor dem Hintergrund einer beachtlichen sozialen Inklusion, für die nicht nur die wirtschaftliche Wachstumsdynamik, sondern auch die Expansion des Wohlfahrtsstaats und öffentlichen Sektors verantwortlich war. Im Laufe der 1970er Jahre geriet diese Konstellation dann in eine tiefe Krise, nachdem zunächst infolge des Zusammenbruchs das Bretton Woods Systems im transatlantischen Raum eine wichtige Stütze des eingebetteten Liberalismus entfiel und dann auch das fordistische Entwicklungsmodell an seine Grenzen stieß. Die westeuropäischen Regierungen wurden hierdurch allesamt – mehr oder minder – mit den Problemen einer steigenden Massenerwerbslosigkeit und zunehmenden Schwierigkeiten der sozialen Integration konfrontiert. Sie reagierten auf diese Probleme allerdings recht unterschiedlich – einige primär nachfrage-, andere hingegen angebotspolitisch –, was die Identifikation gemeinsamer europäischer Antworten schwierig machte (vgl. Ambrosius 1996, S. 132 ff; Ziltener 1999, S. 125 f). Dies änderte sich dann jedoch ab Anfang der 1980er Jahre. So wandten sich die meisten Regierungen – programmatisch explizit oder moderat-zurückhaltend – verstärkt angebotsorientierten und marktliberalen wirtschaftspolitischen Strategien zu und lancierten im europäischen Kontext neue Integrationsprojekte wie etwa den EG-Binnenmarkt, die WWU, die EU-Osterweiterung oder die Finanzmarktintegration und die Lissabon-Strategie, wodurch letztlich ein grundlegender Wandel der europäischen Entwicklungskonstellation herbeigeführt wurde.

Dieser Wandel manifestierte sich im Kern darin, dass die europäische Integration die nationalen Kapitalismusmodelle kaum mehr stützend stabilisierte und stattdessen deren Modernisierung nach Maßgabe markt- und wettbewerbsorientierter Kriterien beschleunigte (Ziltener 1999; Cafruny und Ryner 2007). Möglich wurde dies vor allem dadurch, dass die integrationspolitischen Projekte über die moderate Liberalisierung der Nachkriegsjahrzehnte deutlich hinausgingen. So erstreckte sich die Initiative des EG-Binnenmarktprogramms insbesondere auch auf die Kapital- und Dienstleistungsmärkte und auf die in diesen Bereichen besonders wichtigen nicht-tarifären Handelshemmnisse. Gestützt auf qualifizierte Mehrheitsentscheidungen und das Prinzip der wechselseitigen Anerkennung nationaler Regulierungsstandards wurden die nationalen Wirtschaftsräume weitreichend dereguliert. Die nachfolgenden Integrationsprojekte – so zum Beispiel die WWU und die Finanzmarktintegration – haben diese Prozesse nochmals verstärkt oder aber, wie etwa die Lissabon-Strategie, auf andere Politikfelder, nicht zuletzt die Arbeitsmärkte und Sozialsysteme, ausgedehnt.[3] All die genannten Projekte oder Initiativen haben demzufolge mit dazu beigetragen, dass sich im Laufe der letzten Dekaden ein transnationaler europäischer Finanzmarktkapitalismus herausgebildet hat (vgl. Bieling 2003; Demirovic und Sablowski 2012): Zum einen haben sie das Wachstum der grenzüberschreitenden Handels-, Dienstleistungs- und Finanztrans-

---

[3] Die diversen Erweiterungsrunden, insbesondere die Osterweiterung, fügen sich in diese Entwicklung insofern ein, als durch sie die innere Heterogenität der EU und mit dieser die Möglichkeiten einer steuer-, arbeits- und sozialpolitischen Unterbietungskonkurrenz weiter gesteigert wurden (vgl. Höpner 2013).

aktionen ermöglicht und erleichtert; und zum anderen haben sie in vielen, vormals wohlfahrtsstaatlich, insbesondere arbeits- und tarifpolitisch geschützten Bereichen Dynamiken einer „marktliberalen Entbettung" stimuliert.

Unter demokratiepolitischen Gesichtspunkten ist der Struktur- und Funktionswandel der europäischen Integration keineswegs unbedenklich; schließlich wird durch ihn die Erosion der traditionellen, sehr stark an die nationalstaatlichen Steuerungskompetenzen gekoppelten Formen der Volkssouveränität in mehrfacher Hinsicht vorangetrieben. Hierbei sind vor allem zwei Probleme und Zusammenhänge hervorzuheben:

Erstens haben die veränderte Funktionsweise der europäischen Integration und der Übergang zum transnationalen Finanzmarktkapitalismus mit dazu beigetragen, dass das Ausmaß und auch die Formen der sozialen Ungleichheit und Unsicherheit in Westeuropa zugenommen haben (vgl. Schäfer 2010; Bieling 2012). Sicherlich gibt es beträchtliche nationale Unterschiede. Aber die Entwicklungsrichtung ist überall mehr oder weniger gleich. Angesichts der Deregulierung der sozialen Sicherungssysteme und Arbeitsmärkte, der steuerpolitischen Umschichtungen – Absenkung der Sätze für Unternehmens- und Spitzensteuern bei gleichzeitiger Anhebung der indirekten Steuern – und nicht zuletzt auch der tarifpolitischen Zurückhaltung der Gewerkschaften ist die relative Einkommensungleichheit seit den 1980er Jahren in nahezu allen europäischen Gesellschaften deutlich angestiegen (OECD 2011). Dies gilt umso mehr, als durch die hohe Sockelarbeitslosigkeit und Absenkung der sozial- und arbeitspolitischen Absicherungen die abhängig Beschäftigten vermehrt unter Druck stehen, so genannte atypische, oftmals prekäre Beschäftigungsverhältnisse zu akzeptieren (Peters 2011; Dörre 2012). Diese Prozesse sind für die Formen eines dauerhaften und effektiven gesellschaftspolitischen Engagements, d. h. eine alltägliche und verstetigte demokratische Partizipation möglichst aller sozialen Klassen und Milieus, keineswegs folgenlos. Eingespannt und aufgerieben in vielfältigen materiellen Verteilungs- und Überlebenskämpfen oder frustriert durch enttäuschte Erwartungen ziehen sich vor allem die sozial schwächeren Milieus politisch zurück. Einige Entwicklungen stimmen zumindest bedenklich (Mair 2006, S. 34 ff.):

- Erstens ist in den europäischen Gesellschaften bei den Parlamentswahlen die durchschnittliche Wahlbeteiligung abgesunken. Lag diese in den 1960er Jahren noch bei fast 85 %, so ging sie in den 1980er Jahren auf unter 82 % und in den 1990er Jahren auf unter 78 % zurück. Auch danach hielt der Abwärtstrend an.
- Zweitens ist zugleich die Gruppe der Wechselwähler deutlich angewachsen. Offenbar sind die Wähler häufiger unzufrieden mit den politischen Parteien und gehen zu ihnen vermehrt auf Distanz. Inwiefern diese Entwicklung medialen

Skandalisierungen oder organisationspolitischen Fehlentwicklungen der Parteien geschuldet ist, muss, an dieser Stelle dahingestellt bleiben.

• Schließlich fällt drittens auf, dass die Bereitschaft, sich parteipolitisch zu organisieren und zu engagieren, insgesamt stark rückläufig ist. Von Portugal, Griechenland und Spanien, deren Gesellschaften im Zuge der Transition der 1970er Jahre nochmals stark politisiert wurden, einmal abgesehen, lässt die Bindekraft der Parteien nach und die Zahl der Parteimitglieder sinkt stark ab. In einigen Ländern – Frankreich (minus 1,1 Mio.), Italien (minus 2,1 Mio.), Großbritannien (minus 850.000), Österreich (minus 450.000) – war diese Entwicklung bereits in den 1980er und 1990er Jahren sehr deutlich, indessen sie sich in Deutschland etwas zeitverzögert vollzog.

Neben den sozioökonomischen Umbrüchen und politisch-resignativen Stimmungslagen in den sozial benachteiligten Milieus verstärken im europäischen Kontext *zweitens* aber auch politisch-institutionelle Transformationsprozesse den „Rückzug der Massen" aus der Politik. Dies liegt nicht zuletzt daran, dass der politisch-institutionelle Wandel seit den 1980er Jahren sehr stark durch einen „neuen Konstitutionalismus" geprägt war, der im Kern darauf zielte, in der EU eine grenzüberschreitende, marktliberal orientierte Wirtschaftsverfassung im Sinne des transnational operierenden Kapitals zu etablieren (vgl. Gill 2003, S. 132 ff.). Dies geschah vor allem dergestalt, dass privatkapitalistische Eigentumsrechte, Marktfreiheiten und strenge finanz- und geldpolitische Regeln vertraglich, das heißt im supranationalen Kontext konstitutionell verankert und damit einer einfachen demokratischen Kontrolle und potenziellen Revision tendenziell entzogen wurden. Derartige Effekte mögen keineswegs immer intendiert gewesen sein. Sie kristallisierten sich aber als wichtige Begleitphänomene einer unvollständigen, aber entstehenden supranationalen (Rechts-)Staatlichkeit heraus, die ihrerseits funktional sehr stark auf den transnationalen Finanzmarktkapitalismus bezogen ist, operativ zugleich aber durch spezifische Formen des europäischen Netzwerkregierens getragen wird. In dem Maße, wie transnationale, oft sehr stark durch Transnationale Konzerne (TNKs), Wirtschaftsverbände und diesen nahestehende Wissenschaftler und Journalisten dominierte Netzwerke die politischen Prozesse bestimmen, werden im EU-System die formal etablierten Verfahren, die ihrerseits auch demokratische Elemente und Aspekte der Gewaltenteilung berücksichtigen, nicht selten unterlaufen. Dies begünstigt auch eine Verselbständigung der Beratungs- und Entscheidungsprozesse in Kombination mit einer „Kumulation informeller Herrschaft" (Brunkhorst 2007, S. 21). So betrachtet, laufen nicht nur aufgrund der bestehenden strukturellen Machtverhältnisse, sondern auch angesichts einer unzureichenden Transparenz und öffentlichen Kontrolle zunächst auf der supranationalen

Ebene, aufgrund der Kompetenzverlagerung letztlich aber auch auf der nationalen Ebene die demokratischen Partizipationsformen vielfach leer.

3.3 Von der schleichenden zur verordneten Entdemokratisierung, oder: die autoritäre Neugründung der EU in der Krise

Nachdem die skizzierten Entwicklungen bis zur Weltfinanz- und Eurokrise vornehmlich als systemische Prozesse, also gleichsam als Begleiterscheinungen der Globalisierung und europäischen Liberalisierung zum Tragen kamen, rücken sie im Zeichen der anhaltenden europäischen Krisendynamiken stärken in den Fokus der öffentlichen Aufmerksamkeit. Sie werden, zumindest von Zeit zu Zeit, vermehrt politisiert, was zum Teil der europäischen Krisendramaturgie, zum Teil aber auch dem veränderten Charakter des europäischen Konstitutionalismus selbst geschuldet ist. Korrespondierte der „neue Konstitutionalismus" bis zur Krise noch mit einem technokratischen Politikmodus, dessen Sachzwang- und Notwendigkeitslogik angesichts der schrittweisen Selbstentmachtung demokratischer Kontrollorgane weitgehend akzeptiert war, so ist dies im Übergang zum „Krisenkonstitutionalismus" der vergangenen Jahre weniger der Fall. Dies liegt zum einen daran, dass der Krisenkonstitutionalismus in größerem Umfang interventionistische Aspekte umschließt, die in einem gewissen Spannungsverhältnis zur regulativen Ausrichtung der europäischen Wirtschaftsverfassung der Vorkrisenperiode stehen (vgl. Joerges 2012, S. 372 ff.); zum anderen sind die interventionistischen Instrumente zugleich auch sehr viel stärker gesellschaftlich und zwischenstaatlich umkämpft, zumal mit ihnen auch sehr viel deutlicher spezifische Verteilungseffekte verknüpft sind. Bezogen auf das europäische Krisenmanagement der zurückliegenden Jahre stellen sich die Schwerpunktaktivitäten bislang wie folgt dar:

In der ersten Phase, die vom Sommer 2007 bis Ende des Jahres 2009 dauerte, war das nationale und europäische Krisenmanagement durch eine schrittweise Ausweitung staatlicher Interventionskapazitäten zur Abschwächung der Wirtschaftskrise und zur Beruhigung der Wertpapier- und Kreditmärkte geprägt. Die supranational-europäischen Aktivitäten beschränkten sich darauf, die nationalen Bankenrettungsprogramme und Konjunkturpakete zu koordinieren, mit einer pragmatisch-liquiditätssichernden Geldpolitik zu begleiten und im Kontext der Re-Regulierungs-Diskussion auf europäischer und globaler Ebene, das heißt in der G-20, recht ambitionierte Ziele zu verkünden. Zuweilen entstand in dieser Phase eines staatsinterventionistisch stabilisierten Finanzmarktkapitalismus (Altvater 2010, S. 85 ff.) der Eindruck, als könnte der markt- oder neoliberale Charakter der europäischen Wirtschaftsverfassung überwunden oder zumindest transformiert werden. Letztlich wies das Krisenmanagement, das vor allem reaktiv und strukturkonservativ angelegt war, aber nicht über die gegebenen politökonomischen Reproduktionsmuster hinaus. Im Gegenteil, in dem Maße, wie sich die Aufmerksamkeit auf die öffentlichen Kosten richtete und die Finanzkrise sich zu einer Staatsschuldenkrise fortentwickelte, traten die disziplinierenden Aspekte des europäischen Krisenkonstitutionalismus deutlich in den Vordergrund.

Die zweite Phase ab Ende 2009, Anfang 2010 ist in diesem Sinne dadurch gekennzeichnet, dass einerseits neue europäische Steuerungsinstrumente – zunächst die European Financial Stability Facility (EFSF), seit 2013 der Europäische Stabilitätsmechanismus (ESM) und der Kauf von Staatsanleihen durch die EZB – geschaffen oder mobilisiert wurden. Andererseits wurden diese Instrumente bislang aber kaum dazu genutzt, die Handlungsspielräume der in Bedrängnis geratenen Staaten zu erweitern. Offenbar ging es den Gläubigerländern, der Europäischen Kommission und auch der EZB in erster Linie darum, eine rigide austeritätspolitische Agenda zu etablieren. Die potenziellen Gestaltungsmöglichkeiten der finanzpolitischen Vergemeinschaftung verkehrten sich durch die harte Konditionalisierung der EFSF-Kredite in ihr Gegenteil; zumal auch die Spielregeln der WWU wiederholt modifiziert wurden (Urban 2011, S. 34 ff; Heinrich 2012; Konecny 2012):

- Zunächst verständigten sich die Regierungen auf ein sogenanntes „Europäisches Semester", in dem seit 2011 die nationalen wirtschafts-, finanz-, arbeits- und sozialpolitischen Strategien ex-ante aufeinander abgestimmt werden. Hierzu veröffentlicht die Kommission einen integrierten Wachstums- und Beschäftigungsbericht, über den die nationalen Regierungen dann veranlasst werden, ihre Vorhaben in Fragen der fiskalischen Stabilisierung und Konvergenz sowie der strukturellen Reformvorhaben darzulegen und umzusetzen.
- Im Frühjahr 2011 vereinbarten die Regierungen der Eurozone und einige andere EU-Staaten zudem den „Euro-Plus-Pakt". Dieser sieht vor, die freiwillige, wettbewerbsorientierte Zusammenarbeit zu intensivieren. Im Kern geht es um eine Begrenzung der Lohn- und Arbeitskosten, um weiter flexibilisierte Arbeitsmärkte, reduzierte Sozialausgaben und um eine engere Abstimmung im Bereich der (Unternehmens-)Besteuerung.
- Ebenfalls im Jahr 2011 wurde außerdem ein Gesetzespaket initiiert und verabschiedet, das mit insgesamt sechs Verordnungen – daher auch der Name „Six Pack" – den Stabilitäts- und Wachstumspakt (SWP) noch strikter fasst: Inhaltlich richtet sich der Blick zukünftig stärker auf das Kriterium der staatlichen Gesamtverschuldung und auch auf makroökonomische Ungleichgewichte; und prozedural wird der SWP mit einer präventiven Komponente, das heißt einem

Überwachungs- und Warnmechanismus, ausgestattet. Vor allem aber wird durch die Umkehrung der Abstimmungsmodalitäten im Fall übermäßiger Defizite auch die korrektive Komponente deutlich gestärkt, da Sanktionen fortan nur noch mit einer Zweidrittel-Ablehnungsmehrheit abgewehrt werden können.

• Schließlich ist Anfang 2013 der Fiskalpakt, ein völkerrechtlicher Vertrag außerhalb des europäischen Rechtsrahmens, in Kraft getreten. Der Fiskalpakt zielt vornehmlich darauf, die austeritätspolitischen Vorgaben des „Six Pack" weiter zu stärken; und zwar dadurch, dass die Orientierung auf einen ausgeglichenen Staatshaushalt in den nationalen Verfassungen verankert oder mit einer solchen Regelung vergleichbar festgeschrieben wird.

Auf dem Weg zu einer „wirklichen Wirtschafts- und Währungsunion" (van Rompuy 2012) werden möglicherweise noch weitere Reformschritte – von der Schaffung einer Bankenunion bis hin zur Vergemeinschaftung der Schulden – folgen. Doch auch ohne dies ist jetzt schon erkennbar, dass der Krisenkonstitutionalismus einen Neugründungsprozess der europäischen Integration in Gang gesetzt hat. Jenseits einiger pragmatischer Komponenten läuft die Neugründung auf eine vertraglich-institutionelle Verschärfung der finanzmarktbasierten Disziplinierungszwänge hinaus. Unter demokratischen Gesichtspunkten stimmen die skizzierten Entwicklungen vor allem in zweifacher Hinsicht bedenklich: Zum einen verstärkt die austeritätspolitische Akzentuierung der europäischen Deregulierungs- und Flexibilisierungsagenda die sozialen Ungleichheiten, die vielfältigen Formen der Prekarisierung und potenziell auch die hiermit einhergehenden Tendenzen der politischen Resignation und Apathie. Und zum anderen sind im Zuge des europäischen Krisenmanagements politische Beratungs- und Entscheidungspraktiken etabliert worden, die technokratisch-autoritäre Züge aufweisen. Dies gilt etwa für den deutsch-französisch dominierten „Exekutivföderalismus" (Habermas 2011, S. 8), der den Einfluss kleinerer Regierungen, vor allem aber des Europäischen Parlaments und der nationalen Parlamente deutlich beschnitten hat. Die exekutivföderalistischen Verfahren werden dabei von transnationalen finanzkapitalistischen Allianzen – bestehend aus Banken, institutionellen Anlegern und anderen Finanzmarktakteuren, Consulting-Agenturen, Transnationalen Konzernen (TNKs), vielen Experten, Wissenschaftlern und Think Tanks – gestützt, die in manchen Situationen mit darauf hingewirkt haben, missliebige Politiker zu entmachten und durch willfährige, finanzmarktkapitalistisch konforme Personen zu ersetzen (vgl. Streeck 2013). Der mehr oder minder direkte Zugriff auf – mutmaßlich missliebige – nationale Entwicklungen betrifft nicht nur personalpolitische Entscheidungen, sondern auch die arbeits- und tarifpolitischen Gestaltungsoptionen der Gewerkschaften, deren Handlungskorridor durch die wettbewerbsorientierte Koordinierung der Lohnpolitik im Rahmen des „Euro plus Paktes" signifikant beschnitten wird (vgl. Schulten und Müller 2013).

4 Europäische Staatlichkeit und ungleiche (trans-)nationale Entwicklungen

Die Erosion der sozialen Grundlagen und die Transformation der politischen Beratungs- und Entscheidungsverfahren deuten darauf hin, dass die Volkssouveränität durch die europäische Integration zuletzt vielfach beeinträchtigt worden ist. Sicherlich gibt es auch einige Entwicklungen, die dieser Beobachtung entgegenstehen: so etwa die erweiterten Kompetenzen des Europäischen Parlaments, die Elemente der Unionsbürgerschaft oder die keimhafte Herausbildung transnationaler zivilgesellschaftlicher Strukturen. Doch sieht man von diesen, insgesamt eher bescheidenen Ansätzen einer gemeinschaftlich prozeduralisierten Volkssouveränität einmal ab, ist die europäische Staatlichkeit primär durch rechtsstaatliche, technokratisch-funktionale und unter Krisenbedingungen zum Teil auch autoritäre Diskussions- und Entscheidungsmodalitäten gekennzeichnet.

Nicht wenige Beobachter sehen hierin einen Beleg dafür, dass die Genese tragfähiger, sozial stabilisierter demokratischer Verfahren im europäischen Kontext sehr schwierig, wenn nicht sogar unmöglich ist und demzufolge die Vergemeinschaftungstiefe – insbesondere im Bereich der Geld- und Währungspolitik – wieder zu reduzieren ist (vgl. Nölke 2012; Streeck 2013; Wehr 2013). Die Annahme ist dabei, dass über die Kontrolle des Wechselkursmechanismus, also die Möglichkeit, die eigene Währung bei wachsenden nationalen Leistungsbilanzdefiziten abzuwerten, die Regierungen wieder zusätzliche politische Steuerungskapazitäten erlangen. Derartige Erwartungen mögen für einige Länder eventuell erfüllbar sein. Mit dem Wechselkursmechanismus eine generell gesteigerte politische Gestaltungsmacht zu verbinden, ist jedoch überzogen. Mehrere Aspekte sprechen dagegen: Erstens werden durch eine Abwertung der eigenen Währung zugleich auch die Importe, nicht zuletzt die importierten Vor- und Zwischenprodukte teurer, so dass die angestrebte Verbesserung der Wettbewerbsfähigkeit durch Kostensteigerungen und inflationäre Tendenzen – zumindest zum Teil – sofort wieder unterlaufen wird (vgl. Deutschmann 2013). Zweitens haben die Regierungen und Zentralbanken vieler kleinerer und mittelgroßer Ökonomien unter den Bedingungen liberalisierter Finanzmärkte, einschließlich der enormen Vermögenswerte und der kurzfristigen Zeithorizonte der hier operierenden Akteure, meistens nur noch eine begrenzte Kontrolle über den Wechselkurs. Drittens schließlich leiden die Gesellschaften der (süd-)europäischen Peripherie nicht nur an einer unzureichenden

Wettbewerbsfähigkeit, sondern an wettbewerbspolitisch induzierten Strukturproblemen (vgl. Steinko 2013), die eigentlich nur industriepolitisch zu bewältigen sind und zusätzliche gemeinschaftliche Steuerungsinstrumente erforderlich machen.

Die genannten Einwände mahnen zur Vorsicht, unter den Bedingungen des europäischen Finanzmarktkapitalismus den „alten" Wechselkursmechanismus nicht zu idealisieren. Implizit indizieren sie zugleich, dass sich die Probleme der WWU für ihre Mitgliedstaaten zum Teil sehr unterschiedlich darstellen. Diese Unterschiede ergeben sich zum Teil aus der spezifischen Krisenbetroffenheit der einzelnen Finanz- und Kapitalismusmodelle, zum Teil aus der besonderen Position in der innereuropäischen Arbeitsteilung und zum Teil aus den Prozessen einer ungleichen kapitalistischen Entwicklung, die sich unter den Bedingungen einer forcierten Markt- und Währungsintegration allerdings verschärft haben (vgl. Becker und Jäger 2012). So haben sich einige Länder zwar recht dynamisch entwickelt, allerdings um den Preis einer voranschreitenden De-Industrialisierung, überdurchschnittlichen Inflation und einer anhaltend negativen Leistungsbilanz, mithin Auslandsverschuldung. Für andere Länder stellt sich die Entwicklung insofern spiegelverkehrt dar, als sie zwar niedrigere wirtschaftliche Wachstumsraten aufweisen, letztlich jedoch Leistungsbilanzüberschüsse erzielen, also eine strukturelle Gläubigerposition einnehmen konnten. Unter den Bedingungen der anhaltenden Eurokrise haben sich diese politökonomischen Interaktionsmuster letztlich auch politisch artikuliert. Auf der einen Seite befürchten die politischen Akteure der Leistungsbilanzüberschuss-, also Gläubigerländer, dass sie für die verschuldeten Defizitländer mit öffentlichen Geldern notfalls haften müssen; und auf der anderen Seite kritisieren die gesellschaftlichen und zum Teil auch die staatlichen Akteure in den Leistungsbilanzdefizit- und Schuldnerländern im Gegenzug die harten, „von außen" verschärften Sparauflagen und austeritätspolitischen Reformprogramme.

Die ungleiche Entwicklung führt dazu, dass sich die im europäischen Finanzmarktkapitalismus ohnehin bereits angelegten Widersprüche und Krisenprozesse weiter zuspitzen und politisch allenfalls unzureichend bearbeitet werden können. So sind im Zuge des Krisenkonstitutionalismus zwar zusätzliche supranationale Institutionen und Instrumente geschaffen worden, deren zentrale Aufgabe besteht allerdings primär darin, die gemeinschaftlichen austeritätspolitischen Vorgaben zu verschärfen. Der europäischen Staatlichkeit fehlt es mithin an ausreichenden Kompetenzen, Ressourcen und Instrumenten, die ungleiche Entwicklung auszubalancieren und die Wirtschaftsdynamik zu stimulieren. Oft werden Überlegungen, die in diese Richtung weisen, mit dem Argument abgewehrt, dass ein europäischer Wohlfahrtsstaat total unrealistisch und wenig erfolgversprechend sei (vgl. Höpner 2013). Tatsächlich kommt es aber weniger darauf an, ein umfassendes gemeinschaftliches Umverteilungssystem als vielmehr Mechanismen einer industrie- und

strukturpolitischen Steuerung zu etablieren. In diesem Kontext ist auch an eine
europäische Wirtschaftsregierung zu denken, die politisch steuernd in die europäische Ökonomie interveniert und hierzu über zusätzliche Ressourcen, also ein
größeres gemeinschaftliches Budget verfügt. Die bereits bestehenden Ansätze der
arbeitsmarkt- und tarifpolitischen Koordination wären in diesem Sinne zu ergänzen: zum einen durch eine stärker vergemeinschaftete Steuerpolitik, um die erforderlichen Ressourcen zu mobilisieren; zum anderen aber auch durch ein Abrücken
vom Primat der Wettbewerbspolitik, also dem allein formal definierten Ziel eines
„level playing field", und der gleichzeitigen Etablierung effektiver industrie- und
strukturpolitischer Instrumente.

Ein Problem der so geschaffenen gemeinschaftlichen Steuerungsinstrumente besteht sicherlich darin, sie effektiv und erfolgreich zur Abmilderung der ungleichen Entwicklungsdynamiken zu nutzen. Darüber hinaus stellt sich mit großer
Dringlichkeit aber auch die Frage einer hinreichenden demokratischen Kontrolle und Partizipation. Schließlich unterliegt die konkrete Operationsweise einer
europäischen Wirtschaftsregierung ihrerseits dem Einfluss konkurrierender ge-
sellschaftspolitischer Interessen und Überzeugungen. Die damit verbundene Politisierung verlangt mithin nach neuen Wegen, die alternativen Konzeptionen im
politischen System diskutierbar und prozessierbar zu machen. Eine Option besteht
darin, die ausgeprägte Konsens- und Kompromissorientierung des EU-Systems
zumindest abzuschwächen oder auf eine allgemeinere Ebene zu verlagern, um –
vor allem im Europäischen Parlament – dem Disput konfligierender Interessen und
Überzeugungen, also der Logik von Regierung und Opposition einen erweiterten
Raum zu geben. Zugleich würde auf diese Weise mit Hilfe der Parteien, Verbände,
sozialen Bewegungen, Medien, Journalisten und anderer Intellektueller die Genese einer transnationalen Öffentlichkeit vorangetrieben, die die gemeinschaftlich
getroffenen Entscheidungen an den Wählerwillen rückbindet und damit zugleich
die europäische Volkssouveränität stärkt. Eine andere Option, die nicht wenigen
angesichts der mutmaßlichen Reformunfähigkeit des EU-Systems als attraktiver
und vielversprechender erscheint, bestünde darin, den Schwerpunkt direkt auf die
Genese einer – protestpolitisch mobilisierten – transnationalen Öffentlichkeit zu
lenken. Die transnationale Öffentlichkeit könnte dann dazu genutzt werden, in
Form einer Parallelstruktur alternative Institutionen und Verfahren einer demokratischen Kontrolle und Partizipation zu entwickeln. Auch sind Mischformen beider
Optionen durchaus vorstellbar. Gleichwohl ist vorab schwer zu bestimmen, wie
die Prozeduralisierung einer solchen transnationalisierten Volkssouveränität kon-
kret aussehen sollte; ebenso ist es schwierig abzuschätzen, ob und unter welchen
Bedingungen sie in der Lage ist, eine hinreichend breite Basis-Akzeptanz – in der
Bevölkerung wie bei den politischen Entscheidungsträgern – zu generieren.

Literatur

Abendroth, Wolfgang. 2008. *Europäische Integration und demokratische Legitimation, in: derselbe, Gesammelte Schriften.* Bd. 2, 1949–1955, 205–215. Hannover: Offizin (EA 1952).

Altvater, Elmar. 2010. *Der große Krach.* Münster: Westfälisches Dampfboot.

Ambrosius, Gerold. 1996. *Wirtschaftsraum Europa. Vom Ende der Nationalökonomien.* Frankfurt a. M.: Fischer Taschenbuch.

Becker, Joachim und Jäger, Johannes. 2012. Integration in crisis: A regulationist perspective on the interaction of European varieties of capitalism. *Competition & Change* 16 (3): 169–187.

Bieling, Hans-Jürgen. 2003. Social forces in the making of the new European economy: The case of financial market integration. *New Political Economy* 8 (2): 203–224.

Bieling, Hans-Jürgen. 2010. *Die Globalisierungs- und Weltordnungspolitik der Europäischen Union.* Wiesbaden: VS Verlag für Sozialwissenschaften.

Bieling, Hans-Jürgen. 2011. European Governance: zum Verhältnis von demokratischer und nicht-demokratischer Deliberation im europäischen Mehrebenensystem. *Österreichische Zeitschrift für Politikwissenschaft* 40 (2): 111–123.

Bieling, Hans-Jürgen. 2012. Transnationale (Krisen-)Dynamiken des Finanzmarktkapitalismus – Klassenverhältnisse, Gender und Ethnizität aus politökonomischer Perspektive. *Berliner Zeitschrift für Soziologie* 22 (1): 53–77.

Bieling, Hans-Jürgen. 2013. Das Projekt der „Euro-Rettung" und die Widersprüche des europäischen Krisenkonstitutionalismus. *Zeitschrift für Internationale Beziehungen* 20 (1): 89–103.

Bieling, Hans-Jürgen und Deppe, Frank. 1996. Internationalisierung, Integration und politische Regulierung. In *Europäische Integration,* Hrsg. Markus Jachtenfuchs und Beate Kohler-Koch, 481–511. Opladen: Leske + Budrich.

Brunkhorst, Hauke. 2007. Unbezähmbare Öffentlichkeit – Europa zwischen transnationaler Klassenherrschaft und egalitärer Konstitutionalisierung. *Leviathan* 35 (1): 12–29.

Cafruny, Alan W. und Ryner, Magnus. 2007. *Europe at bay. In the shadow of US Hegemony.* Boulder: Lynne Rienner.

Crouch, Colin. 2008. *Postdemokratie.* Frankfurt a. M.: Suhrkamp.

Crouch, Colin. 2011. *Das befremdliche Überleben des Neoliberalismus.* Frankfurt a. M.: Suhrkamp.

Demirović, Alex, und Sablowski, Thomas. 2012. Finanzdominierte Akkumulation und die Krise in Europa. *Prokla* 42 (1): 77–106.

Deppe, Frank. 1999. *Politisches Denken im 20. Jahrhundert. Die Anfänge.* Hamburg: VSA.

Deppe, Frank. 2013. *Autoritärer Kapitalismus. Demokratie auf dem Prüfstand.* Hamburg: VSA.

Deutschmann, Christoph. 2013. Warum tranken die Pferde nicht? *Frankfurter Allgemeine Zeitung* 9: N4.

Dörre, Klaus. 2012. Prekäre Arbeit und gesellschaftliche Integration – Empirische Befunde und integrationstheoretische Schlussfolgerungen. In *Desintegrationsdynamiken. Integrationsmechanismen auf dem Prüfstand,* Hrsg. Wilhelm Heitmeyer und Peter Imbusch, 29–56. Wiesbaden: Springer VS.

Downs, Anthony. 1968. *Ökonomische Theorie der Demokratie.* Tübingen: Mohr Siebeck.

Fossum, John Erik. 2006. Conceptualizing the European union through four strategies of comparison. *Comparative European Politics* 4 (1): 94–123.

Gill, Stephen. 1998. European governance and new constitutionalism: Economic and monetary union and alternatives to disciplinary Neoliberalism in Europe. *New Political Economy* 3 (1): 5–26.

Gill, Stephen. 2003. *Power and resistance in the new world order*. New York: Palgrave.

Habermas, Jürgen. 1992. *Faktizität und Geltung. Beiträge zur Diskurstheorie des Rechts und des demokratischen Rechtsstaats*. Frankfurt a. M.: Suhrkamp.

Habermas, Jürgen. 1998. Die postnationale Konstellation und die Zukunft der Demokratie. In *Die postnationale Konstellation und die Zukunft der Demokratie*, Hrsg. Jürgen Habermas, 91–169. Frankfurt a. M.: Suhrkamp.

Habermas, Jürgen. 2011. *Zur Verfassung Europas. Ein Essay*. Frankfurt a. M.: Suhrkamp.

Heinrich, Mathis. 2012. Zwischen Bankenrettungen und autoritärem Wettbewerbsregime. Zur Dynamik des europäischen Krisenmanagements. *Prokla* 42 (3): 395–412.

Höpner, Martin. 2013. Soziale Demokratie? Die politökonomische Heterogenität Europas als Determinante des demokratischen und sozialen Potenzials der Europäischen Union. *Europarecht Beiheft* 1 (2013): 69–89.

Joerges, Christian. 2012. Europas Wirtschaftsverfassung in der Krise. *Der Staat* 51 (3): 357–385.

Konecny, Martin. 2012. Die Herausbildung einer neuen Economic Governance als Strategie zur autoritären Krisenbearbeitung in Europa – gesellschaftliche Akteure und ihre Strategien. *Prokla* 42 (3): 377–394.

Leibfried, Stephan, und Zürn, Michael. 2006. Von der nationalen zur post-nationalen Konstellation. In *Transformationen des Staates?* Hrsg. Stephan Leibfried und Michael Zürn, 19–65. Frankfurt a. M.: Suhrkamp.

Mair, Peter. 2006. Ruling the void? The hollowing of western democracy. *New Left Review. Second Series*. 42:25–51.

Marchart, Oliver. 2009. Die politische Theorie des zivilgesellschaftlichen Republikanismus: Claude Lefort und Marcel Gauchet. In *Politische Theorien der Gegenwart*, Hrsg. André Brodocz und Gary S. Schaal, 3. Aufl., 221–251. Opladen: Verlag Barbara Burdrich.

Milward, Alan S. 2000. *The European rescue of the Nation-State*. 2. Aufl. London: Routledge.

Moravscik, Andrew. 2004. Is there a 'democratic deficit' in world politics? A Framework for Analysis. *Government and Opposition* 39 (2): 336–363.

Nölke, Andreas. 2012. Rettet Europa! Ohne den Euro? *Blätter für deutsche und internationale Politik* 57 (3): 55–64.

OECD. 2011. *Devided we stand. Why inequality keeps rising*. Paris: OECD.

Peters, John. 2011. The rise of finance and the decline of organised labour in the advanced capitalist countries. *New Political Economy* 16 (1): 73–99.

Rödel, Ulrich/Frankenberg, Günter, und Dubiel, Helmut. 1989. *Die demokratische Frage*. Frankfurt a. M.: Suhrkamp.

Ruggie, John Gerard. 1982. International regimes, transactions and change: Embedded liberalism and the postwar economic order. *International Organization* 36 (2): 379–416.

Schäfer, Armin. 2010. Die Folgen sozialer Ungleichheit für die Demokratie in Westeuropa. *Zeitschrift für Vergleichende Politikwissenschaft* 4 (1): 131–156.

Schulten, Thorsten. und Torsten Müller. 2013. A new European interventionism? The impact of the New European economic governance on wages and collective bargaining. In *Soci-*

al developments in the EU 2012. European trade union institute and the European social observatory, Hrsg. David Natali und Bart Vanhercke. Brüssel, 181–213.

Schumpeter, Joseph A. 1950. *Kapitalismus, Sozialismus und Demokratie*. Bern: Francke (EA 1942).

Statz, Albert. 1989. Die Entwicklung der europäischen Integration – ein Problemaufriß. In *1992- Projekt Europa. Politik und Ökonomie in der Europäischen Gemeinschaft*, Hrsg. Frank Deppe, Jörg Huffschmid, und Klaus-Peter Weiner, 13–38. Köln: Pahl-Rugenstein.

Steinko, Armando Fernando. 2013. Portugal, Spanien und Griechenland auf der Suche nach einem Ausweg. *Das Argument* 55 (1–2): 140–155.

Streeck, Wolfgang. 2013. *Gekaufte Zeit. Die vertagte Krise des demokratischen Kapitalismus*. Frankfurt a. M.: Suhrkamp.

Therborn, Göran. 1977. The rule of capital and the rise of democracy. *New Left Review* 103:3–41.

Tsoukalis, Loukas. 1997. *The New European economy revisited*. 3. Aufl. Oxford: Oxford University Press.

Urban, Hans-Jürgen. 2011. Das neue Europa: stabil und autoritär? Europas Weg in einen neuen Autoritarismus. In *Europa im Schlepptau der Finanzmärkte*, Hrsg. Joachim Bischoff et al., 30–64. Hamburg: VSA.

Van Rompuy, Hermann. 2012. Towards a genuine economic and monetary union. 5. Dezember, Proposal in close collaboration with José Manuel Barroso, Jean-Claude Juncker, Mario Draghi, http://www.consilium.europa.eu/uedocs/cms_Data/docs/pressdata/en/ec/134069.pdf. Zugegriffen: 15. Dez. 2012.

Wehr, Andreas. 2013. *Der europäische Traum und die Wirklichkeit – Über Habermas, Rifkin, Cohn-Bendit, Beck und die anderen*. Köln: PapyRossa.

Ziltener, Patrick. 1999. *Strukturwandel der europäischen Integration. Die Europäische Union und die Veränderung von Staatlichkeit*. Münster: Westfälisches Dampfboot.

Supranationale Gouvernementalität: Zur Neuordnung des Verhältnisses von Recht, politischer Herrschaft und demokratischen Geschlechterverhältnissen

Gabriele Wilde

> *Die Postdemokratie ist die Regierungspraxis und die*
> *begriffliche Legitimierung einer Demokratie* nach
> dem Demos, *einer Demokratie, die die Erscheinung,*
> *die Verrechnung und den Streit des Volkes liquidiert*
> *hat, reduzierbar also auf das alleinige Spiel*
> *der staatlichen Dispositive und der Bündelung*
> *von Energie und gesellschaftlichen Interessen*
> *(Jacques Rancière 2002, S. 111)*

Die Frage nach dem Zustand und der Beschaffenheit supranationaler Demokratie führt den wissenschaftlichen Diskurs seit Jahrzehnten in einen scheinbar unüberwindbaren Gegensatz: Hält sich auf der einen Seite beharrlich die Rede von der Verfassung eines europäischen Mehrebenensystems, das auf der Grundlage öffentlichen Rechts legitim Macht ausübt, dominiert auf der anderen Seite eine Auffassung, die sich mit dem Verweis auf eine Regierungstechnik und Verwaltungspraktik zur Ausübung von Macht begnügt. Ähnliches gilt auch für die Einschätzung der europäischen Geschlechterpolitik. Sehen die einen in den zahlreichen Gleichstellungsnormen und Richtlinien eine Legitimationsform supranationaler Machtausübung zur Realisierung demokratischer Geschlechterverhältnisse, erkennen andere etwa in dem Gender-Mainstreaming-Programm vor allem eine neoliberale Politikstruktur mit verwaltungsökonomischer Stoßrichtung.

G. Wilde (✉)
Westfälische Wilhelms-Universität Münster, Münster, Deutschland
E-Mail: Gabriele.Wilde@uni-muenster.de

© Springer Fachmedien Wiesbaden 2015
N. Abbas et al. (Hrsg.), *Supranationalität und Demokratie*,
Staat – Souveränität – Nation, DOI 10.1007/978-3-658-05335-2_5

Die Zusammenführung der europäischen Geschlechterpolitik mit der Konsolidierung supranationaler Arbeitsmarkt- und Beschäftigungspolitiken im Amsterdamer Vertrag scheint die Unversöhnlichkeit beider Positionen aufzuheben. Denn
das dort eingefügte Beschäftigungskapitel stellt erstmalig einen Zusammenhang
zwischen Gleichstellungs- und Antidiskriminierungsrecht und Maßnahmen zur
Integration von Frauen in die nationalen Arbeitsmärkte her und scheint damit die
Synthese zwischen verfassungsgebender, einer das Gemeinwesen konstituierenden
Gewalt und der verfassten Gewalt des Regierens zu bestätigen. Mit der Chancengleichheit als vertraglich festgelegter Norm sowie Gender Mainstreaming und der
neuen Methode der offenen Koordinierung als zwei zentralen Regierungstechni-
ken zur Umsetzung der europäischen Zielvorgaben und Leitlinien liegt die Vermu-
tung nahe, dass damit auch der Weg für demokratische Geschlechterverhältnisse
geebnet sei.

Tatsächlich aber ist die vermeintliche Aufhebung der Spaltung des Politischen
durch die europäische Arbeitsmarkt- und Beschäftigungspolitik eine Täuschung.
Vielmehr haben wir es in Anlehnung an Michel Foucault mit den Besonderhei-
ten einer spezifischen, supranationalen *Gouvernementalität* zu tun. In diesem
Verständnis schwächt die zentralisierte politische Macht bei den europäischen
Regierungseliten mit einer überwältigenden Vorherrschaft der Ökonomie die
Wirksamkeit des europäischen Antidiskriminierungsrechts (Somek 2003) und
führt zu einer Neuformation von Geschlechterverhältnissen in den nationalen
Mitgliedstaaten. Die Beantwortung der zentralen Frage, welche Konsequenzen
sich aus der Verbindung der politisch-juridischen mit einer ökonomischen Rationalität für demokratische Geschlechterverhältnisse ergeben, erfolgt in insgesamt
drei Schritten:

In einem ersten Schritt wird auf die zentralen Merkmale dieser neuen Politikstruktur eingegangen und gezeigt, inwiefern die europäische Geschlechterpolitik
nicht nur das Ergebnis einer Zentralisation politischer Macht in supranationale
Entscheidungseliten ist, sondern die Herausbildung eines eigenständigen europäischen Normensystems auch ein neoliberales Politikverständnis zum Ausdruck
bringt. In dieser Hinsicht bezeichnet „Neoliberalismus" einen spezifischen politischen Transformationsprozess, in dessen Verlauf die Logik des Marktes zunehmend zum regulierenden und organisatorischen Prinzip des Politischen wird und
zu einer Neuordnung des Verhältnisses von Recht, politischer Herrschaft und Ökonomie führt.

Am Beispiel der Umsetzung europäischer Arbeitsmarkt- und Beschäftigungspolitiken richtet sich die Perspektive in einem zweiten Schritt auf die Analyse der
Verschränkung supranationaler Regierungstechnologien mit nationalen Akteuren.
In diesem Zusammenhang wird die deutsche Arbeitsmarktreform als ein hegemonialer Diskurs erörtert und dargestellt, dass und in welcher Form gesellschaftliche

Geschlechterverhältnisse als Macht- und Herrschaftsverhältnisse durch neue Leitbilder der Entsolidarisierung, Individualisierung und Prekarisierung transformiert
und neu konstituiert werden.

In Anlehnung an die demokratietheoretische Denktradition von Alexis de
Tocqueville, Hannah Arendt, Carole Pateman und Chantal Mouffe werden in
einem dritten Schritt die postpolitischen Konsequenzen supranationaler Gouvernementalität reflektiert und in einem abschließenden Fazit die Perspektiven
für demokratische Geschlechterverhältnisse aufgezeigt, in deren Zentrum nicht
allein Rechte und Gleichheit stehen, sondern Partizipation und politische Handlungsfreiheit.

1 Neoliberale Politikstruktur: Zur Verschränkung von supranationalem Recht, politischer Macht und Ökonomie in der europäischen Geschlechterpolitik

In der Europäischen Union gibt es kaum ein Politikfeld, das sich in den vergangenen Jahren derart expansiv entwickelt hat wie die europäische Geschlechterpolitik.
Neben zahlreichen Richtlinien und Gleichstellungsmaßnahmen erfolgte Mitte der
1990er Jahre mit dem Gender-Mainstreaming-Programm eine qualitative Vertiefung der europäischen Geschlechterpolitik. Nunmehr soll es nicht mehr nur darum
gehen die Situation von Frauen durch sozialpolitische Instrumente zu verbessern,
sondern das erklärte Gemeinschaftsziel ist die Verwirklichung der Chancengleichheit von Frauen und Männern in nahezu allen gemeinschaftlichen Politikbereichen.
Dennoch kann kaum die Rede davon sein, dass sich die europäische Geschlechterpolitik mit diesem Kurswechsel von einem formalen Gleichstellungskonzept zur
Geschlechtergleichstellung ausschließlich von einer Respektierung der Menschen-
rechtspolitik jenseits von Machtpolitik leiten lässt. Gegen diese Annahme spricht
letztendlich, dass sich neben dem gesetzlichen und institutionellen Rahmen, den
sich die EU mit der supranationalen „Referenzstruktur für Gleichberechtigung"
(Wobbe und Biermann 2007, S. 565) seit den Römischen Verträgen gegeben hat,
der Markt als mindestens ebenso gewichtiges organisierendes und regulierendes
Prinzip (vgl. Foucault 2004b, S. 300 ff.) verstärkt das sowohl supranationales als
auch staatliches Handeln bestimmt. So führte die institutionelle Anbindung der
europäischen Arbeitsmarkt- und Beschäftigungspolitik zu einer Neudefinition des
Verhältnisses von Supranationalität, Geschlechtergleichstellung und Ökonomie,
das die Geschlechterpolitik auf der Grundlage der Zentralisation, Spaltung und
Ökonomisierung politischer Macht als eine neuartige neoliberale Politikstruktur
begründet.

1.1 Zentralisierung politischer Macht: Geschlechterpolitik als Ausdruck einer supranationalen Macht- und Herrschaftsordnung

Schon immer bestand das Ziel der europäischen Union darin, die supranationale Politik über das Primat des Rechts auszudehnen und zu stärken. So werden europäische Gleichstellungsnormen auf Nachfrage der europäischen Staats- und Regierungschefs und auch zu deren Gunsten als Instrumente von der Kommission, dem Rat und dem Europäischen Gerichtshof (EuGH) ausgearbeitet (Berghahn 2002). Als maßgebliche AkteurInnen der europäischen Gleichstellungspolitik forcieren sie die Enthierarchisierung gesellschaftlicher Geschlechterverhältnisse in allen relevanten Politikbereichen. Dem EuGH kommt dabei in seiner Funktion als traditionelles Verfassungsorgan, als Schöpfer europäischer Rechtsnormen und als zentrales Subjekt bei der Vertiefung der Rechtsintegration (vgl. Holzinger et al. 2005, S. 59) eine primäre Bedeutung zu. Die wichtigste politische Akteurin auf der EU-Ebene aber ist die Kommission. In ihrer Funktion als Exekutive und als „Hüterin der Verträge" der Europäischen Union übernimmt sie die politisch wesentliche Arbeit für die Enthierarchisierung der Geschlechterverhältnisse. Ausgestattet mit dem Initiativrecht unterbreitet sie dem Ministerrat Vorschläge für europäische Rechtsnormen (oder -setzungen), der je nach Entscheidungsverfahren allein oder aber gemeinsam mit dem Europäischen Parlament die Richtlinien zur Geschlechtergleichstellung beschließt oder ablehnt. Als Instrumente dazu dienen den zentralen Akteuren zum einen das sekundäre Gemeinschaftsrecht in Form von Richtlinien, die sich auf die Chancengleichheit und den Schutz weiblicher Arbeitnehmerinnen beziehen, Maßnahmen im Rahmen von Gender Mainstreaming, mit welchen die Gleichstellung von Frauen und Männern in Verwaltungsstrukturen der Gemeinschaft angestrebt wird, sowie Empfehlungen und Aktionsplänen. Die europäische Geschlechterpolitik als Ausdruck supranationaler Macht- und Herrschaftsordnung kommt nicht zuletzt durch das Entscheidungsrecht des Ministerrats eine geradezu innerstaatliche und rechtsstaatliche Rechtsverbindlichkeit zu (vgl. Zürn und Wolf 2000, S. 119 ff.).

Die Koppelung der europäischen Gleichstellungspolitik an die Europäische Beschäftigungspolitik erfolgte mit der Einfügung eines Beschäftigungskapitels in den Amsterdamer Vertrag (Art. 125–130 EUV, Art. 145 bis 150 AEUV). Mit der Reformierung der europäischen Geschlechterpolitik gingen mögliche Interventionen europäischer Akteure zur Koordination nationaler Beschäftigungspolitiken einher. Dazu gehören das Sozialprotokoll als integraler Bestandteil der Verträge, die Einfügung des Gender Mainstreaming-Programms (Art. 2, Art. 3) als Gemeinschafts- und Querschnittsaufgabe (vgl. Fuhrmann 2005, S. 11) sowie die Ermächtigung des Rats, einstimmig geeignete Vorkehrungen zu treffen, „um Diskriminierungen aus Gründen des Geschlechts, der Rasse, der ethnischen Zugehörigkeit [...] zu bekämpfen" (Art. 13). Als Grundlage für die Durchsetzung der Maßnahmen dient die Rahmenstrategie zur Förderung der Gleichstellung von Frauen und Männern, mit der die europäische Gemeinschaft anstrebt, die Entstehung geschlechtsspezifischer Unterschiede zu verhindern sowie bestehende Benachteiligungen von Frauen mittels politischer Maßnahmen abzubauen (vgl. Kommission 2000). Die Entscheidung zugunsten einer europäischen Beschäftigungsstrategie (EBS), auf die sich der Europäische Rat zur einheitlichen Koordinierung der einzelstaatlichen Beschäftigungspolitiken bereits in einem außerordentlichen Gipfel in Luxemburg November 1997 einigte, wurde schließlich mit der Gemeinschaftszuständigkeit für „Maßnahmen zur Gewährleistung der Anwendung des Grundsatzes der Chancengleichheit und der Gleichbehandlung von Männern und Frauen in Arbeits- und Beschäftigungsfragen" (Art. 153 AEUV) ebenso bestätigt wie der seit 1957 verankerte Grundsatz des gleichen Entgelts für Männer und Frauen bei gleicher Arbeit (Art. 119 EWGV) im Lissabon-Vertrag (Art. 157 AEUV).

1.2 Die Spaltung der Regierungsmacht: Die politische Ökonomie als neue Rationalität in der Kunst des Regierens

Supranationale Politik begründet eine neuartige Form des Netzwerkregierens (Kohler-Koch et al. 2004), die schon immer systematisch zwischen einer supranational vorgegebenen Rechtsordnung und dem politischen Handeln nationaler Regierungen trennte. So verpflichtete Art. 249 des EG-Vertrages basierend auf der 1963 vom EuGH entwickelte Doktrin von der „unmittelbaren Anwendbarkeit" des EG-Rechts (vgl. Haltern 2005, S. 401)[1] die Mitgliedstaaten, die europäische Vorgaben direkt in nationales Recht umzusetzen, auch wenn den Mitgliedstaaten die Wahl der Formen und Mittel der Umsetzung freigestellt ist und damit unter Berücksichtigung der jeweils kulturellen, politischen und sozialen Besonderheiten erfolgt.

Zur Umsetzung der Europäischen Beschäftigungsstrategie hingegen wurde mit dem Luxemburgprozess 1997 zusätzlich ein neues supranationales Steuerungs- und Koordinationsverfahren beschlossen, das zunächst vor allem der multilateralen Überwachung wirksamer Maßnahmen zur Bekämpfung der Arbeitslosigkeit in den Mitgliedstaaten diente (vgl. Keller 2008, S. 225 ff.). Erst mit Beschluss der Lissabon-Strategie 2001 wurden die Vorgaben bezogen auf eine aktivierende

---

[1] Rechtssache (Rs.) 26/62, Entscheidungssammlung (Slg.) 1963, 1– van Gend&Loos. Allerdings kommt die unmittelbare Anwendung der EU-Richtlinien durch die nationalen Gerichte erst dann in Betracht, wenn die nationalen Rechtssetzungsorgane die bis zum Ende der in der jeweiligen Richtlinie festgelegten Umsetzungsfrist nicht gehandelt haben.

Arbeitsmarktpolitik beständig ausgebaut. Ein deutliches Zeichen für das Abrücken von einem supranationalen hin zu einem neoliberalen Politikmodus ist, dass mit der neuen Ausrichtung auf eine integrierte Wirtschafts-, Sozial- und Beschäftigungspolitik keine rechtlich verbindlichen Maßnahmen vorgesehen waren. Vielmehr koordinieren die zentralen politischen Akteure die Maßnahmen und Instrumente der europäischen Arbeitsmarkt- und Beschäftigungspolitik und sind für das Agenda-Setting (vgl. Zirra 2010b, S. 171 ff.) zuständig. So forciert neben dem Beschäftigungsausschuss im Rat die Kommission als „bürokratisches EU-Dispositiv" (Sauer 2001, S. 8) Beschäftigung und wirtschaftliches Wachstum auf der Grundlage sogenannter Leitlinien (vgl. Zirra 2010a, S. 197); diese schließlich verpflichten die Mitgliedstaaten, nationale Aktionspläne (NAP) zu erstellen, in welchen die geplanten Initiativen zur Realisierung von Vollbeschäftigung, Wettbewerbsfähigkeit, lebenslangem Lernen und Geschlechtergleichstellung (Schmid 2012) beschrieben sind. Die Evaluierung der Maßnahmen erfolgt schließlich in Form der „Offenen Methode der Koordinierung" (OMK)[2] als Instrument mittelbarer Politikabstimmung, das eine Beteiligungsmöglichkeit der Länder und Regionen an der supranationalen Politikgestaltung darstellt. Anhand dieser supranationalen Regierungstechnik überwachen und bewerten die Mitgliedstaaten unter Beteiligung von Sozialpartnern vergleichend die Wirksamkeit der Reformen durch ein zumeist indikatorengestütztes transnationales Monitoring im Hinblick auf die jeweiligen nationalen Sozial- und Wohlfahrtssysteme (Haahr 2004; Maurer 2003; Wöhl 2010)[3].

1.3 Die Ökonomisierung politischer Macht: Die Konzentration europäischer Geschlechterpolitik auf die Integration von Frauen in nationale Arbeitsmärkte

Die neoliberale Ausrichtung gleichstellungspolitischer Vorgaben (Schunter-Kleemann 2001, 2003; Young 2000) zeigt sich schließlich in der einseitigen Ausrich-

---

[2] Die OMK wurde im Kontext der Initiativen zur Europäischen Beschäftigungsstrategie (EBS) in den späten 1990er Jahren entwickelt und in der Lissabon-Strategie verstetigt. Als Ausgangspunkt ist das Weißbuch zu Wachstum, Wettbewerbsfähigkeit und Beschäftigung aus dem Jahre 1993 der Europäischen Kommission zu sehen.

[3] Dies erfolgt auf der Grundlage von insgesamt drei Elementen: bezogen auf die a) Subsidiarität anhand zentraler Vereinbarungen von Rahmendaten und -zielen (benchmarking) und wechselseitiger Überwachung der Ergebnisse, hinsichtlich der Grundsätze von b) „Flexicurity" mit Blick auf die Möglichkeit wechselseitigen Lernens und dezentraler Vorgehensweisen und gemessen an der c) Legitimität durch die Beteiligung der Tarifvertragsparteien, regionale Körperschaften, Zivilgesellschaft/NGOs, Firmen fokussieren (Kreimer 2010; Maurer 2003).

tung der geschlechterpolitischen Gleichstellungsregelungen auf die Erwerbstätigkeit von Frauen und Männer in den nationalen Arbeitsmärkten. Schon die in Art. 2 des Amsterdamer Vertrages festgeschriebene Programmatik zeigt, dass die europäische Geschlechterpolitik von Beginn an *de jure* und *de facto* eingebettet ist in eine primär ökonomische Interessenslage der Europäischen Union: „Aufgabe der Gemeinschaft ist es, durch die Errichtung eines Gemeinsamen Marktes und einer Wirtschafts- und Währungsunion sowie durch die Durchführung der in den Artikeln 3 und 4 genannten gemeinsamen Politiken und Maßnahmen in der ganzen Gemeinschaft [...] die Gleichstellung von Männern und Frauen [...]) zu fördern" (Art. 2 EUV). Die Umsetzung der Chancengleichheit über Reformen zur Vollbeschäftigung dient dabei nicht so sehr dem Zweck „soziale Ausgrenzung und Diskriminierungen (zu bekämpfen) und soziale Gerechtigkeit und sozialen Schutz, die Gleichstellung von Frauen und Männern [...] zu fördern" (Art. 3 Abs 3 EUV), als vielmehr dem Anspruch „eines ausgewogenen Wirtschaftswachstums" und einer „in hohem Maße wettbewerbsfähigen sozialen Marktwirtschaft" (Young 2000) Geltung zu verschaffen.

Dass die Integration von Frauen in die Erwerbstätigkeit weniger unter gleichstellungspolitischen Aspekten der Lohn- und Chancengleichheit erfolgt, sondern unter dem Vorzeichen der Beschäftigungsfähigkeit steht, kommt insbesondere mit dem neutralen Leitbild bei der Arbeitsmarktintegration im neuen Programm Europa 2020 zum Ausdruck. Indem sich Vorgaben und Zielsetzungen auf die Integration einer möglichst hohen Anzahl der Bevölkerung in die europäischen Arbeitsmärkte beziehen, werden die unterschiedlichen Problemlagen von Männern und Frauen, die sich aus der Trennung zwischen öffentlichen und privaten Bereichen und der Zuständigkeit von Frauen für die familiale Privatheit ergeben, ausgeblendet. In der Folge fehlt bereits in der politischen Programmatik eine ausreichende Berücksichtigung der Problematik geschlechtsspezifischer Arbeitsmarktsegregation und der Einkommensdifferenzen sowie der Barrieren im Zugang zu existenzsichernder Beschäftigung.

In dieser Hinsicht bestehen berechtigte Zweifel, ob sich mit dieser ökonomischen Ausrichtung europäischer Geschlechterpolitik konkrete Chancen für demokratische Geschlechterverhältnisse ergeben. Viel eher ist vor dem Hintergrund der aktuellen Entwicklungen davon auszugehen, dass es sich mit der offiziellen Rhetorik, zukünftig verstärkt „auf die Beseitigung von Geschlechterungleichheiten hinzuwirken" (Kommission 2000), um eine neue Form neoliberaler Gouvernementalität handelt, die mit dem Bedeutungswandel von Chancengleichheit als eine supranationale Rechtsnorm zu einer marktgerechten Erneuerung ungleicher Geschlechterverhältnisse führt.

2 Supranationale Gouvernementalität: Das Regieren der Bevölkerung durch aktivierende Arbeitsmarktpolitik

Mit Beginn des neuen Jahrtausends warteten die nationalen Regierungen mit jeweils unterschiedlichen Reformpaketen auf, die das wirtschaftliche Wachstum be-
flügeln und die Kostenexplosion nationaler Wohlfahrtsstaaten eindämmen sollten.
Ob dies nun primär als Reaktion auf die Krise des Akkumulationssystems und des
Fordismus zu werten ist, oder aber als pflichtschuldige Antwort auf die neuen europäischen Leitlinien, die relativ unverbindlich sind, solange sie nicht an Rechtsvor-
gaben wie etwa im Fall der europäischen Gleichstellungsnormen gekoppelt werden, ist im wissenschaftlichen Diskurs eine bislang noch offene Frage (Ostheim
und Zolnhöfer 2004). Doch auch wenn es sich schwierig gestaltet, den tatsächlichen Einfluss der Leitlinien auf die Arbeitsmarktreformen zu bestimmen (vgl. Gold
et al. 2000, S. 289), kann die Erkenntnis als gesichert gelten, dass es nicht allein
bei den intendierten wirtschaftlichen Konsequenzen blieb, sondern die ökonomische Rationalität als neues Prinzip des Regierungshandelns Wirkung in allen gesellschaftlichen Bereichen mit freilich unterschiedlichen Effekten entfaltet und zu
einer Ökonomisierung auch des Sozialen führt (vgl. Bröckling et al. 2000, S. 150).

Michel Foucault gehört zu denjenigen Autoren, die als einer der ersten mit der
Einführung einer ökonomischen Rationalität in die Politik eine neoliberale Gouvernementalität erkannte, die auf das Regieren der Individuen zielt und damit auf
das individuelle Handeln und Verhalten einwirkt. Im Rahmen seiner Gouverne-
mentalitätsanalyse[4] machte Foucault (2001, 2004a, 2004b) deutlich, wie diese
neue Form des Regierens auf Rationalisierungsstrategien zurückgreift, die mit der
Produktion von Bedeutungen und diskursiven Praktiken sowie der Produktion von
Differenzen und Identitäten verknüpft sind (Lemke 2006; Bröckling et al. 2000).
Diese machtstrategische Verknüpfung unterschiedlicher Diskurse und Praktiken
bezeichnet Foucault (2001, S. 44) als ein Dispositiv, dessen Kern ein produktives
Machtverständnis bildet, das in Abgrenzung zu einem traditionellen Machtbegriff
etwa von Max Weber nicht über Zwang und Verbote wirkt, sondern produktiv auf
der Grundlage spezifischer Wissensformen, Subjektivierungs- und Individualisierungsstrategien gesellschaftliche (Geschlechter-)Verhältnisse konstituiert (Wilde
2013).

---

[4] In den Gouvernementalitätsvorlesungen 1978 und 1979 am Collège de France entwickelte Foucault (2001, 2004a, b) einen neuen Begriff des Regierens, mit welchem eine neue
Perspektive auf die Theoretisierung der Gesellschaft und des modernen Staates verbunden
ist. In Zusammenhang damit versteht er Gouvernementalität als „Prinzip und Methode der
Rationalisierung der Regierungsausübung" (Foucault 2004a, S. 436), die in Form von spezifischen Praktiken des Regierens erfolgt.

Wie Gesellschaft immer mehr auf ökonomische Handlungsrationalitäten umgestellt wird und inwiefern strategische und diskursive Praktiken des Regierens dabei zentrale Elemente einer supranationalen Gouvernementalität bilden, die gesellschaftliche (Geschlechter-) Verhältnisse auf eine neue Grundlage stellen (vgl. Wöhl 2010, S. 50), zeigt sich an der Offenen Methode der Koordinierung (OMK) als einem neuen Politikmodus, mit dem der marktförmige Umbau der Gesellschaft forciert wird. Die Ausrichtung auf das Benchmarking-Verfahren im internationalen Vergleich etwa von Beschäftigungs-, Bildungs- und Gesundheitssystemen bildet die Grundlage für politische Entscheidungen und institutionelle Reformen, die anhand von Effizienzkriterien, Performance-Indikatoren und Beschäftigungsrankings gemessen werden. Mit dieser auf Wettbewerb gestützten und an betriebswirtschaftlichen Kriterien ausgerichteten Strategie (Wöhl 2010, S. 53) wird die nationale unternehmerische Freiheit nicht nur zur Grundlage des Regierens; vielmehr werden die Dynamiken des Marktes für die Herstellung eines „Gemeinwohls" in allen gesellschaftlichen Bereichen herangezogen (vgl. Gordon 1991, S. 43). Vor dem Hintergrund der europäischen Arbeitsmarkt- und Beschäftigungspolitik richtet sich dieses Gemeinwohl an dem von der Europäischen Union gesetzten Ziel der Vollbeschäftigung aus. Demnach sollten laut den Zielvorstellungen der Lissabon-Strategie zur Koordinierung der Beschäftigungspolitik 70 % der Männer und 60 % der Frauen zwischen 15 und 64 Jahren bis zum Jahr 2010 erwerbstätig sein; mit der Reform „Europa 2020" – einer Strategie für intelligentes, nachhaltiges und integratives Wachstum – wurde diese Beschäftigungsquote für das Jahr 2020 auf 75 % der Bevölkerung im erwerbstätigen Alter zwischen 20 und 64 Jahren erhöht.

Als dominantes, integrierendes Prinzip staatlicher Praktiken stand die Idee der Vollbeschäftigung auch im Zentrum der „Agenda 2010". Von der rot-grünen Regierung von Gerhard Schröder 2003 als umfassende Reform des Arbeitsmarktes angekündigt, um bis zum Jahr 2010 „wieder an die Spitze der sozialen und wirtschaftlichen Entwicklung in Europa zu kommen", wurden im Zeitraum zwischen 2003 und 2005 vom Bundestag insgesamt vier Gesetze „für moderne Dienstleistungen am Arbeitsmarkt" verabschiedet. Die als „Hartz-Gesetze"[5] bekannt gewordenen

---

[5] Hartz I und II trat am 1. Januar und 1. April 2003 in Kraft. Die Gesetze zielten auf bessere Rahmenbedingungen für eine rasche und nachhaltige Vermittlung von Arbeitsuchenden in Arbeitsverhältnisse sowie für neue Beschäftigungsfelder. Hartz III wurde ein Jahr später, am 1. Januar 2004 in Kraft gesetzt, hier ging es um eine Reform der Strukturen in der Bundesagentur für Arbeit (BA), die vormals Bundesanstalt für Arbeit hieß. Hartz IV gilt als Kernstück der Arbeitsmarkt- und Sozialreform. In Kraft seit 1. Januar 2005 zielt das Gesetz auf die Reform der subsidiären (nachrangigen) Leistungen, indem die beiden vormals getrennten Unterstützungssysteme der Arbeitslosen- und Sozialhilfe zusammengeführt wurden zur Grundsicherung für erwerbsfähige Arbeitsuchende.

und umstrittenen Reformmaßnahmen sind nicht nur ein anschauliches Beispiel
für das neue Regieren in Kommissionen unter Einbezug von Sozialpartnern; ent-
scheidender ist vielmehr die Manifestation einer liberalen Konsenspolitik, die in
Verbindung mit der Chancengleichheit als Rechtsnorm sowie der Zielsetzung einer
Gleichstellung von Frauen und Männern auf dem Arbeitsmarkt Gesellschaft als
einen organischen Körper konstituiert. In diesem Verständnis zielt supranationale
Gouvernementalität vor allem darauf, das Zusammenspiel der einzelnen Bereiche
anhand von Arbeitsförderungsmaßnahmen effizienter zu gestalten und die Funktionsfähigkeit der Bevölkerung zu optimieren. Auf diese Weise verändert der neue
Politikmodus durch Prozesse der Disziplinierung, Individualisierung und Prekarisierung die Bedeutungslinien von Identitäten, Sozialität und Solidarität grundlegend.

2.1 Ökonomisierung des Wohlfahrtsstaats durch Technologien der Entsolidarisierung

Die Hinwendung zur einer aktivierenden Arbeitsmarktpolitik, anhand derer die
Erwerbstätigenquote über Maßnahmen zur Senkung der Erwerbslosigkeit erhöht
werden sollte, führte zu einem Paradigmenwechsel, der die Rolle und die Funktion
des Sozial- und Wohlfahrtsstaates grundlegend verändert. Wurde im sozialstaat-
lichen Programm des 19. Jahrhunderts Arbeit und Beschäftigung noch als soziales
Problem definiert, das den Sozialstaat als Ergebnis einer „Transformation des epis-
temischen Feldes des Regierens" (Krasmann 2002, S. 79) hervorbrachte, verstand
die sozialstaatliche Gouvernementalität des Keynsianischen Wohlfahrtsstaat soziale Risiken als eine politisch-gesellschaftliche Aufgabe, verbunden mit dem Ziel,
diese zu minimieren[6]. Im Zuge der supranationalen Gouvernementalität zeichnet
sich nunmehr erneut ein diskursiver Wandel ab (O'Malley 1996), der zu einer rapi-
den Entwertung geltender nationaler Rechtsnormen führt.
   Der Umbau von Sozial- und Wohlfahrtsstaatlichkeit zeigt sich insbesondere
mit der neoliberalen Modernisierung von Politiken der De- und Re-Regulierung
(vgl. Pühl 2008, S. 104). Die Veränderung des konservativen Wohlfahrtsstaats-
modells (Dingeldey 2011), das bislang auf dem Sozialversicherungsprinzip grün-
dete, erfolgte vor allem vor dem Hintergrund einschneidender Veränderungen des

---

[6] Maßnahmen dazu umfassen etwa die Aufhebung der rechtlichen Trennung zwischen ArbeitnehmerInnen und Selbstständigen, die Ausdehnung der Sozialversicherungspflicht auf
abhängige und kleine Selbständige, den Aufbau privater Zusatzversicherung bei Einschränkung paritätischer Beitragsfinanzierung, die stärkere Steuerfinanzierung in Bezug auf die
Sozialversicherung sowie die Einführung einer allgemeinen Grundsicherung.

Sozialrechts durch die Zusammenführung von Arbeitslosen- und Sozialhilfe sowie grundlegender Veränderungen arbeits- und sozialrechtlicher Zielvorstellungen. Dabei bezog sich die bisherige Definition primär auf das öffentliche Management sozialer Risiken (vgl. Schmid 2002, S. 282, 2008) in einer Gesellschaft, die insbesondere entlang der Differenzkategorie Geschlecht soziale und sozioökonomische Ungleichheiten in Bezug auf Wohlstand, Bildung und Aufstiegschancen hervorbringt. Diese Auffassung wird zunehmend ersetzt durch die Verbreitung neuer Managementtechniken, die sich an unternehmerischen Werten der Effizienz, Auswahl und Selektivität orientieren und die Regulierung sozialer Risiken an flankierende Institutionen des Normalarbeitsverhältnisses binden (vgl. Promberger 2010, S. 13).

2.2 Ökonomisierung des Subjekts durch Individualisierungsstrategien

Die Koppelung der Regulierung sozialer Risiken an die Erwerbstätigkeit für ArbeitnehmerInnen bei gleichzeitiger Ent-Koppelung der Grundsicherung im subsidiären Sozialrecht führt zu einer institutionellen Absicherung der individuellen Eigenverantwortlichkeit sowohl im Hinblick auf die Integration in den Arbeitsmarkt, als auch für die Existenzsicherung im Falle der Erwerbslosigkeit. Gleichzeitig führt die diskursive Betonung von *Workfare* als Konzept zu neuen Subjektformationen und Identitäten, indem Begriffe der Selbstbestimmung, Wahlfreiheit und Verantwortung verstärkt ins Zentrum gerückt werden. Foucaults (2004a) Überlegungen zum Phänomen der Subjektivierungs- und Individualisierungsstrategien geben wichtige Einsichten zu den Effekten auf das unternehmerische Verhalten der ökonomisch-rationalen Individuen. Mit der Geburt des *homo oeconomicus* als Interessenssubjekt der liberalen Regierungstechnologie artikuliert sich der Anspruch auf die Verwirklichung einer „autonomen Subjektivität" an Kriterien ökonomischer Effizienz und unternehmerischen Kalkülen und verlängert so das volks- und betriebswirtschaftliche Kriterium der Wettbewerbsfähigkeit auf die Individuen (vgl. Haahr 2004, S. 223). Dies verdeutlicht sich an einer neuen diskursiven Figur des „autonomen, souveränen Subjekts [...], das als UnternehmerIn ihrer selbst agiert, die Techniken der Selbstführung beherrscht und ein starkes Bindungspotential an die Arbeit aufweist" (Pieper et al. 2009, S. 343; Pieper und Rodriguez 2003). Dabei zielt die „neue Ökonomie der Unsicherheit" auf eine Disziplinierung der Erwerbstätigen, die „Leistung" ins Blickfeld rückt (vgl. Dröge et al. 2008, S. 11), welche allerdings nur am erzielten Entgelt ohne valide Kriterien gemessen wird. Gleichzeitig breitet sich verbunden mit den neuen Erwerbs- und Arbeitsformen eine neue Art der Kontrolle aus, in der Produktivität nicht ausschließlich Erwerbsprozesse charakterisiert, sondern eine neue Matrix des Sozialen vorgibt: Wertschöpfungsprozesse werden zur Essenz der gesamten Subjektivität, und Produktivität beschränkt sich nicht mehr auf Erwerbsarbeit, sondern wird zur Matrix des Alltags.

2.3 Ökonomisierung der Geschlechterverhältnisse durch Strategien der Prekarisierung

Indem Chancengleichheit auf die Steigerung der Beschäftigungsfähigkeit reduziert wird, verlieren geltende rechtliche Normen im Rahmen des Antidiskriminierungsund Gleichstellungsrechts an Wirkung. Foucault zufolge sollte deshalb das Recht „nicht von einer festsetzenden Legitimität aus betrachtet werden, sondern von den Unterwerfungsprozessen, die es ins Werk setzt" (Foucault 2001, S. 42). Dieser Ansatz von Foucault ist allein deshalb erhellend, weil sich mit diesem die verschiedenen Inklusions- und Exklusionsmechanismen erfassen lassen, die durch die angebliche Steigerung der Erwerbstätigkeit von Frauen und Männern in Gang gesetzt werden.

Freilich belegen zahlreiche Studien (Schmid 2002, 2003) einen kontinuierlichen Anstieg der Erwerbstätigenquote von Frauen vor dem Hintergrund europäischer Beschäftigungspolitik. Demnach waren im Jahr 2010 66 % der Frauen in Deutschland erwerbstätig, wobei Deutschland das in der EU-Beschäftigungsstrategie gesetzte Ziel bereits seit dem Jahr 2005 erreicht hatte. Dennoch geht diese Entwicklung mit einer gleichbleibenden, wenn nicht gar zunehmenden geschlechtsspezifischen Diskrepanz in der Qualität der Beschäftigung einher und vollzieht sich zu einem nicht unbeträchtlichen Teil im Rahmen atypischer Beschäftigung (Klammer und Daly 2003). Nach wie vor bestehen dabei nicht nur in allen hochindustrialisierten Ländern qualitative Unterschiede in der Beschäftigung von Frauen und Männern, sondern auch bedeutende Diskrepanzen im Einkommen, wie der Ungleichheitsindex nach Berufen in den verschiedenen Ländern nachweist. Auch ist „die Zahl und der Anteil erwerbstätiger Frauen kaum mit einer Ausweitung des von Frauen geleisteten Arbeitsvolumens einhergegangen" (Maier 2012, S. 50). Vielmehr ergab sich für das Jahr 2009 mit 72,2 % bei Männern gegenüber 50,7 % bei Frauen ein wesentlich höherer Gender Gap und eine Frauenerwerbstätigenquote, die nur knapp über dem Durchschnitt in Europa lag, wenn die Frauenerwerbstätigkeit anstelle der Erwerbstätigenquote in Vollzeitäquivalenten gerechnet wird.

Sind die Beschäftigungsgewinne vor dem Hintergrund der gestiegenen Erwerbstätigkeit von Frauen nur die halbe Wahrheit, zeigt sich die andere Hälfte am Ausschluss- und Verarmungsrisiko von Frauen, das in einem direkten

Zusammenhang mit einer ansteigenden Teilzeitquote von Frauen[7] gesehen werden kann. Flexible sowie nicht standardisierte Arbeitsformen, wie Teilzeit, Heimarbeit, befristete Beschäftigungen, Honorartätigkeiten, Minijobs oder erzwungene und freiwillige Selbstständigkeit gewinnen zunehmend an Bedeutung. Einher gehen damit neue Formen der Diskriminierung und Benachteiligung vor allem von Frauen[8]. Denn neben der sozialversicherungspflichtigen Teilzeit hat sich die geringfügige Beschäftigung in den vergangenen Jahren zu einer immer weiter um sich greifenden Erwerbsform vor allem für weibliche Beschäftigte entwickelt; gerade für Frauen handelt es sich dabei häufig um das einzige Erwerbseinkommen (Wanger 2005).

Gründe dafür liegen in den unterschiedlichen gesellschaftlich-strukturellen Voraussetzungen der Erwerbsintegration von Frauen und Männern. Nach wie vor sichert eine Vielzahl von Institutionen, Normen und Leitbildern ungleiche und hierarchische Geschlechterverhältnisse ab und unterstützt den Eintritt in prekäre Arbeitsverhältnisse. Zu den familienpolitischen Anreizen und Beschränkungen (vgl. Stolz-Willig 2010, S. 71) zählt insbesondere die fortbestehende Dominanz des männlichen Ernährermodells (Berghahn 2013; Berghahn und Wersig 2013), das über steuerliche Regelungen die geschlechtsspezifische Arbeitsteilung und das Modell des männlichen Familienernährers sowie der zuverdienenden Frau stützt. Auch wenn die Ziele der Lissabon-Strategie zur Erhöhung der Frauenerwerbstätigkeit, die Barcelona-Übereinkunft der EU über die Bereitstellung öffentlicher Kindereinrichtungen und die Teilzeitarbeit-Initiative der EU im Ansatz gegen die geschlechtsspezifische Arbeitsteilung gerichtet sind und das männliche Ernährermodell konservativer Wohlfahrtsregime teilweise in Frage stellen (Maier 2002; Bilinski und Degen 2002), sind die Folgen anhand der steigenden Armutsquote von Frauen in allen europäischen Ländern unübersehbar[9].

---

[7] Die Teilzeitarbeit von Frauen stieg in Deutschland von 37 % im Jahr 2009 auf 45 % im Jahr 2010 an. Bei Männern im gleichen Zeitraum von 5 % (2009) auf 10 % (2010). Insgesamt hat sich die Teilzeitquote seit 1991 verdoppelt. 2004 waren von den fast 11 Mio. Teilzeitbeschäftigten 75 % weiblich. Die starke Zunahme bei der Teilzeitbeschäftigung verteilt sich etwa gleich auf reguläre Teilzeit und Mini-Jobs (Mikrozensus des Statistischen Bundesamtes/Bundesagentur für Arbeit).

[8] Generell bedeutet Teilzeitarbeit weniger Lohn, schlechtere soziale Absicherung, eingeschränkte Weiterbildungsmaßnahmen und begrenzte Karrierechancen. Hinsichtlich der Folgen unterscheidet Clarissa Rudolph (2005/2006, S. 244) zwischen Individualisierung von Erwerbslosigkeit und Existenzsicherung, Familialisierung von Solidarität und der Prekarisierung von Arbeitsverhältnissen.

[9] Laut den aktuellen Erhebungen von Eurostat stiegt die Armutsgefährdungsquote für Frauen und Männer unter 65 Jahren sowohl in allen EU-Ländern, als auch in Deutschland bestän-

2.4 Supranationale Gouvernementalität und Neoliberalisierung der Gesellschaft

Die Einführung ökonomischer Rationalität bringt eine neoliberale Variante von Sozialität hervor, die auf Kräfteverhältnissen und Beziehungen zwischen Menschen
gründet, deren Identität kaum mehr über eine wechselseitige Anerkennung von
Rechten, reziproker Kommunikation und solidarischem Handeln beruht, sondern
vielmehr auf der Grundlage individueller Handlungsfähigkeit in Form von Wett-
bewerbsdenken. Diese Entwicklung betrifft nicht nur die Regulierung des Arbeitsmarktes, sondern durchzieht alle gesellschaftlichen Bereiche des Staates, der Zivilgesellschaft, der Familie und der Öffentlichkeit. Das Resultat ist eine Gesellschaft,
die weder Rechtssubjekte, Fremde oder FeindInnen, noch politische GegnerInnen
vereint, sondern vereinzelt handelnde KonkurrentInnen und KonsumentInnen, deren Denken von der Ökonomie, deren Handeln durch den Markt und deren Streben
nach dem Vorteil bestimmt werden.

In diesem Verständnis reproduziert sich die Selbstorganisation einer Gesellschaft jenseits struktureller Differenzen über die Funktionen des Wachstums, der
eigenständigen Konfliktlösung und des selbstverantwortlichen Risikomanage-
ments. Im Einklang von politischem Handeln mit ökonomischem Denken werden
strukturelle Ungleichheiten als „Exklusionen" neu definiert und als gesellschaftlich konstruierte Machtverhältnisse von der politischen Agenda genommen. Einher geht damit die Akzeptanz bestehender Hegemonien und Kräfteverhältnisse in
einer scheinbar egalitären und befriedeten Gesellschaft, in welcher die Spaltung
zwischen arm und reich, zwischen existenzsichernden und prekären Beschäfti-
gungsverhältnissen, zwischen familiärer Zuständigkeit und Karriereentwicklung,
zwischen bildungsferner und bildungsnaher Herkunft sowie zwischen Frauen und
Männern fortschreitet. Die Schuld am Versagen wird entweder in die eigene Verantwortung genommen, als Spiegel eigenen Unvermögens gesehen, oder sie wird
als Herausforderung erlebt, individuelle Handlungspotentiale zu mobilisieren und
Chancen stärker zu nutzen.

---

dig an. Demnach betrug die Quote im Jahr 2011 in der EU 23,2 % und 30,5 % in Deutschland. Für Frauen und Männer über 65 Jahre sank die Quote in der EU leicht von 23,5 %
(2010) auf 23,2 % (2011) in der EU, wohingegen sie in Deutschland von 19,8 % (2010) auf
21,8 % (2011) anstieg. Bezogen auf die Geschlechtsunterschiede in der Armutsgefährdungsquote lag die Quote von Frauen über 65 Jahren in der EU 2011 insgesamt bei 25,5 % (2010:
25,8 %) und in Deutschland bei 24,3 % (2010: 21,9 %) gegenüber 16,7 % (2010: 15,3 %) von
Männern sowohl in der EU als auch in Deutschland.

3 Demokratische Verwerfungen supranationaler Gouvernementalität

Mit dieser neoliberalen Neuformation von Gesellschaft steht die Zukunft der Demokratie auf dem Spiel. Denn die Einführung der ökonomischen Rationalität in das Regieren nimmt den BürgerInnen ihre Freiheit zum politischen Handeln. In der Auffassung gesellschaftszentrierter Ansätze – dazu gehören etwa der republikanische Ansatz von Alexis de Tocqueville (1985), das aristotelische Verständnis von Hannah Arendt (1993a, b, 1994), die feministische Theorie von Carole Pateman (1988, 1994) sowie die poststrukturalistische Theorie von Chantal Mouffe (2000, 2004) – ist das Demokratische dort zu fassen, wo die Menschen in Bezug aufeinander handeln, um in der Entfaltung von Macht Gemeinsames hervorzubringen (Wilde 2010a, 2013).

Schon bei Tocqueville (1985) wird dem Topos der politischen Handlungsfreiheit ein zentraler Stellenwert eingeräumt (vgl. Tocqueville 1985, S. 30). Dieser Freiheitsbegriff orientiert sich an den Idealen der moralischen und kognitiven Selbstbestimmung einer politischen Gesellschaft. In dieser sah er (vgl. Tocqueville 1985, S. 22) wichtige Potenziale für die „Freiheit konstituierende Souveränität eines Volkes" (Lambrecht 1990, S. 523).

Eine ähnlich existenzielle Form, die sich um die politische Handlungsfreiheit der BürgerInnen bemüht, hat viele Jahre später Arendt der Macht zugeschrieben. Auch bei ihr tritt das Handlungsmoment der politischen BürgerInnen an die Stelle des Staates als zentralem Akteur des Politischen. Die Bedeutung, die Arendts Politikverständnis für die Bestimmung gesellschaftlicher Verhältnisse zukommt, ergibt sich dabei mit ihrem zentralen Begriff der Pluralität als Bedingung für menschliches Handeln und Machtausübung (vgl. Arendt 1993a, S. 227). Denn für sie entsteht „Politik [...] im Zwischen und etabliert sich als der Bezug" (Arendt 1993b, S. 11).

Aus feministischer Sicht gelten Geschlecht und Geschlechterverhältnisse als gesellschaftliche Organisations- und Herrschaftsprinzipien, die sich in Form der Ermächtigung und Einschränkung der staatsbürgerlichen Handlungsfreiheit von Frauen als Frauen formieren und vor dem Hintergrund einer strukturellen Trennung privater und öffentlicher Bereiche politisch festgeschrieben werden.

Für die radikaldemokratischen Konzepte hingegen formiert sich Gesellschaft als Macht- und Herrschaftsverhältnis über die Konstituierung hegemonialer Diskurse. Sie entstehen durch die Bereitschaft der BürgerInnen, sich mit ihren unterschiedlichen Interessen und Belangen hinsichtlich ihrer ungleichen Machtpositionen als GegnerInnen anzuerkennen und, ausgehend von den Gegenpositionen, die eigene Perspektive öffentlich zu thematisieren und zu vertreten.

Aus den zentralen Annahmen dieser Ansätze ergeben sich mit dem öffentlichen Raum, der Zivilgesellschaft, der Politisierung der Privatheit sowie der Staatsbürgerschaft als diskursiver Praxis vier gesellschaftliche Bereiche, in welchen sich politische Organisation vollzieht und in welchem die Festschreibung von Geschlechterverhältnissen als Machtstrukturen erfolgt.

3.1 Politisches Handeln in der Öffentlichkeit

Im Hinblick auf das Kriterium Hannah Arendts, wonach die europäische Geschlechterpolitik nur dann einen Beitrag für demokratische Geschlechterpolitik leisten kann, wenn und insofern sie zur Bildung eines politischen Raums zwischen den Menschen beiträgt, führt supranationale Gouvernementalität zu einer Entdemokratisierung politischer Prozesse und damit zu einer Zerstörung eines öffentlichen Raums, in dem die BürgerInnen an den politischen Entscheidungen partizipieren können.

Supranationale Gouvernementalität verletzt insofern das Gebot der politischen Öffentlichkeit, als der Staat als Bezugs- und Orientierungsrahmen zerfällt. Im Prozess des Um- und Rückbaus dezentralisieren sich sowohl der Wohlfahrtsstaat wie auch der Rechtsstaat (Wilde 2010b) durch das Regieren in Kommissionen unter Einbezug von SozialpartnerInnen in unterschiedliche Machtzentren und Gruppierungen, die um Hegemonie kämpfen. Die Entwicklung einer autoritär verordneten Kommissionsdemokratie geht einher mit einer generellen Entwertung demokratischer Institutionen als einer Verdichtung gesellschaftlicher Kräfteverhältnisse (Poulantzas 1978), in welchen gemeinsam hervorgebrachte Regeln, Normen und handlungsleitende Ideen und Prozesse Gemeinschaft stiften und ihren Zusammenhalt gewährleisten.

Stattdessen bringt die neue „dialogische Politik" (Giddens 1999) die Regierung letztendlich dazu, als Partner von zivilgesellschaftlichen, vorwiegend wirtschaftlichen AkteurInnen, multinationalen Konzernen und Organisationen zu handeln. Diese Einbindung ist aber keineswegs im Sinne von Tocqueville als Anzeichen einer Demokratisierung der Europäischen Union zu werten. Vielmehr kommt der Zivilgesellschaft (Zimmer 2012) mit der Einführung der politischen Ökonomie als einer neuen Rationalität in der Kunst des Regierens eine primäre Bedeutung für die Persistenz von Machtverhältnissen zu. Denn die Trennung politischer Verantwortlichkeiten und die Schwächung politischer Verbindlichkeiten sind die zentralen Merkmale einer verfassten Politik, die mit der Steigerung der Effizienz der Verwaltungen und weichen Techniken des Regierens (Abels 2008) jenseits von Parlamentarismus und demokratischer Legitimation einhergehen.

3.2 Politisches Handeln in der Zivilgesellschaft

Zivilgesellschaft ist im Rahmen supranationaler Gouvernementalität allenfalls im Verständnis von Antonio Gramsci (1991) zu erfassen; insofern tragen zivilgesellschaftliche Organisationen vor allem maßgeblich dazu bei, den „Ideenhorizont" supranationaler Politik mitzubestimmen und insofern status quo-stabilisierend zu wirken. Freilich haben sich im Bereich der europäischen Geschlechterpolitik bereits früh Policy-Netzwerke herausgebildet (vgl. Hoskyns 1996, S. 197). Doch übernehmen die zahlreichen Frauenorganisationen – so etwa die European Women Lobby und ExpertInnennetzwerke wie die Helsinki-Group – im „Velvet Triangle" (Woodward 2004) zwischen dem Europäischen Gerichtshof, dem Rat und der Kommission allenfalls eine beratende Funktion. Erschwerend kommt hinzu, dass die Einführung der OMK als eine Form von „advanced liberal government" (Haahr 2004, S. 209) den partizipativen Einfluss zivilgesellschaftlicher Gruppen und Sozialverbände schwächt und diese verstärkt in eine ambivalente Rolle zwischen Ermächtigung und Ausgrenzung in den nationalstaatlichen Mitgliedstaaten drängt. Indem einerseits SozialpartnerInnen mit nationalen Regierungsinstitutionen kooperieren, agieren zivilgesellschaftliche Organisationen entweder als Handlanger nationaler Eliten, um einen gewünschten Konsens herzustellen, oder aber als Anwälte der Bevölkerung, wobei sie sich bemühen, zwischen den Interessen der Einzelnen und den engen staatlichen Vorgaben zu vermitteln. So haben sich eine Vielzahl von Organisationen freiwillig „Beiräte" eingerichtet, in welchen neben den Tarifpartnern unter anderem auch die Wohlfahrtsverbände vertreten sind. Andererseits jedoch war und ist bei der Umsetzung der Arbeitsmarktreformen keine Interessensvertretung und – wie etwa in der Agenda 2010– keine rechtliche Mitbestimmung der SozialpartnerInnen (vgl. Dingeldey 2010, S. 19) vorgesehen. Die eingeschränkten Partizipationsmöglichkeiten der BürgerInnen offenbaren sich nicht zuletzt mit den intransparenten, weitgehend beliebigen Auswahlkriterien, die es vor allem wirtschaftlich bedeutenden und einflussreichen Verbänden und Akteuren ermöglichen, sich Zugang etwa als Leistungsanbieter von Beschäftigungs- oder Qualifizierungsmaßnahmen zu der politischen Netzwerkstruktur zu verschaffen.

3.3 Politisches Handeln in Abhängigkeit von familialer Privatheit

Mit ihrer These vom Geschlechtervertrag zeigt Carole Pateman (1988), welche Funktion der private Bereich – speziell in der institutionellen Form von Ehe und Familie – für den Stellenwert und die Geltung staatsbürgerlicher Rechte hat. So ist

für sie „Unterwerfung der Frauen im Privatbereich" konstitutiv für die liberale Vorstellung und Geltung einer „öffentliche(n) Welt von Zivilrecht, bürgerlicher Freiheit, Gleichheit, Vertragsfreiheit und Individuum" (Pateman 1994, S. 85). In dieser
feministischen Auffassung kann die Öffentlichkeit als freier Raum politischen Handelns und politischer Partizipation nur unter Ausblendung des Geschlechtervertrags als Chance für demokratische Geschlechterverhältnisse gelten (Wilde 2009).

Supranationale Gouvernementalität beschränkt die Erwartungen einer „akti-
ven und wirkungsvollen" Gleichstellungspolitik auf die Chancengleichheit im
Bereich des Arbeits- und Beschäftigungsmarktes. Diese einseitige Ausrichtung
europäischer Geschlechterpolitik blendet den Geschlechtervertrag im Sinne der
spezifischen Lebensbedingungen von Frauen sowie der geschlechtsbedingten
Asymmetrien aus und wird damit aus feministischer Sicht zu einem Haupthinder-
nis für demokratische Geschlechterverhältnisse. Denn die auf der Grundlage von
EU-Richtlinien und Verordnungen erfolgten Entscheidungen sichern die Freiheit von Frauen und Männern vorwiegend im Erwerbsbereich und konzentrieren
sich also auf die rechtliche Gleichstellung der Geschlechter im Rahmen europäischer Arbeitsmarkt- und Beschäftigungspolitik (Behning und Serrano 2001;
Young 2000). In diesem Verständnis aber gilt das entsprechende EU-Recht nur
für die erwerbstätige Bevölkerung oder den Personenkreis, der aktiv nach Arbeit
sucht. Vor diesem Hintergrund entwertet der Umbau sozialstaatlicher Sicherungssysteme insbesondere Frauen als Staatsbürgerinnen. Insofern die europäischen Rechtsnormen vorwiegend eine marktwirtschaftliche Chancengleichheit
regeln, ist deren politische Handlungsfähigkeit zunehmend abhängig von neuen
Subjektformationen etwa in Form von marktgerechten Arbeitsbürgerinnen, die
dem Erwerbsparadigma unterworfen sind, als „Working Poor", die zusätzlich
zum Arbeitseinkommen ergänzende Sozialleistungen benötigen sowie als Auf-
stockerinnen, die zusätzlich zum Arbeitslosengeld Grundsicherungsleistungen
beziehen (Promberger 2010).

3.4 Politisches Handeln im Diskurs über strukturelle Ungleichheiten

Diese Identitäten von Staatsbürgerinnen sind Ausdruck gesellschaftlich konstru-
ierter Macht- und Ungleichheitsverhältnisse, die aus der Sicht von Mouffe in die
Politik gebracht werden müssen, damit eine „Vervielfachung eines politischen
Raums" (Laclau und Mouffe 1991, S. 242) durch die Ausdehnung des demokratischen Kampfes auf alle Bereiche, in denen Herrschaftsverhältnisse existieren,
gelingen kann.

Supranationale Gouvernementalität hingegen legt mehr Wert auf die legitimierende Funktion der Chancengleichheit als auf ihre demokratische Ausübung. Indem das Regieren der Bevölkerung die Rechte von Interessengruppen und Verbänden in der Zivilgesellschaft jenseits nationaler Rechts- und Sozialstaatlichkeit privilegiert, hat die Politik immer mehr ihren Ort außerhalb von Parteien und demokratischen Institutionen. Politische Teilhabe wird zunehmend zu einer moralischen Forderung der öffentlichen Interessensartikulation, die den BürgerInnen verstärkt das Recht auf Selbstregierung abspricht. Denn der neue europäische Politikmodus setzt sich für einen Kanon ökonomischer Maßstäbe und rationaler Verfahren ein und konstituiert damit eine neoliberale Form der Konsenspolitik, anhand derer die politische Auseinandersetzung über die Ursachen struktureller gesellschaftlicher Machtverhältnisse blockiert wird (vgl. Mouffe 2004, S. 73). Der Versuch einer Neutralisierung von Konflikten und Asymmetrien, wie sie sich etwa vor dem Hintergrund der Trennung öffentlicher und privater Bereiche ergeben, begrenzt in der Folge aber auch die Wirkung des Gender-Mainstreaming-Ansatzes (Beveridge und Velluti 2008; Hafner-Burton und Pollock 2008). Denn die Berücksichtigung der unterschiedlichen strukturellen Voraussetzungen von Frauen und Männern bei der Formulierung politischer Maßnahmen kann für Mouffe nur mit der Konstituierung hegemonialer Diskurse gelingen. Diese bilden den Kern eines agonalen Politikmodells (vgl. Mouffe 2007, S. 46), das durch die Bereitschaft der BürgerInnen hervorgebracht wird, sich mit ihren unterschiedlichen Interessen und Belangen vor dem Hintergrund ihrer ungleichen Machtpositionen als GegnerInnen anzuerkennen sowie die eigene Perspektive öffentlich zu thematisieren und zu vertreten. Erst auf der Grundlage einer gleichberechtigten Artikulation gesellschaftlicher Antagonismen entsteht das wirklich „Demokratische" in Form einer staatsbürgerlichen diskursiven Praxis, welche zu adäquaten Maßnahmen und Regelungen für demokratische Geschlechterverhältnisse zu führen vermag.

4 Perspektiven für eine postneoliberale Agenda – ein Fazit

Supranationale Gouvernementalität ist eine Form der Postdemokratie, die zentrale demokratische Institutionen des Parlamentarismus und der Staatsbürgerschaft eliminiert und damit die Grundlagen für die demokratische Handlungsfreiheit zerstört. Als ein in der Verkettung funktionierendes Machtdispositiv (vgl. Foucault 2001, S. 44) erstreckt es sich in alle gesellschaftlichen Bereiche und nimmt den BürgerInnen das Recht, Rechte zu haben. Als Prinzip ökonomischer Rationalität negiert es die strukturellen Antagonismen und Ungleichheitsverhältnisse der Gesellschaft und entzieht ihr ihre politischen Organisationen.

Versteht man mit Ulrich Brand (2008, S. 319) den Terminus „Postneolibera-
lismus" als strategische „Auseinandersetzungen um sich verändernde politische,
ökonomische und kulturelle Entwicklungsmuster, Kräftekonstellationen sowie
sich unter Umständen herausbildende hegemoniale Verhältnisse", dann stellen
sich an die europäische Geschlechterpolitik als eine „emanzipative postneoliberale
Agenda" (Brand 2008) mit der Rückgewinnung demokratischer parlamentarischer
Strukturen in den Mitgliedstaaten sowie einer Dezentralisierung politischer Entscheidungsprozesse auf nationaler, regionaler und lokaler Ebene grundlegende
Herausforderungen. Vor dem Hintergrund eines agonalen Politikverständnisses
bedarf es für die Realisierung demokratischer Geschlechterverhältnisse darüber
hinaus neuer Formen politischer Selbstorganisation, die Frauen nicht nur zur Partizipation an öffentlichen politischen Entscheidungsprozessen befähigen, sondern
vor allem ihre Teilhabe an öffentlichen Diskursen über geschlechtliche, strukturelle Ungleichheiten sicherstellen. Erst unter diesen Bedingungen sind Frauen und
Männern die gleichen Chancen eingeräumt, von ihrem Recht, politisch zu handeln,
Gebrauch zu machen und politische Maßnahmen denkbar, die auf einen wirksamen
Ausgleich von Benachteiligungen zielen.

Literatur

Abels, Gabriele. 2008. Geschlechterpolitik der EU. In *Politikfelder im EU-Mehrebenen-
system. Instrumente und Strategien europäischen Regierens*, Hrsg. Michéle Knodt und
Hubert Heinelt, 293–310. Baden-Baden: Nomos.
Arendt, Hannah. 1993a. *Über die Revolution*. München: Piper.
Arendt, Hannah. 1993b. *Was ist Politik? Fragmente aus dem Nachlaß*, Hrsg. Ursula Ludz.
München: Piper.
Arendt, Hannah. 1994. *Vita activa oder Vom tätigen Leben*. München: Piper.
Behning, Ute, und Amparo Pascual Serrano. Hrsg. 2001. *Gender Mainstreaming in den
European Employment Strategy*. Brüssel: European Trade Union Institute.
Berghahn, Sabine. 2002. Supranationaler Reformimpuls versus mitgliedstaatliche Beharr-
lichkeit. Europäische Rechtsentwicklung und Gleichstellung. Aus Politik und Zeitge-
schichte. B33–34, 29–37.
Berghahn, Sabine. 2013. Gleichberechtigung und männliches Ernährermodell. In *Gesicherte
Existenz? Gleichberechtigung und männliches Ernährermodell in Deutschland*, Hrsg.
Sabine Berghahn und Maria Wersig, 9–47. Baden-Baden: Nomos.
Berghahn, Sabine, und Maria Wersig. Hrsg. 2013. *Gesicherte Existenz? Gleichberechtigung
und männliches Ernährermodell in Deutschland*. Baden-Baden: Nomos.
Beveridge, Fiona, und Samantha Velluti. Hrsg. 2008. *Gender and the open method of co-
ordination*. Aldershot: Ashgate.
Bilinski, Merle, und Christel Degen. 2002. Europäische Beschäftigungsstrategien im Span-
nungsfeld nationaler Umsetzungen. In *Was bringt Europa den Frauen? Feministische*

Beiträge zu Chancen und Defiziten der Europäischen Union, Hrsg. Ulrike Allroggen, Tanja Berger, und Birgit Erbe, 51–67. Hamburg: Argument.

Brand, Ulrich. 2008. Gegenhegemonie unter „postneoliberalen" Bedingungen. Anmerkungen zum Verhältnis von Theorie, Strategie und Praxis. In *Neoliberalismus. Analysen und Alternativen*, Hrsg. Christoph Butterwegge, Bettina Lösch, und Ralf Ptak, 318–334. Wiesbaden: VS Verlag für Sozialwissenschaften.

Bröckling, Ulrich, Susanne Krasmann, und Thomas Lemke. 2000. Totale Mobilmachung. Menschenführung im Qualitäts- und Selbstmanagement. In *Gouvernementalität der Gegenwart. Studien zur Ökonomisierung des Sozialen*, Hrsg. Ulrich Bröckling, Susanne Krasmann, und Thomas Lemke, 131–167. Frankfurt a. M.: Suhrkamp.

Dingeldey, Irene. 2010. Agenda 2010: Dualisierung der Arbeitsmarktpolitik. *Aus Politik und Zeitgeschichte* 48:18–25.

Dingeldey, Irene. 2011. *Der aktivierende Wohlfahrtsstaat: Governance der Arbeitsmarktpolitik in Dänemark, Großbritannien und Deutschland*. Frankfurt a. M.: Campus. (Schriften des Zentrums für Sozialpolitik, Bremen).

Dröge, Kai, Kira Marrs, und Wolfgang Menz. Hrsg. 2008. *Rückkehr der Leistungsfrage. Leistung in Arbeit, Unternehmen und Gesellschaft*. Berlin: Edition Sigma.

Foucault, Michel. 2001. *In Verteidigung der Gesellschaft*. Frankfurt a. M.: Suhrkamp.

Foucault, Michel. 2004a. *Geschichte der Gouvernementalität I. Sicherheit, Territorium, Bevölkerung*. Frankfurt a. M.: Suhrkamp.

Foucault, Michel. 2004b. *Geschichte der Gouvernementalität II. Die Geburt der Biopolitik*. Frankfurt a. M.: Suhrkamp.

Fuhrmann, Nora. 2005. *Geschlechterpolitik im Prozess der europäischen Integration. Institutionen, Dynamik und neue Policy*. Wiesbaden: Springer.

Giddens, Anthony. 1999. *Der dritte Weg. Die Erneuerung der sozialen Demokratie*. Frankfurt a. M.: Suhrkamp.

Gold, Michael, Peter Cressey, und Colin Gill. 2000. *Employment, employment, employment: Is Europe working?* Industrial Relations Journal 31:275–290.

Gordon, Collin. 1991. Governmental rationality: An introduction. In *The Foucault effect. Studies in governmentality*, Hrsg. Graham Burchell, Collin Gordon, und Peter Miller, 1–51. Chicago: University of Chicago Press.

Gramsci, Antonio. 1991. In *Gefängnishefte*. Bd. 1–10, Hrsg. von Klaus Bochmann. Berlin: Argument.

Haahr, Jens Henrik. 2004. Open co-ordination as advanced liberal government. *Journal of European Public Policy* 11 (2): 209–230.

Hafner-Burton, Emily, und Mark A. Pollack. 2008. Mainstreaming gender in the European Union: Getting the incentives right. Jean Monnet Working Paper 08/08. www.jeanmonnetprogram. org/papers/08/080801.doc. Zugegriffen: 15. Aug. 2011.

Haltern, Ulrich. 2005. Integration durch Recht. In *Theorien der europäischen Integration*, Hrsg. Hans-Jürgen Bieling und Marika Lerch, 399–423. Wiesbaden: Springer.

Holzinger, Katharina, Christoph Knill, Dirk Peters, Berthold Rittberger, Frank Schimmelpfennig, und Wolfgang Wagner. 2005. *Die Europäische Union. Theorien und Analysekonzepte*. Paderborn: UTB.

Hoskyns, Catherine. 1996. *Integrating gender. Women, law and politics in the European Union*. London: Verso.

Keller, Berndt. 2008. Arbeits- und Beschäftigungspolitik. In *Politikfelder im EU-Mehrebenensystem. Instrumente und Strategien europäischen Regierens,* Hrsg. Hubert Heinelt und Michèle Knodt, 213–232. Baden-Baden: Nomos.

Klammer, Ute, und Mary Daly. 2003. Die Beteiligung von Frauen an europäischen Arbeitsmärkten. In *Erwerbstätige Mütter. Ein europäischer Vergleich,* Hrsg. Ute Gerhard, Trudie Knijn, und Anja Weckwert, 193–217. München: C.H. Beck.

Kohler-Koch, Beate, Thomas Conzelmann, und Michèle Knodt. 2004. *Europäische Integration – Europäisches Regieren.* Wiesbaden: VS Verlag für Sozialwissenschaften.

Kommission der europäischen Gemeinschaften. 2000. Für eine Rahmenstrategie der Gemeinschaft zur Förderung der Gleichstellung von Frauen und Männer (2001–2005), KOM (2000) 335 endgültig. Brüssel.

Krasmann, Susanne. 2002. Gouvernementalität: Zur Kontinuität der Foucaultschen Analytik der Oberfläche. In *Geschichte schreiben mit Foucault,* Hrsg. Jürgen Martschukat, 79–95. Frankfurt a. M.: Campus.

Kreimer, Margareta. 2010. „Flexicurity" aus gleichstellungspolitischer Perspektive. In *Wohlfahrtsstaatlichkeit und Geschlechterverhältnisse aus feministischer Perspektive,* Hrsg. Regina-Maria Dackweiler und Reinhild Schäfer, 88–107. Münster: Westfälisches Dampfboot.

Laclau, Ernesto, und Chantal Mouffe. 1991. *Hegemonie und radikale Demokratie.* Wien: Passagen.

Lambrecht, Lars. 1990. Demokratie. In *Europäische Enzyklopädie zu Philosophie und Wissenschaften.* Bd. 1, Hrsg. Hans Jörg Sandkühler et al., 483–533. Hamburg: Felix Meiner.

Lemke, Thomas. 2006. Die politische Theorie der Gouvernementalität: Michel Foucault. In *Politische Theorien der Gegenwart I,* Hrsg. André Brodocz und Gary S. Schaal, 467–498. Opladen: UTB.

Maier, Friederike. 2002. Gibt es eine frauenpolitische Wende durch die europäische Beschäftigungsstrategie. In *Gender Mainstreaming – eine Innovation in der Gleichstellungspolitik. Zwischenberichte aus der Praxis,* Hrsg. Silke Bothfeld, Sigrid Grinbach, und Barbara Riedmüller, 159–184. Frankfurt a. M.: Campus.

Maier, Friederike. 2012. *Ist Vollbeschäftigung für Männer und Frauen möglich? Aus Politik und Zeitgeschichte* 14–15, 45–52.

Maurer, Andreas. 2003. Less bargaining – more deliberation. The convention method for enhancing EU democracy. *Internationale Politik und Gesellschaft* 1:167–190.

Mouffe, Chantal. 2000. *The democratic paradox.* London: Verso.

Mouffe, Chantal. 2004. Umstrittene Demokratie. In *Die Gesellschaft im 21. Jahrhundert. Perspektiven auf Arbeit, Leben und Politik. 13. Darmstädter Gespräche,* Hrsg. Gerhard Gamm, Andreas Hetzel, und Markus Lilienthal, 71–76. Frankfurt a. M.: Campus.

Mouffe, Chantal. 2007. *Über das Politische. Wider die kosmopolitische Illusion.* Frankfurt a. M.: Suhrkamp.

O'Malley, Pat. 1996. Risk and responsibility. In *Foucault and political reason. Liberalism, neo-liberalism and rationalities of government,* Hrsg. Andrew Barry, Thomas Osborne, und Nikolas Rose, 189–208. London: UCL Press.

Ostheim, Tobias, und Reimut Zohlnhöfer. 2004. Europäisierung der Arbeitsmarkt- und Beschäftigungspolitik? Der Einfluss des Luxemburg-Prozesses auf die deutsche Arbeitsmarktpolitik. In *Wohlfahrtsstaat – Transformation und Perspektiven,* Hrsg. Susanne Lütz und Roland Czada, 373–401. Wiesbaden: VS Verlag für Sozialwissenschaften.

Pateman, Carole. 1988. *The sexual contract.* Stanford: Stanford University Press.

Pateman, Carole. 1994. Der Geschlechtervertrag. In *Feministische Politikwissenschaft,* Hrsg. Erna Appelt und Gerda Neyer, 73–96. Wien: Verlag für Gesellschaftskritik.

Pieper, Marianne, und Encarnación Gutiérrez Rodríguez. Hrsg. 2003. *Gouvernementalität. Ein sozialwissenschaftliches Konzept im Anschluss an Foucault*. Frankfurt a. M.: Campus.

Pieper, Marianne, Efthimia Panagiotidis, und Vassilis Tsianos. 2009. Regime der Prekarität und verkörperte Subjektivierung. In *Arbeit und Nicht-Arbeit. Entgrenzung und Begrenzung von Lebensbereichen und Praxen*, Hrsg. Gerrit Herlyn, Johannes Müske, Klaus Schönberger, und Ove Sutter, 341–357. München: Hampp.

Poulantzas, Nicos. 1978. *Staatstheorie. Politischer Überbau, Ideologie, Sozialistische Demokratie*. Hamburg: VSA.

Promberger, Markus. 2010. Hartz IV im sechsten Jahr. *Aus Politik und Zeitgeschichte* 48:10–17.

Pühl, Katharina. 2008. Zur Ent-Sicherung von Geschlechterverhältnissen, Wohlfahrtsstaat und Sozialpolitik. Gouvernementalität der Entgarantierung und Prekarisierung. In *Gouvernementalität und Sicherheit. Zeitgenössische Beiträge im Anschluss an Foucault*, Hrsg. Patricia Purtschert, Kathrin Meyer, und Yves Winter, 103–126. Bielefeld: transcript.

Rancière, Jacques. 2002. *Das Unvernehmen. Politik und Philosophie*. Frankfurt a. M.: Suhrkamp.

Sauer, Birgit. 2001. Vom Nationalstaat zum europäischen Reich? Staat und Geschlecht in der Europäischen Union. *Feministische Studien: Geschlecht und Politik in Europa* 1:8–20.

Schmid, Günther. 2002. Förderung der Gleichstellung der Geschlechter durch Übergangsarbeitsmärkte. In *Zukunft der Arbeit und Geschlecht. Diskurse, Entwicklungspfade und Reformoptionen im internationalen Vergleich*, Hrsg. Karin Gottschall und Birgit Pfau-Effinger, 281–307. Opladen: VS Verlag für Sozialwissenschaften.

Schmid, Günther. 2003. Gleichheit und Effizienz auf dem Arbeitsmarkt. Überlegungen zum Wandel und zur Gestaltung des „Geschlechtervertrags". Discussion Paper SP I 2003–102. Wissenschaftszentrum Berlin, 1–32.

Schmid, Günther. 2008. Arbeit ohne Grenzen? Staatliche Instrumente moderner Arbeitsmarktpolitik. Berlin.

Schmid, Günther. 2012. Annäherungen an eine Politik der Vollbeschäftigung in Europa. *Aus Politik und Zeitgeschichte* 14–15, 53–61.

Schunter-Kleemann, Susanne. 2001. Gender Mainstreaming – Neoliberale Horizonte eines neuen Gleichstellungs-Konzeptes. *Kurswechsel* 3:15–25.

Schunter-Kleemann, Susanne. 2003. Was ist neoliberal am Gender Mainstreaming? Widerspruch. Beiträge zu sozialistischer Politik, 19–33.

Somek, Alexander. 2003. Neoliberale Gerechtigkeit. Die Problematik des Antidiskriminierungsrechts. *Deutsche Zeitschrift für Philosophie* 51 (1): 45–59.

Stolz-Willig, Barbara. 2010. Geschlechtergerechte Arbeitsmarktpolitik nach Hartz IV. In *Wohlfahrtsstaatlichkeit und Geschlechterverhältnisse aus feministischer Perspektive*, Hrsg. Regina-Maria Dackweiler und Reinhild Schäfer, 68–87. Münster: Westfälisches Dampfboot.

Tocqueville, Alexis de. 1985. *Über die Demokratie in Amerika*. Stuttgart: Reclam.

Wanger, Susanne. 2005. Frauen am Arbeitsmarkt. Beschäftigungsgewinne sind nur die halbe Wahrheit. IAB Kurzbericht 22, Nürnberg. http://doc.iab.de/kurzber/2005kb2205.pdf. Zugegriffen: 24. Juni 2012.

Wilde, Gabriele. 2009. Gesellschaftsvertrag – Geschlechtervertrag. In *Staat und Geschlecht. Grundlagen und aktuelle Herausforderungen feministischer Staatstheorie*. Staatsverständnisse, von Rüdiger Voigt, Hrsg. Gundula Ludwig, Birgit Sauer, und Stefanie Wöhl, 31–46. Baden-Baden: Nomos.

Wilde, Gabriele. 2010a. Europäische Gleichstellungsnormen: Neoliberale Politik oder postneoliberale Chance für demokratische Geschlechterverhältnisse? juridikum. *Zeitschrift für Kritik, Recht, Gesellschaft* (Gemeinsame Ausgabe mit der Zeitschrift Kritische Justiz zum Thema: Postneoliberale Rechtsordnung? Suchprozesse in der Krise) 4:449–464.

Wilde, Gabriele. 2010b. Die Europäisierung des deutschen demokratischen Rechtsstaats. Eine kritische Vermessung am Beispiel der EU-Geschlechterpolitik. In *Rechtsstaat statt Revolution, Verrechtlichung statt Demokratie? Transdisziplinäre Analysen zum deutschen und spanischen Weg in die Moderne*. Bd. 2, Hrsg. Detlef G. Schulze, Sabine Berghahn, und Frieder Otto Wolf, 651–673. Münster: Westfälisches Dampfboot.

Wilde, Gabriele. 2013. Jenseits von Recht und neoliberaler Ordnung. Zur Integration von Geschlecht in die politikwissenschaftliche Europaforschung. In *Im Blick der Disziplinen. Geschlecht und Geschlechterverhältnisse in der wissenschaftlichen Analyse*, Hrsg. Gabriele Wilde und Friedrich Stefanie, 21–54. Münster: Westfälisches Dampfboot.

Wobbe, Theresa, und Ingrid Biermann. 2007. Die Metamorphosen der Gleichheit in der Europäischen Union. Genese und Institutionalisierung supranationaler Gleichberechtigungsnormen. *Kölner Zeitschrift für Soziologie und Sozialpsychologie* 59 (4): 565–588.

Wöhl, Stefanie. 2009. Das Regieren Europas: geschlechtpolitische Implikationen. In *Staat und Geschlecht. Grundlagen und aktuelle Herausforderungen feministischer Staatstheorie*, Hrsg. Gundula Ludwig, Birgit Sauer, und Stefanie Wöhl, 137–150. Baden-Baden: Nomos.

Wöhl, Stefanie. 2010. Die neoliberale Gouvernementalität des Sozialen. Die Offene Methode der Koordinierung in der Europäischen Beschäftigungsstrategie. *Femina Politica. Zeitschrift für Feministische Politikwissenschaft* 2:50–59.

Woodward, Alison E. 2004. Velvet triangles: Gender and informal governance. In *Informal governance and the European Union*, Hrsg. Thomas Christiansen und Simona Piattoni, 76–93. London: Edward Elgar Publishing Ltd.

Young, Brigitte. 2000. Geschlechterpolitik und disziplinierender Neoliberalismus in der Europäischen Union. In *Die Konfiguration Europas. Dimensionen einer kritischen Integrationstheorie*, Hrsg. Hans-Jürgen Bieling und Jochen Steinhilber, 131–161. Münster: Westfälisches Dampfboot.

Zimmer, Annette. 2012. Zivilgesellschaft. In *Deutsche Verhältnisse. Eine Sozialkunde*, Hrsg. Stefan Hradil, 353–364. Bonn: Bundeszentrale für politische Bildung.

Zirra, Sascha. 2010a. Die Reform des Lissabon-Prozesses. In *Die Europäisierung nationaler Beschäftigungspolitik. Europäische Koordinierung und institutionelle Reformen*, Hrsg. Sascha Zirra, 197–210. Wiesbaden: VS Verlag für Sozialwissenschaften.

Zirra, Sascha. 2010b. Die Institutionalisierung europäischer Beschäftigungspolitik. In *Die Europäisierung nationaler Beschäftigungspolitik. Europäische Koordinierung und institutionelle Reformen*, Hrsg. Sascha Zirra, 164–181. Wiesbaden: VS Verlag für Sozialwissenschaften.

Zürn, Michael und Dieter Wolf. 2000. Europarecht und internationale Regime: Zu den Merkmalen von Recht jenseits des Nationalstaates. In *Wie problemlösungsfähig ist die EU?: Regieren im europäischen Mehrebenensystem*, Hrsg. Edgar Grande und Markus Jachtenfuchs, 113–140. Baden-Baden: Nomos.

Das Europäische Parlament – Fit durch die Krise? Parlamentarische Funktionserfüllung im Kontext von Lissabon-Vertrag und Finanzkrisenbewältigung

Stephan Dreischer

1 Leitgedanken der Analyse

Als das Bundesverfassungsgericht am 27. Oktober 2011 durch einstweilige Anordnung Passagen des „Gesetzes zur Übernahme von Gewährleistungen im Rahmen eines europäischen Stabilisierungsmechanismus" für nicht anwendbar erklärte, war dies der vorläufige Endpunkt schleichender Entmachtung des Deutschen Bundestags. Das Gesetz sah nämlich vor, dass ein aus neun Personen bestehendes Sondergremium (gebildet aus den 41 Mitgliedern des Haushaltsausschusses des Deutschen Bundestags) bei besonderer Eilbedürftigkeit Entscheidungen im Rahmen der Europäischen Finanzstabilisierungsfazilität (EFSF) treffen könne (vgl. Müller-Brandeck-Bocquet 2012, S. 19).[1] Als Folge der verfassungsgerichtlichen Entschließung war der Bundestag zu stärken, um die demokratische Legitimation für die Entscheidungen der Staats- und Regierungschefs zu gewährleisten und die Aufrechterhaltung der deutschen Souveränitätsrechte zu sichern. Doch warum musste eigentlich der Deutsche Bundestag und nicht das Europäische Parlament Legitimitätsgarant von Entscheidungen sein, die unbestritten eine europäische und nicht nur eine nationale Reichweite haben? Wäre es nicht folgerichtig, wenn vollständig, und nicht nur in Form der Ratsbeschlüsse, auf der Ebene entschieden würde, auf der das Problem anfällt, also auf der europäischen? Sollte man deshalb

---

[1] Zum Urteil des Bundesverfassungsgerichts siehe 2 BvE 8/11.

S. Dreischer (✉)
Technische Universität Dresden, Dresden, Deutschland
E-Mail: stephan.dreischer@tu-dresden.de

© Springer Fachmedien Wiesbaden 2015
N. Abbas et al. (Hrsg.), *Supranationalität und Demokratie,*
Staat – Souveränität – Nation, DOI 10.1007/978-3-658-05335-2_6

nicht annehmen, dass bei finanziellen Entscheidungen mit eindeutig supranationalen Dimensionen das Europäische Parlament auf die eine oder andere Weise eingebunden sein müsste, um den zu treffenden Maßnahmen ein zweites Standbein genau jener Legitimation für solche Entscheidungen zu schaffen, an welcher es in der öffentlichen Wahrnehmung[2] zuweilen mangelt?

Nun wäre der Einwand nicht falsch, dass sich derlei Fragen in der vorgebrachten Weise nicht stellen, weil eben nicht alle Unionsmitglieder auch am EURO teilhaben, demzufolge auch nur eine Teilmenge der EU an manchen Bereichen der Krisenbewältigung beteiligt ist. Überdies handelt es sich um nationale Haushaltsmittel und nicht um Mittel aus dem gemeinsamen EU-Haushalt, die es hier zu verausgaben gilt, so dass wohl kaum das Europäische Parlament entscheiden kann. Beides ist gleichermaßen richtig, aber dennoch werfen die im Rahmen der Finanzkrise gewählten Bewältigungsstrategien wichtige Fragen für die zukünftige Gestalt der Europäischen Union auf. Denn in einem politischen System unter Stress (vgl. Easton 1965, S. 103) zeigt sich besonders deutlich, welche Strukturen und Funktionen tragfähig sind, welche anderen hingegen weniger zur Aufrechterhaltung des jeweiligen politischen Systems beitragen. Je nachdem, wo das Europäische Parlament sich auf dem Kontinuum zwischen tragfähige und überflüssige Funktionen und Strukturen bereitstellender Institution einordnet, sind drei Szenarien seiner zukünftigen Entwicklung denkbar: a) eine Fortsetzung bisheriger Integrationslogik einhergehend mit einer langsamen, aber stetigen Veränderung institutioneller Architektur bei gleichzeitiger Stärkung der parlamentarischen Position; b) der Abbruch genau dieses Prozesses und ein Beharren auf dem Status quo; oder c) ein Umbau, der für das Europäische Parlament eventuell einem Rückbau seiner Kompetenzen gleichkäme (vgl. Göler 2009, S. 13 f.), wenn es zunehmend Kooperationen (einiger) Mitgliedstaaten gäbe, die nicht im Rahmen ständiger strukturierter Zusammenarbeit (Art. 42 EUV) oder verstärkter Zusammenarbeit (Art. 20

---

[2] So sagten laut eurobarometer-Analysen Anfang 2009 noch die meisten Befragten in den 27 EU-Staaten (25%), die G20 seien am besten geeignet, die Krise zu bewältigen, 2012 dachten dies nur noch 14%. Die EU sahen 2009 als effizienten Krisenbewältiger 17%, während der jeweils nationalen Regierung dies im Durchschnitt 14% zutrauten. Inzwischen (Stand: Frühjahr 2012) haben sich die Werte dieser beiden Institutionen angenähert, und der Anteil derjenigen, die entweder der EU oder den mitgliedstaatlichen Regierungen am ehesten zutrauen, die Krise zu bewältigen, liegt mit 21% gleichauf. Nicht wenig dürfte dies damit zu tun haben, dass die Regierungen (gerade auch in Form des Europäischen Rats oder der EURO-Gruppe) eben tatsächlich als zentrale Akteure in Erscheinung treten, dann aber nicht als Unionsakteure, sondern als nationale Vertreter rezipiert werden. Zu den Daten siehe Europäische Kommission 2012b, S. 13.

EUV), sondern sogar außerhalb des institutionalisierten Rahmens stattfinden.[3] Das hätte zur Folge, dass der Integrationsprozess noch stärker auf einen Intergouvernementalismus zustrebt, weshalb Wolfgang Wessels und Andreas Hofmann mit Blick auf die im Kontext der – so genannten – EURO-Krise stattfindenden Entwicklungen davon schreiben, dass die „weitgehende Umgehung des Europäischen Parlaments [...] gegen bisherige Integrationstrends" eine Zäsur darstellt (Hofmann und Wessels 2013, S. 221 f.). Zäsuren sind Wendepunkte in der Entwicklung oder – in der Sprache des historischen Institutionalismus formuliert – *critical junctures*, an denen Entscheidungen über zukünftige Entwicklungspfade getroffen werden.[4]

Es gilt also zu klären, wie sich die kritische Weggabelung der Euro-Krise im Kontext der Regelungen des Lissaboner Vertrags auf das Europäische Parlament auswirken wird und welche Chancen das Parlament hat, diese für eigene Gestaltungsabsichten zu nutzen. Kurz gefasst: Ist das Parlament fit?

2 Parlamentarische Fitness

Von der Fitness eines Parlaments zu sprechen, mag auf den ersten Blick ungewöhnlich anmuten, da der Fitnessbegriff in seiner landläufigen Verwendung auf die Beurteilung körperlicher Verfassung Anwendung findet und dabei in der Regel eine Kombination aus Kraft, Schnelligkeit und Ausdauer beschreibt, die ihrerseits das Ergebnis meist jahrelangen Trainings ist. Eine politikwissenschaftliche Nutzbarmachung des Fitnesskonzepts findet sich im evolutorischen Institutionalismus (Patzelt 2007) beheimatet, wenngleich von „misfit" oder „goodness of fit" auch in anderen politikwissenschaftlichen Kontexten zu lesen ist (Demuth 2009, S. 74). Was unter institutioneller Fitness genau zu verstehen ist, beschreibt Jakob Lempp wie folgt:

> Eine Institution ist [...] fit im evolutionstheoretischen Sinne, wenn sie ihre Bestandteile häufig zu reproduzieren in der Lage ist und es dadurch schafft, sich auf Dauer zu stellen. Konkret äußert sich Fitness somit in der Anziehungskraft einer Institution für neue Mitglieder und Unterstützer sowie in ihrer Fähigkeit, neue Mitglieder zu

---

[3] Bereits Mitte der 1990er Jahre hatten Wolfgang Schäuble und Karl Lamers genau dieses Szenario mit einem „Kerneuropa" im Sinn, in welchem manche Mitgliedstaaten bei gemeinsamen Zielen voranschreiten, andere hingegen bestimmte Integrationsschritte nicht nachvollziehen. Siehe dazu Schäuble und Lamers 1994.

[4] So explizit formuliert findet sich das selten. Zurückgehend auf Seymour M. Lipset und Stein Rokkan wird der Begriff von Ruth und David Collier folgendermaßen definiert: „[A] period of significant change, which typically occurs in distinct ways in different countries (or in other units of analysis), and which is hypothesized to produce distinct legacies." (Collier und Collier 1991, S. 27.).

sozialisieren und unter diesen [sowie generell in der Interaktion mit ihrer relevanten Umwelt, Ergänzung SD] ihre Ordnungsprinzipien bzw. Geltungsansprüche in folgenreicher Weise in Geltung zu halten. (Lempp 2007, S. 396)

Ähnlich wie bei Lempp soll der Fitnessbegriff hier von vornherein breit gefasst werden, indem stets das Umweltverhältnis der Institution integriert wird. Damit ist institutionelle Fitness ein nischenrelativer Zustand, denn eine Institution kann nicht für alle möglichen Umweltkonstellationen fit sein, sondern immer nur innerhalb einer *spezifischen Umwelt* (Nische), für die sie Leistungen bereitstellt und aus der sie im Gegenzug dafür Ressourcen bezieht. Um diese Leistungen dauerhaft erbringen zu können, ist die Passung und damit einhergehend Angepasstheit einer Institution von großer Bedeutung. Das wiederum setzt die Fähigkeit voraus, auf Nischenveränderungen auch tatsächlich angemessen zu reagieren (vgl. Lempp 2007, S. 396). Solche Reaktionen sind ihrerseits daran geknüpft, dass das Parlament eine Veränderungsfähigkeit von Strukturen, Funktionen und Mechanismen bis hin zur Leitidee als jener Idee, um derentwillen die Institution gegründet wurde und fortbesteht, praktizieren kann sowie umgekehrt auch Möglichkeiten bereithält, auf seine Nische einzuwirken und diese im Sinne der Leitidee zu verändern. Idealerweise passt sich eine fitte Institution neuen Nischenbedingungen an, kann aber gleichzeitig Einfluss auf die Nische nehmen und andere Institutionen zu Anpassungsprozessen „zwingen". Im institutionellen Gefüge der EU besteht die Nische, innerhalb derer parlamentarische Fitness zu erzielen ist, zunächst aus den drei zentralen Organen Rat, Kommission und Europäischer Rat sowie natürlich aus den Bürgern der Mitgliedstaaten, mit Abstrichen aber auch aus den weiteren Organen und Institutionen wie Ausschuss der Regionen, Wirtschafts- und Sozialausschuss, Europäischer Gerichtshof, Europäische Zentralbank etc., wobei die erstgenannten aufgrund des intensiven Austauschs mit dem Parlament größere Relevanz haben.

Drei Dinge gilt es demnach bei der Analyse parlamentarischer Fitness zu prüfen: Wie gut ist die Institution beschaffen, um dauerhaft bestehen zu können? Wie attraktiv ist sie für potentielle neue Mitglieder? Und welche Chancen hat sie, ihre Ordnungsprinzipien und Geltungsansprüche innerhalb der Institution, aber auch gegenüber der relevanten Umwelt durchzusetzen?

Wegweisend für die Fragestellung des vorliegenden Bandes ist die dritte Frage; denn eine a) zumindest formale Bestandsgarantie hat das Europäische Parlament allein schon aufgrund der Verträge, da deren Änderung mit dem Ziel herbeiführen zu wollen, das Parlament sei abzuschaffen, ein höchst unwahrscheinlicher Weg weiterer Integrationspolitik ist. Die Frage nach der b) Attraktivität für neue Mitglieder ist eng verwoben mit der Durchsetzung parlamentarischer Ordnungsprinzipien und Geltungsansprüche, weil parlamentarische Anziehungskraft stark von –

den Abgeordneten in Aussicht gestellten – Handlungs- und Entscheidungsoptionen abhängt. Grundsätzlich lässt sich jedoch festhalten, dass das Europäische Parlament ohnehin keine Institution (mehr) ist, die als Auffangbecken „gescheiterter" bzw. vorübergehend oder endgültig zu „parkender" nationaler Politiker dient. Der über viele Jahre die Unwichtigkeit des Parlaments und dessen latente[5] Funktion als Versorgungsinstitution demonstrierende Spruch „Hast Du einen Opa, schick ihn nach Europa" ist seit geraumer Zeit jedenfalls nur noch selten zu hören. Das Europäische Parlament hat sich vielmehr zu einer funktional ausdifferenzierten Repräsentationsinstitution entwickelt, in die jene Politiker entsandt werden, die „zur effektiven und effizienten Wahrnehmung der europapolitischen Interessen ihrer Partei, im Europäischen Parlament und bei dessen Wahl, als gut gerüstet erscheinen" (Höhne 2013, S. 167). Eine tiefere Analyse der Rekrutierungsmechanismen in verschiedenen Ländern würde zwar diesbezügliche Differenzen zwischen den einzelnen Mitgliedstaaten offenbaren, aber der grundsätzliche Trend einer „Professionalisierung" sowohl der Abgeordneten als auch des Rekrutierungsprozesses erführe trotzdem Bestätigung. Ein weiterer Indikator für die Anziehungskraft der Institution ist zudem die Zahl möglicher Kandidaten für die jeweils zu vergebenden Mandate. So lag beispielsweise in Deutschland bei den Europawahlen im Jahr 2009 die Zahl der Bewerberinnen und Bewerber für ein Parlamentsmandat um das Fünffache höher als der Anteil der in das Europäische Parlament eingezogenen Abgeordneten (vgl. Höhne 2013, S. 160). Es mangelt also auch nicht an potentiellen Mandataren, die sich für die Arbeit dieser Institution engagieren wollen.[6]

Die beiden, hier nur sehr fragmentarisch umrissenen Aspekte – institutionelle Bestandsgarantie und Attraktivität – sind zwar von einiger Relevanz für eine Fitnessbeurteilung, aber die Frage nach der Durchsetzung von Geltungsbehauptungen und Ordnungsansprüchen verspricht die meiste Erklärungskraft für die Stellung des Parlaments im Rahmen der Veränderung durch den Lissabon-Vertrag und die Euro-Krise und ist damit auch der zentrale Ansatzpunkt einer Beurteilung des parlamentarischen Wirkungshorizonts in der EU.

---

[5] Institutionentheoretisch ist es wichtig, zwischen latenten und manifesten Funktionen zu unterscheiden. Manifeste Funktionen sind dabei jene Funktionen, deren Erfüllung durch die Leitidee geboten ist; latente Funktionen sind solche, die eine Institution obendrein oder nebenher erbringt, ohne dass sie zu ihrem Kerngeschäft gehören. So ist es die manifeste Funktion einer Universität, Forschung und Lehre zu betreiben, latent erfüllt sie aber auch die Funktion, eine „Aufbewahrungsinstitution" für jene Abiturienten zu sein, die noch orientierungslos sind und sich „pro forma" für ein Studium entscheiden.

[6] An dieser Stelle kann keine tiefere Analyse der Bewerberstruktur hinsichtlich qualitativer Merkmale unternommen werden. Zu diesem Zweck sei aber verwiesen auf Stamm 2006.

3 Geltungsbehauptungen und Ordnungsansprüche

Geltungsbehauptungen und Ordnungsansprüche einer Institution finden sich in ihrer Leitidee geborgen. Unter der institutionellen Leitidee ist laut Maurice Hauriou (1965) die „idée directrice de l'œuvre à réaliser" zu verstehen,[7] also jene übergreifende Vorstellung von dem tatsächlich zu verwirklichenden Werk, um derentwillen die Institution gegründet wurde und fortbesteht. Die Leitidee ist somit das basale Element, von dem wiederum alle anderen institutionellen Strukturen, Funktionen und Mechanismen abhängen, so dass deren Veränderung eng mit dem Leitideenwandel verkoppelt ist. Der zentrale Ansatzpunkt für die Fitnessbewertung ist deshalb eine parlamentarische Funktionsanalyse, wobei eine Konzentration auf – als instrumentelle und symbolische Funktionen zu bezeichnende[8] – Leistungen für die Umwelt in Form von Repräsentations-, Gesetzgebungs- sowie Kreations- und Kontrollaufgaben stattfindet (vgl. Patzelt 2003; Marschall 2005, S. 139 ff.; Bagehot 1963, S. 117 ff.). Solche Funktionen erfüllen Parlamente sowohl im Zusammenwirken mit anderen Institutionen als auch im Zusammenspiel mit den – parlamentarischen Ordnungsleistungen unterworfenen – Bürgern. „Fit" ginge das Europäische Parlament aus der Krisenphase hervor, wenn es ihm gelänge, nach dem Lissaboner Vertrag und angesichts von Krisenszenarien die Position eines starken Parlaments mit vollen diesbezüglichen Rechten einzunehmen und all das auch symbolisch zum Ausdruck zu bringen (vgl. Dreischer 2006; Jacobs et al. 2011), mithin adäquat an die kommenden Aufgaben angepasst zu sein.

Das Europäische Parlament hat sich, und das lässt sich an der bisherigen Funktionsentwicklung nachzeichnen, in seiner mehr als 60-jährigen Entwicklungsgeschichte von einem parlamentarischen Forum zu einem parlamentarischen Mitgestalter europäischer Politik gewandelt (vgl. TEPSA-Forschungsgruppe 1989). Damit verbunden ist ein über mehrere Stufen ausdifferenzierter Prozess, dessen erste Phase erweiterter Konstituierung (bis 1962) durch allerlei Findungsschwierigkeiten geprägt war. In diese erste Phase fällt ebenso der Versuch, im Rahmen der – letztlich gescheiterten – Europäischen Verteidigungsgemeinschaft eine Verfassung zu schaffen, wie die misslungene Etablierung eines einheitlichen Wahlrechts, aber auch die Erweiterung um neue Politikbereiche durch die Römischen Verträge

---

[7] Zur Anwendung dieses Konzepts auf den Fall des Europäischen Parlaments siehe Dreischer 2012, 213 ff.

[8] Die Unterscheidung von instrumentellen und – in diesem Text jedoch nicht behandelten – symbolischen Funktionen meint sehr kurz zusammengefasst das Folgende: Instrumentelle Funktionen erbringen ordnungsgenerierende Leistungen, symbolische Funktionen zielen auf orientierungsstiftende Leistungen. Siehe ausführlicher dazu Rehberg 1994, sowie speziell für die Parlamentsanalyse Patzelt 2003.

und der damit verbundene Ausbau des Parlaments sowie seine von ihm initiierte Umbenennung. Eine zweite, von 1962 bis 1970 reichende, stagnative Phase lässt sich vor allem durch die Unfähigkeit des Parlaments charakterisieren, Veränderungen in seiner relevanten Umwelt selbst zu gestalten. Offensichtlich wird dies am Beispiel des misslungenen Übergangs zu Mehrheitsentscheidungen im Rat, der darauffolgenden „Politik des leeren Stuhls" und dem dieses Dilemma scheinbar auflösenden „Luxemburger Kompromiss".[9] Das Europäische Parlament verfügte nicht über Möglichkeiten, an diesem Zustand etwas zu ändern, sondern musste den durch das Ratsverhalten hervorgebrachten Stillstand ziemlich tatenlos akzeptieren. Auch der in diese Phase fallende Fusionsvertrag (ABl. L 2525/1967, 2 f.) zeitigte keine durchgreifenden Veränderungen parlamentarischer Funktionswirklichkeit, da er zwar die ehedem getrennten Räte und Kommissionen (bzw. die Hohe Behörde) der drei Vertragsgemeinschaften zusammenführte, an der interinstitutionellen Arbeitsweise aber nichts Grundlegendes änderte.

Die parlamentarische Funktionswirklichkeit wandelte sich erst ab Anfang der 1970er Jahre grundlegend durch die Umgestaltung des Haushaltsverfahrens (vgl. Europäisches Parlament 1970), die Einführung von Direktwahlen sowie diverse Erweiterungen und Vertragsrevisionen. Auswirkungen hatte dies auf allen Ebenen des parlamentarischen Funktionsspektrums, weil direkte Wahlen ein anderes Repräsentationsverhältnis und -verständnis der Abgeordneten bewirken, weil die Beteiligung an der Haushaltsverabschiedung[10] und der Gemeinschaftsgesetzgebung eine veränderte Form der Entscheidungsfindung und eine Diversifizierung sowie Professionalisierung von Fraktionen und Ausschüssen hervorrufen und weil die Beteiligung an der Investitur der Kommission (vgl. Maurer 1995) auch Mechanismen hervorbringt, die dem Parlament die Wahrnehmung seiner Kreationsfunktion ermöglichen.

Insbesondere durch die Veränderungen ab den 1970er Jahren kam es zu einer Fitnesssteigerung des Europäischen Parlaments, die verbunden war mit einer Annäherung an die sich nun herausbildende Leitidee eines parlamentarischen Mitgestalters. Kennzeichnend für diesen Wandlungsprozess ist allerdings, dass er

---

[9] Der Luxemburger Kompromiss, der als Reaktion auf die Nicht-Teilnahme französischer Politiker an den Ratsverhandlungen (Politik des leeren Stuhls) gefunden wurde, war im Grunde keiner, weil er den *Status quo ante* für all jene Fälle zementierte, in denen ein Staat wichtige nationale Interessen bei einer im Rat mit Mehrheit zu entscheidenden Frage geltend machte. In diesen Fällen wurde wie zuvor mit Einstimmigkeit entschieden.

[10] So wurde etwa ein Konzertierungsverfahren zwischen Rat, Kommission und Parlament eingeführt, welches als Interorganverfahren nicht Bestandteil des Primärrechts der Gemeinschaft ist, sondern eine Durchführungsbestimmung für bestimmte Fälle des Konsultationsverfahrens. Gleichwohl wurden dadurch die Funktionen des Parlaments erweitert. Siehe zur Vereinbarung ABl. C 89/1975, 1 ff.

eben gerade nicht durch das Europäische Parlament selbst initiiert wurde, sondern das Produkt von Verhandlungen der Staats- und Regierungschefs ist und deshalb mehrheitlich eine einseitige Anpassung an die nischenseitige Veränderung darstellt. Dennoch gibt es auch einige wenige Ausnahmen, wie etwa das Verfahren der Investitur einer neuen Kommission. So reagierte das Europäische Parlament auf die durch den Maastrichter Vertrag geschaffene Möglichkeit, die Kommission im Amt bestätigen zu müssen, mit der Einführung eines – in den Verträgen so nicht vorgesehenen – Anhörungsverfahrens designierter Kommissare. Aufgrund der wirksamen Antizipationsschleife, im Falle einer Verweigerung der Anhörung möglicherweise ohnehin nicht ins Amt zu kommen, wurde diese Prozedur von den zukünftigen Kommissionsmitgliedern akzeptiert und auch in der Geschäftsordnung des Parlaments verankert (Europäisches Parlament 1995, Art. 33, Abs. 1). Zwar ist auch diese Veränderung letztlich ein Adaptationsprozess an sich verändernde Regeln des Primärrechts, aber zumindest beruht er auf innerparlamentarischem Anstoß. Zumeist ist das Parlament nämlich nach wie vor in der Position desjenigen, der als institutioneller Akteur auf die Nischenveränderungen reagiert und sie nicht aktiv vorantreibt. Das wiederum ist wenig überraschend in einem supranationalen System, das die Durchsetzungsmacht[11] im Rahmen institutioneller Reformen bei den Mitgliedstaaten ansiedelt.

Die bisherige parlamentarische Entwicklung verlief ziemlich gradlinig und eher langsam, aber ohne größere Rückschritte, so dass sich eine recht ungestörte, graduelle Entwicklung der Leitidee vollzog, die sich in der Summe eher als parlamentarischer Anpassungs- denn als Kreationsprozess charakterisieren lässt. Das Inkrafttreten des Lissabon-Vertrags und die damit einhergehenden Veränderungen hätten nun durchaus die Qualität, diesen langsamen, aber stetigen Prozess fortzusetzen. Aus zwei Gründen scheint es aber angeraten, von einer neuen Phase zu schreiben, welche die bisherige Integrationslogik ein Stück weit durchbricht: Einesteils ist das europäische Integrationsprojekt erstmalig mit einer länger anhaltenden fundamentalen Krise konfrontiert. Diese hat durchaus die „Eignung", das Gesamtprojekt in Frage zu stellen und am Fortbestand der parlamentarischen Leitidee eines Mitgestalters erhebliche Zweifel zu nähren. Andernteils sind durch die letzten Vertragsentwicklungen institutionalisierte Möglichkeiten der differenzierten Integration festgeschrieben worden, welche vollkommen neue, den bekannten Legitimationsaspekten zuwiderlaufende Fragen aufwerfen. Bislang war der Ausgangspunkt bei Parlamentsanalysen stets die Frage, inwieweit das direkt

---

[11] Neben der Durchsetzungsmacht, hier verstanden im Sinne Max Webers (1922, S. 28) als die Möglichkeit, seinen eigenen Willen auch gegen „Widerstreben durchzusetzen, gleichviel worauf diese Chance beruht", wären mindestens noch Verhinderungs- oder Thematisierungsmacht als Spielarten möglicher Machtausübung zu nennen. Siehe ausführlich zur Frage politischer Macht Patzelt et al. 2005.

legitimierte Parlament am Willensbildungs- und Entscheidungsprozess beteiligt sein müsse, um die Legitimität von Entscheidungen zu garantieren und damit das diesbezügliche Defizit aufgrund der indirekten Legitimation des Rats und der in ihm ggf. praktizierten Mehrheitsentscheidungen auszugleichen. Dies firmierte jahrzehntelang unter dem Stichwort des doppelten Demokratiedefizits. Durch die Einführung des ordentlichen Gesetzgebungsverfahrens sowie die Abschaffung der Unterscheidung von obligatorischen und nicht-obligatorischen Ausgaben[12] in der Haushaltsgesetzgebung wurde dessen Beseitigung zunehmend stärker erreicht.

Allerdings zeichnet sich in einigen Fällen europäischer Gesetzgebung nun ein gegenläufiges Legitimationsproblem ab – und zwar genau dann, wenn es im Rahmen verstärkter Zusammenarbeit zur Kooperation einiger, aber eben nicht aller Staaten kommt. Während im Rat in solchen Fällen auch nur jene Mitgliedstaaten abstimmen, welche die verabschiedeten Regeln tatsächlich umsetzen wollen, ist es im Europäischen Parlament bislang so, dass alle Abgeordneten ihr Votum abgeben. Folglich entscheiden Mandatare über Ordnungsleistungen, denen die sie entsendenden Mitgliedstaaten selbst überhaupt nicht unterworfen sind. Dieses Dilemma ist dem Parlament zwar bekannt, es hält jedoch die Integrität der Institution für zwingend geboten und will an dieser Praxis auch nichts ändern. Der Grund dafür ist in der Leitidee des Parlaments geborgen, welches sich als eine Institution versteht, die über alle Belange europäischer Politik mitentscheiden sollte.[13]

4　Funktionswirklichkeit und ihre Perspektiven

Was ist nun für das Europäische Parlament angesichts der beschriebenen Entwicklungen und nach wie vor bestehenden Dilemmata zu erwarten, wie genau sieht die konkrete instrumentelle Funktionserfüllung des Parlaments momentan aus, und was bedeutet das für seine zukünftige Position innerhalb des Institutionengefüges? Die Leitidee eines parlamentarischen Mitgestalters und die Aufgabe, ein Garant demokratischer Legitimität zu sein, legen die Messlatte für das Parlament sehr hoch und stellen es obendrein vor die Herausforderung, in Zeiten vehementen Nischenwandels, wie er erneut durch die Veränderungen des Lissabon-Vertrags und die Finanzkrise hervorgerufen wird, funktional angemessen zu reagieren. Die Reaktionsmöglichkeiten des Parlaments angesichts dieser doppelten Herausforderung

---

[12] Bis zum Inkrafttreten des Lissabon-Vertrags wurde zwischen diesen beiden Ausgabenarten unterschieden, wobei das Europäische Parlament Mitspracherechte nur im (kleineren) Bereich der nicht-obligatorischen Ausgaben besaß.

[13] Siehe zum Legitimitätsproblem differenzierter Integration ausführlicher Ondarza 2013, S. 29 ff.

hängen indes ganz wesentlich davon ab, welche Nischenkonstellationen vorliegen. Nischenseitige Veränderungen ergeben sich aufgrund der neuen Möglichkeiten zur Einbindung der Zivilgesellschaft, einer veränderten Bestellungsmöglichkeit der Kommission, aber auch aufgrund veränderter „Gesetzgebung". Einesteils gibt es Verbesserungen durch die Einführung des ordentlichen Gesetzgebungsverfahrens, anderteils lässt sich aber auch weitere Variabilität in ordnungskonstitutiven Fragen finanzieller und wirtschaftlicher Koordinierung der Mitgliedstaaten feststellen. Entscheidend für die parlamentarische Fitness wird sein, welche interinstitutionellen Szenarien sich bei alldem zukünftig einstellen werden.

4.1 Schwierige Repräsentationspraxis

Da die Europäische Union sich mehr denn je dem Ziel verpflichtet hat, den Kontakt zwischen Repräsentierten und europäischen Institutionen zu verbessern, gilt es, besonderes Augenmerk auf die Frage parlamentarischer Repräsentationsleistungen zu legen. Das ergibt sich zumindest aus den Strategien zur Integration der Zivilgesellschaft, wie sie – noch verstärkt durch die Einführung der europäischen Bürgerinitiative – durch den Lissaboner Vertrag geschaffen wurden (vgl. Art. 11 EUV.). Hiermit ist eine unmittelbare Verkopplung zwischen Bürgern und europäischen Institutionen insinuiert, die dazu beitragen soll, die Wünsche, Sorgen und Vorstellungen der Repräsentierten besser in den politischen Prozess einzuspeisen. Solche erweiterten Partizipationschancen der Bevölkerung können jedoch dann auf die parlamentarische Funktionserfüllung kontraproduktiv wirken, wenn sie dessen eigene Leistungserfüllung substituieren sollten.

Gelingende Repräsentation ist als vierstufiger konsekutiver Prozess aus Vernetzung, Responsivität, Darstellung und kommunikativer Führung zu verstehen. Dabei sind die Ziele einer Bürgerinitiative mit den Anforderungen der ersten und teilweise auch der zweiten Stufe eines solchen Repräsentationsansatzes nahezu deckungsgleich. Denn vollständig umsetzen lässt sich die Repräsentationskette nur, wenn die Abgeordneten so gut in alle gesellschaftlichen Schichten vernetzt sind, dass sie überhaupt entsprechende Anliegen aufnehmen können. Responsivität meint nun nichts Geringeres, als das tatsächlich Wahrgenommene auch in den politischen Willensbildungs- und Entscheidungsprozess einzuspeisen. Das geschieht natürlich nicht in Form des – einem imperativen Mandat gleichenden – blinden Übernehmens von Positionen, sondern durch deren Transformation in durchsetzungsfähige parlamentarische Verhandlungsangebote. Dass genau dieser Einspeisungsprozess gelungen ist, muss sodann auch gegenüber den Repräsentierten dargestellt werden, und zwar durch öffentliche Präsentation von Ergebnissen des parlamentarischen

Willensbildungs- und Entscheidungsprozess. Derlei Darstellung gipfelt schließlich in der offensiven kommunikativen Führung, durch welche den Repräsentierten nicht nur der Gang einer Entscheidung verdeutlicht, sondern auch die Begründung für eine bestimmte Haltung präsentiert wird (vgl. Patzelt 2013, S. 405 ff.). Bei der Umsetzung dieses vierstufigen Verfahrens tun sich bekanntermaßen gravierende Mängel auf, zwar auch in der Funktionswirklichkeit vieler nationaler Vertretungskörperschaften, aber eben ganz besonders im Europäischen Parlament.

Daran ändert auch Art. 11 EUV für das Europäische Parlament nichts Grundsätzliches. Eine – schon aus pragmatischen Gründen – auf Einzelfälle begrenzte Bürgerinitiative löst keinesfalls das grundlegende Problem repräsentativer Demokratie. Repräsentativ ist sie ja genau deshalb, weil Repräsentanten stellvertretend für Repräsentierte handeln und dabei ein funktionierendes Repräsentationsverhältnis aufbauen sollten, das es ihnen erlaubt, unabhängig von den Repräsentierten zu entscheiden. Gelingt das allerdings tatsächlich – oder auch nur vermeintlich – nicht, so werden Rufe nach der Etablierung direktdemokratischer Instrumente laut und offenbar (zumindest in der EU) auch gehört. Doch helfen diese, vor allem dann, wenn es sich nur um eine Initiativmöglichkeit handelt, vermutlich weder der EU als Gesamtheit, das Problem eines unzureichenden Repräsentationsverhältnisses zu lösen, noch sind sie dem Europäischen Parlament nützlich. Solche Instrumente zeichnen sich ja gerade dadurch aus, klassische Repräsentationswege umgehen zu wollen. Allenfalls können direktdemokratische Instrumente dieses Zuschnitts geeignete Mechanismen sein, um solche Themen in den politischen Prozess einzuspeisen, derer sich die Kommission (als Gesetzgebungsinitiator) und das Parlament nicht annehmen, weil sie ihnen entweder nicht bekannt sind, was wiederum auf schlechte Vernetzung hindeutet, oder weil die beiden Institutionen die Sprengkraft mancher Themen unterschätzt haben.

Die Einführung der Bürgerinitiative ist also ein – leicht zu durchschauender – Versuch, der oft bekundeten Elitenlastigkeit europäischer Politik durch verbesserte Partizipationsrechte Abhilfe zu schaffen. Verkannt wird in diesem Fall aber, dass veränderte Partizipationschancen noch nicht die demokratische Qualität eines Systems verbessern. Allein die Kreation neuer Beteiligungsrechte reicht nämlich nicht aus, um das grundlegende Problem einer starken Elitenzentriertheit zu lösen. Und vielleicht sollte man das Problem auch gar nicht von diesem Ende her angehen. Herfried Münkler etwa schrieb in einem Beitrag für den SPIEGEL, dass eine weitere Demokratisierung und eine Integration der Zivilgesellschaft dem europäischen Integrationsprozess vielleicht weit weniger förderlich seien, als es bessere Eliten sein könnten (Münkler 2011, S. 108 f.). Die Forderung nach verbesserten Eliten meint mit Sicherheit auch, dass die vorhandene europäische Elite, und dazu zählen gewiss die Mitglieder des Europäischen Parlaments, ihre Funktionen besser zu erfüllen vermögen.

Die altbekannten Probleme vermeintlich oder auch tatsächlich nicht oder nur unzureichend vorhandener europäischer Öffentlichkeit müssen an dieser Stelle nicht
wiederholt werden. Das ist andernorts in bezug auf segmentierte Öffentlichkeiten
(vgl. etwa Hepp und Wessler 2009) und auch zur Problemlage insgesamt hinlänglich geschehen (vgl.u. a. Trenz 2002; Neidhardt 2006; Spanier 2012). Wichtiger
scheint es, Ursachen mangelnder Repräsentationsleistungen aufzudecken, die in
der parlamentarischen Funktionswirklichkeit selbst geborgen sind. Einer der sinn-
fälligsten Gründe für ein schwer zu etablierendes Repräsentationsverhältnis ist die
starke Konkordanzorientierung in den Institutionen der Europäischen Union insgesamt und auch im Europäischen Parlament. Zwar ist ein konkordanzorientiertes
System nicht grundsätzlich „schlechter" als ein strenges Wettbewerbssystem, aber
in ihm mangelt es viel mehr an der öffentlich sichtbaren Auseinandersetzung mit
dem politischen Gegner (Haller 2009, S. 23). Zwar schätzen Bürger solche Institutionen, die sich nicht durch offen ausgetragenen Streit kennzeichnen; aber gleichzeitig wollen sie deren Entscheidungsfindung nachvollziehen und insbesondere in
Parlamenten voneinander abgegrenzte Positionen identifizieren können, während
praktizierte Konkordanz, wie etwa beim Rat mit seinen bis vor Kurzem nicht-öf-
fentlichen Tagungen, schnell als undurchschaubar charakterisiert werden kann.[14]

   Im Europäischen Parlament mit seiner doppelten Fragmentierung entlang nationaler und ideologischer Positionen ist es jedoch nicht immer ganz leicht, solche
Positionen zu entdecken, da es in besonders wichtigen Fragen häufig der Mehrheit der beiden großen Fraktionen bedarf, um zu einer Einigung zu kommen. Somit
scheint der entscheidende Schritt zur weiteren parlamentarischen Profilbildung über
die Kreationsfunktion und damit über die Frage der Kommissionsbesetzung zu führen. Hier hat das Europäische Parlament in den vergangenen Jahren einiges erreicht.

4.2 Kreationsfunktion mit Entwicklungschancen

Die Auswahl und Bestimmung politischen Führungspersonals ist die zentrale
Aufgabe eines Parlaments, das als Garant von Legitimität und als Pfeiler einer
demokratischen politischen Ordnung dient. Derlei Kreationsfunktionen hat das
Europäische Parlament auf zwei Ebenen inne: einerseits innerparlamentarisch bei
der Besetzung von Führungspositionen in Fraktionen, Ausschüssen und gesamt-

---

[14] Siehe zur Wahrnehmung der europäischen Institutionen etwa Niedermayer 2003, speziell
zum EP Niedermayer 2009; generell zur Einschätzung der europäischen Institutionen siehe
die Standard eurobarometer 1973 ff.; zur Kritik an eurobarometer-Daten siehe allerdings
Höpner und Jurczyk 2012 sowie die darauf fußende Debatte in den Folgeheften des „Leviathan".

parlamentarischen Strukturen, wie etwa Präsidium oder Quästoren, andernteils im Zusammenspiel mit Europäischem Rat und Rat bei der Investitur der – als funktionales Äquivalent zu nationalstaatlichen Regierungen dienenden – Kommission. Letztere ist an diesem Punkt aufgrund der Relevanz für die übergreifende Frage des Bandes nach den demokratiebildenden und -stabilisierenden Funktionen des Parlaments von größerer Bedeutung. In einem parlamentarischen Regierungssystem ist deren Wahl folglich die stilbestimmende Aufgabe, weil sich darüber dessen funktionslogische Aufteilung in regierungstragende Mehrheit und Opposition entfaltet, die ihrerseits die parlamentarische Funktionsweise prägt. Nun ist das europäische politische System (noch?) weit von einem parlamentarischen Regierungssystem entfernt, aber es ist auch kein präsidentielles oder semi-präsidentielles System, sondern, und hier findet der Begriff dann auch tatsächlich seine Entsprechung, ein System *sui generis*.

Seit dem Inkrafttreten des Maastrichter Vertrags ist das Europäische Parlament zwar ganz wesentlich an der Einsetzung der Kommission beteiligt, was wiederum deren engere Bindung an das Parlament zur Folge hat; aber damit ist keine vollständige Abhängigkeit von einer über die Legislaturperiode dauerhaft aufrechtzuerhaltenden Parlamentsmehrheit verbunden, wie sie für ein parlamentarisches Regierungssystem typisch ist. Es reicht nämlich vollkommen aus, wenn das Parlament der Investitur der Kommission zustimmt; und zu diesem Zweck, wie auch für die weitere Arbeit während der Legislaturperiode, genügen fallweise entstehende Mehrheiten. Es fehlt also ohnehin am für parlamentarische Regierungssysteme charakteristischen Merkmal der kontinuierlichen Unterstützung durch eine feste Parlamentsmehrheit. Die Herstellung solcher Mehrheiten wäre dann wahrscheinlicher, wenn sich Spitzenkandidaten für das Amt des Kommissionspräsidenten finden, welche eben auch von den mitgliedstaatlichen Parteien im Wahlkampf gestützt werden. Ob das tatsächlich gelingen kann, ist nach wie vor fraglich, da keine so eng verwobenen europäischen Parteienbünde bestehen, dass allein durch die Auswahl und Einigung auf Spitzenkandidaten deren europaweite Bewerbung wahrscheinlich erschiene. Auch nach dem Lissaboner Vertrag ist es ja Aufgabe des Europäischen Rats, einen Kommissionspräsidenten vorzuschlagen. Die Staats- und Regierungschefs sind zwar daran gebunden, sich bei der Auswahl an den Wahlergebnissen zum Europäischen Parlament zu orientieren, und eine eingeübte Praxis wird dadurch auch formal verankert (Art. 17, Abs. 7, Satz 1 EUV). Die Treffen der Staats- und Regierungschefs folgen jedoch eigenen Regeln bei der Personalauswahl, die erst einmal zu durchbrechen wären, indem das Parlament einen solchen ersten Testfall hervorriefe und eine Antizipationsschleife dergestalt aufbaute, dass seine anschließende Zustimmung von der Benennung desjenigen Kandidaten abhinge, der sich als Sieger der Wahlen mit europaweit agierenden Parteien durchgesetzt hätte. Doch selbst wenn es gelänge, die Staats- und Regierungschefs auf diese formale Auswahl zurückzuverweisen, die dann im Übrigen nicht mehr wäre als die Ausübung des Vorschlagsrechts durch den deutschen Bundespräsidenten, wäre damit vermutlich noch nicht viel erreicht.

Das wiederum liegt nicht an der wahrscheinlicher werdenden Verkoppelung zwischen Kommission und Parlament, deren Gelingen gar nicht so außergewöhnlich wäre und den „alten Dualismus" des Gegenübers von Parlament und Regierung auflösen könnte, an dessen Stelle dann das als „neuer Dualismus" zu bezeichnende Spannungsverhältnis von regierungstragender Mehrheit und Opposition träte. Ob sich jedoch eine durchgreifende Veränderung einstellt und ob das Europäische Parlament über diese enge Verbindung auch zum tragenden Element des europäischen politischen Systems avanciert, entscheidet sich an der Frage, wer im europäischen politischen System die Kontrolle über wesentliche Entscheidungen ausübt und wer wiederum diese Entscheider kontrolliert. Es bräuchte zur Stärkung des Parlaments mittels der engen Verbindung von Kommission und Parlament nicht nur dieser politischen Kontrollmöglichkeit *ex ante* bei der Investitur, sondern obendrein einer starken Position der Kommission innerhalb des – um Europäischen Rat und Rat ergänzten – institutionellen Quadrats. Denn parlamentarische Kontrollmacht über eine machtloser werdende Kommission, die bei wesentlichen Weichenstellungen der Krisenbewältigung selbst nicht vollständig beteiligt ist, verbessert die parlamentarische Fitness keineswegs.

4.3   Verstärkte Kontrollprobleme

Ob und wie gut parlamentarische Kontrollfunktionen ausgeübt werden können, ist ganz wesentlich von der konkreten Ausgestaltung des politischen Systems abhängig; denn Kontrolle kann bekanntermaßen in vielfältiger Form erfolgen: als begleitende, antizipierende oder nacheilende Kontrolle, als Aufsicht über fremde Amtsführung, als formale oder informale Kontrolle ebenso wie als rechtliche Kontrolle sowie Richtungs- oder Leistungskontrolle (vgl. Thaysen 1976, S. 54), um nur einige der Möglichkeiten zu nennen. Diese Kontrollformen sind keineswegs scharf voneinander getrennt, sondern es sind einander teilweise überlappende sowie ergänzende Mittel, eine Regierung zu kontrollieren. Eine Suche nach tatsächlich wirksamen Kontrollmöglichkeiten sollte deshalb stets bei der Frage ansetzen, inwieweit diese unterschiedlichen Formen im Zweifelsfall auch sanktionsbewährt und damit durchsetzbar sind.

Der Lissabon-Vertrag hat an den grundsätzlichen Kontrollmöglichkeiten des Europäischen Parlaments nichts geändert. Die formal stärkste „Waffe" zur Kontrolle ist nach wie vor, der Kommission als Kollegialorgan das Misstrauen auszusprechen (Art. 234 AEUV). Wenn der Nutzen von Misstrauensvoten jedoch allein darin bestünde, bei Fehlverhalten oder unterlassenen Handlungen der Kommission für deren Abwahl und Substitution zu sorgen, wären diese natürlich nur *ex post* einsetzbar. Folglich taugten sie nicht als ein potentielles Instrument begleitender Kontrolle und damit auch wenig als parlamentarischer Gestaltungsmechanismus.

Allerdings ist gerade die Möglichkeit, der Kommission zu misstrauen und sie damit auch tatsächlich abzusetzen, prädestiniert, um auch mittels der Herstellung von Antizipationsschleifen starke Wirkung zu entfalten. Das ist im Laufe der Geschichte durchaus schon gelungen, und deshalb ist es ein erprobtes Kontrollmittel des Parlaments, selbst wenn formal-juristische Bewertungen zu anderen Einschätzungen kommen.[15] Die aufzubauende Antizipationsschleife verläuft dabei wie folgt: Die Kommission kann niemals mit absoluter Sicherheit wissen, ob ein vom Parlament angedrohtes Misstrauensvotum tatsächlich erfolgreich durchgesetzt wird, muss aber stets damit rechnen, dass derlei gelingt, sofern und solange das von Seiten des Parlaments glaubhaft gemacht werden kann. Der Kern jeder wirksamen Antizipationsschleife ist das Erzielen von Vorauswirkungen bei *„alter"* allein schon auf der Grundlage geglaubter und nicht zwingend auch vollzogener Handlungsoptionen von *„ego"*. Die Folgen des Handelns von *„alter"* werden in jedem Fall real sein, ganz gleich, ob die zur entsprechenden Handlung führende Annahme wahr ist oder nicht. Dieses, nach William I. und Dorothy S. Thomas als „Thomas-Theorem"[16] benannte Prinzip ist also höchst wirksam. Freilich kann der Einsatz von auf möglichen Misstrauensvoten basierenden Antizipationsschleifen nicht allzuoft unternommen werden, denn es muss sichergestellt werden, dass die Vorauswirkung der angedrohten Sanktion auch tatsächlich erhalten bleibt.

Ein grundsätzlicher Nachteil des Verfahrens bleibt jedoch unauflösbar: Sofern es seinen Nutzen nicht mittels wirksamer Antizipationsschleifen zu entfalten vermag, hat es allein destruktive Wirkung. Anders als etwa im parlamentarischen

---

[15] Keiner der elf bislang eingebrachten Misstrauensanträge hat eine doppelt qualifizierte Mehrheit erreicht, so dass es sich rein formal betrachtet tatsächlich nicht um ein erfolgreiches Instrument handelt. Gerade das Beispiel des Misstrauensantrags von 1999, der zunächst abgelehnt wurde, bei welchem aber eine erneute Einbringung im Raum stand, ist jedoch als ein Erfolg des Parlaments zu werten, weil das Ziel (Rücktritt der Kommission unter Führung Jaques Santers) auch ohne den Vollzug erreicht wurde. Siehe zum gesamten Verfahren Hummer und Obwexer 1999. Bereits der erste „Testfall" des Misstrauensvotums aus dem Jahr 1972 hat im Übrigen den Grundstein für die Wirksamkeit von Antizipationsschleifen gelegt. Zwar zog das Europäische Parlament seinerzeit den Misstrauensantrag zurück; es hatte aber zuvor erreicht, dass die Kommission die geforderte Stärkung des Parlaments in Haushaltsfragen beim Rat vorschlug, was schließlich zur Revision des Haushaltsverfahrens im Jahr 1975 führte. So auch Jacobs et al. 2011, S. 308.

[16] In einem zusammenfassenden Satz liest sich das wie folgt: „If men define situations as real, they are real in their consequences." (Thomas und Thomas 1928, S. 572).

Regierungssystem der Bundesrepublik Deutschland, wo es eine Verbindung zwischen Abberufungs- und Wahlfunktion gibt, die das Misstrauensvotum in jedem Fall konstruktiv werden lässt, bleibt es im europäischen politischen System aus funktionslogischen Gründen bei der Abwahl. Und auch ein weiteres virulentes Problem ist damit keineswegs beseitigt: Es ist nicht möglich, in gleicher Weise gegenüber dem Rat oder gar dem Europäischen Rat tätig zu werden. Funktionslogisch ist dies auch folgerichtig, soweit und solange der Rat nicht exekutiv tätig wird, sondern als andere legislative Kammer in einem Zweikammersystem wirkt. Doch dieses Prinzip wird ja auch nach dem Lissabon-Vertrag nicht vollständig durchgehalten, so dass etwa Streinz, Ohler und Herrmann davon schreiben, dass die Aufgabe des Rats „vor allem auch in der politischen Leitung der Union und der Koordinierung ihrer Politiken" zu sehen ist (Streinz et al. 2008, S. 55), und damit rückt er eben näher in den Bereich des Regierens. Die Euro-Krise offenbart, dass genau dieses Szenario zum Alltag der Bewältigungsstrategien zählt.

Wirksame Kontrolle gegenüber dem Rat ist aber ohnehin kaum durch repressive Mittel zu leisten, sondern, und das zeigt das Beispiel der Haushaltsumgestaltung in den 1970er Jahren, meist mittels des Umwegs über die Kommission. Will das Parlament etwas erreichen, braucht es die Kommission als Verbündeten, denn diese hat nach wie vor das Vorschlagsrecht in der Gesetzgebung und kann vielfach auf diese Weise zumindest in den Details Einfluss auf geplante Ordnungsvorhaben des Rats nehmen beziehungsweise selbst bestimmte Materien vorschlagen. Die dort ansetzende Form der begleitenden Kontrolle ist für das Europäische Parlament folglich an interinstitutionelle Kooperationsbereitschaft geknüpft. Grenzen sind derlei indirekter Einflussnahme jedoch stets dann gesetzt, wenn die Kommission das Initiativrecht mit dem Rat teilen muss, was auf die Bereiche des Raums der Freiheit, der Sicherheit und des Rechts zutrifft (Art. 76, lit. b AEUV), oder wenn die Kommission, wie im Fall der Gemeinsamen Außen- und Sicherheitspolitik, nicht tätig werden darf. Dort werden die Beschlüsse nämlich gemäß Art. 31, Abs. 1 EUV, soweit nicht anders festgelegt, einstimmig von Rat und Europäischem Rat gefasst, wobei der Erlass von Gesetzgebungsakten ausgeschlossen ist. An dieser Stelle zeigt sich erneut aufs Schärfste die mangelnde Fitness des Parlaments; denn es fehlt ihm bei wichtigen Fragen der Zugriff auf Kontrollmöglichkeiten, die auch sanktionsbewährt sind.[17] Zumal dem Parlament der in vielen politischen Systemen zur Skanda-

---

[17] Natürlich gibt es weitere Möglichkeiten der Kontrolle, die *ex post* wirksam werden, wie etwa Fragerechte oder Möglichkeiten der rechtlichen Kontrolle. Allerdings ist nur die rechtliche Kontrolle auch tatsächlich folgenreich, kann aber wiederum nur dort Anwendung finden, wo Rechtsakte erlassen werden. Dadurch wird der große Bereich der Beschlussfassungen von Rat und Europäischem Rat erneut ausgeklammert, wenn es sich nicht um Gesetzgebungsakte handelt. Fragerechte, ein bspw. im britischen Parlament im Rahmen der Fragestunden durchaus öffentlichkeitswirksames Mittel, entfalten ihren Effekt konsequen-

lisierung bestens geeignete „Gang an die Öffentlichkeit" aufgrund deren mangelnder europaweiter und themenübergreifender Existenz verbaut ist, ändert auch der Vertrag von Lissabon gerade in diesem Bereich nichts, ebensowenig dann, wenn der Europäische Rat sich entscheidet, das Instrument völkerrechtlicher Abkommen für quasi-legislative Akte zu nutzen. So offenbart die Euro-Krise dann auch das gesamte Ausmaß parlamentarischer Schwäche, da parlamentarische Kontrolle in jenen Bereichen, die intergouvernemental entschieden werden, einfach kaum stattfinden kann und, falls überhaupt, auf die nationale Ebene zurückverwiesen bleibt, wie das Eingangsbeispiel zur EFSF gezeigt hat.

4.4 Fortschritte und Rückschritte in der „Gesetzgebung"

Seit Beginn der europäischen Integration wurde die Frage der Demokratisierung und Legitimation der Gemeinschaft immer auch unter dem Aspekt der Erweiterung von Gesetzgebungskompetenzen für das Europäische Parlament behandelt. Das ist auch wenig überraschend, denn Gesetzgebung ist eine der wichtigsten Parlamentsaufgaben (vgl. Loewenberg und Patterson 1979, S. 9). Folglich ist parlamentarische Fitness eng verkoppelt mit der Frage, inwieweit es dem Parlament gelingt, auf diesem Weg ordnend und steuernd innerhalb des europäischen politischen Systems zu wirken und seine Vorstellungen auch gegen andere durchzusetzen.

Die Entwicklungen im Rahmen der Gesetzgebung waren jahrelang dadurch gekennzeichnet, dass zu bestehenden Gesetzgebungsverfahren neue hinzutraten, also eine weitere Ausdifferenzierung stattfand, welche die Unübersichtlichkeit der jeweils zu wählenden Verfahrensabläufe immer mehr steigerte (vgl.u. a. Tekin und Wessels 2011; Tsebelis et al. 2001). Durch den Vertrag von Lissabon ist insofern eine weitere Verbesserung eingetreten, als ein ordentliches Gesetzgebungsverfahren (Art. 294 AEUV) eingeführt wurde, das obendrein auf eine größere Anzahl von Regelungsmaterien Anwendung findet. Das Verfahren selbst unterscheidet sich – abgesehen davon, dass es einen neuen Namen erhielt – zwar nicht wesentlich vom Mitentscheidungsverfahren wie es seit dem Vertrag von Nizza praktiziert und in der Grundform seinerzeit durch den Vertrag von Maastricht eingeführt wurde. Das Parlament selbst wertet die Entwicklungen durch den Lissabon-Vertrag dennoch als Erfolg, da neben der bloßen Anzahl von im ordentlichen Gesetzgebungsverfahren behandelten Rechtsgrundlagen, die sich von 44 (nach dem Vertrag von Nizza) auf 85 nahezu verdoppelt hat (vgl. Europäisches Parlament 2012), auch Bereiche hinzugekommen sind, in denen das Parlament zuvor nur konsultiert wurde oder im Rahmen des Zustimmungsverfahren beteiligt war. Beide Verfahren eröffnen dem

---

terweise nur, wenn es nicht an der dazu nötigen Möglichkeit des öffentlichkeitswirksamen Darstellens fehlt.

Parlament wenig Verhandlungsspielraum und sind somit viel weniger als das ordentliche Gesetzgebungsverfahren geeignet, der Leitidee eines parlamentarischen
Mitgestalters Ausdruck zu geben.

Aus der Perspektive des Parlaments hat die Zuweisung neuer Materien zum
ordentlichen Gesetzgebungsverfahren auch deshalb eine besondere Durchschlags-
kraft, weil darunter jene finanzintensiven Bereiche fallen, in denen, wie etwa auf
den Gebieten Landwirtschaft und Fischerei sowie Strukturfonds, Entscheidungen
mit erheblicher integrationspolitischer Tragweite getroffen werden. Da ein großer
Teil der Finanzmittel der Europäischen Union in diese Politikbereiche fließt,[18] ist
die parlamentarische Mitbestimmung ein wichtiger Hebel, um ordnungskonstitutiv
zu wirken.

Die kreativen Möglichkeiten des Parlaments verstärken sich obendrein in
Kombination mit der Umgestaltung der haushaltsrechtlichen Grundlagen, zumal
mit dem Inkrafttreten des Vertrags von Lissabon die Unterscheidung in obligato-
rische und nicht-obligatorische Haushaltsmittel (vgl. zur Entstehung Theato und
Graf 1994, S. 57 ff.) aufgelöst wurde. Da das Parlament zuvor nur bei der Entscheidung über die nicht-obligatorischen Haushaltsmittel gleichberechtigt mit dem
Rat entscheiden konnte, bestand bis dahin ein institutionelles Ungleichgewicht,
welches durch die Abschaffung dieser Aufteilung beseitigt wurde. Die Haushaltsverabschiedung durch Rat und Parlament erfolgt nun gleichberechtigt nach einem
eigenen Verfahren (Art. 314 AEUV), welches die Einschaltung eines Vermittlungs-
ausschusses stets dann vorsieht, wenn es, was regelmäßig der Fall ist, zwischen
Rat und Parlament Uneinigkeit über den Haushaltsentwurf gibt und dieser nicht im
ersten Durchgang verabschiedet wird. Im Vermittlungsausschuss ist ein EU-Haus-
haltsplan immer dann genehmigt, wenn beide Organe ihm letztlich zustimmen,
beide keinen Beschluss fassen oder eines der beiden Organe zustimmt, das andere
aber keinen Beschluss fasst. In keinem Fall erlassen wird der Haushaltsplan immer
dann, wenn a) beide Organe ihn ablehnen oder eines ihn ablehnt und das andere
keinen Beschluss fasst; ebenso dann, wenn b) der Rat zustimmt und das Parlament
ablehnt. In beiden Fällen muss die Kommission einen neuen Haushaltsentwurf
vorlegen (Art. 314, Abs. 7, lit. b) und c) AEUV). Aus parlamentarischer Perspektive besonders wichtig ist, dass der Rat – anders als das Parlament – einen Haushaltsentwurf nicht einseitig zu Fall bringen kann, während das Parlament insofern
eine Prärogative hat, als es sich über den Ablehnungsbeschluss des Rats mit einem
erhöhten Quorum (Mehrheit seiner Mitglieder und drei Fünftel der abgegebenen
Stimmen) hinwegsetzen kann (Art. 314, Abs. 7, lit. d) AEUV).

---

[18] Der Haushaltsplan für 2013 weist für den Bereich der Strukturfonds eine Summe von
mehr als 42 Mrd. EURO und für die Agrarmarkt- und Fischereipolitik mehr als 43 Mrd.
EURO des Gesamthaushalts von etwa 151 Mrd. € (alles: Mittel für Verpflichtungen) aus.
Siehe Europäische Kommission 2012a, S. 10 ff.

Durch die Neuausrichtung wurde die Position des Parlaments innerhalb der speziellen Haushaltsgesetzgebung zwar grundlegend ausgebaut und seine ordnungspolitischen Gestaltungsmöglichkeiten sind durch den Wegfall der Unterscheidung von obligatorischen und nicht-obligatorischen Ausgaben gestiegen, dennoch sind Zweifel hinsichtlich parlamentarischer Fitness angebracht. Die genannten Verbesserungen der parlamentarischen Stellung innerhalb des Institutionengefüges betreffen nämlich allein die Ausgabenseite, während, und das ist nach wie vor der zentrale Kritikpunkt, die Einnahmen der Gemeinschaft nicht über einen Rechtsakt festgelegt werden, der gleichermaßen Einfluss des Europäischen Parlaments zulässt. Die Einnahmen der EU werden durch den mehrjährigen Finanzrahmen bestimmt, der nach einem besonderen Verfahren festgelegt wird, in welchem der Rat einstimmig und das Parlament mit der Mehrheit seiner Mitglieder entscheiden. Allerdings kann das Parlament hier nur zustimmen oder ablehnen. Die Aufstellung des Finanzrahmens für die Jahre 2014 bis 2020 hat dabei deutlich gezeigt, dass der Einfluss des Parlaments nicht überwältigend ist. So konnte etwa weder die von vielen Mitgliedstaaten eingeforderte Kürzung des Gesamtmittelansatzes durch das Parlament verhindert noch die vollständige Überführung von Haushaltsmitteln in das Folgejahr durchgesetzt werden. Gerade beim mehrjährigen Finanzrahmen zeigt sich besonders deutlich, dass das Pressionspotential in diesem „Gesetzgebungsverfahren" deutlich reduziert ist und dass das Parlament keinesfalls seine ordnungspolitischen Akzente in der Form durchsetzen kann, wie es von einem tatsächlichen Mitgestalter europäischer Politik zu erwarten wäre. Auch greifen hier die Möglichkeiten, Antizipationsschleifen aufzubauen, kaum, weil der Rat sich mit der Drohung, Verhandlungen scheitern zu lassen, wenig beeindrucken lässt.[19]

Der Missstand mangelnder Partizipationsrechte des Parlaments wird durch weitere Beschränkungen, die sich in der jüngeren Vergangenheit vor allem im Zuge der Finanzkrise zeigten, verschärft. In diesem Kontext wurde eine Fülle von Maßnahmen ergriffen, die zum Teil ohne die Beteiligung des Europäischen Parlaments umgesetzt wurden. Dass das Parlament an den wegweisenden Entscheidungen nicht beteiligt wird, ist dabei viel weniger überraschend als die Tatsache, dass aus den Entscheidungen und den daraus resultierenden neuen Strukturen keine weiteren Kompetenzen für das Parlament erwachsen. Auch früher wurden Wei-

---

[19] Der wesentliche Grund dafür ist, dass die Eigenmittel genannten Finanzmittel sich aus mehreren Töpfen zusammensetzen, wobei der Anteil aus dem Bruttonationaleinkommen (BNE) der Mitgliedstaaten seit Jahren den weitaus größten Teil ausmacht (>70%) und immer wieder Gegenstand von Aushandlungsprozessen ist, während die Steuern auf die Einkommen der Bediensteten, Agrarabschöpfungen und Zölle sowie an die Mehrwertsteuer gekoppelte Einnahmen den geringeren Teil zum Gesamtvolumen beitragen. Siehe zu den Eigenmitteln und zu deren Anteilen am Haushalt der EU: Europäische Kommission 2009, S. 149 ff.

chenstellungen ohne parlamentarische Partizipation vorgenommen, und trotzdem ergab sich daraus zumeist für das Parlament eine verbesserte Beteiligung an der abgeleiteten Gesetzgebung. Das ist bei den ordnungspolitischen Reaktionen, die im Rahmen der Finanzkrise erfolgten, gerade nicht so. Während bei manchen Ordnungsvorhaben, wie etwa beim Europäischen Finanzaufsichtssystem (European System of Financial Supervision, ESFS), bei der damit verbundenen Schaffung der Europäischen Bankenaufsicht (European Banking Authority, EBA) sowie der Europäischen Aufsichtsbehörde für das Versicherungswesen und die betriebliche Altersvorsorge (European Insurance and Occupational Pensions Authority, EIO-PA), aber auch bei dem als Six-Pack bezeichneten Maßnahmebündel zur stärkeren Wirtschaftsregulierung und Haushaltskontrolle das Parlament im ordentlichen Gesetzgebungsverfahren beteiligt wurde, ist das bei anderen Regelungen nicht der Fall. Darunter fällt vor allem die Europäische Finanzstabilisierungsfazilität (European Financial Stability Facility, EFSF) und der daraus erwachsene Europäische Stabilitätsmechanismus (European Stability Mechanism, ESM). Hierbei handelt es sich faktisch um vollständig aus dem Gesetzgebungsrahmen der EU ausgenommene Schöpfungen von Finanzinstitutionen, an deren Kreation und Kontrolle das Parlament überhaupt nicht beteiligt ist.

Überdies wurden weitreichende gesetzgebungsähnliche Maßnahmen auch durch den EURO-Plus-Pakt unternommen, wobei es auch bei dessen Verabschiedung keine parlamentarische Mitwirkung gab. Der Pakt, der pikanterweise nicht nur von den Mitgliedsländern der Eurozone, sondern auch von sechs weiteren Staaten unterzeichnet wurde, zielt auf die Förderung von Wettbewerbsfähigkeit und Beschäftigung, Finanzstabilität und langfristig tragfähige öffentliche Finanzen. Hier zeigt sich ein weiteres Dilemma jüngerer institutioneller Wandlungsprozesse. Es sind nicht nur die Partizipationschancen des Europäischen Parlaments teilweise eingeschränkt, überdies gibt es auch eine Tendenz zu abgestuften Integrationsschritten mit unterschiedlichen Mitgliedstaaten. Derlei zeigt sich beispielsweise auch am Fiskalpakt, dessen Verabschiedung im Rahmen des EU-Rechts ursprünglich vorgesehen war, dann aber aufgrund des Ausscherens von Großbritannien und der Tschechischen Republik am Ende als völkerrechtlicher Vertrag verabschiedet werden musste. An den Verhandlungen über den diesen Pakt beinhaltenden „Vertrag über Stabilität, Koordinierung und Steuerung in der Wirtschafts- und Währungsunion" war das Europäische Parlament ebenfalls nur als Beobachter beteiligt. Martin Schulz sagte in seiner auf die beiden Defizite der parlamentarischen Nicht-Beteiligung und der fragmentierten EU eingehenden Rede vor dem Gipfeltreffen der EU-Staats- und Regierungschefs deshalb auch:

> „Erstens, einer Spaltung der EU müssen Sie sich [die Staats- und Regierungschefs, SD] zusammen entgegenstellen. Wir können nicht zulassen, dass sich die EU in ihre

Einzelteile zerlegt oder das Europa der unterschiedlichen Geschwindigkeiten zementiert wird. Allein sind wir schwach, gemeinsam sind wir stark! Zweitens, eine Fiskalunion außerhalb der Kontrolle der Volksvertreter werden wir nicht akzeptieren! Die Kohärenz der Unions-Gesetzgebung muss erhalten bleiben, wir können uns nicht zwei unterschiedliche Standards leisten." (Schulz 2012)

Der Anspruch des Parlaments, seine Fitness unter Beweis zu stellen, ist deutlich erkennbar, aber es mangelte dem Parlamentspräsidenten ausweislich des am Ende erzielten Ergebnisses über die Möglichkeit des Appells hinaus an der nötigen Durchsetzungskraft für diese Position.

An einem letzten Beispiel, der geplanten Einführung einer EU-Finanztransaktionssteuer, zeigt sich ein weiteres, die Qualitäten des Parlaments als Mitgestalter gerade im Bereich der Gesetzgebung in Frage stellendes Problem. Die EU-Finanztransaktionssteuer soll im Rahmen einer „verstärkten Zusammenarbeit" von 11 der 27 Mitgliedstaaten eingeführt werden. Zwar ist die Ermächtigung für die verstärkte Zusammenarbeit zwingend an die Zustimmung des Europäischen Parlaments gebunden (Art. 329, Abs. 1, Satz 4 AEUV), aber der anschließende Gesetzgebungsprozess zur Einführung der Finanztransaktionssteuer wird nach dem Richtlinienentwurf der Kommission gemäß Art. 113 AEUV erfolgen, der nur eine Stellungnahme des Parlaments vorsieht (vgl. Europäische Kommission 2013, S. 7). Das Parlament kann also einesteils darüber mitbestimmen, ob einige der Mitgliedstaaten zukünftig eine bestimmte Richtung der Harmonisierung indirekter Steuern einschlagen dürfen und hat damit direkten Einfluss auf die ordnungspolitische Richtung der Gemeinschaft – allerdings wiederum nur, indem es diesem Voranschreiten insgesamt zustimmt oder es ablehnt. Andernteils bleibt ihm nämlich die konkrete inhaltliche Mitgestaltung, wie sie im Rahmen des ordentlichen Gesetzgebungsverfahrens stattfinden würde, verwehrt. Im Grunde scheint das durchaus folgerichtig, denn im Parlament ist bei den entsprechenden Stellungnahmen stets die Gesamtheit seiner Mitglieder stimmberechtigt. Somit stimmen auch Abgeordnete aus jenen Mitgliedstaaten ab, deren Bevölkerung später der Regelung überhaupt nicht unterliegt. Erprobt wurde diese Praxis etwa an der in nur 14 der 27 Mitgliedstaaten geltenden Verordnung zur „Durchführung einer Verstärkten Zusammenarbeit im Bereich des auf die Ehescheidung und Trennung ohne Auflösung des Ehebandes anzuwendenden Rechts" (ABl. L 343/2010, 10). In diesem Fall stimmten bei der Verabschiedung der parlamentarischen Resolution, also der obligatorischen Stellungnahme des EP, 637 Abgeordnete ab, wobei 537 für die entsprechende Resolution votierten (Europäisches Parlament 2010).

Anders gelagert ist der Fall natürlich dann, wenn die Stellungnahme nicht nur beratender Natur ist, sondern es – wie im ordentlichen Gesetzgebungsverfahren bei der Einführung des EU-Patents (Verordnung (EU) Nr. 1257/2012) – eine gleichberechtigte Partizipation mit dem Rat gibt. Das Parlament beansprucht für sich aufgrund seiner Leitidee, ein Vertreter der gesamten europäischen Bevölkerung zu sein, so dass es auch allein wegen dieses Selbstverständnisses als eine Institution handeln muss. Wenn, wie in diesem Fall, 25 der 27 Mitgliedstaaten an der Regelung teilhaben, scheint das auch unkritisch, zumal dann, wenn es überwältigende Zustimmung gibt. Zudem ist als weiteres Korrektiv die Rückfrage an die nationalen Parlamente in das Verfahren integriert, so dass auch von dieser Warte eine demokratische Legitimation sichergestellt wird. Es ist also grundsätzlich noch kein Manko am Verfahren selbst, aber es schadet der Einheit der Gemeinschaft, welche zu wahren auch ein erklärtes Ziel des Parlaments sein muss. Zudem tun sich dann parlamentarische Rechtfertigungszwänge auf, wenn die Anzahl der eine verstärkte Zusammenarbeit tragenden Staaten gering ist und bspw. nur die Mindestzahl von neun umfasst. Dazu stehen erste Testfälle jedoch noch aus.

Zwar ist die verstärkte Zusammenarbeit als *ultima ratio* zu verstehen, wenn es nicht gelingt, die mit einer solchen Zusammenarbeit verfolgten Ziele in der Union als Gesamtheit zu verwirklichen (vgl. Art. 20, Abs. 2 EUV), weshalb es bislang nur die drei genannten Anwendungsfälle gibt. Es steht aber aus parlamentarischer Sicht zu befürchten, dass sich das mittelfristig im Bereich der Finanz- und Wirtschaftspolitik weiter verstärken könnte, da gerade dort seit der Finanzkrise vielfältige Friktionslinien entlang der Mitgliedstaaten verlaufen und mit dem Testfall der EU-Finanztransaktionssteuer ein Pfad eingeschlagen wurde, den weiterzuverfolgen für die Mitgliedstaaten durchaus reizvoll sein kann, wenn die Herstellung gesamtgemeinschaftlicher Handlungslinien häufiger misslingt. Insgesamt fällt das Fazit im Bereich der Gesetzgebungsfunktion also ambivalent aus, wobei die Risiken für das Parlament aufgrund der Möglichkeiten, es bei wichtigen Vorhaben zu umgehen, recht groß sind und seine Qualität als fitter Akteur schnell unterminieren können.

5   Begrenztes Parlamentspotential

Eine Antwort auf die Frage, ob das Europäische Parlament fit durch die Krise kommt oder es gar durch die Krise fitter als zuvor wird, kann in Verbindung mit den jüngsten Tendenzen kaum anders als nüchtern ausfallen. Ebenso wie man von einem gefoulten Stürmer keine mitreißenden Offensivattacken erwarten darf, sollte man nicht glauben, dass das Parlament gestärkt aus der Euro-Krise hervorgegangen ist. Das Gegenteil ist der Fall: Eine für das Parlament neue Phase scheint eingetreten, die eher Stillstand als Fortentwicklung bedeutet. Der parlamentarischen Leitidee entsprechend müsste das Europäische Parlament an den wesentlichen ordnungskonstitutiven Entscheidungen beteiligt sein oder zumindest von den Konsequenzen der Maßnahmen profitieren. Wie Hofmann und Wessels jedoch vollkommen zu recht schreiben, wurden „dem Europäischen Parlament im Gegensatz zu nahezu allen bisherigen Integrationsschritten keine zusätzlichen Kompetenzen übertragen" (Hofmann und Wessels 2013, S. 237).

Im Bereich der Gesetzgebung im weiteren Sinne offenbaren sich die schärfsten Spannungslinien. Einesteils ist eine Erweiterung parlamentarischer Kompetenzen durch Lissabon erreicht, andernteils gibt es aber Fälle der Nicht-Beteiligung und vor allem auch Politikbereiche, in welchen aufgrund verstärkter Zusammenarbeit einiger Mitgliedstaaten keine europaweite Geschlossenheit mehr erreicht wird. Insbesondere diese Entwicklung könnte für das Europäische Parlament zukünftig zu einem Fallstrick werden. Wird es im Rahmen der verstärkten Zusammenarbeit nicht beteiligt, erfüllt es seine Funktion als parlamentarischer Mitgestalter ohnehin nicht; wird es allerdings beteiligt, steht es vor dem Problem, sein Selbstverständnis als gesamteuropäisch handelnde Institution rechtfertigen zu müssen, wenn sich nicht alle Mitgliedstaaten der EU an bestimmten Regelungsabsichten beteiligen. Letztlich könnte das ein gravierendes Glaubwürdigkeitsproblem für die Institution hervorbringen, die nur durch gruppenweise Entscheidungen eingedämmt werden könnte. Das wiederum wäre aber ein Rückschritt für das Parlament, weil es den Intergouvernementalismus gegenüber dem Supranationalismus stärkte. Folglich wundert es auch nicht, dass der Parlamentspräsident einen Stop verstärkter Zusammenarbeit und einen starken Supranationalimsus fordert.

Andere Funktionsbereiche hingegen entwickeln sich voll und ganz entlang der bisherigen europäischer Integrationsdynamik. Der entscheidende Schritt hin zu einer noch stärker supranational orientierten Gemeinschaft vollzöge sich allerdings erst dann, wenn sich die Tendenz hin zu einer Parlamentarisierung des Regierungssystems weiter verstärkte. Dies hätte unmittelbare Auswirkungen auf sowohl die Kreationsfunktion als auch auf Kontrolle und Repräsentationsprinzip. Derlei scheint aber nicht zu erwarten. Vielmehr mehren sich Stimmen, wie etwa die Jürgen Neyers, die das Parlament auf die Position eines starken Moderators zurückverwiesen sehen möchten (vgl. Neyer 2011, S. 491 und seinen Beitrag in diesem Bd.). Der Streit um die Richtung geht also weiter.

Was heißt das nun konkret? Das Europäische Parlament ist nicht (mehr) fit im oben genannten Sinne, weil es ihm an der Möglichkeit fehlt, sich seiner ökologischen Nische entsprechend anzupassen. Es hat nach wie vor wenig Chancen, an der Ausgestaltung des Primärrechts etwas zu ändern und bleibt mithin immer auf das Entgegenkommen der Mitgliedstaaten angewiesen. Es hat den Anschein, als wenn mit der so genannten Euro-Krise sich genau das einstellt, was seit der Direktwahl undenkbar schien, nämlich eine schleichende Entmachtung des Parlaments. Nun sind viele institutionelle Entwicklungsprozesse durch Höhen und Tiefen gekennzeichnet, aber allzu hoffnungsfroh darf man unter den momentanen Vorzeichen nicht sein, dass es alsbald zu einer neuen Blüte europäischen Parlamentarismus kommen wird – leider!

Literatur

Bagehot, Walter. 1963. *The English constitution.* London: Oxford University Press. (EA 1867).
Collier, Ruth B., und David Collier. 1991. *Shaping the political arena: Critical junctures, the labour movement, and regime dynamics in Latin America.* Princeton: Princeton University Press.
Demuth, Christian. 2009. *Der Bundestag als lernende Institution. Eine evolutionstheoretische Analyse des Lern- und Anpassungsprozesses des Bundestags, insbesondere an die europäische Integration.* Baden-Baden: Nomos.
Dreischer, Stephan. 2006. *Das Europäische Parlament und seine Funktionen. Eine Erfolgsgeschichte aus der Perspektive von Abgeordneten.* Baden-Baden: Nomos.
Dreischer, Stephan. 2012. Vom parlamentarischen Forum zum parlamentarischen Mitgestalter. Verlaufsformen europaparlamentarischer Entwicklung. In *Parlamente und ihre Evolution,* Hrsg. Werner J. Patzelt, 211–248. Baden-Baden: Nomos.
Easton, David. 1965. *A framework for political analysis.* Englewood Cliffs: Prentice-Hall.
Europäische Kommission. 2009. *Die Finanzverfassung der Europäischen Union.* 4. Aufl. Luxemburg: Amt für amtliche Veröffentlichungen.
Europäische Kommission. 2012a. *Gesamthaushaltsplan der Europäischen Union für das Haushaltsjahr 2013. Übersicht in Zahlen.* Luxemburg: Amt für amtliche Veröffentlichungen.
Europäische Kommission. Hrsg. 2012b. Standard Eurobarometer 77. Die EU-Bürger, die Europäische Union und die Krise. Bericht (Frühjahr 2012).
Europäische Kommission. 2013. Vorschlag für eine Richtlinie des Rates über die Umsetzung einer Verstärkten Zusammenarbeit im Bereich der Finanztransaktionssteuer (COM (2013) 71 final).
Europäisches Parlament (Generaldirektion Parlamentarische Dokumentation und Information). 1970. *Die Eigenmittel der Europäischen Gemeinschaften und die Haushaltsbefugnisse des Europäischen Parlaments. Dokumentensammlung.* Luxemburg: Amt für amtliche Veröffentlichungen der Europäischen Gemeinschaften.
Europäisches Parlament. 1995. Geschäftsordnung in der Fassung vom 7. Dezember 1995 (ABl. L 293/1995, 1 ff.).
Europäisches Parlament. 2010. Bericht über den Vorschlag für eine Verordnung des Rates zur Begründung einer Verstärkten Zusammenarbeit im Bereich des auf die Ehescheidung und Trennung ohne Auflösung des Ehebandes anzuwendenden Rechts (Abstimmung). http://www.europarl.europa.eu/oeil/popups/sda.do?id=19244&l=en. Zugegriffen: 1. Oct. 2013.
Europäisches Parlament. 2012. Mitentscheidung und Vermittlungsverfahren. Ein Leitfaden zur Arbeit des Parlaments als Mitgesetzgeber nach dem Vertrag von Lissabon, o.w.A.
Göler, Daniel. 2009. Die europäische Legitimationsfalle. Das Problem von Effizienz und Partizipation im europäischen Mehrebenensystem. *Zeitschrift für Politik* 56 (1): 3–18.
Haller, Max. 2009. Die europäische Integration als Elitenprojekt. *Aus Politik und Zeitgeschichte* 23–24, 18–23.
Hauriou, Maurice. 1965. *Die Theorie der Institutionen.* Berlin: Duncker & Humblot.
Hepp, Andreas, und Hartmut Wessler. 2009. Politische Diskurskulturen: Überlegungen zur empirischen Erklärung segmentierter europäischer Öffentlichkeit. *Medien & Kommunikationswissenschaft* 57 (2): 174–197.
Hofmann, Andreas, und Wolfgang Wessels. 2013. Tektonische Machtverschiebungen – die Krise als Auslöser und Verstärker des institutionellen Wandels. *Zeitschrift für Politik* 2:220–241.

Höhne, Benjamin. 2013. *Rekrutierung von Abgeordneten des Europäischen Parlaments. Organisation, Akteure und Entscheidungen in Parteien.* Opladen: Verlag Barbara Budrich.

Höpner, Martin, und Bojan Jurczyk. 2012. Kritik des Eurobarometers. Über die Verwischung der Grenze zwischen seriöser Demoskopie und interessengeleiteter Propaganda. *Leviathan* 40 (3): 326–349.

Hummer, Waldemar, und Walter Obwexer. 1999. Der „geschlossene" Rücktritt der Europäischen Kommission. *Integration* 2:77–94.

Jacobs, Francis, Richard Corbett, und Michael Shackleton. 2011. *The European Parliament.* 8. Aufl. London: Harper.

Lempp, Jakob (unter Mitarbeit von Werner J. Patzelt). 2007. Evolutionäre Institutionentheorie. In *Evolutorischer Institutionalismus. Theorie und exemplarische Studien zu Evolution, Institutionalität und Geschichtlichkeit,* Hrsg. Werner J. Patzelt, 375–413. Würzburg: Ergon.

Loewenberg, Gerhard, und Samuel C. Patterson. 1979. *Comparing Legislatures.* Lanham: University Press of America.

Marschall, Stefan. 2005. *Parlamentarismus. Eine Einführung.* Baden-Baden: Nomos.

Maurer, Andreas. 1995. Das Europäische Parlament und das Investiturverfahren der Kommission – Bilanz eines Experiments. *Integration* 2:88–97.

Müller-Brandeck-Bocquet, Gisela. 2012. Deutschland – Europas einzige Führungsmacht? *Aus Politik und Zeitgeschichte* 10:16–22.

Münkler, Herfried. 27. Marz 2011. Alle Macht dem Zentrum. Warum eine Demokratisierung Europa nicht retten wird. *Der Spiegel,* 108 f.

Neidhardt, Friedhelm. 2006. Europäische Öffentlichkeit als Prozess. Anmerkungen zum Forschungsstand. In *Europäische Öffentlichkeit und medialer Wandel. Eine transdisziplinäre Perspektive,* Hrsg. Wolfgang R. Langenbucher und Michael Latzer, 46–61. Wiesbaden: VS Verlag für Sozialwissenschaften.

Neyer, Jürgen. 2011. Wider die Vereinigten Staaten von Europa. Europas demokratische Rechtfertigung. *Leviathan* 39:479–498.

Niedermayer, Oskar. 2003. *Die öffentliche Meinung zur zukünftigen Gestalt der EU. Bevölkerungsorientierungen in Deutschland und den anderen EU-Staaten.* Bonn: Europa-Union-Verlag.

Niedermayer, Oskar. 2009. Das Europäische Parlament in der öffentlichen Meinung – bekannt, aber wenig relevant. *Integration* 3:231–245.

Ondarza, Nicolai von. 2013. Auf dem Weg zur Union in der Union. Institutionelle Auswirkungen der differenzierten Integration in der Eurozone auf die EU. *Integration* 1:17–33.

Patzelt, Werner J. 2003. Parlamente und ihre Funktionen. In *Parlamente und ihre Funktionen. Programm und Ergebnisse institutioneller Analyse,* Hrsg. Werner J. Patzelt, 13–37. Baden-Baden: Nomos.

Patzelt, Werner J., et al. 2005. Institutionelle Macht. Kategorien ihrer Analyse und Erklärung. In *Parlamente und ihre Macht. Kategorien und Fallbeispiele institutioneller Analyse,* Hrsg. Werner J. Patzelt, 9–46. Baden-Baden: Nomos.

Patzelt, Werner J. Hrsg. 2007. *Evolutorischer Institutionalismus. Theorie und exemplarische Studien zu Evolution, Institutionalität und Geschichtlichkeit.* Würzburg: Ergon.

Patzelt, Werner J. 2013. *Einführung in die Politikwissenschaft. Grundriss des Faches und studiumbegleitende Orientierung.* Passau: Rothe. (7., erneut überarbeitete und stark erweiterte Auflage).

Rehberg, Karl-Siegbert. 1994. Institutionen als symbolische Ordnungen. In *Die Eigenart der Institutionen,* Hrsg. Gerhard Göhler, 47–84. Baden-Baden: Nomos.

Schäuble, Wolfgang, und Karl Lamers. 1994. Überlegungen zur Europäischen Politik. http://www.cducsu.de/upload/schaeublelamers94.PDF. Zugegriffen: 3. Sept. 2013.

Schulz, Martin. 2012. Rede von Martin Schulz auf dem Gipfel der EU-Staats- und Regierungschefs: „Ein europäischer Fiskalpakt ohne parlamentarische Kontrolle ist inakzeptabel!". 30.1.2012. http://www.europarl.europa.eu/the-president/de/press/press_release_speeches/speeches/sp-2012/sp-2012-january/html/schulz-s-intervention-at-his-first-european-council-fiscal-union-without-parliamentary-control-is-unacceptable-. Zugegriffen: 4. Nov. 2013.

Spanier, Bernd. 2012. *Europe, anyone? The „communication deficit" of the European Union revisited.* Baden-Baden: Nomos.

Stamm, Julia. 2006. *Unity in diversity. The European Parliament and its elite after the 2004 enlargement.* Baden-Baden: Nomos.

Streinz, Rudolf, Christoph Ohler, und Christoph Herrmann. 2008. *Der Vertrag von Lissabon zur Reform der EU. Einführung mit Synopse.* 2. Aufl. München: C. H. Beck.

Tekin, Funda, und Wolfgang Wessels. 2011. Entscheidungsverfahren. In *Europa von A bis Z.* 12. Aufl., Hrsg. Werner Weidenfeld und Wolfgang Wessels, 117–130. Baden-Baden: Nomos.

TEPSA-Forschungsgruppe. 1989. Vom „Forum" zum „Mitgestalter": Konzepte für das Europäische Parlament. In *Das Europäische Parlament im dynamischen Integrationsprozeß: Auf der Suche nach einem zeitgemäßen Leitbild,* Hrsg. Otto Schmuck und Wolfgang Wessels, 31–50. Bonn: Europa-Union Verlag.

Thaysen, Uwe. 1976. *Parlamentarisches Regierungssystem in der Bundesrepublik Deutschland. Daten, Fakten, Urteile im Grundriß.* 2. Aufl. Opladen: Leske + Budrich.

Theato, Diemut R., und Rainer Graf. 1994. *Das Europäische Parlament und der Haushalt der Europäischen Gemeinschaft.* Baden-Baden: Nomos.

Thomas, William Isaac, und Dorothy Swaine Thomas. 1928. *The child in America.* New York: Alfred A. Knopf.

Trenz, Hans-Jörg. 2002. *Zur Konstitution politischer Öffentlichkeit in der EU. Zivilgesellschaftliche Subpolitik oder Schaupolitische Inszenierung.* Baden-Baden: Nomos.

Tsebelis, George, et al. 2001 Legislative procedures in the European Union: An empirical analysis. *British Journal of Political Science* 31:573–599.

Weber, Max. 1922. *Wirtschaft und Gesellschaft. Grundriß der Makroökonomik.* Tübingen: J.C.B. Mohr (Paul Siebeck).

Europapolitik als Demokratiepolitik – Implikationen für die europäische Finanzkrise

Jürgen Neyer

1 Deutsche Orientierungslosigkeit in Europa

Über Europa nachzudenken bedeutet, heute auch über die Rolle Deutschlands in Europa nachzudenken.[1] Deutschland ist spätestens seit der Wiedervereinigung zu groß, um in Europa nur mitzuspielen. Es verfügt als Ankerwirtschaft Europas über die Möglichkeit, maßgeblich auf den Integrationsprozess Einfluss zu nehmen und trägt damit eine besondere Verantwortung. Deutschland ist zu einer „indispensable power" (Ash 2011) geworden. Der Befund, dass Deutschland führen muss, damit Europa sich entwickeln kann, trifft allerdings auf ein hohes Maß an Orientierungslosigkeit in der deutschen Europapolitik. In der aktuellen Finanzkrise zeigt sich deutlich, dass „Deutschlands Europapolitik [...] ein Leitmotiv [fehlt, JN]." (Ischinger et al. 2011, S. 96). Thomas Kleine-Brockhoff und Hanns Maull (2011, S. 50) beschreiben Deutschland als einen „überforderten Hegemon", der nicht in der Lage ist, das Notwendige zu erkennen und umzusetzen. Dieses offene Auseinanderfallen von Notwendigem und Tatsächlichem hat viel damit zu tun, dass

---

[1] Frühere Versionen dieses Textes wurden auf dem 8. Staatswissenschaftlichen Forum „Die Fiskalunion – Voraussetzungen einer Vertiefung der politischen Integration im Währungsraum der Europäischen Union" (22.–23.11.2012, Universität Erfurt) sowie der gemeinsamen Tagung des German Marshall Fund und der Stiftung Wissenschaft und Politik „Elemente einer außenpolitischen Strategie für Deutschland" (1.–2.11.2012, Resort Schwielowsee) vorgestellt. Eine frühere Version des Textes ohne Literaturangaben ist in der FAZ vom 7.4.2013 erschienen. Für Kommentare danke ich den TeilnehmerInnen beider Tagungen und Julien Deroin.

J. Neyer (✉)
Europa-Universität Viadrina, Frankfurt Oder, Deutschland
E-Mail: politik2@europa-uni.de

© Springer Fachmedien Wiesbaden 2015   137
N. Abbas et al. (Hrsg.), *Supranationalität und Demokratie,*
Staat – Souveränität – Nation, DOI 10.1007/978-3-658-05335-2_7

die deutsche Europapolitik sich in der Finanzkrise mit einer Reihe von grundsätzlichen Fragen konfrontiert sieht, auf die die Antworten der Vergangenheit zwar
nicht mehr so recht zu passen scheinen, für die es gleichzeitig aber auch noch keine
ausformulierte Alternative gibt. Gilt noch immer die alte Vision der „ever closer
union" mit der langfristigen Perspektive des europäischen Bundesstaates (Cohn-
Bendit und Verhofstadt 2012)? Und sollte die deutsche Europapolitik hierfür auch
bereit sein, auf die europäische Finanzkrise mit weitreichenden Maßnahmen wie
dem Einstieg in eine Haftungs- und Transfergemeinschaft zu reagieren? Oder haben uns die Demonstrationen in Südeuropa und die hier zum Ausdruck kommenden tiefgreifenden Differenzen zwischen den wirtschafts- und haushaltspolitischen
Grundüberzeugungen der Mitgliedstaaten schon soweit entmutigt, dass wir uns
nur noch ein irgendwie schwächer integriertes Europa vorzustellen bereit sind?
Wie aber könnte so ein Europa aussehen? Welchen normativen Prinzipien sollte es
folgen und wie wären diese konkret in der Finanzkrise anzuwenden? Die aktuellen
Fragen der Europapolitik sind damit von grundlegender Natur und verlangen eine
entsprechend grundlegende Antwort.

Dieser Beitrag wird hierzu im folgenden Abschnitt argumentieren, dass deutsche Interessenpolitik und europäische Integration nur dann in einem direkten Zusammenhang stehen, wenn beide auf das Ziel der Beförderung von Demokratie
bezogen werden. Hieran schließt sich in Abschnitt drei eine Kritik des dominanten
europapolitischen Narratives unter Hinweis auf seine integrationistische Verkürzung an. Abschnitt vier zeichnet knapp die realweltlichen Spuren dieser Verkürzung
nach und benennt einige der wichtigsten Fehlentwicklungen im Umgang mit der
Krise der Währungsunion. Die aus einer Politik der Demokratisierung folgenden
Schritte werden in Abschnitt fünf mit den beiden Vorschlägen einer grundlegenden Reform von Europas „sleeping beauty" COSAC (Konferenz der Europaaus-
schüsse)[2] und des Übergangs zu einer mit positiver Konditionalität ausgestatteten
Transferunion ausformuliert. Beide Maßnahmen sind sowohl im wohlverstanden
Interesse Deutschlands als auch der Europäischen Union insgesamt.

2   Interessen und Werte in der deutschen Europapolitik

Um uns einer Antwort auf die Frage nach der angemessenen Fortentwicklung Europas und der Rolle Deutschlands in diesem Prozess anzunähern, ist es sinnvoll, sich
in einem ersten Schritt über das Interesse Deutschlands an Europa zu vergewissern.

---

[2] Die Abkürzung COSAC steht für „Conference of Parliamentary Committees for Union
Affairs of Parliaments of the European Union".

Was wollen wir von Europa und was sind die deutschen Interessen? Jeder Versuch einer Beantwortung dieser Frage sieht sich mit zumindest zwei grundlegenden Einwänden konfrontiert. Auf der einen Seite wird darauf hingewiesen, dass die klassische Außenpolitik schon längst ihre Relevanz für die Europapolitik verloren hat und dass an ihre Stelle die politikfeldspezifische Suche nach Lösungen für konkrete Verflechtungsprobleme getreten ist. Nach einem deutschen und noch dazu politikfeldübergreifenden Interesse zu suchen, sei daher ein hoffnungsloses Unterfangen. Ein zweiter und nicht minder grundlegender Einwand wirft die Frage auf, ob Deutschland in Europa überhaupt Interessenpolitik betreiben sollte. Wäre es – gerade für Deutschland mit seiner Vergangenheit – nicht angemessener, ein europäisches Interesse zu verfolgen und für die eigenen Anliegen nur sehr zurückhaltend einzutreten? Ist nicht vielleicht sogar die ganze Kategorie des „nationalen Interesses" normativ überholt und gehört eher in das späte 19. als in das frühe 21. Jahrhundert?

Beide Fragen reflektieren zwar wichtige Einwände, dürfen aber gleichzeitig nicht als Begründungen dafür missverstanden werden, sich der Aufgabe der Formulierung eines eigenständigen deutschen Interesses an und in Europa zu verweigern. Es ist zwar richtig, dass die verschiedenen Ministerien in Europa oftmals eine eigene politische Agenda verfolgen. Der aktuelle Konflikt zwischen dem Innen- und dem Justizministerium in Fragen der Datenvorratsspeicherung stellt hier einen offensichtlichen Fall dar. Gleichzeitig aber kann auch kein Zweifel daran bestehen, dass Deutschland durchaus in der Lage ist, im Europäischen Rat, in Vertragsverhandlungen oder auch in der Europäischen Zentralbank (EZB) eine einheitliche Position zu formulieren. Die viel diskutierte Transformation des Staates von einem Herrschaftsmonopolisten zu einem bloßen Herrschaftsmanager, „der die Herrschaftsakte nicht-staatlicher Akteure aktiviert, komplementiert und synchronisiert" (Genschel und Zangl 2008, S. 431) findet dort ihre Grenzen, wo grundlegende Belange des Staates betroffen sind und – ganz praktisch gesprochen – das Kanzleramt seine Richtlinienkompetenz wahrnimmt.

Es ist ebenfalls zu kurz gegriffen, die Kategorie des nationalen Interesses als normativ unbefriedigend zu kritisieren und ersatzlos zu verabschieden. Die deutsche Regierung hat sowohl den verfassungsmäßigen Auftrag, als auch die demokratiepraktische Verantwortung, für die vom Bundestag und damit dem deutschen Volk benannten Werte und politischen Inhalte auch auf der europäischen Ebene einzutreten. Das Interesse Deutschlands lässt sich heute daher zwar nicht mehr auf Sicherheit vor seinen Nachbarn und auch nicht auf offene Märkte und eine stabile Energieversorgung reduzieren. All das ist zwar wichtig, beschreibt aber auch nur Teilaspekte deutschen Interesses. Wohl verstanden bezieht sich der Begriff des nationalen Interesses auf die grundlegenden demokratischen Werte der deutschen Gesellschaft und auf die Gestaltung von Bedingungen, unter denen diese Geltung erlangen können.

Der europäische Integrationsprozess kommt genau hier ins Spiel. Im ökonomisch hochverdichteten europäischen Kontext haben die Entscheidungen einzelner Staaten Auswirkungen auf andere Staaten, die an dem Entstehen dieser Entscheidungen nicht oder nur begrenzt beteiligt waren. Dieser Umstand galt schon zu Zeiten der alten D-Mark und war ein wesentlicher Grund für die Einführung des Euro. Ein ähnlich deutliches Beispiel ist die französische Entscheidung zur Fortführung der Atomenergie und die hiermit einhergehende Inhaftungnahme seiner Nachbarn. Das allgemeine Problem, das hier zum Ausdruck kommt, entsteht immer dann, wenn Staaten von den Entscheidungen anderer Staaten betroffen sind, ohne dass sie im Entscheidungsprozess ihre Anliegen zu Gehör bringen können. Alle wirtschaftlich und sozial verflochtenen Staaten sind damit gleichzeitig Fremdherrscher (indem sie externe Effekte für andere Staaten erzeugen) und werden fremd beherrscht (indem sie die externen Effekte des Handelns anderer Staaten erdulden müssen), wenn sie nicht über gemeinsame Institutionen verfügen, in denen diese Fremdherrschaft aufgehoben wird. Genau hier findet die Europäische Union ihren tieferen Grund. Sie ersetzt die mitgliedstaatliche Demokratie nicht, sondern komplettiert sie, indem sie die externen Effekte einzelstaatlichen Handeln quasi „internalisiert" (Neyer 2012, S. 68–70). Die Integration im Sinne der Schaffung gemeinsamer Institutionen zur Internalisierung externer Effekte ist damit ein direkter Ausfluss des Demokratiegebotes des Grundgesetzes.

Dieser Befund darf allerdings nicht als Gebot zur Etablierung eines europäischen Superstaates missverstanden werden. Dem stehen zuerst einmal ernst zu nehmende Bedenken im Hinblick auf die Demokratiefähigkeit einer supranationalen Gemeinschaft gegenüber (vgl. weiter unten Abschn. 5.1). Genauso ernst zu nehmen, ist der Umstand, dass Verflechtungen immer politikfeldspezifisch und nur graduell ausgeprägt sind und daher in vielen Fällen eher eine Zusammenlegung (*pooling*) als eine Delegation von Kompetenzen rechtfertigen. Jede Verlagerung von Kompetenzen auf die europäische Ebene muss weiterhin den Partizipations- und Transparenzgeboten der deutschen Demokratie entsprechen und aus Gründen des Subsidiaritätsprinzips auf das Nötige begrenzt bleiben. Nicht der europäische Superstaat, sondern eine von demokratischen Prinzipien angeleitete „autonomieschonende und gemeinschaftsverträgliche" (Scharpf 1999, S. 149–150) Integration, ist im demokratisch verstandenen Interesse Deutschlands.

3   Der lange Schatten der Vergangenheit

Die deutsche Europapolitik scheint von diesen Gedanken allerdings nur sehr bedingt beeinflusst zu sein. Die letzten fünfzig Jahre deutsche Europapolitik bringen genauso wie die aktuellen Versuche der Einhegung der Eurokrise weit mehr den langen Schatten deutscher Vergangenheit denn eine Verpflichtung gegenüber dem Gedanken der Demokratie zum Ausdruck. Deutschland war nach 1945 von zwei verheerenden Weltkriegen, einer tiefen Verunsicherung über die eigene politische Identität und einer über Jahrhunderte zurück reichenden Geschichte von Kriegen und Zerstörung gekennzeichnet. Das europäische Integrationsprojekt versprach die Überwindung des Krieges, die irreversible Einbindung in eine paneuropäische Zone des Friedens und die Rückkehr in die europäische Völkergemeinschaft. Nur als integraler Bestandteil eines geeinten Europas würde zudem gewährleistet sein, dass Deutschland auch in Zukunft keinen aggressiven Versuchungen erliegt. Nicht europäische Demokratie, sondern europäische Integration hatte daher (aus damals guten Gründen) oberste Priorität.

Dieser Ursprung hat tiefe und aus heutiger Sicht nicht nur positive Spuren in der deutschen Europapolitik hinterlassen. In der bundesdeutschen Debatte herrscht seit vielen Jahren ein europapolitischer Konsens vor, der das Integrationsprojekt trotz seiner interexekutiven Einseitigkeit umstandslos als Teil eines Prozesses der Ausdehnung von Demokratie auf die globale Ebene interpretiert. Politische Autoren von Jürgen Habermas über Hauke Brunkhorst bis zu Joschka Fischer plädieren für die Etablierung eines föderalen Bundesstaates oder sogar für die Gründung der „Vereinigten Staaten von Europa" (Fischer 2010, S. 246). Die EU wird als Zwischenschritt auf dem Weg zu einer vollständigen politischen Vereinigung des Kontinentes, seiner umfassenden Parlamentarisierung, des Umbaus der intergouvernementalen in eine föderale Struktur und der Etablierung einer wahrhaft gemeinsamen Außenpolitik inklusive der zugehörigen militärischen Hardware verstanden. Dem supranationalen Recht wird eine zivilisierende Funktion zugeschrieben, die Fähigkeit, eine neue demokratische Ordnung oberhalb des Staates zu etablieren und die historische Entwicklung, der Entstehung von Rechtsstaatlichkeit auf einer neuen Ebene fortzusetzen (vgl. Habermas 2013, S. 52). Die EU wird nicht nur als konkrete politische Institution, sondern als normativ zwangsläufiger Schritt auf dem Weg zur Realisierung der „politisch verfassten Weltgesellschaft" verstanden (Habermas 2013, S. 53). Integration gilt nicht als ein pragmatisch einzusetzendes Instrument zur Lösung grenzüberschreitender Probleme, sondern als Selbstzweck, als logische Fortentwicklung der Demokratie, gegen die nur noch Vorgestrige und strukturell Uneinsichtige Bedenken anmeldeten. Das Beharren der Mitgliedstaaten auf ihren demokratisch kontrollierten Kompetenzen wird mit der Verweigerung demokratischer Reformen durch das inzwischen gestürzte Mubarak-Regime verglichen und in seinen Konsequenzen als ähnlich dramatisch skizziert (vgl. Brunkhorst 2007, S. 16).

Mit dem Aufbau eines einheitlichen europäischen politischen Systems wird regelmäßig auch die Forderung nach einer einheitlichen europäischen Außenpolitik verbunden. Erst im Rahmen einer Einbindung Deutschlands in den europäischen

Verbund lasse sich die historische Lehre des „Nie wieder" auch außenpolitisch aktiv befördern, ohne sich dem Vorwurf neuer weltpolitischer Ambitionen aussetzen
zu müssen. Die unterlassene Beteiligung an der Intervention in Libyen gilt den
meisten dieser Autoren als gravierendes politisches Menetekel, als deutscher Pro-
vinzialismus und als Evidenz für das Fehlen einer strategischen Vision für Europa
(vgl. Guérot 2011). Hier gelte es, der Gefahr eines deutschen Alleinganges zu begegnen, die Einbindung Deutschlands in den europäischen Kontext zu betonen
und eigenständige nationale Außenpolitiken in die Disziplin der Gemeinsamen
Außen- und Sicherheitspolitik (GASP) einzubinden. Zudem gebe es die Notwendigkeit, sich gegen die aufsteigenden BRICS-Mächte[3] und den Machtverlust Europas in der Welt zu behaupten. Die Befürchtung einer Entdemokratisierung von
Entscheidungen über Leben und Tod und die Zufriedenheit darüber, dass deutsche
Soldaten auch bald siebzig Jahre nach Ende des Zweiten Weltkrieges noch immer
nur sehr zögerlich in anderen Ländern intervenieren, lässt sich demgegenüber eher
selten vernehmen. Es kann ebenfalls nur erstaunen, wie leichtfertig Forderungen
nach dem Aufbau einer europäischen Interventionsmacht und der Verlagerung von
Entscheidungskompetenz auf die europäische intergouvernementale Ebene bereit
sind, die demokratische parlamentarische Kontrolle zu umgehen. Hier findet eine
Missachtung der wohl unumstrittensten Erkenntnis der Internationalen Beziehungen über den engen Zusammenhang zwischen interner demokratischer Kontrolle und externer Friedfertigkeit (zumindest gegenüber anderen Demokratien) statt
(vgl. Rosato 2003, S. 585).

Die meisten dieser Autoren sind sich dabei sehr wohl bewusst, dass mehr Integration zumindest mittelfristig ein „Weniger" an Demokratie bedeutet. Europa
ist stark exekutivlastig, das Europäische Parlament (EP) ist nach wie vor schwach
– jenseits der Kooperation bei der Ausgestaltung der Marktfreiheiten – und die
demokratiepraktisch zentralen nationalen Parlamente sind noch immer eher Zaun-
gäste der Integration als machtvolle Mitspieler (vgl. Auel 2007, S. 504). Es gibt
nach wie vor keine überzeugenden Vorschläge, wie sich dieser Defekt der EU ab-
stellen lässt. Das Problem, dass mit dem Haushaltsrecht des Parlamentes eines
seiner urdemokratischen Rechte sukzessive im Strudel der Finanzkrise zu verschwinden droht, gilt vielen Integrationisten als hinzunehmender Kollateralscha-
den der Rettung des Euro, nicht aber als grundlegender Einwand. Wenn die Wahl
zwischen innerstaatlicher Demokratie und europäischer Integration zu treffen ist,
dann entscheidet sich das Lager der Integrationisten aus Gründen der Staatsräson
kontinuierlich gegen die Demokratie.

---

[3] Als sog. BRICS-Staaten werden Brasilien, Russland, Indien, China und Südafrika bezeichnet.

Der sukzessive Verlust parlamentarischer Kompetenzen und demokratischer Selbstbestimmungsrechte wird hingegen oftmals klein geredet oder negiert und verschwindet in seiner Bedeutung hinter der Betonung der Notwendigkeit weiterer Integrationsschritte und der Etablierung europäischer Handlungsfähigkeit. Auch in der beratenden Politikwissenschaft gibt es einen breit geteilten und kaum hinterfragten Konsens, dass das zentrale Problem des Integrationsprozesses in einem kurzsichtigen Beharren der Mitgliedstaaten auf ihren nationalen politischen Kompetenzen und der Weigerung zur Übertragung von Handlungsbefugnissen auf die europäische Ebene zu sehen ist (vgl. Lippert und Schwarzer 2011). Gefragt wird hier kaum noch danach, wie Europa aussehen müsse, um Demokratie in Deutschland zu befördern. Im Vordergrund steht vielmehr die Frage danach, welches Deutschland Europa brauche (vgl. Guérot 2011). Völlig übersehen wird dabei, dass mitgliedstaatliche Politik letztlich demokratische Willensbildungsprozesse zum Ausdruck bringt. Sie nicht zu respektieren bedeutet, der Demokratie selbst das Misstrauen auszusprechen. Innerstaatliche Meinungsbildungsprozesse stellen keine Verfügungsmasse unterstellter supranationaler Handlungsnotwendigkeiten dar. Ihnen gilt es vielmehr mit dem Respekt zu begegnen, den die Demokratie generell verdient.

4 Das Versagen der Technokratie

Das integrationistische politische Narrativ hat in der Vergangenheit einen außerordentlich wichtigen Beitrag für die feste Einbindung Deutschlands in den europäischen Integrationsprozess geleistet. Es ist vor dem Hintergrund einer kritischen Auseinandersetzung mit Deutschlands Vergangenheit und der Überzeugung zu verstehen, dass die Gefahr einer Wiederholung deutscher Alleingänge und politischer Abenteuer die vornehmste Aufgabe der Politik ist. Dem Integrationsprojekt wurde hierbei eine zentrale Rolle zugeschrieben. Es diente der Legitimierung der politischen Einbindung Deutschlands und zielte perspektivisch auf die Überwindung des gefürchteten deutschen Nationalstaates ab.

Der Vorrang des Integrations- vor dem Demokratiegedanken ist allerdings auch wesentlich verantwortlich dafür, dass Europa heute von Vielen eher als Bedrohung denn als Fortsetzung der Demokratie wahrgenommen wird. Es geht in der aktuellen Kritik Europas nur vordergründig um unterschiedliche Wettbewerbsfähigkeit, variierende makroökonomische Grundüberzeugungen und Asymmetrien in der Zahlungsbilanz. All das gibt es auch in den USA, in Deutschland und vielen anderen Bundesstaaten. Das Saarland und Mecklenburg-Vorpommern weisen genauso wenig wie Berlin einen Exportüberschuss gegenüber Bayern auf. Das Problem reicht viel tiefer und berührt letztlich die Frage nach dem Betriebssystem Europas und seinem Modus des Umgehens mit Pluralität. Es ist heute an der Zeit anzuerkennen, dass Europa seine Vielfältigkeit nur um den Preis seiner Politisierung wird gemeinsam leben können. In weiten Teilen der europäischen Politik herrscht der Irrglaube vor, dass sich Politik „entpolitisieren" und auf einen Prozess des technischen Problemlösens reduzieren lasse. Die Geschichte der europäischen Integration zeigt allerdings, dass jeder derartige Versuch auf die Dauer zum Scheitern verurteilt ist. Bereits die wirtschaftliche Integration Europas war maßgeblich von den Ideen eines „Marktes ohne Staat" sowie einer rein „problemlösenden" Kommission geprägt. Effizientere Wirtschaftsstrukturen, eine optimale Allokation von Ressourcen und neue Arbeitsplätze sollten durch eine Harmonisierung von Rechtsakten und mit nur nachgelagerter parlamentarischer Beteiligung erzielt werden.

Die bürokratische Verwaltung des Binnenmarktes stieß allerdings spätestens nach der Osterweiterung an ihre Grenzen. Mit der Intensivierung des innereuropäischen Wettbewerbs ging auch eine Zunahme sozialer Konflikte einher. Die wirtschaftliche Integration wurde von immer mehr Menschen eher als Bedrohung denn als Verheißung wahrgenommen. Die Öffnung der sozialen Schere in Deutschland und die Schwierigkeiten gering Qualifizierter auf dem Arbeitsmarkt mit ihren Mitbürgern aus Osteuropa zu konkurrieren, zeigen deutlich, dass Liberalisierung nicht nur mehr Wohlstand, sondern eben auch mehr Umverteilung und damit notwendig auch mehr Politisierung bedeutet. Ein gemeinsamer Markt und der hiermit einhergehende Wettbewerb führten zu einem hohen Druck auf die Löhne niedrigqualifizierter Arbeitnehmer insbesondere in Hochlohnländern und gleichzeitig verbesserten Renditemöglichkeiten für Kapital. Es wurde in den achtziger Jahren daher zunehmend offensichtlich, dass die Beförderung der vier Grundfreiheiten nicht alleinig der kommissarischen Verwaltung überlassen werden könne, sondern einer politischen Steuerung bedürfte.

Die Modalitäten der Einführung des Euro reflektierten diese neue Einsicht allerdings noch nicht. Ganz im Gegenteil, mit der Gründung der EZB, den Maastricht-Kriterien und dem Stabilitätspakt setzten die Mitgliedstaaten unter maßgeblichem Einfluss Deutschlands darauf, dass der gemeinsame Markt sich auch weiterhin jenseits oder sogar gegen parlamentarische Beteiligung in den Mitgliedstaaten gestalten lassen würde. Deutschland verband seine Bereitschaft zur Aufgabe der D-Mark mit der Einwilligung aller anderen Mitgliedstaaten, ihre makroökonomische Steuerung einem Korsett kontextunabhängig gültiger quantitativer Kriterien zu unterwerfen. Das deutsche Modell wurde umstandslos auf die gesamte EU übertragen. Das in der Binnenmarktverwaltung eigentlich schon überwundene Prinzip der bürokratisch betriebenen Vollharmonisierung wurde hierdurch auf eine neue makroökonomische Ebene gehoben und mit einer Relevanz ausgestattet, die in fundamentalem Gegensatz zu der Notwendigkeit einer politischen Gestaltung von europäischer Pluralität steht.

Die heutige Finanzkrise der EU bringt in diesem Kontext nichts weniger als einen Prozess der Ernüchterung zum Ausdruck: Ganz offensichtlich lassen sich historisch etablierte Wirtschaftsstrukturen und ordnungspolitische Grundüberzeugungen nicht per europäischem Rechtsakt grundlegend reformieren. Und genauso wäre es nichts weniger als erstaunlich, wenn die aktualisierten Reformulierungen des Stabilitätspaktes in Gestalt des Finanzpaktes, des Europäischen Semesters und der kommissarischen Kontrolle mitgliedstaatlicher Haushalte sich als effektiver erweisen würden. Im deutschen Drängen nach politikenthobenen makroökonomischen Vereinheitlichungsmechanismen kommt ein Vertrauen in die Gestaltungsmacht bürokratischer Apparate zum Ausdruck, das vielleicht aus der deutschen Geschichte und dem alten Mythos der Stein-Hardenbergschen Reformen verständlich ist. Es verrät aber gleichzeitig sowohl wenig Einsicht in die Pfadabhängigkeit politischer und ökonomischer Kulturen, als auch in die zentrale Bedeutung parlamentarischer Beratung und Beschlussfassung für grundlegende politische Fragen.

Die mangelnde Bereitschaft der deutschen Politik, Europas Pluralität als ein demokratisch zu gestaltendes Projekt zu begreifen, brachte sich ebenfalls in dem gescheiterten Versuch zum Ausdruck, auf das Problem des demokratischen Defizites mit der Formulierung eines Verfassungsvertrages zu antworten. Der 2002 einberufene Verfassungskonvent wurde nicht als inklusiver Raum der gesamteuropäischen Selbstverständigung konzipiert, sondern unterlag von Anbeginn an engen gouvernementalen Kontrollen. Er erhielt lediglich ein Vorschlagsmandat für eine anschließende Konferenz der Regierungsvertreter. Eine direkte Befassung der europäischen Öffentlichkeiten mit dem vom Konvent verabschiedeten Dokument war ebenfalls nicht vorgesehen. Auch das ursprünglich vorgesehene hohe Maß an Transparenz wurde nicht realisiert. Weder wurden die Beratungen der Delegierten öffentlich übertragen, noch war die Medienöffentlichkeit überhaupt nur zugelassen. Das letztlich 2003 verabschiedete und von den Mitgliedstaaten nach langen Verhandlungen im Oktober 2004 angenommene Dokument konnte dann auch die hohen Erwartungen, die an seine Akzeptanz in der europäischen Öffentlichkeit gestellt worden waren, nicht erfüllen. In den folgenden Referenden in Frankreich und den Niederlanden wurde der Verfassungsvertrag abgelehnt. Die politische Begeisterung für das europäische Projekt ist seitdem merklich zurückgegangen. Der im Jahr 2006 schließlich ausgehandelte Vertrag von Lissabon versuchte, alle politische Rhetorik zu vermeiden. Im Gegensatz zu seinen Vorgängern unterlässt er sowohl den Verweis auf eine europäische Flagge, als auch auf eine europäische Hymne. Der Anspruch Europas an sich selbst ist damit auf das Maß zurückgestutzt, dass seiner bürokratischen Praxis entspricht.

5 Europapolitik als Demokratiepolitik

Wenn Europa über diesen beschränkten Anspruch hinauswachsen soll, dann lassen sich das Integrationsprojekt und seine weitere Demokratisierung nicht mehr voneinander trennen. Die deutsche Europapolitik sollte nicht versuchen, Europas heutige Probleme mit den technokratischen Rezepten der Vergangenheit zu lösen. Europa ist zu wertvoll und zu weit entwickelt, um kommissarischer Herrschaft und dem vermeintlichen Sachzwang überantwortet zu werden. Jede derartige Integrationsstrategie droht lediglich, alte Fehler zu wiederholen und die Kluft zwischen der europäischen Politik und den demokratisch verfassten Gesellschaften zu vertiefen. Um das deutsche Interesse an der europäischen Integration, also langfristigen Frieden, Wohlstand und Demokratie, weiter in und mit der Europäischen Union befördern zu können, braucht es eine neue Logik des Integrationsprozesses. Der hierzu einzuschlagende Weg ist allerdings nicht derjenige über großangelegte PR-Kampagnen mit bunten Bildern fahnenschwenkender Europäer. Wer die Integration mit simplen Parolen zu verkaufen sucht, wird auch nur ein simples Europa bekommen. Eine historisch informierte und von den Gedanken des Grundgesetzes und der Demokratie getragene deutsche Europapolitik muss auf einer Idee von Europa aufbauen, die ein „Mehr" an Integration nicht mit einem „Weniger" an Demokratie bereit ist zu bezahlen, sondern die die europäische Integration auf eine Weise befördert, wie sie der mitgliedstaatlichen Demokratie zuträglich ist.

5.1 Mehrebenenlogik

Ein derartiges Demokratieprojekt muss in einem ersten Schritt mit dem Mythos aufräumen, dass sich die supranationale Politik analog zum Nationalstaat demokratisieren ließe. Die supranationale Politik ist auf normativen Säulen aufgebaut, die sich mit demokratischen Prinzipen nur schwer vereinbaren lassen. Zu diesen demokratischen Prinzipien gehören die individuelle politische Gleichheit und eine strukturell unbeschränkte Kompetenz des demokratischen Souveräns. Politische Gleichheit aller Individuen liegt im Herzen der Demokratie. Sie ist gleichzeitig aber mit dem – wohl begründeten – europäischen Kompromiss aus Staatengleichheit und individueller Gleichheit unvereinbar. Streng genommen würde politische Gleichheit nichts weniger als die Annullierung des Veto-Rechts im Europäischen Rat und des Prinzips der degressiven Proportionalität im Rat und Parlament verlangen. Eine demokratiekompatible Ausdehnung der Kompetenzen der EU würde eine Aufhebung des Prinzips der begrenzten Einzelermächtigung und die Ausstattung der EU mit der Kompetenz bedeuten, überall dort Regelungen zu erlassen, wo es der europäische Souverän für angemessen hält. Alle diese Maßnahmen kann man natürlich fordern – sie befinden sich allerdings eher auf der Agenda politischer Philosophie denn realistischer Politikberatung. Es ist ebenfalls ein Irrglaube zu meinen, dass der weitere Ausbau europäischer Handlungskapazitäten schon deswegen ein demokratisches Projekt sei, weil Demokratie auch Handlungsfähigkeit bedinge. Hier findet eine kurzschlüssige Gleichsetzung von Output-Legitimität mit Demokratie statt. Staatliche Handlungsfähigkeit ist kein Gut an sich. Sie ist vielmehr nur dann wünschenswert, wenn sie demokratisch eingebunden und fest an den Souverän rückgekoppelt ist. In einem normativ aufgeklärten Sinn kann die Demokratie immer nur die Vorbedingung staatlicher Handlungsfähigkeit sein, niemals aber umgekehrt.

Eine gleichzeitig pragmatische und doch langfristig erfolgversprechende Demokratiepolitik darf Demokratie daher weder alleinig auf der supranationalen noch auf der innerstaatlichen Ebene verorten. Demokratie in Europa muss als Mehrebenendemokratie gedacht werden, in der beide Ebenen ihre jeweils eigenen und sich wechselseitig ergänzenden Stärken haben (vgl. Scharpf 2009, S. 198–200). Die zu bewahrende Stärke der Mitgliedstaaten liegt in ihrem je eigenen historisch gewachsenen demokratischen Profil, ihrem hohen Maß an innerstaatlicher Diskursivität, Kontrolle und politischer Handlungsfähigkeit. Dieses sind Errungenschaften, die es zu bewahren gilt. Deutsche Europapolitik sollte daher vorsichtig sein, die Legitimierung Europas einseitig über vermeintlich effiziente supranationale Institutionen zu suchen. Sehr viel wichtiger ist es, Institutionen der Vermittlung zwischen den Ebenen zu stärken und nationalen Parlamenten einen wichtigen Ort im europäischen politischen Prozess einzuräumen. Nationale Parlamente sollten nicht nur über die ohnehin kaum wirkungsvolle Möglichkeit der Subsidiaritätskontrolle verfügen, sondern direkt dort in die europäische Politik eingebunden sein, wo die wichtigsten konstitutionellen Weichenstellungen vorgenommen werden.

Ein vielversprechender Weg hierzu könnte darin liegen, Europas „sleeping beauty" COSAC aus seiner Bedeutungslosigkeit zu wecken und zu einem kontinuierlich tagenden interparlamentarischen Verfassungskonvent umzubauen. COSAC verbindet bereits heute die europapolitische Expertise aller mitgliedstaatlichen Parlamente auf einer regelmäßigen und fest institutionalisierten Basis. Es ist damit die einzige europäische Institution, die eine systematische institutionelle Brücke zwischen den nationalen Parlamenten und der Europäischen Union realisiert. Aktuell fehlt COSAC allerdings jegliche Kompetenz, die Richtung der europäischen Politik und ihre konstitutionellen Grundlagen bestimmen zu können. Alle wesentlichen verfassungspolitischen Kompetenzen sind im Europäischen Rat und damit bei den Exekutiven konzentriert.

Ein reformiertes COSAC würde an die Stelle des Europäischen Rates in seiner Rolle als Verfassungsentwickler treten und seine zentrale Aufgabe in der kontinuierlichen Arbeit am europäischen Primärrecht (den Verträgen der EU) finden.

COSAC würde damit weder in Konkurrenz zu den nationalen Parlamenten noch zum Europäischen Parlament treten. Seine Aufgabe wäre auf die Verfassungspolitik beschränkt und würde seine Grenze in der Vorlage von Vorschlägen für Vertragsveränderungen finden. Weder würde es Richtlinien beraten oder gar beschließen, noch sich um die Umsetzung europäischen Rechts in nationalen Parlamenten kümmern. Das neue COSAC könnte sich beispielsweise mit der Frage nach einer europäischen Kompetenz für das Steuerrecht, dem Aufbau einer umverteilenden Sozialpolitik und ganz generell der angemessenen Rolle nationaler Parlamente in der europäischen Politik befassen. Auch die Gestaltung neuer Kompetenzen zur Harmonisierung nationaler Wirtschafts- und Arbeitsmarktpolitiken und der Bankenregulierung würde in seinen Aufgabenbereich fallen, wenn hiervon europäische primärrechtliche Normen betroffen oder neu zu formulieren wären.

Ein reformiertes COSAC würde die Exekutivlastigkeit der Union verringern und die Regierungen der Mitgliedstaaten wieder auf ihre angemessene Rolle der Umsetzung eines (inter-)parlamentarisch konstituierten Willens zurückführen. Es könnte die mitgliedstaatliche und die europäische Politik auf eine völlig neue Weise miteinander verknüpfen und damit das europäische Projekt wieder eng an den demokratischen Souverän anbinden. Demokratie und Integration würden aus ihrem strukturellen Spannungsverhältnis erlöst und könnten neu als zwei Seiten einer Medaille verstanden werden. Hier ließe sich sicherlich einwenden, dass ein politisch stark aufgewertetes COSAC sehr viel stärker von der politischen Auseinandersetzung geprägt sein würde als das heute der Fall ist. Europäische Politik würde wahrscheinlich ganz generell einen großen Schritt in Richtung „politisierter" Auseinandersetzung tun, wenn der parlamentarische Disput an die Stelle intergouvernementaler Diplomatie träte. Das allerdings ist nichts anderes als die normale Praxis der Demokratie. Wer hierzu nicht bereit ist, dem dürfte die ganze Idee einer demokratischen EU schwer vermittelbar sein.

Sehr vorsichtig sollten die Mitgliedstaaten hingegen bei dem Versuch sein, die Kommission zu einem Kontrollinstrument mitgliedstaatlicher Haushaltspolitik auszubauen und ihr direkte Eingriffsbefugnisse in nationale Haushaltspolitiken einzuräumen. Derartige Maßnahmen folgen der Logik einer weiteren Entmachtung mitgliedstaatlicher Parlamente und sind mit einem demokratischen Europa nur schwer vereinbar. Sie drohen zudem, Europa in eine Konfrontation mit seinen Mitgliedstaaten (und deren Gesellschaften) zu treiben, kommissarische Verwaltung an die Stelle demokratischen Selbstregierens zu stellen und Europa seines Versprechens der Verbesserung der Demokratie zu berauben. Damit letztlich würde ein Europa entstehen, das mit den wohlverstandenen deutschen Interessen unvereinbar ist.

5.2 Transferunion, was sonst?

Es gilt, sich bei allen weiteren Entwicklungsschritten ebenfalls dessen bewusst zu bleiben, dass die EU eine Gemeinschaft demokratischer Staaten ist. Die intergouvernementalen Komponenten sind nicht nur Überbleibsel anachronistischen Souveränitätsdenkens, sondern eben auch Ausdruck historisch gewachsener politischer Kulturen und gesellschaftlichen Selbstbestimmungswillens. Supranationalität sollte daher nicht missverstanden werden als eine Ablösung nationalstaatlicher Kompetenz, sondern als seine Ergänzung. Es ist ein Instrument zur Gestaltung politischer Verständigung, nicht aber zur Ersetzung von Verständigung durch Sachzwang und technische Rationalität. Sicher, das europäische Recht verlangt Vorrang und direkte Anwendbarkeit; hieraus aber eine faktische hierarchische Überordnung über mitgliedstaatliches Recht abzuleiten, ist abwegig. Trotz allen Insistierens des EuGH haben die Mitgliedstaaten sich bewusst der expliziten Kodifizierung europäischer Rechtssuprematie im Lissabonner Vertrag verweigert. Rechtsbefolgung in Europa ist nach wie vor ein „autonomous voluntary act, endlessly renewed on each occasion of subordination" (Weiler 2000, S. 13). Dieser freiwillige Akt erfolgt zwar in den allermeisten Fällen routiniert und ohne größeren Widerstand. Er bleibt aber in letzter Konsequenz davon abhängig, dass die europäische Legislative sich in ihrer inhaltlichen Regelungsausformung auf das notwendige Mindestmaß bescheidet und eine grundlegende Zurückhaltung gegenüber der demokratischen Selbstbestimmung ihrer demokratischen Adressaten einhält. Eine derartige politikwissenschaftlich aufgeklärte Interpretation der europäischen Rechtsordnung mag für legalistische Analysen und für normativ überschossene Narrative zwar eine schwer zu verdauende Kost sein. Sie entspricht aber der politischen Realität und den Strukturen der EU als einer freiwilligen Gemeinschaft souveräner Demokratien. Die Übertragung von Kompetenzen auf die europäische Ebene bedeutet daher auch nicht die Aufgabe des Souveränitätsanspruches der Mitgliedstaaten, sondern lediglich „die Bereitschaft, Souveränitätsrechte in einem Verbundsystem wahrzunehmen" (Lepsius 2000, S. 7). Dieser im politischen Alltagsgeschäft von der Routine der Rechtsbefolgung überdeckte Tatbestand kommt deutlich darin zum Ausdruck, dass supranationales Recht eben nicht zwangsbewehrt ist. Es steht jedem Mitgliedstaat daher in letzter Konsequenz frei, den innerstaatlichen Rechtscharakter europäischen Rechts zu widerrufen und damit die europäische Rechtsgemeinschaft außer Kraft zu setzen.

Diese Einsicht ist von direkter Relevanz für die europäische Finanzkrise. Wenn sich das deutsche Drängen nach einheitlichen haushalts- und finanzpolitischen Standards durchsetzen sollte und die Kommission mit direkten Durchgriffsrechten in nationale Haushalte ausgestattet würde, dann wäre hier der Keim für eine

strukturelle Überforderung der EU gelegt. Die Proteste in Griechenland und Spanien sind dann erst der Beginn eines neuen Europas, in dem die bürokratische
Logik der supranationalen Ebene in einen offenen Konflikt mit der demokrati-
schen Selbstbestimmung in den Mitgliedstaaten gerät (vgl. Scharpf 2013, S. 50).
Europa wird dabei fast zwangsläufig verlieren. Wenn das aber vermieden werden
soll und wenn wir gleichzeitig den Euro als ein gesamteuropäisches Projekt (unter
Einschluss Griechenlands) beibehalten wollen, dann sollte die deutsche Europapolitik anfangen, sich mit dem Gedanken an eine Transferunion anzufreunden.
Die ganz überwiegende Mehrheit der Ökonomen weist heute daraufhin, dass eine
Währungsunion in einem nicht-optimalen Währungsraum (mit dem wir wohl auch
noch längerfristig werden leben müssen) letztlich nicht ohne permanente monetäre
Transfers zu haben ist. Die US-amerikanische Option eines jährlichen Ausglei-
ches von Ungleichgewichten in Form einer staatsübergreifenden Übertragung von
staatlichem Besitz schließt sich in Europa aus historischen Gründen aus. Als Alternative bleibt dann allerdings nur noch, dass Deutschland Griechenland nicht ganz
anders behandelt als das Saarland, Bremen oder Berlin.

Der Einstieg in eine Transferunion ist eine außerordentlich umstrittene Frage. Er wird von vielen deswegen abgelehnt, weil er mutmaßlich den Druck von
Staaten wie Griechenland oder Spanien nähme, innerstaatliche Reformen durch-
zuführen. Befürchtet wird, dass diese Staaten sich entspannt zurücklehnen, alle
bereits vorgenommenen Reformen wieder revidieren und auf unabsehbare Zeit
von deutschen Steuergeldern alimentiert würden. Diese Befürchtungen sind zwar
sicherlich überzogen, dürfen aber auch nicht gänzlich unbeachtet bleiben. Eine un-
konditionale Transferunion nach Vorbild des Länderfinanzausgleichs dürfte weit
über das Ziel hinausschießen und wäre wohl auch innenpolitisch in Deutschland
nicht vermittelbar. Auf der anderen Seite wird Deutschland sich aber auch damit
abfinden müssen, dass ein sich vereinigendes Europa nur einen Kompromiss zwischen deutschen Vorstellungen und denjenigen anderer Mitgliedstaaten darstellen
kann. Ein zukünftiges Finanzregime wird Elemente von Umverteilung mit Anreizen zur Reform verbinden müssen. Es braucht ein haushalts- und finanzpolitisches
Regime, das sowohl für Deutschland, als auch alle anderen Mitgliedstaaten politisch akzeptabel und konkret umsetzbar ist. Zu denken wäre hier etwa an ein Umverteilungssystem mit positiver Konditionalität, dessen Intensität länderspezifisch
bestimmt und an die Umsetzung von Reformen gekoppelt wird. Das Ziel wäre es,
nicht mehr unterlassene Reformen mit dem (ohnehin nur wenig glaubwürdigen)
Entzug von Krediten zu bestrafen, sondern Mitgliedsstaaten für durchgeführte Reformen zu belohnen. Die EU würde so nicht mehr in Gestalt der Troika als der
strafende verlängerte Arm Deutschlands auftreten, sondern positive Anreize setzen
und damit hoffentlich in einem, ihrem Beitrag angemessenerem, Licht erscheinen.

Die EU würde von einer sanktionierenden zu einer belohnenden Institution. Wichtig wäre es ebenfalls, die Entscheidung über die Vergabe von Krediten (bzw. nicht rückzahlbaren Zuwendungen) noch weiter von der gouvernementalen Politik abzukoppeln. Die aktuelle Praxis der Entscheidung über Kreditvergaben im Rahmen intergouvernementaler Gremien wie dem ESM ist politischer Sprengstoff für die Union. Eine Verlagerung der Entscheidung auf ein reformiertes COSAC würde zwischenstaatliche Animositäten abmildern helfen und gleichzeitig den exekutiven Bias der EU weiter verringern. Sie würde die Frage der Umverteilung in Europa dort ansiedeln, wo sie hingehört: in die Hände eines interparlamentarisch organisierten und mitgliedstaatlich verwurzelten europäischen Souveräns.

6 Orientierung durch Demokratie

Auch dieser Weg wird sicherlich nicht alle Probleme der EU lösen. Innenpolitische Konflikte über die Umsetzung von europäischen haushalts- und finanzpolitischen Zielen werden auch weiterhin bestehen bleiben. Eine politisch relevante Union wird immer eine Union politischer Auseinandersetzung sein. Entscheidend ist lediglich, dass sich der politische Disput innerhalb der Institutionen der Union entwickeln kann und dass die Opposition zu den Politiken der EU diese mangels institutionen-internem politischem Gegner nicht selbst zur Disposition stellen muss. Genau das passiert heute mit der gemeinsamen Währung. Der Versuch der Entpolitisierung der Finanz- und Geldpolitik kehrt sich in sein Gegenteil um und wird zur Kritik an der Existenz des Euro selbst.

Dieser zentrale Punkt wird in der Debatte um die anzustrebende Gestalt Europas leicht übersehen. Es ist gar nicht mal so entscheidend, ob Europa eine föderale Ordnung bekommt oder eher konföderalen Charakters bleibt. Entscheidend sowohl für seine Stabilität als auch seine demokratischen Gehalte ist es vielmehr, dass die europäischen Institutionen sich für den politischen Diskurs öffnen, dass unterschiedliche Möglichkeiten der Entwicklung zugelassen und dass endlich Abschied von dem Versuch genommen wird, den Bürgern Politiken (sei es der nächste Rettungsschirm, die nächste Erweiterung oder was auch immer) als alternativlos darzustellen. Es gibt in der demokratischen Politik immer eine Alternative. Die deutsche Europapolitik muss die zentrale Lehre der Vergangenheit lernen, dass jeder Versuch der Technokratisierung Europas in sich die Gefahr birgt, dass der unterbundene interne Disput zu einer Ablehnung der europäischen Institutionen selbst wird. In der Öffnung Europas für die kritische politische Auseinandersetzung mit Europa ist die angemessene Orientierung deutscher Europapolitik zu finden.

Literatur

Ash, Timothy Garton. 2011. Everywhere, the European project is stalling. It needs a new German engine. The Guardian. 15.6.2011. http://www.guardian.co.uk/commentisfree/2011/jun/15/european-project-new-german-engine. Zugegriffen: 25. März 2013.

Auel, Katrin. 2007. Democratic accountability and national parliaments. Re-defining the impact of parliamentary scrutiny in EU affairs. *European Law Journal* 13 (4): 487–504.

Brunkhorst, Hauke. 2007. Unbezähmbare Öffentlichkeit. Europa zwischen transnationaler Klassenherrschaft und egalitärer Konstitutionalisierung. *Leviathan* 1:12–29.

Cohn-Bendit, Daniel, und Guy Verhofstadt. 2012. *Für Europa. Ein Manifest.* München: Carl Hanser.

Fischer, Joschka. 2010. Die Vereinigten Staaten von Europa. In *Europa wagen,* Hrsg. Bertelsmann Stiftung, 233–247. Gütersloh: Verlag Bertelsmann Stiftung.

Genschel, Philipp, und Bernhard Zangl. 2008. Metamorphosen des Staates – Vom Herrschaftsmonopolisten zum Herrschaftsmanager. *Leviathan* 3:430–454.

Guérot, Ulrike. 2011. Welches Deutschland braucht Europa? *Blätter für deutsche und internationale Politik* 6:93–102.

Ischinger, Wolfgang, Tobias Bunde, und Timo Noetzel. 2011. 20 Jahre nach der Vereinigung. Deutsche Außenpolitik in und für Europa. *Zeitschrift für Außen- und Sicherheitspolitik* 4 (1): 89–108.

Kleine-Brockhoff, Thomas, und Hanns W. Maull. 2011. Der überforderte Hegemon. Ziele und Grenzen deutscher Macht. *Internationale Politik* 66 (6): 50–61.

Lepsius, Rainer M. 2000. *Die Europäische Union als Herrschaftsverband eigener Prägung* (Harvard Jean Monnet Working Paper). Cambridge: Harvard Law School.

Lippert, Barbara, und Daniela Schwarzer. 2011. Kurs auf die Politische Union. Die EU sollte jetzt trotz vieler Hürden mehr Integration wagen. Reihe SWP-Aktuell, Nr. 52.

Neyer, Jürgen. 2012. *The justification of Europe: A political theory of supranational integration.* Oxford: Oxford University Press.

Rosato, Sebastian. 2003. The flawed logic of democratic peace theory. *American Political Science Review* 97 (4): 585–602.

Scharpf, Fritz W. 1999. *Governing in Europe. Effective and democratic?* Oxford: Oxford University Press.

Scharpf, Fritz W. 2009. Legitimität im europäischen Mehrebenensystem. *Leviathan* 37:244–280.

Scharpf, Fritz W. 2013. Die Finanzkrise als Krise der ökonomischen und rechtlichen Überintegration. In *Grenzen der europäischen Integration. Herausforderungen an Recht und Politik,* Hrsg. Claudio Franzius, Franz Mayer, und Jürgen Neyer. Baden-Baden: Nomos.

Weiler, Joseph H. H. 2000. *Federalism and Constitutionalism: Europe's Sonderweg* (Harvard Jean Monnet Working Paper 10/00). Cambridge: Harvard Law School.

Transnationalisierung der Demokratie? Recht und Politik in der Europäischen Union

Claudio Franzius

1 Altes und neues Demokratiedefizit

Dass in Europa ein Demokratiedefizit besteht, wurde lange Zeit bestritten. Solange es sich um von den Staaten abgeleitete Herrschaft handelte, die Staaten als „Herren der Verträge" fungierten und sich Europapolitik im Vollzug des in den Verträgen niedergelegten Integrationsprogramms erschöpfte, solange schien sich dieser „Zweckverband funktionaler Integration" (Hans Peter Ipsen) demokratische Legitimation von den Staaten gewissermaßen „ausleihen" zu können.

In dem Maße jedoch, wie die Union dazu überging, eigene, über den Vorrang des Europarechts abgesicherte Herrschaftsgewalt auszuüben, reichte die Legitimation über die gewählten Regierungsvertreter im Rat nicht mehr aus. Denn sie vertreten die Interessen ihrer Staatsvölker, nicht aber die Gesamtheit der Unionsbürger. Die institutionelle Antwort auf dieses „alte" Demokratiedefizit war das Europäische Parlament. Es versorgt die Ausübung supranationaler Herrschaft mit demokratischer Legitimation durch die Unionsbürger, nicht die Staatsvölker.

Inzwischen haben wir jedoch ein „neues" Demokratiedefizit (Franzius 2013b). Das hat mit der Aufwertung des Europäischen Rates zu einer verselbständigten internationalen Organisation in der Europapolitik zu tun. Hier werden nicht nur die großen Leitlinien verhandelt, sondern inzwischen auch eher kleinteilige politische Entscheidungen getroffen. Der Europäische Rat ähnelt dem König aus dem Frühkonstitutionalismus (vgl. v. Bogdandy 2009, S. 44). In dem Maße, wie er der Aufgabe nachkommt, die nationalen Politiken in einem gemeinsam Rahmen zu koordinieren und zu integrieren, können sich seine Entscheidungen nicht mehr auf

C. Franzius (✉)
Fakultät für Rechtswissenschaft,
Universität Hamburg, Hamburg, Deutschland
E-Mail: claudio.franzius@rz.hu-berlin.de

© Springer Fachmedien Wiesbaden 2015
N. Abbas et al. (Hrsg.), *Supranationalität und Demokratie,*
Staat – Souveränität – Nation, DOI 10.1007/978-3-658-05335-2_8

153

die Legitimation stützen, die aus dem demokratischen Charakter seiner Mitglieder hergeleitet werden. Denn es muss gesehen werden, dass die Reichweite des demokratischen Mandats eines Mitgliedstaates sich nicht mit dem Bereich der gewachsenen Zuständigkeiten des Europäischen Rates deckt. Aus der Sicht der nationalen Wähler bedeutet das Regieren des Europäischen Rates schlicht Fremdbestimmung: Fremde Regierungen, welche die Interessen anderer Nationen vertreten, bestimmen über das eigene politische Schicksal mit, obgleich sie in ihren Entscheidungen nicht an das eigene demokratische Votum gebunden sind. Hier liegt das Problem der Verhandlungsdemokratie, in der angesichts der ökonomischen Zwänge zur Kooperation

> die Neigung wächst, die Politik des Europäischen Rates gegenüber den nationalen Arenen abzuschirmen und dort soweit wie möglich zu dethematisieren (Habermas 2012, S. 2 f.).[1]

Was tun? Das Europäische Parlament sitzt, wie es dessen Präsident in seiner Kritik am Fiskalvertrag ausdrückte, am Katzentisch. Und der Europäische Rat droht die Legitimationsgrundlagen zu untergraben, auf denen die EU beruht. Wo angesichts der begrenzten Kompetenzausstattung der Unionsorgane nicht supranational, sondern nur intergouvernemental, also zwischenstaatlich gehandelt werden kann, rückt die europäische Rolle der nationalen Parlamente in den Vordergrund.

Dass sie eine Rolle spielen, verdeutlicht der Vertrag von Lissabon mit ihrer ausdrücklichen Anerkennung, etwa mit Blick auf die Subsidiaritätsrüge gegenüber Rechtssetzungsinitiativen der Kommission. Hier geht es jedoch um etwas anderes, nämlich um die Frage, ob mitgliedstaatliche Parlamente das zwischenstaatliche Handeln in europäischen Angelegenheiten ausreichend legitimieren können. Ist es möglich, den „Ausfall" des Europäischen Parlaments als Vertretung der Unionsbürger durch die nationalen Parlamente zu kompensieren? Sie sind es, die aus der Sicht des Bundesverfassungsgerichts Europa mit Legitimation versorgen.[2] Aber das verlangt von den nationalen Parlamenten einen Rollenwandel. Müsste die europäische Rolle der nationalen Parlamente nicht darin bestehen, die von ihnen kontrollierten Regierungen im Europäischen Rat zu verpflichten, prinzipiell nur solchen Regelungen auf Unionsebene zuzustimmen, die sich gegenüber der Gesamtheit der europäischen Bürgerschaft rechtfertigen lassen können?

---

[1] Siehe auch Habermas (2013, S. 95).
[2] Vgl. BVerfGE 123, 267. Das Lissabon-Urteil vernachlässigt das Europäische Parlament. Gegen die Kompensationsthese, wonach der eine Strang (über die nationalen Parlamente) auffangen könne, was der andere Strang (über das Europäische Parlament) nicht zu leisten vermag: von Achenbach (2013, S. 213 ff.).

2 Dilemma supranationaler Demokratie

Um das Dilemma supranationaler Demokratie zu beschreiben, können zwei Flucht-
punkte unterschieden werden: Dem parlamentarischen Regierungssystem 1) werden Reservate mitgliedstaatlichen Handelns 2) gegenübergestellt. Beide Strategien
stoßen in der transnationalen Konstellation an Grenzen 3).

2.1 Parlamentarisches Regierungssystem?

Aus deutscher Sicht scheint die Sache klar. Wir bräuchten eine stärkere Rückbindung der Regierungsspitze an das Europäische Parlament. Denn die bisherige Praxis, den Kommissionspräsidenten durch die großen Mitgliedstaaten zu benennen,
ist keine gute Lösung. Diese Praxis wäre vielmehr umzukehren und die Wahl der
Kommissionsspitze durch das Europäische Parlament zu fordern. Erst wenn die
europäischen Parteien mit einem Spitzenkandidaten in den Wahlkampf ziehen,
wird es jene Politisierung geben, die es den Bürgerinnen und Bürgern erlaubt, auf
die langfristige Ausrichtung der Europapolitik auch Einfluss zu nehmen. Solange
der Europawahlkampf demgegenüber den Wählerinnen und Wählern eine Folgen-
losigkeit mit Blick auf die Kommission signalisiert und diese in der personellen
und politischen Ausrichtung nicht stärker an das Wählervotum gebunden wird,
bleibt es bei der Dominanz der staatlichen Exekutiven mit der Verlängerung ihrer
jeweils nationalen Interessen auf das Handeln der Union. Dafür steht die Europapolitik der Bundeskanzlerin, die mit dieser Strategie in Deutschland „punkten"
mag, damit aber „Europa" nur als Verlängerung deutscher Interessen darzustellen
vermag.

Eine andere Demokratisierungsstrategie hat Wolfgang Schäuble (2012) wieder
ins Gespräch gebracht: In seiner Karlspreisrede hat er die Direktwahl des Kommissionspräsidenten durch die Unionsbürger vorgeschlagen. Gewiss: In Deutschland
sträuben sich die Nackenhaare, hatten wir mit dem direkt gewählten Reichspräsi-
denten nicht ein Problem? Ein Vorteil dieses Vorschlags wird aber darin gesehen,
die Ämter des Ratspräsidenten und des Kommissionspräsidenten zusammenlegen
zu können. Damit erhofft man sich eine Stärkung des Kommissionspräsidenten im
Europäischen Rat (Dann 2014). Es stellt sich aber die Frage, was von einer direkt
gewählten Regierung ohne starke Kompetenzen erwartet werden kann.

Einerlei, ob eine Direktwahl des Kommissionspräsidenten unmittelbar durch die
Unionsbürger oder mittelbar durch das Europäische Parlament für vorzugswürdig
gehalten wird, es sollte klar sein, dass es nach allen Erfahrungen im europäischen
Institutionengefüge kaum gelingen wird, das eigene Modell ohne Anpassungen auf

die EU zu projizieren (vgl. Franzius und Preuß 2012, S. 19 ff.). Bislang waren es immer Mischformen, in denen Kompromisse zum Ausdruck gekommen sind. Etwa dergestalt, einerseits den Präsidenten des Europäischen Rates zu schaffen, andererseits das Vorschlagsrecht des Europäischen Rates für den Kommissionspräsidenten an die Berücksichtigung der Ergebnisse der Wahlen zum Europäischen Parlament zu knüpfen (vgl. Art. 17 Abs. 7 EUV). Während erstes einer Präsidialverfassung entgegen kommt, mag zweites die Entwicklung zu einem parlamentarischen Regierungssystem nahelegen. Beides sind jedoch keine einfachen Lösungsangebote für ein politisches Gebilde, in dem die Macht nicht in einer Person oder einem Organ konzentriert ist, auf deren Legitimation dann primär zu setzen wäre. Die EU ist und will, muss aber auch kein Staat sein, um demokratischer zu werden.

2.2 Reservate mitgliedstaatlichen Handelns?

Deshalb noch ein Wort zu der zweiten Strategie. Sie zielt zum Schutz der nationalen Demokratie auf das Abstecken von Reservaten mitgliedstaatlichen Handelns. Den europäischen Anspruch darauf zu beschränken, das Handeln demokratischer Staaten im Kollisionsfall nur auszubalancieren, erscheint jedoch angesichts der ökonomischen Verflechtungen und politischen Verschränkungen kaum ausreichend zu sein. Es sollte deshalb auch nicht nach „politischen Primärräumen" gesucht werden, die dem europäischen Zugriff von vornherein entzogen wären. Versteht man die im Lissabon-Urteil des Bundesverfassungsgerichts hervorgehobenen „politischen Primärräume souveräner Staatlichkeit" als Subsidiaritätsgrundsätze (Voßkuhle 2012b, S. 28), droht aus dem Blick zu geraten, dass diese „Räume" mit der Festlegung in den Rang nationalen Überverfassungsrechts der politischen Auseinandersetzung im Alltag weitgehend entzogen wären. Immerhin heißt es in der Entscheidung des Zweiten Senats zum ESM- und Fiskalvertrag v. 12.9.2012 zutreffend, die Ewigkeitsgarantie des Art. 79 Abs. 3 GG gewährleiste nicht den unveränderten Bestand des geltenden Rechts, sondern Strukturen und Verfahren, die den demokratischen Prozess offen halten (vgl. BVerfGE 132, 195/244).

Darin kommt die richtige Einsicht zum Ausdruck, dass meta-verfassungsrechtliche Festschreibungen auf der Ebene des nationalen Verfassungsrechts das Demokratieproblem eher vertiefen. Richtig ist aber auch, dass die mitgliedstaatlichen Demokratien befähigt sein müssen, in den nationalen Arenen und Entscheidungsprozessen die Repräsentation der europäischen Interessen zu gewährleisten und angemessen zu berücksichtigen. Indessen können sie die Legitimationslast der Rechtserzeugung allein nicht schultern, weshalb es bedenklich erscheint, eine demokratische Vorrang- oder Präferenzregel zugunsten des Staates anzunehmen.

2.3 Transnationale Konstellation

Die Hoffnung liegt, nehmen wir eine institutionelle Perspektive ein, weder allein im Europäischen Parlament und dem Aufbau eines parlamentarischen Regierungssystems nach deutschem Vorbild noch allein in den nationalen Parlamenten, die trotz ihrer Europäisierung nur eine begrenzte Perspektive auf die Union haben können. Beide Stränge sind unverzichtbar, wie sich Art. 10 Abs. 2 EUV mit der Festschreibung der zweigliedrigen Legitimationsstruktur entnehmen lässt: Europäisches Parlament und nationale Parlamente lassen sich nicht gegeneinander ausspielen.

Europa hat jedoch mit Grenzen des Rechts zu kämpfen (Franzius et al. 2014). In seiner Europarechtssprechung bemüht sich das Bundesverfassungsgericht um die Festlegung von Grenzen der Mitwirkung an der europäischen Integration. Ein substantieller Endpunkt wird sich aber ebenso wenig verlässlich benennen lassen wie die Frage, wo das Grundgesetz endet (Nettesheim 2012). Hier liegt ein Kennzeichen der transnationalen Konstellation, die tradierte Grenzziehungen, wie sie mit der Souveränität gezogen werden, brüchig werden lässt.

Die transnationale Konstellation erlaubt es, neue Fragen zu stellen. Das betrifft schon die Frage nach dem Kontinuität verbürgenden Staatsbegriff, dessen überlieferte Einheits- und Grenzfunktion im Zuge der Internationalisierung und Europäisierung verblasst. Seine Elemente, nämlich Recht und Politik als wechselseitig aufeinander zu beziehende Welten, treten in ihrer jeweils eigenen Rationalität hervor und bilden den Ausgangspunkt für die Frage ihrer Verkoppelung in der transnationalen Konstellation. Mit der transnationalen Perspektive verbindet sich ein Beschreibungsgewinn, der den nicht einfach in der Union aufgehenden politischen Ordnungen[3] mit ihren Grenzfragen besser entgegenkommen dürfte als eine postnationale *jenseits*-Semantik, der ein problematisches Überwindungsmoment innewohnt (vgl. Franzius 2013a, S. 217 ff.).

Warum erscheint die transnationale Konstellation als neue Ära? Dies hat mit epochalen Grenzverschiebungen zu tun. Die transnationale Konstellation ist dadurch gekennzeichnet, dass weder die für Verfassungen wichtige Grenze zwischen *öffentlich* und *privat,* noch die kaum weniger wichtige, weil Territorialität und damit nach bisherigen Verständnis Demokratie verbürgende Grenze zwischen *innen* und *außen* seine Funktion behält (Grimm 2012). Ein transnationaler Konstitutionalismus scheint ohne diese Grenzen zu operieren, macht aber deutlich, dass sich politische Ordnungen nicht bloß nach oben oder unten, sondern auch „zur Seite" öffnen, akzentuiert also die horizontale Dimension sich vernetzender Gewalten. Die transnationale Konstellation enthält keine Präferenz zugunsten eines universa-

---

[3] Vgl. Isensee (1995, S. 55) mit der bissigen Bemerkung, wonach es im Gefolge des Verfassungspatriotismus ein Bedürfnis der Deutschen sei, in „einem vereinten Europa aufzugehen und sich in ihm aufzulösen wie Zucker in Kaffee".

listischen oder partikularistischen Paradigmas für die öffentliche Ordnung. Wohl
aber sind Vorsichtsgebote zu formulieren, die mit dem Erfordernis demokratischer
Verrechtlichung der Politik einen Raum belassen.

Ich verstehe die transnationale Konstellation nicht als neue Rechtsschicht privater Regelbildung in einem mehr oder weniger nichtstaatlichen Raum, sondern
als Vorgang, der das Verständnis des Völkerrechts anreichert, das Europarecht verändert und auf das nationale Recht zurückwirkt. Darin liegt eine Unschärfe und
zugleich eine Sprengkraft. Um es aber gleich klarzustellen: Der Transnationalis-
mus ist kein Plädoyer für die Rückkehr zur intergouvernementalen Politik, die
ungeachtet aller Restriktionen und Handlungszwänge die Europäische Union in
der Staatsschuldenkrise an einen Abgrund gebracht hat. Es soll auch keine Auf-
forderung enthalten, sich den nicht-rechtlichen Integrationsvoraussetzungen des
europäischen Projekts zuzuwenden. Wohl aber bedeutet es, sich der in den nationalen Verfassungsordnungen wurzelnden Öffnungs- und Beharrungstendenzen zu
vergewissern, um Konflikte in Mehrebenenordnungen nicht hinter überkommenen
Einheitsfiktionen zu verstecken, sondern rechtlich und politisch verarbeitungsfä-
hig zu machen.

3 Konstitutioneller Pluralismus

Ein solches Konzept, das Konflikte nicht ausblendet, sondern akzeptiert, ist das
Konzept des konstitutionellen Pluralismus. Was verbirgt sich dahinter 1) und was
bedeutet es für die Demokratie in Europa 2)? Das Ergebnis sei vorweggenommen:
Der konstitutionelle Pluralismus lenkt den Blick von den Entfaltungsbedingungen
einer supranationalen Demokratie auf das Offenhalten eines politischen Raums für
die Transnationalisierung miteinander verbundener Demokratien 3).

3.1 Grundlegung: Konstitutionalisierungsthese

Ein Lieblingskind deutscher Juristen ist die Konstitutionalisierungsthese. Neben
der Frage, ob die These differenzierungslos für alle Rechtsordnungen plausibel
ist, mehren sich Zweifel, ob es Sinn macht, die EU konstitutionalistisch zu denken. Einigkeit besteht darin, dass Konstitutionalisierung nicht mit Verrechtlichung
gleichgesetzt werden kann, soll kein völlig entleerter Verfassungsbegriff zurück-
bleiben (Grimm 2011). Um die Errungenschaften des Konstitutionalismus auf die
europäische Ebene transportieren zu können, muss neben der rechtsstaatlichen Seite
das demokratische Erbe des Verfassungsdenkens berücksichtigt werden. So verweisen die unterschiedlichen Traditionsschichten des Verfassungsbegriffs mit der

Akzentuierung der rechtsstaatlichen oder demokratischen Funktion auf das Problem des Verhältnisses zueinander. Die Kritik am *legal constitutionalism* wächst (Waldron 2006), doch der Ausweg wird kaum in einem *political constitutionalism* liegen können, zumal Verfassungen in Mehrebenenordnungen nur noch als Teilverfassungen eines Ausschnitts der Lebenswirklichkeit fungieren, wenn nicht sogar zu Eigenverfassungen des jeweiligen Sozialbereichs mutieren (Teubner 2012).

Während die innerstaatliche Konstitutionalisierung, also die Verfassungsprägung der Gesamtrechtsordnung, an Überzeugungskraft eingebüßt hat, scheint die These überstaatlicher Konstitutionalisierung unvermindert attraktiv. Im nationalen Recht wird der „Verfassungsdurchdringung" vorgeworfen, angreifbare Rechtspositionen zu versteinern und die Offenheit des demokratischen Prozesses zu beschränken, was mit dem Plädoyer verbunden wird, wieder stärkere Orientierung im Gesetz zu suchen. Dagegen werden im überstaatlichen Kontext neue Spielarten konstitutionellen Denkens ausgerufen. Hier weist die Konstitutionalisierungsthese einen inzwischen kaum noch zu überschauenden Variantenreichtum auf. Ja, es hat den Anschein, als wäre die Konstitutionalisierung der einen Rechtsordnung erschöpft oder verbraucht, während sie dort, wo es ein Pluriversum unterschiedlicher Rechtsordnungen zu vermessen gilt, die intellektuellen Energien zu bündeln vermag.

Ob das europäische Primärrecht konstitutionell und zugleich pluralistisch gedacht werden kann, ist nicht zweifelsfrei (Avbelj 2012), wird hier aber gegenüber der Verbundbegrifflichkeit eines „multi level constitutionalism" bevorzugt. Der Pluralismus sagt wenig zur institutionellen Ausgestaltung jenseits des Staates, ist aber skeptisch, was die Ablösung von den „nationalen constituencies" angeht (Zürn 2011). Den Kern des pluralistischen Paradigmas können wir darin sehen, die alte Zweiteilung von monistischer oder dualistischer Geltungsbegründung überstaatlichen Rechts zu überwinden (vgl. Fischer-Lescano 2008; Grimm 2012, S. 135 ff.) und das Recht selbst, wie es schon das Ziel des „lebenden Rechts" Eugen Ehrlichs war, stärker auf die gesellschaftlichen Kontexte zu beziehen. Für Armin v. Bogdandy (2013a, S. 32), demzufolge auch die Ansätze über den Mehrebenen-, den Netzwerk- und den Verbundbegriff „im Zeichen eines rechtlichen Pluralismus" konzipiert sind, liegt

> die Kerneinsicht aller pluralistischer Positionen [...] darin, dass die diversen Prinzipien, die als Teil des Völkerrechts, des Unionsrechts oder aber des staatlichen Rechts normative Vorgaben für soziale Interaktionen niederlegen, nicht als Teile einer einheitlichen Rechtsordnung konzipiert und Konflikte nicht mit dem Paradigma der Hierarchie gelöst werden können.

Das Fehlen einer übergeordneten Instanz mache in Europa einen konstitutionellen Pluralismus unvermeidbar, so heißt es bei Miguel Maduro (2003, S. 522). So richtig die Beschreibungen auch sind, so sehr ist doch mit den Unschärfen des

Konzepts zu kämpfen.[4] Mangelnde Trennschärfe scheint in Kauf genommen zu
werden, wenn beispielsweise Alec Stone Sweet (2012, S. 63 ff.) annimmt, dass
sich konstitutioneller Pluralismus und grundrechtlicher Kosmopolitismus gegen-
seitig bedingen. Soll sich das Konzept nicht in Beschreibungen erschöpfen, besteht
Abgrenzungsbedarf vor allem in zwei Richtungen: Auf der einen Seite gegenüber
einem gesellschaftlichen Konstitutionalismus, wie er zum Beispiel von Gunther
Teubner (2012) vertreten wird. Auf der anderen Seite zu kosmopolitischen Ansätzen, die entweder den Pluralismus durch eine politische Weltverfassung zu bän-
digen suchen (Habermas 2011) oder das globale Recht in seiner pluralistischen
Struktur vom konstitutionalistischen Argument lösen wollen (Krisch 2010).

Vom gesellschaftlichen Konstitutionalismus, der auf transnationale Teilregime
als „Verfassungssubjekte" setzt (Teubner 2012, 62 ff.), übernimmt das pluralistische Paradigma die Kritik an der Vorstellung eines übergeordneten Dritten, auf
den – wie beim Staat – die Sorgen und Ängste, aber auch die Hoffnungen und
Erwartungen einer verunsicherten Gesellschaft projiziert werden könnten.[5] Die
Beziehungen zwischen den Ordnungen sind eher horizontal als vertikal und stärker heterarchisch als hierarchisch (vgl. Walker 2002, S. 337). Ob sich über das
Anzapfen gesellschaftlicher Kräfte eine, wenn auch funktional ausdifferenzierte,
Globalverfassung herausbildet, wird vom konstitutionellen Pluralismus jedoch
mit einem Fragezeichen versehen. Das gilt auch für die kosmopolitische Vision
einer Weltverfassung, die aus pluralistischer Perspektive den Bewegungskräften
des Politischen zu viel zutraut, während umgekehrt ein „starker" Pluralismus, der
sich jeder konstitutioneller Prägung entzieht, der Gefahr ausgesetzt ist, lediglich
die reale, in Staaten gegliederte Welt zu spiegeln.[6]

---

[4] So greift es zu kurz, in grundlegenden Entscheidungen wie Marbury v. Madison (USA)
oder van Gend & Loos (EU) die Inanspruchnahme eines Letztentscheidungsrechts für die
eigene Rechtsordnung zu sehen. Beide Entscheidungen stehen – in den USA im Sinne eines
institutionellen Pluralismus, in der EU im Sinne eines konstitutionellen Pluralismus – für
den Versuch, eine Praxis gegenseitiger Anerkennung unterschiedlicher Akteure zu etablieren
(vgl. Halberstam 2008, S. 23).

[5] Der gesellschaftliche Konstitutionalismus richte sich „gegen die Zentralisierung der grundlegenden gesellschaftspolitischen Fragen auf das politische System der Weltgesellschaft. Er
ist auf eine Vervielfältigung der Orte gerichtet, in der über das ‚Politische' in der Gesellschaft
gestritten und entschieden wird" (Teubner 2012, S. 186).

[6] von Bogdandy (2013a, S. 32) unterscheidet zwischen einem „radikalen" Pluralismus,
der von Machtkonflikten ausgehe, die juristischer Rationalität kaum zugänglich seien, und
einem „dialogischen" Pluralismus, der auf der Beobachtung beruhe, dass die unterschiedlichen „Rechtsregime und Institutionen bei prinzipieller Wahrung ihrer normativen Unabhängigkeit in aller Regel stabile rechtliche Beziehungen aufbauen." Sprechen wir von Pluralismus, sind unterschiedliche Grade in Rechnung zu stellen, die über die Qualifizierung eines
„starken" oder „schwachen" Pluralismus hinausgehen.

Der konstitutionelle Pluralismus kommt ohne jene starke Einheitsfolie aus, wie sie der von der deutschen Europarechtswissenschaft präferierten Ordnungsidee des Verbundes zugrunde liegt. Insoweit wäre einiges gewonnen, löste man sich von der überkommenen Dichotomie von Selbst- und Fremdkonstitutionalisierung zugunsten eines Politikbegriffs, der nicht statisch zu verstehen oder auf die Politik der Staaten zu verkürzen ist. Denn das Politische hat seinen exklusiven Ort im Staat verloren, wenngleich es allein mit Skandalisierungsprozessen unter der Annahme einer weltgesellschaftlichen *colère publique*, die in der „normativen Erwartung" bereits die Rechtsbegründung zu erkennen meint, kaum getan ist. Dass sich die Verfassung vom Staat löst, bedeutet nicht, sie als Verfassung der Gesellschaft verstehen zu müssen. Ein dualistisches Verfassungsverständnis, wonach die Verfassung als externe Grenze des politischen Systems begriffen wird, droht die Herrschaft ermöglichenden Funktionen der Verfassung aus dem Blick zu verlieren. Deshalb dürfe die Verfassung weder auf den Staat verkürzt noch auf die Gesellschaft erstreckt, sondern müsse als Bestandteil des politischen Systems verstanden werden.[7]

Die häufig beklagte Unschärfe des konstitutionellen Pluralismus mit seinen Anleihen am neuen Rechtspluralismus, wie er zur Erfassung postkolonialer Gesellschaften entwickelt worden ist, lässt sich nicht ganz vermeiden, darf aber auch nicht darüber hinwegtäuschen, dass es selbst in „entwickelten" Ordnungen wie der Unionsrechtsordnung ratsam sein kann, die Grenzen des im Vertragsänderungsverfahren nach Art. 48 EUV nur schwer zu ändernden und damit politischer Gestaltung weitgehend entzogenen Unionsverfassungsrechts intensiver zum Thema zu machen.[8] Denn anders als das Völkerrecht stellt sich das Europarecht als politisierbare Erzählung dar, mag es auch den *einen* Gesetzgeber oder *die* Regierung nicht geben. Die sich im Verfassungsstaat herausgebildete und diesen kennzeichnende Allgemeinheit der politischen Form, in der sich der gesellschaftliche Pluralismus und die organisatorische Vielfalt des *einen* Verbands im Rahmen *einer* verfassungsrechtlichen Ordnung verarbeiten lässt, eben diese demokratische Allgemeinheit als Widerlager des funktionell Besonderen ist der EU unter einem einheitlichen institutionellen Rahmen mit erheblichen Binnendifferenzierungen keineswegs fremd (Möllers 2010). Anders als das Völkerrecht, dem ein „konstitutives Außerhalb" fehlt, lässt sich die Union als politische Ordnung begreifen, die sich nicht bloß

---

[7] Vgl. Thornhill (2011, S. 212 ff.) mit dem Hinweis auf die Verwandtschaft der Konzeptionen, die zwischen der Verfassung des Staates (Dieter Grimm) und der Verfassung der Gesellschaft (Gunther Teubner) liegen. Danach verschließen sich beide Positionen der Einsicht in die Funktion der Verfassung als internem Bestandteil des politischen Systems, der Variabilität politischer Begriffe und der Ermöglichung einer adäquaten Politisierung der Gesellschaft.

[8] Vgl. Franzius et al. (2014). Zu Konsequenzen unten 3.4).

nach innen gegenüber den Mitgliedstaaten, sondern auch nach außen gegenüber dem Völkerrecht abgrenzt und damit als prinzipiell demokratisierbar darstellt.[9] Die Rückbindung an gesellschaftliche Konflikte kann und muss daher demokratisch organisiert werden.

Der Vorteil dieser Perspektive ist das Offenhalten politischer Lösungen. Einen legitimationstheoretischen Vorrang der einen Ebene gegenüber der anderen Ebene gibt es nicht, und es obliegt den Bürgern in ihrer Doppelrolle als Angehörige eines Staatsvolkes und als Unionsbürger, auf eine institutionelle Ausgestaltung zu drängen, die dieser Rolle gerecht wird. Das mag eine konsequente Gleichberechtigung von Rat und Parlament in der Gesetzgebung erfordern (vgl. Habermas 2011, S. 62 ff.), sagt aber noch nichts darüber aus, nach welchem Verfahren eine stärkere Rückbindung der Exekutive an Wahlentscheidungen der Unionsbürger erfolgen sollte, zumal, wie wir gesehen haben, eine legitimatorische Stärkung des Kommissionspräsidenten zugunsten des Erhalts mitgliedstaatlicher Legitimationsstränge hinterfragt werden kann. Welche Gemeinschaft die Bürger wählen, hängt von Traditionen und Identifikationsangeboten, aber auch davon ab, ob sie als Staatsangehörige oder Unionsbürger adressiert werden und wie diese Struktur im „institutionellen setting" gespiegelt wird.

Verfassungen geht es um eine Ordnung der wechselseitigen Prozesse der Politisierung von Recht und der Verrechtlichung von Politik (vgl. Möllers 2011b, S. 311). In der Redeweise vom „demokratischen Rechtsstaat" wird das eher verdeckt als erhellt. Für die EU liefern die unterschiedlichen Traditionsschichten des Verfassungsbegriffs drei Einsichten, die eine kritische Folie für die Konstitutionalisierungsthese bereitstellen:

• Aus der revolutionären, herrschaftsbegründenden Tradition des Verfassungsbegriffs stammt die Figur freier und gleicher Bürger als Legitimationssubjekte einer Verfassung als politischer Grundordnung. Sie geht gegenüber der Erstreckung des Verfassungsbegriffs auf die „überstaatliche" Ebene auf Distanz, was mit dem Verzicht auf überschießende konstitutionelle Gehalte in den Verträgen zum Ausdruck kommt.
• Demgegenüber folgt aus der evolutionären, herrschaftsbegrenzenden Verfassungstradition die Orientierung am Recht und an Rechten unter dem Schutz von Gerichten. Das macht den *rechtlichen Konstitutionalismus* für die europäische

---

[9] Zwar mag das Völkerrecht vom Europarecht in Fragen des institutionellen und konzeptionellen Designs „transnationaler" Demokratie lernen können (von Bogdandy 2012). Doch es fehlt im Völkerrecht an einer abgrenzbaren politischen Entität, die für die Allgemeinheit und Änderungsoffenheit des Rechts stehen könnte.

Idee attraktiv. Nicht ohne Grund wurde hinter dem europäischen Verfassungsprojekt ein deutsches Anliegen vermutet.

• Beide Traditionsschichten des Verfassungsbegriffs setzten hinter den Europäischen Rat ein konstitutionelles Fragezeichen, denn unter dieser Figur ist der Vorrang der Verfassung schlecht durchsetzbar, wie am Beispiel der Vergipfelung der Euro-Rettungsmaßnahmen deutlich wird (Pernice u. a. 2012). In Europa kann es, sollen auch hier Recht und Politik zusammenkommen, nicht nur das Recht – losgelöst von den politischen Verfahren seiner Erzeugung – geben. Deshalb kann eine Verrechtlichung ohne demokratische Prozeduren unter der Privilegierung einer bestimmten Konstitutionalisierungsschicht nicht überzeugen. Das Konstitutionalisierungsleitbild ist vielmehr auf eine Interoperabilität von Recht und Politik in der Trennung und Verknüpfung *beider* Welten einzustellen. Auf die Subordination der einen oder anderen Rationalität ist zu verzichten. Es gibt in der transnationalen Konstellation keinen pauschalen Primat, weder des Rechts noch der Politik (vgl. Franzius 2013a, S. 251 f.).

3.2 Grundlegung: Rechtspluralismus als Demokratieschutz?

Eine pluralistische Deutung des Konstitutionalisierungsparadigmas könnte den Vorwurf einer demokratischen Leerstelle entkräften. Klaus Günther (2001, S. 541) spricht vom Faktum des Rechtspluralismus, der, wie auch Dieter Grimm (2011, S. 390) einräumt, nicht länger ein Makel sei, den es zu überwinden gelte. Sein Vorteil liegt im Erhalt konkurrierender Sichtweisen, wodurch politische Lösungen möglich bleiben.

Denn die Wahrnehmung der Welt bedarf einer Pluralität von Standorten, um Wirklichkeit überhaupt erst zu konstituieren und ihren Fortbestand zu garantieren. Eine gemeinsame Welt verschwinde, wenn sie nur noch unter einem Aspekt gesehen werde. Der zu regelnde Gegenstand benötige unterschiedliche Perspektiven, die im politischen Prozess zu erzeugen sind:

> Welt [...] entsteht nur dadurch, dass es Perspektiven gibt [...]. Je mehr Völker es in der Welt gibt, die miteinander in dieser und anderer Verbindung stehen, desto mehr Welt wird sich zwischen ihnen bilden und desto größer und reicher wird die Welt sein (Arendt 2003, S. 105 f.).

In der pluralen Struktur des Politischen treten konflikthafte, stärker auf Dissens als auf Konsens orientierte Ausdrucksformen zu Tage, und in dieser Multi-Perspektivität liegt nicht bloß eine erkenntnistheoretische, sondern auch eine legitimationstheoretische Funktion, die „daraus erwächst, dass die eingebrachten Positionen nicht nur in einem komplementären, sondern auch in einem Widerspruchsverhältnis zueinander" stehen (Ley 2012, S. 125). Entscheidend ist, dass der pluralistische Ansatz der Politik demokratisch zu gestaltende Räume eröffnet. Er ist:

- eher beschreibend als normativ;
- heterarchisch statt hierarchisch;
- er zielt auf einen pragmatischen gegenseitigen Ausgleich zwischen den Ordnungen statt auf „letzte" Worte;
- er basiert auf der Freiheit des Einzelnen mit der Zugehörigkeit zu einer oder mehreren politischen Gruppen statt einer formalen Suprematie der einen oder anderen Ebene;
- der Pluralismus ist zusammenfassend eher politischer als rechtlicher Natur, aber nicht – und hier liegt ein Missverständnis – eine Alternative zu jeder Form von Konstitutionalisierung, die es auch in pluralistischen Varianten gibt, aber kaum auf „benchmarks" zu verkürzen sind.

Die transnationale Konstellation sperrt sich gegenüber einem ganzheitlichen Denken und einem juristischen Werteholismus mit der Sehnsucht nach einer Einheit der Werte. Die Rückkehr des Igels, so ließe sich im Anschluss an Ronald Dworkin (2012) sagen, ist nicht zu erwarten.[10] Muss nicht nur der Ort der Macht, sondern auch die Stelle des Subjekts der Verfassung „leer" bleiben (Vesting 2009, S. 612 f.), verflüchtigt sich der Verfassungsbegriff in seiner normativen Bedeutung, und es könnte auf jede konstitutionelle Begrifflichkeit in der transnationalen Konstellation verzichtet werden. In dieser Richtung argumentieren in der Tat manche Vertreter des Pluralismus (Krisch 2010). Das erscheint jedoch verfrüht und dürfte der „postnationalen" Perspektive geschuldet sein. Es ist jedoch schon hervorgehoben worden, dass die Staaten wichtige Akteure eingespielter Routinen demokratischer Verfahren bleiben. Hier liegt ein Grund, warum von transnationalen Ordnungen oder „Assemblagen" (Sassen 2008) die Rede ist.

„States remain central to these transnational processes [...]. It thus seems misleading to use the term postnational to describe the current context" (Shaffer 2012, S. 573).

---

[10] Der Fuchs weiß viele Dinge, aber der Igel weiß eine große Sache. Transnationale Räume lassen sich nicht aus der holistischen Perspektive „des Igels" angemessen erfassen, ohne deshalb in die von Dworkin kritisierte Perspektive „des Fuchses" flüchten zu müssen.

Auch die Bedeutung der nationalen Verfassungen zur Strukturierung transnationaler Räume sollte nicht unterschätzt werden. Verloren gegangen ist lediglich der Anspruch der Staatsverfassung, einen einheitlichen Raum der Rechtserzeugung zu schaffen. Wenn aber staatliche Verfassungen ihren Ordnungsanspruch mit unions- oder völkerrechtlichen Regelungsansprüchen teilen, wodurch sie ergänzt, aber nicht verdrängt werden, bietet es sich an, von einem konstitutionellen Pluralismus zum Erhalt demokratischer Rechtserzeugung auszugehen. Das verweist auf die Frage nach dem zugrundeliegenden Politikmodell.

Ein Politikmodell, das um kollektive Identitäten kreise, sei angesichts des neuen Individualismus hoffnungslos veraltet, so lautet der seit langer Zeit erhobene Vorwurf, etwa in der Theorie reflexiver Modernisierung. Das ist nicht ohne Kritik geblieben. Für Chantal Mouffe (2005) handelt es sich um „postpolitische" Visionen, weil es keine in Wir-Sie-Form konstruierten kollektiven Identitäten mehr gebe, sich also die politischen Grenzen aufgelöst haben. Sie stellt der dialogischen, auf einen Konsens zielenden Demokratie die agonistische, auf Differenz zielende Demokratie gegenüber, in der es eine auf die Herstellung von Hegemonie zielende politische Gegnerschaft geben müsse. Für die universellen Menschenrechte als Bestandteil der grenzenlosen Geltungsreichweite liberaler Demokratie hat Mouffe nur Spott übrig. Für sie kann es keine kosmopolitische, sondern nur eine multipolare Weltordnung geben. Das erscheint indes kaum zwingend: Zum einen nimmt die pluralistische Struktur der Weltgesellschaft die im Widerstreit liegenden Antagonismen auf und erklärt sie für legitim. Zum anderen darf der Konstitutionalismus nicht mehr als wertgebundener Gegenspieler des Pluralismus verstanden werden. In seinen kosmopolitischen Spielarten hat der Konstitutionalismus längst begonnen, das pluralistische Paradigma mit den beschriebenen Unschärfen zu verarbeiten.

Damit ist noch nicht gesagt, dass ein individualistisches Demokratieverständnis den Ballast älterer Konzeptionen abschütteln könnte. Denn es gehört zu den Eigentümlichkeiten demokratischer Ordnungen, dass sie im Abstreifen älterer Bindungen und anderen Transformationsprozessen die kollektive Erinnerung an eine Gemeinsamkeit präsent halten.[11] Gewiss fällt es einem auf die Individuen zurückgeführten Verständnis demokratischer Herrschaft ohne eine übersteigerte Sehnsucht nach Einheit leichter, die Herausforderungen der transnationalen Konstellation zu verarbeiten. Das sieht auch das Bundesverfassungsgericht, das im Lissabon-Urteil

---

[11] Zur imaginierten Einheit als Voraussetzung – unabgeschlossener – politischer Auseinandersetzung Lefort (vgl. 2007, S. 551 ff.). Lefort verweist in diesem Zusammenhang auf Ernst H. Kantorowicz mit dem Bild der symbolischen Einheit der Gesellschaft, die sich im doppelten Körper des Königs spiegelt.

ein menschenrechtliches Verständnis der Demokratie andeutet.[12] Aber es stellt den
Menschen neben die staatsfixierte Konzeption, greift die Doppelgleisigkeit in den
späteren Ausführungen nicht wieder auf und lässt mit den Aussagen zu den „politischen Primärräumen" unter der Integrationsverantwortung der deutschen Staatsorgane eine Distanz zu den eigenen Maßstäben erkennen.

3.3 Grundlegung: Einheitsversprechen der Verfassung

Ob sich unter diesen Bedingungen das Einheitsversprechen der Verfassung aufrechterhalten lässt, ist unsicher. Versteht man den Pluralismus als Alternative zur
Konstitutionalisierung, kann man skeptisch sein.[13] Sieht man ihn demgegenüber
als Bezugspunkt für die Formulierung von Rechtsbindungen, müsste die Einheit
nicht aufgegeben, aber komplexer gedacht werden. Denn geht der konstitutionelle
Pluralismus auf der einen Seite über die bloße Verrechtlichung hinaus, so scheint er
auf der anderen Seite hinter kosmopolitischen Idealisierungen doch zurückzublei-
ben. Deshalb ist das Einheitsversprechen der Verfassung unter den Bedingungen
entgrenzter Räume des Politischen vor drei Herausforderungen gestellt:

* Erstens mit Blick auf Grenzen des Konstitutionalismus: Das konstitutionalistische Leitbild ist nicht aufzugeben, aber pluralistisch zu denken.[14]
* Zweitens geht es um die Frage, ob Politik mit dem Potential der Erzeugung
  demokratischer Legitimation nur im Paradigma des Partikularismus gedacht
  werden kann. Ein demokratischer Konstitutionalismus erfordert die Suche nach
  Äquivalenten territorialer Grenzen, um Politik auch in Zeiten „überstaatlicher"
  Herausforderungen zu ermöglichen.

---

[12] Vgl. BVerfGE 123, 267/341 ff. Lebensweltliche Zugehörigkeiten werden so nicht mehr
als kollektive Vergemeinschaftungsprozesse, sondern als individuelle Wahrnehmung des
Öffentlichen begriffen. Freigelegt werden sollen damit die Bedingungen einer intakten Demokratie: Demokratie, so das Gericht, bedeute für den Bürger, keiner politischen Gewalt
unterworfen zu sein, der sie nicht ausweichen können und, der sie nicht prinzipiell personell
und sachlich in Freiheit zu bestimmen vermögen.
[13] Darstellung mit weiteren Nachweisen: Avbelj (vgl. 2012, S. 383 ff., S. 409), der eine
Verbindung von konstitutionellen und pluralistischen Elementen für unmöglich hält und ein
neues Paradigma fordert, „which could ensure the efficient functioning of other pluralist regimes beyond the state. The title of this paradigm will not belong to international law, neither
to constitutionalism, nor to constitutional pluralism. It will belong to pluralism itself".
[14] Ob die pluralistische Perspektive nicht nur an die Stelle der Souveränität, sondern zur
rechtsstaatlichen und demokratischen Erfassung der „Ausübung öffentlicher Gewalt" auch
an die Stelle des Konstitutionalisierungsparadigmas tritt, wird bei von Bogdandy (2013b,
S. 4 ff.) nicht ganz klar.

• Drittens fragt es sich, ob die vom Bundesverfassungsgericht gegenüber europäischen „Zumutungen" eingeforderte Verfassungsidentität eine Rückzugs-
strategie darstellt. Denn sie könnte auch als eine notwendige Bedingung für
die Demokratisierung der EU verstanden werden (vgl. Grimm 2014). Das hätte
Konsequenzen, müsste das Unionsrecht doch stärker im Sinne eines Schutzes
der nationalen Verfassungsordnungen verstanden werden. Deren Vorbehalte
werden dann als Grenzen des Vorrangs unionsrechtlich reformulierbar (vgl.
Bogdandy und Schill 2010).

3.4 Ausprägungen: Recht und Politik

Wie aber soll das Recht an die Politik geführt, wie soll es änderungsoffen und als
demokratisch legitimiert her- oder zumindest dargestellt werden? Und wie kann
der Einsicht des Präsidenten des Bundesverfassungsgerichts (Voßkuhle 2012a)
entsprochen werden, demzufolge Europa eine Zukunft nur als demokratisch legitimierte Rechtsgemeinschaft habe? Als große Lösung wird die Einberufung eines
Konvents gefordert, um die notwendigen Anpassungen in den Verträgen vorneh-
men zu können. Daran führt kein Weg vorbei, sollte die „Wirtschaftsregierung"
eine vergipfelte Einrichtung des Europäischen Rates bleiben.[15] Dessen Handeln
ist – abgesehen von Zweifeln an der primärrechtlichen Zulässigkeit des Fiskal-
vertrags, die mit dem Wunsch nach seiner Überführung in das Unionsrecht noch
nicht ausgeräumt sind[16] – weder europäisch noch mitgliedstaatlich demokratisch
hinreichend legitimiert.

Ob es die Zustimmung aller Mitgliedstaaten zu den notwendigen Reformen geben wird, ist allerdings fraglich. Hier liegt eine strukturelle Hürde für die Demokratisierung der Union. Denn erforderlich werden Vertragsänderungen, die unter
einem doppelten Einstimmigkeitsvorbehalt stehen, zunächst bei der Beschlussfassung der Regierungen und dann bei der Ratifikation nach Maßgabe der Verfassungsordnungen in den Mitgliedstaaten (Art. 48 EUV). Damit lassen sich die
Verträge der EU 28 schwerer ändern als jede nationale Verfassung. Das provoziert

---

[15] Die Alternative einer Verortung bei der Kommission durch die Legislativpakete des mit
Zustimmung des Europäischen Parlaments verabschiedeten Six Pack und des Two Pack
stößt jedoch unionsverfassungsrechtlich ebenfalls auf Bedenken, vgl. Bast und Rödl (2012);
anders Antpöhler (2012).

[16] Die Unionsrechtskonformität ist nur für den ESM-Vertrag festgestellt, vgl. EuGH, Urt. v.
27.11.2012, Rs. C-370/12 (Pringle), Slg 2012, I-0000 Rn. 133 ff. Der Fiskalvertrag könnte
gegen das Loyalitätsprinzip des Art. 4 Abs. 3 EUV verstoßen, wonach es den Mitgliedstaaten
untersagt ist, die Funktionsfähigkeit der Unionsorgane zu behindern.

die Flucht in „Sonderregime" und die Institutionalisierung einer Politik, die mit gegenläufigen Interessen nur schwer in einen Ausgleich gebracht werden kann. An Stelle von großen Lösungen wird es deshalb auch um kleine Lösungen im Rahmen des geltenden Rechts gehen müssen. Diesem Recht ist wegen seiner erschwerten Abänderbarkeit eine Dynamik und Flexibilität eingebaut, was für die Interpretation der Kompetenzen nicht folgenlos bleiben kann (Möllers 2011a, S. 774 f.). Je schwerer eine Verfassung zu ändern ist, desto wichtiger wird ein flexibles Verständnis der Kompetenzordnung, die für die Europapolitik nicht statisch verstanden werden darf.[17] Das ist kein Freibrief für das Unterlaufen der Rechtsordnung, hat die Krisenpolitik aber aus dem Generalverdacht des Rechtsbruchs herauszunehmen.[18]

So wird den Euro-Rettungsmaßnahmen, die ein völkerrechtliches Regime allein kaum zu stemmen imstande wäre, eine eigentümliche Doppelnatur zugesprochen: Auf der einen Seite sind es Maßnahmen der Mitgliedstaaten im Rahmen der Wirtschafts- und Währungsunion, wodurch sie an die Grenzen des Vertrags rechtlich gebunden sind. Auf der anderen Seite greifen sie darüber hinaus und können als politischer Versuch gelesen werden, den Rechtsrahmen weiterzuentwickeln (Nettesheim 2011). Anders gesagt und nur scheinbar paradox: Um die Bindung an das Recht zu ermöglichen, scheint es der Souveränität der Mitgliedstaaten zu bedürfen, in den Formen des Völkerrechts ihre europäische Selbstbindung zu reformulieren.[19] So mag sich die EU in den Wegen aus der Schuldenkrise von idealistischem Überschuss des Rechts befreien, möglicherweise aber auch vom konstitutionellen

---

[17] Die deutsche Europapolitik „versteckt" sich hinter dem Recht, wenn Projekte wie die Bankenunion mit dem Hinweis auf eine erforderliche Vertragsänderung praktisch verhindert werden. Nicht weniger bedenklich ist es, für die Bankenaufsicht und den Erlass der EU-Verordnung nach Art. 127 Abs. 6 AEUV ein Zustimmungsgesetz nach Art. 23 Abs. 1 GG zu fordern. Letztlich droht auf diese Weise jede europäische Rechtssetzung blockiert zu werden (Mayer und Kollmeyer 2013).

[18] Vgl. die ehemalige Vizepräsidentin der Europäischen Kommission und EU-Justizkommissarin Viviane Reding (2012) mit ihrer Kritik an der Neigung deutscher Juristen, in der Euro-Rettung einen permanenten Rechtsbruch zu sehen. Das deutsche Verständnis von dem Maß an rechtlicher Absicherung, ist, wie auch der ehemalige Präsident des Europäischen Parlaments Klaus Hänsch (2012) bemerkt, von „einem tiefsitzenden Misstrauen in die Prozesshaftigkeit von Politik" geprägt. Das habe mit der deutschen Geschichte zu tun, könne aber „in seiner Rigorosität und Enge von anderen in Europa mit ihren geschichtlichen Erfahrungen" nicht immer geteilt werden.

[19] Die Rede ist von „Ersatzunionsrecht" oder Unionsergänzungsvölkerrecht, das die grundgesetzlichen Vorgaben für die Europapolitik nicht aushebeln kann, aber ohne Beteiligung des Europäischen Parlaments zustande kommt. Soweit die Kommission – wie durch den ESM-Vertrag – als Unionsorgan in Dienst genommen wird, bleibt das Europäische Parlament in die Kontrolle solcher hybriden „Anbauten" eingebunden (vgl. von Arnauld 2013, S. 519).

Ansatz, der sich, wie es Armin von Bogdandy und Jürgen Bast (2010, S. 1) formulieren, vom „taming intergovernemental relationships" zu einem „framing political processes" gewandelt hat. Der Rechtsrahmen erlaubt keine beliebigen Erweiterungen, provoziert zur Verarbeitung des politischen Handlungsdrucks aber die Flucht in völkerrechtliche Nebenregime, die sich wie der Fiskalvertrag möglicherweise nicht so einfach wie erhofft in die allgemeine Strukturen des Unionsrechts zurückführen lassen.[20]

Die Euro-Krise dokumentiert auf anschauliche Weise, dass Lösungen weder allein im Recht noch allein in der Politik liegen können, es hier vielmehr zu einer Neubestimmung des Verhältnisses von Recht und Politik kommt. Das erhält im Aufbau einer europäischen „Wirtschaftsregierung" unter demokratischen Vorzeichen ein besonderes Gewicht. Recht und Politik werden nicht entlang territorialer Grenzen miteinander verkoppelt, sondern nach funktionalen Kriterien, die keiner übergreifenden Einheit unterworfen sind. Sie finden weder auf der einen (nationalen), noch auf der anderen (supranationalen) Ebene zusammen, sondern operieren nach einem ebenentranszendierenden Modus. Weder die nationalen Verfassungsrechtsordnungen noch das europäische Primärrecht liefern jeweils für sich einfache Antworten. Das ist kein Freibrief für die Politik. Ein konstitutioneller Pluralismus muss jedoch in Rechnung stellen, dass jede „Ebene" legitime Ansprüche stellt und dass sich die handelnden Akteure im Umbau der Europäischen Union in einer transnationalen Konstellation befinden, die ein Rechtserzeugungsmonopol, wie es dem Verfassungsstaat klassischer Prägung eingeschrieben ist, nicht mehr kennt.

3.5 Ausprägungen: Repräsentation und Partizipation

Ist es realistisch anzunehmen, dass es dem Europäischen Parlament gelingen wird, die Gesamtheit der Unionsbürger zu repräsentieren? Stößt diese Annahme, selbst wenn sie nur als regulative Idee formuliert wird, nicht an strukturelle und soziale Grenzen? Ohne einen fühlbaren Zuwachs an Kompetenzen auf die Unionsebene dürfte kaum echter Repräsentationsbedarf entstehen. Deshalb fragt sich, ob der amerikanische Schlachtruf „No taxation without representation" nicht umzukehren und für die EU zu fordern wäre: „No representation without taxation".

---

[20] Das oft zu hörende Schengen-Argument, wonach es nicht unüblich sei, eine völkerrechtliche Vereinbarung erst später in das Unionsrecht zu überführen, trägt hier nicht. Anders als bei den Personenkontrollen an den Binnengrenzen, die vom Unionsrecht zunächst nicht geregelt waren, ist der Bereich der Währungs- und Wirtschaftspolitik primärrechtlich sehr dicht geregelt, im Vergleich zu nationalem Verfassungsrecht vielleicht sogar überkonstitutionalisiert.

Gegenwärtig erscheint es kaum möglich, der EU haushalts- und steuerpolitische Entscheidungsgewalt in nennenswertem Umfang zu übertragen. In dem Maße, wie sich Legitimation nicht über Repräsentation herstellen lässt, wächst das Bedürfnis nach alternativen Strategien. Der viel gescholtene Vertrag von Lissabon sieht das Problem und stellt neben die Repräsentation die Partizipation als demokratische Strategie (Art. 11 EUV). Ein kaum zu unterschätzender Vorteil liegt darin, dass diese Strategie auch ohne Vertragsänderungen genutzt werden kann. Es braucht keine kollektive Einheit gewünscht zu werden, um die Ausübung von europäischer Herrschaftsgewalt demokratisch rechtfertigen zu können. Vorausgesetzt wird aber das europäische Engagement zivilgesellschaftlicher Organisationen. Die Konsultationspraxis der Kommission lässt eine Bevorzugung bestimmter Akteure erkennen. Notwendig sind bessere Verfahren, um die Lobby-Arbeit von Interessengruppen in europäischen Angelegenheiten zu kanalisieren und einzuhegen.

Zur Partizipation im weiteren Sinne gehören auch direktdemokratische Elemente wie die Europäische Bürgerinitiative nach Art. 11 Abs. 4 EUV. Sie ist das weltweit erste Instrument transnationaler Direktdemokratie. Gewiss, die Kommission, die durch eine Bürgerinitiative zur Rechtssetzung aufgefordert, nicht aber verpflichtet werden kann, versucht dieses Instrument zu einer Petition herunterzuspielen. Aber der politische Druck, der schon mit der bloßen Ankündigung einer Bürgerinitiative ausgeübt werden kann, sollte nicht unterschätzt werden (vgl. dazu den Beitrag von Richter in diesem Band).

Die Kommission hat die Aufgabe, die eingereichte Bürgerinitiative daraufhin zu prüfen, ob sie außerhalb der Befugnisse der Kommission liegt, nämlich Vorschläge für Rechtsakte der EU zu machen, um die Verträge umzusetzen. Welche Themen durch eine Europäische Bürgerinitiative aufgegriffen werden können, hängt davon ab, ob sie in den Kompetenzbereich der Union fallen. Hier liegt das Hauptproblem der Bürgerinitiative. Themen, die für die Bürger Europas interessant sind, die sie bewegen und die nach ihrer Auffassung von der europäischen Politik nur ungenügend aufgegriffen werden, dürfen nach den geltenden Verträgen häufig nicht Gegenstand einer Europäischen Bürgerinitiative sein. Das Diktum, die Bürgerinitiative finde ihre gegenständliche Grenze in den Verträgen, sollte deshalb überdacht werden. Auch solche Initiativen müssten für zulässig erklärt werden, die nur mittelbar über eine Änderung der Verträge zum Ziel führen können (vgl. Franzius und Preuß 2012, S. 133). Lediglich Initiativen, die offenkundig gegen unionsverfassungsrechtliche Bestimmungen verstoßen, dürfen und müssen von der Kommission unter Angabe der Gründe für unzulässig erklärt werden.

3.6 Ausprägungen: Permeabilität und Kontestabilität

Zwei Prinzipien, wie sich das Integrationsprojekt „vergesellschaften" ließe, sei-
en in diesem Zusammenhang genannt: Zum einen akzentuiert der konstitutionelle
Pluralismus das Prinzip der Permeabilität (vgl. Wendel 2011, S. 14 ff.). Denn in der
EU bestehen formell voneinander getrennte Teilrechtsordnungen, die gleichzeitig
einfordern, jeweils auf einem autonomen Geltungsgrund im Sinne rechtlicher Un-
abgeleitetheit zu beruhen. Das mag von den Mitgliedstaaten als Verfügungsgewalt
über die eigene Rechtsordnung verstanden werden, lässt mit Blick auf das Verhältnis zur Unionsrechtsordnung aber eine wechselseitige Permeabilität erkennen,
die als Ausdruck der Reflexivität miteinander verflochtener Rechtsordnungen den
Gegensatz von Innen und Außen teilweise aufhebt. Als ein Prinzip konstitutioneller
Pluralität basiert die Möglichkeit normativer Permeabilität auf der verbleibenden
Souveränität der Mitgliedstaaten, die in den Integrationsermächtigungen wie Art.
23 Abs. 1 GG die potentielle Allzuständigkeit staatlicher Hoheitsgewalt zurück-
nehmen, dadurch aber keine Geltungsanordnung des Unionsrechts bestimmen. Der
Vorteil dieses Prinzips liegt darin, einerseits die mit der Öffnung mitschwingende
Durchbrechung nationalstaatlicher Souveränität nicht erst konzeptionell überwinden zu müssen. Andererseits erlaubt die Permeabiliät der Rechtsordnungen die
Aufnahme von staatlichem Verfassungsrecht in die Unionsrechtsordnung. Das
Europarecht ist in seiner Durchlässigkeit für das nationale Recht nicht auf ein einheitliches, sondern auf ein plurales Einbindungsobjekt ausgerichtet. Permeabilität
ist danach ein Mechanismus rechtsnormativer Verflechtung mit der Aufgabe, die
mitgliedstaatlichen Verfassungsordnungen als Reservoir für die Interaktion untereinander sowie mit dem Unionsrecht zu vergleichen, nicht aber unter dem Dach
des Europarechts einzuebnen.[21]

Zum anderen gilt es, nach Formen der Kontestation zu suchen, um die Ausübung
überstaatlicher Hoheitsgewalt von der Legitimationszufuhr durch die beteiligten
Regierungen, so wichtig deren Rückbindung an die nationalen Öffentlichkeiten
und Arenen auch bleibt, zu entlasten. Mit dem Hinweis auf die Unhintergehbarkeit

---

[21] Zur Verdeutlichung: EuGH Rs. C-36/02 Omega, Slg. 2004, I-9609. Es ging um die Frage,
inwieweit die grundgesetzliche Garantie der Menschenwürde der Anwendung der Grundfreiheiten entgegensteht. Der Gerichtshof stützte sich auf den Rechtfertigungsgrund der öffentlichen Ordnung (Art. 52 AEUV), in dessen Rahmen die Erwägungen der Behörde auf
der Basis von Art. 1 Abs. 1 GG hingenommen wurden. Hier schlägt die nationale Verfassungsidentität durch. Es findet keine Abwägung zwischen nationaler Menschenwürde und
europäischer Dienstleistungsfreiheit statt. Der EuGH akzeptiert vielmehr die abwägungs-
feste Ausgestaltung der Menschenwürde, wie es das Bundesverwaltungsgericht im Vorlage-
beschluss vorgetragen hatte. Die Menschenwürde des Grundgesetzes bleibt unangetastet, die
Achtung der nationalen Verfassungsidentität lässt Unionsrecht zurücktreten.

der Umkämpftheit politischer Entscheidungen werden liberale Kategorien wie Effizienz, Konsens oder Rationalität um republikanische Werte der Kontingenz bzw. des Konflikts erweitert und über die Institutionalisierung von Kontestationsmöglichkeiten eine Öffnung des politischen Raums bewirkt (vgl. Thiel 2011, S. 196 ff., 232 ff.). Traditionell werden Alternativen und Konflikte im Parlament erörtert und ausgetragen. Hier konstituiert sich Opposition, der vor allem in politischen Systemen die Alternativenformulierung obliegt, wo dies von der parlamentarischen Mehrheit, welche die Regierung trägt, typischerweise nicht erwartet werden kann.

Wenn das geschaffene Recht eine politische Rechtfertigung erhalten soll, dann hat sich eine Perspektive, die sich von der Fokussierung auf vorrechtliche oder vorpolitische Bedingungen einer Demokratisierung politischer Ordnungen distanziert, den Kontestationsmöglichkeiten in der Artikulation von Widerspruch und Alternativen zu widmen, über die der Entpolitisierung des einer funktionalistischen Logik preisgegebenen Rechts vorgebeugt werden kann. Herrschaft muss öffentlich kritisierbar sein und der Raum für Kontestation, verstanden als die Artikulation von Meinungen und Gegenmeinungen, muss in demokratischen Ordnungen stets offen gehalten werden. Die Kontingenz des Rechts im Bewusstsein, dass die Entscheidung auch anders hätte ausfallen können, die Veränderungsoffenheit demokratischen Rechts und das performative Moment des Politischen erklären den Widerstand gegen die Redeweise von vermeintlich alternativloser Politik, hinter der sich zumeist ein exekutiver Zugriff auf die konfliktreiche Auseinandersetzung für nicht zugänglich erklärte Themen verbirgt. Kann eine starke Opposition im Europäischen Parlament nicht entstehen, weil sich dieses als institutionelle Opposition gegenüber dem Rat versteht und deshalb nach außen einheitlich aufzutreten versucht, ventilliert sich Opposition im vertikalen Verhältnis zwischen den Mitgliedstaaten (Ley 2013). Hier geht es aber nicht primär um Alternativen, sondern um den Erhalt nationaler Interessen.

3.7 Transnationale Demokratie

Transnationale Demokratie verlangt die Politisierung funktionalistischer Ordnungen, schafft aber eine Distanz zur Vorstellung einer supranationalen Einheit, von der aus solche Prozesse organisiert werden könnten. Weil die Legitimation eines überstaatlichen Gemeinwesens nur pluralistisch zu haben sein dürfte, muss die Vielzahl von Legitimationssubjekten, gegenüber denen politische Entscheidungen zu rechtfertigen sind, erhalten bleiben. Mit der eigenen Transnationalisierung bekräftigt die Union ihre Struktur als Verbundordnung, die auf eine Kompatibilität, nicht aber Konvergenz der „intakt" bleibenden Demokratien in den jeweiligen Ausgestaltungen setzt.

Zu unterscheiden ist zwischen der Demokratie als politischer Idee und als verfassungsrechtlicher Kategorie. Es gilt in Erinnerung zu rufen, dass verfassungsrechtlich eine kategoriale Engführung des Demokratiebegriffs stattfindet. Demnach ist das Handeln des Staates, nicht aber das Handeln privater Akteure legitimationsbedürftig. Demokratie wird mit guten Gründen als formelles Prinzip ausgewiesen.[22] Dennoch bleibt das Recht, obwohl es nur einen Ausschnitt der sozialen Lebenswelt ordnet, von den normativen Idealen der Demokratie nicht unbeeinflusst und lebt zu einem guten Teil von ihren überschießenden Erwartungen, jede einmal gezogene Grenze überschreiten zu können. Demokratie, die Herrschaft konstituiert und als Maximierung von Selbstbestimmung legitimiert, bedarf einer Offenheit, um das Recht mit einem politischen Zukunftsbezug auszustatten. Das kann pragmatisch gedeutet werden. Was Demokratie ausmacht, entscheidet dann nicht das Verfassungsrecht oder die politische Philosophie, sondern ist Sache der hoheitlicher Herrschaftsausübung unterworfenen Bürger (Rorty 1988).

Für den Einzelnen mag der Staat als empirische Größe und als Garant von Freiheit und Sicherheit unverzichtbar sein (vgl. Habermas 2011, S. 49, 72). Aber diese Gemeinschaft, soll sie in der Freiheit des Gewaltunterworfenen wurzeln, kann dem Einzelnen nicht von außen vorgegeben werden. Sie muss als hinreichend offene Gemeinschaft definiert werden, damit sie vom Einzelnen als eigene Gemeinschaft anerkannt und Herrschaft „angeeignet" werden kann. Diese bürgerschaftlichen Anerkennungs- und Aneignungsprozesse sind nicht deckungsgleich mit den individuellen Rechten der Einzelnen. In der Welt „jenseits" des Staates ist die Rechtssubjektivität des Einzelnen keine gebündelte, sondern eine sektoral entbündelte Subjektivität, die in die funktionale Logik des jeweiligen „Aufgabenerledigungszusammenhangs" gestellt ist. Auch die Menschenrechte haben den Status des Einzelnen partiell erweitert, aber nicht von der Gemeinschaft abgekoppelt, in der sie geltend gemacht und durchgesetzt werden. Diese politische Gemeinschaft kann, muss aber nicht der Staat sein. Ja und mehr noch: Die politische Ordnung darf nicht mit der staatlichen Rechtsordnung gleichgesetzt werden, soll es der Freiheit des Einzelnen überlassen sein, welche Gemeinschaft für ihn maßgeblich ist.

Die politische Gemeinschaft der An- und Zugehörigen muss nicht der Staat sein. Es gibt, wie in föderalen Ordnungen deutlich wird, nicht nur eine politische Größe, die für den Einzelnen relevant ist und für die er sich in unterschiedlichen

---

[22] Hier verläuft das demokratietheoretische Schisma der deutschen Staatsrechtslehre, die sich mit der Qualifizierung des Demokratieprinzips als Formprinzip häufig nicht begnügt, hinter formelle Zurechnungen blickt und die Verwirklichung republikanischer Werte als verfassungsgeboten ausweist.

Wahlakten entscheidet. Abgestimmt wird über das Personal unterschiedlicher Gemeinschaften, die jeweils für sich eine politische Ordnung darstellen. Aus diesem Grund führt das „Gemeinschaftsdenken" in der Frage der Demokratisierbarkeit transnationaler Räume nicht weiter. Die EU ist keine Gemeinschaft nach staatlichem Vorbild und sie tut gut daran, nicht auf eine solche Verbundenheit zu setzen. Dennoch ist es eine politische Ordnung, die sich nicht nur nach innen gegenüber den Mitgliedstaaten, sondern auch nach außen gegenüber dem Völkerrecht abgrenzt. Solche Grenzen werden für die Demokratisierbarkeit einer politischen Ordnung für konstitutiv gehalten (Ley 2009). Ist danach auf der europäischen Ebene eine Politisierung und Demokratisierung möglich, fällt das auf internationaler Ebene sehr viel schwerer.

Wie aber können die Modelle transnationaler Demokratie aussehen? Das kollektivistische Modell, das auf der Konstruktion eines einheitlichen Demos beruht, stößt offensichtlich an Grenzen. Schon die Ausübung europäischer Herrschaftsgewalt soll nicht an ein Unionsvolk zurückgebunden werden. Maßgeblich sind hier nicht die Staatsvölker, sondern die Unionsbürger. Die Alternative kann jedoch kaum in einem individualistisch-menschenrechtlichen Demokratiekonzept bestehen. Wichtige Legitimationssubjekte bleiben die Staatsvölker, die sich nach Maßgabe des nationalen Demokratiebegriffs einem konsequent individualistischen Zugriff entziehen. Was bleibt, sind vermittelnde Ansätze, die unter dem Topos der lebendigen Demokratie auf den Erhalt „intakter" Demokratien in den Mitgliedstaaten setzen, aber das Europäische Parlament als Mitentscheidungsorgan ernstnehmen (vgl. Franzius und Preuß 2012, S. 144 ff.) und auf Verfahren zur Artikulation von Widerspruch und Opposition mit der Hervorbringung von Alternativen im Sinne einer Kontestabilität zielen.

Das individualistische Verständnis erklärt zwar die Wahl des Europäischen Parlaments, das nicht länger die Staatsvölker, sondern die Unionsbürger repräsentiert, liefert aber keine überzeugende Antwort für die Gesamtheit in seiner pluralistischen Mehrebenenstruktur. Das Problem, das ein individualistisches Demokratieverständnis hat, will es die vielfältigen Verschränkungen und Übertragungen von Hoheitsgewalt auf die Bürger zurückführen, ist, dass diese Vorstellung, so sinnvoll sie zur Beschreibung der Unionsebene auch sein mag, die Idee kollektiver Selbstbestimmung auf staatlicher Ebene untergräbt. Denn die „Ebenen" lassen sich nicht danach trennen, hier das Individuum und dort das Volk für maßgeblich zu erklären. Genügt für die europäische Demokratie im Sinne der Art. 10 f. EUV eine menschenrechtliche Selbstbestimmung, dann wird die partikular-nationale Begründung von Demokratie prekär. Politische Selbstbestimmung geht aber nicht in transnationaler Mitbestimmung auf, und sie muss ihr kritisches Potential dadurch erhalten, die vielschichtige Verwobenheit europäischer Herrschaft *als solche* der Demokratisierung zu öffnen.[23]

Das bedeutet, dass überstaatliche Institutionen demokratiefähig zu machen sind, ohne die innerstaatlichen Prozesse ihrer demokratischen „Substanz" zu berauben. Von der überstaatlichen Ebene kann man nicht erwarten, dass sie leistet, was in den Staaten verloren zu gehen scheint. Ein dem Nationalstaat des 19. Jahrhunderts vergleichbares Arrangement wird sich kaum „wiederholen" lassen. Das gilt auch für eine politische Gesamtöffentlichkeit, die als Kopie des überkommenen Nationalstaates auf europäischer Ebene nicht zu finden ist. Hier zu erwarten, dass ein Einheit stiftender Resonanzboden entstünde, ist verfehlt, zumal die zivilgesellschaftliche Öffentlichkeit bereits im Kontext staatlicher Demokratien häufig nur eine fragmentierte Öffentlichkeit ist. Das staatliche, wenn auch in seiner Ausprägung europäisierte Demokratieprinzip wäre dann nicht als Grenze, sondern als Auftrag zu verstehen, den Prozess staatlicher Willensbildung so zu gestalten, dass diejenigen daran teilhaben können, die von der Herrschaftsausübung staatlicher Organe betroffen sind.

Der Ambivalenz der Verschränkungen müssen wir uns allerdings bewusst bleiben. Die Legitimationszusammenhänge werden komplexer, und es wird schwieriger, demokratische Prinzipien der Zurechenbarkeit und Verantwortlichkeit umzusetzen. Allein mit einer besseren parlamentarischen Rückbindung mitgliedstaatlicher Europapolitik ist es nicht getan. Auch über Volksabstimmungen allein wird sich eine transnationale Demokratie im komplexen politischen System der Union kaum erreichen lassen. An die Stelle eines unitarischen Modells der Legitimation, das exklusiv auf die Wahl des politischen Personals durch die Bürger setzt, tritt ein pluralistisches Modell, dass auch Betroffene und zivilgesellschaftlicher Akteure an Verfahren beteiligt. Treffend sprach der Verfassungsvertrag vom „demokratischen Leben" in der Europäischen Union. So erklärt sich auch die Bedeutung von Transparenz. Erst eine hinreichende Sichtbarkeit öffentlicher Europapolitik erlaubt es der Öffentlichkeit, auf diese Einfluss zu nehmen. Transnationale Demokratie braucht Räume und Foren, in denen über europäische Themen gestritten werden kann (Franzius und Preuß 2012). Es geht ihr weniger darum, Politik im Konsens zu formulieren. Vielmehr müssen Konflikte institutionalisiert, von den gesellschaftlichen Gruppen ausgetragen und „gelebt" werden. Denn nur über eine Politisierung der Entscheidungen ist es möglich, sie erfolgreich zu vergemeinschaften.

---

[23] Im Sinne inter-subjektiver Relationalität Ley (2012). Für die Umstellung von der einheitlichen Idee der Subjektivität zur „Vervielfältigung der Subjektivität mit einer Pluralität konkreter und miteinander kommunizierender Individuen" auch Dellavalle (2011, S. 144 ff.).

Weil die EU eine politische Ordnung darstellt, entwickelt sie eine eigene Legitimation, der als Prozess nicht linear, sondern diffus und weniger „gemeinschaftsbezogen" ausfallen dürfte. Es ist daran zu erinnern, dass demokratische Legitimation nicht bloß der Bindung, sondern auch der Ermöglichung von Herrschaft dient. Europäische Herrschaftsausübung ist aber nicht an einen festen, durch eine eigene Tradition „vorgefertigten" Bestand gebunden, sondern ebenengegliedert und pluralisiert zu denken. Der Pluralisierung des Legitimationssubjekts korrespondiert eine Pluralisierung des Legitimationsobjekts.

4 Jenseits von Revolution und Evolution: Zum Politischen in Europa

Timothy Garton Ash (2013, S. 11) hat der deutschen politischen Klasse jüngst vorgehalten, eine „sanitized Lego-Language" zu benutzen,

> snapping together prefabricated phrases made of hollow plastic. Most German politicians are more likely to fly unaided to the moon than they are to coin a striking phrase.

Bei ihm heißt es zutreffend:

> Whatever eventually comes out of the sausage factory of Brussels negotiations, probably several years hence, will not be neat and tidy, and it will not be made only in Germany: less a *Bundesrepublik Europa*, more a Holy Republican Commonwealth (Hervorhebung im Original).

Wie aber geschieht dies? Die Antwort lautet: Nicht durch die Gründung eines Staates, sondern durch einen Bund. Die EU ist keine Verbindung von Staaten, sondern ein Projekt politischer Kräfte, die vom Nationalstaat nicht mehr die Lösung aller Probleme erwarten. Mit den Verträgen haben die Staaten keinen neuen Staat geschaffen, sondern einen Bund geschlossen, der politische Ziele verfolgt und den Status der Bürger verändert. Darin liegt, wie es Ulrich K. Preuß (2005, S. 514 ff.; 2010b, S. 332 ff.) beschrieben hat, ein Schlüssel zum Verständnis der politischen Union. Ihre bündische Struktur schafft nicht bloß für die politischen Organe die Pflicht, sich wechselseitig loyal zu verhalten (Art. 4 Abs. 3 EUV). Vielmehr entsteht mit der Absage an hierarchische Ordnungsmodelle aus dem Gebot, die nationalen Verfassungsidentitäten zu achten (Art. 4 Abs. 2 EUV), auch der Anknüpfungspunkt für die Konstruktion der Beziehung der „Europäer" untereinander.

Die EU ist eine Union der Völker und Bürger mit einem eigenen Elektorat. Sie hat keine „dichte" Gemeinschaft, aber einen öffentlichen politischen Raum hervorgebracht. Zwar mag dieser Raum weiterhin durch die Staaten definiert werden (Art. 5 EUV), aber die Union ist nicht bloß ein Derivat der Mitgliedstaaten ohne eigene, unabgeleitete politische Qualität. Auch wenn die Staaten oder Völker weiterhin als souveräne Einheiten verstanden werden, übt die Union nicht nur eine von den Mitgliedstaaten „geliehene" Souveränität aus. Ihre Regelungsautorität hat zwar keine territoriale Quelle, aber territoriale Einheit ist keine notwendige Bedingung, um eine politische Ordnung herzustellen und zu bewahren (vgl. Preuß 2010a, S. 35 ff.). Dass ein kollektiver Schöpfungsakt, der mit dem Pathos nationaler Verfassungen ein nach außen wahrnehmbares „Wir" schafft, fehlt, ist kein Grund, der Union ihre politische Qualität abzusprechen. Warum ist das so?

Eine politische Ordnung entsteht nicht dadurch, dass sich ein Kollektiv spontan aus dem Nichts erhebt und sich zum Schöpfer derselben erklärt. Den gemeinsamen Ursprung schreibt sich das verfasste Kollektiv erst rückblickend zu, indem es durch die gelebte Praxis den verbindlichen Charakter seiner Verfassung beglaubigt und dadurch die Verbindung unter ihren Mitgliedern als politische Gemeinschaft herstellt. Ähnlich ist es mit der EU, deren vertragliche Grundlage mehr enthält als lediglich einen völkerrechtlichen Bündnisvertrag. Es handelt sich um einen durch die Völker der demokratisch verfassten Mitgliedstaaten in den Rang eines Bundesvertrags erhobenen existentiellen Zweckvertrag, mit dem jene, die nationalen Grenzen überschreitende Verbundenheit erzeugt wird, die es der Union erlaubt, aus der bloßen völkerrechtlichen Verpflichtung der Staaten herauszutreten.

Wenn die EU als Bund zu begreifen ist, dann hat das Konsequenzen für das Wir-Bewusstsein, das sich unter den europäischen Bürgern aus dem gegenseitigen Vertrauen speist. Dieses Vertrauen, wie es auch bei der wechselseitigen Anerkennung von Rechtsakten erwartet wird, stellt einen Modus des Politischen dar. Es begründet kein vorgegebenes, auf Ähnlichkeit, Homogenität oder kultureller Nähe beruhendes vorpolitisches Wir. Es handelt sich vielmehr um ein Wir, das zwischen Individuen durch den Austausch von Gütern, Dienstleistungen, Ideen und vielleicht sogar Empfindungen hergestellt wird. Auf diese Weise entsteht zwischen ihnen eine Transaktionsgemeinschaft, in denen die Teilnehmer in einem sehr viel nüchterneren und sicherlich auch enttäuschungsanfälligen Sinne Relevanz für einander haben, als wenn sie aufgrund von Ähnlichkeit des gemeinsamen Schicksals sich zusammengehörig fühlen oder von außen als zusammengehörig wahrgenommen werden. Die Europäische Union beruht auf einem „Wir der Anderen" (Preuß 2005, S. 530 f.; Franzius 2010, S. 170 f.), das sehr wohl Solidaritätspflichten zu erzeugen vermag, die aber nicht in den Welten gefühlter Ähnlichkeit und seinsmäßiger Zugehörigkeiten gründen. Sie basieren vielmehr in dem zivilisatorischen

Vorgang der in sozialer Praxis beglaubigten Anerkennung des Fremden, der als zu respektierender *Anderer* betrachtet wird.

Die heikle Frage, was eine Gemeinschaft ausmacht, wie sie erfunden oder konstruiert wird, muss dann nicht auf eine kulturwissenschaftlich tiefer gelegte Souveränität oder eine vorgegebene Solidarität zurückgreifen, sondern kann auf ständige Austauschprozesse und Transaktionen verweisen. Im Anschluss an Joseph Weiler ist der europäische Modus des Politischen nicht im Rückgriff auf kollektive Formeln der nationalen Solidarität, sondern im Respekt für die Verschiedenheiten der Unionsmitglieder zu sehen. Dieser wechselseitige Respekt für das je Eigene, vom Anderen häufig durchaus als Fremdes wahrgenommen, berührt auch den Status der Bürger in den Mitgliedstaaten. Die Bürger Europas können darauf vertrauen, dass der von ihnen geforderte Gehorsam gegenüber Hoheitsakten der Union nicht dazu dient, die politische Einheit der EU zu verstärken, sondern dazu, ein gemeinsames Handelns auch bei Verteilungskonflikten zu ermöglichen. Die Mitglieder der Union können darauf vertrauen, dass ihre eigenen Interessen eine gebührende Beachtung finden. Sie sind nicht deshalb dazu bereit, zugunsten „Anderer" zu verzichten oder wie im Falle Griechenlands zu zahlen, weil diese irgendwie zu ihnen gehörten, sondern allein, weil sie verstehen, dass „die Anderen", wie sie selbst auch, gleichberechtigte Teile des gemeinsamen europäischen Projekts sind (vgl. Preuß 2005, S. 529 f.).

Dabei darf das Recht nicht als Instrument missverstanden werden, das Politische zu neutralisieren. Recht ist aber auch nicht bloß eine politisierbare Erzählung. Es ist vielmehr eine institutionalisierte Rationalisierung, durch die gesellschaftliche Energien produktiv gemacht werden. Es dient dazu, das Politische jenseits des Staats anzuleiten und legitimiert es dadurch. Daran ändert auch die Bedeutung, die vorpolitische Bedingungen für ein liberal verfasstes Gemeinwesen haben mögen, nichts. Die Solidarität, die bei den Rettungsschirmen für die gemeinsame Währung eine Rolle spielte, deutet zwar auf ein gewisses Maß an Opferbereitschaft hin, über deren Grenzen mit guten Gründen gestritten werden kann und muss. Hier nur Defizite und das Fehlen einer quasi nationalen Gemeinschaft als legitimatorische Schwäche zu sehen, führt in die Irre. Europa geht einen anderen Weg: Es versucht, die kollektiven Identität der einzelnen Mitgliedstaaten zu erhalten, aber im Verhältnis untereinander ein Wir zu schaffen. Die Völker der Mitgliedstaaten verschmelzen nicht zu einem europäischen Staatsvolk, bilden also kein einheitliches Wir, sondern bewahren die durch ihr Anderssein geformten nationalen Identitäten. Vorhandene Gegensätze werden in Form einer Union gestaltet, die diese Identitäten anerkennt (Art. 4 Abs. 2 EUV), ihnen institutionell Raum gibt (Art. 12 EUV) und anstelle des in jeder Abgrenzung liegenden Misstrauens die Chance setzt, Vertrauen aufzubauen. Dafür bedarf es demokratischer Verfahren.

Ich fasse zusammen: Das Wir, das als politisches Kollektiv in Erscheinung tritt, entsteht nicht durch vorpolitische Einheitlichkeit, sondern durch Prozesse wechselseitigen Vertrauens. An die Stelle statischer, unverrückbarer Selbstbeschreibungen treten Interaktionsprozesse, deren ständige Wiederholung durch öffentliche Auseinandersetzungen – im Sinne demokratischer Wiederholungen, wie es Seyla Benhabib (2009, S. 34 f.) für die Herausbildung kosmopolitischer Normen umschreibt – neue Variationen entstehen lassen. Auf diese Weise bildet sich gegenseitiges Vertrauen, und es verringert sich der Ausschluss der jeweils „anderen" Mitglieder des Bundes. Das ist es, was mit der Transnationalisierung der Demokratie letztlich gemeint ist: Demokratische Staaten wünschen sich ein demokratisches Gebilde, ohne ihrerseits an demokratischer Substanz zu verlieren. Möglich ist dies nur, wenn das Bündische als eine notwendige Bedingung demokratischer Legitimation in der EU verstanden wird.

Die demokratische Idee kann – entgegen einer verbreiteten Strömung in der Völkerrechtswissenschaft – nicht auf ein menschenrechtliches Verständnis verkürzt werden, mag der letzte Bezugspunkt auch der Mensch sein. Sie muss das „bündische Element" einbauen. Hieraus folgt, dass das transnationale Demokratieprinzip, wird es auf den politischen Bund bezogen, mehr erfordert als die bloße Garantie individueller Rechte, jedoch weniger als ein übergreifendes Kollektivsubjekt, das an die Stelle der Mitgliedstaaten treten und diese zum Verschwinden bringen würde. Es ergibt sich eine paradoxe Situation, die für bündische Gemeinwesen jedoch typisch ist: Demokratische Legitimation wird durch die föderale Struktur verunklart und schwierig, gleichzeitig aber auch gesichert und ermöglicht.

Was folgt daraus für das konstitutionalistische Argument? Es wäre eine verkürzte Sicht, die Verfassung mit dem Staat zu identifizieren oder im Staat den Erhalt der Demokratie zu konservieren. Umgekehrt lässt sich die konstitutionelle Idee aber auch nicht beliebig erweitern, sondern verlangt für die Legitimation überstaatlicher Herrschaftsausübung die Einrichtung egalitärer Verfahren, die ein Legitimationssubjekt entstehen lassen, das sich der Belange annehmen, ihnen einen institutionellen Ort geben und wiederum in demokratischen Verfahren legitimieren kann. Zumindest für die Europäische Union ist dieser Entwicklungspfad normativ angelegt. Offen ist dabei, inwieweit sich das Legitimationssubjekt im einheitlich verstandenen Individuum rekonstruieren lässt (vgl. v. Bogdandy 2009, S. 64) oder in der Doppelrolle als Angehörige eines Staatsvolkes auf der einen Seite und – wie Art. 9 EUV verdeutlicht: akzessorisch und komplementär – als Unionsbürger auf der anderen Seite verbleibt. Vieles spricht dafür, dass wir es mit einem pluralen Legitimationssubjekt in konkurrierenden Sichtweisen (vgl. Habermas 2011, S. 68 f., 86 f.) auf den Herrschaftsverbund zu tun haben, der im Offenhalten der Grenzziehungen zwischen den mitgliedstaatlichen Rechtsordnungen und der sie in den Überformungen intakt haltenden Unionsrechtsordnung mit einer „Basislegitimation" versehen wird.

Literatur

v. Achenbach, Jelena. 2013. Vorschläge zu einer Demokratietheorie der dualen demokratischen Legitimation europäischer Hoheitsgewalt. In *Interdisciplinary Research in Jurisprudence and Constitutionalism. Archiv für Rechts- und Sozialphilosphie.* Bd. 127., Hrsg. Stephan Kirste et al., 205–218. Stuttgart: Franz Steiner. Verlag.

Antpöhler, Carlino. 2012. Emergenz der europäischen Wirtschaftsregierung. Das Six Pack als Zeichen supranationaler Leistungsfähigkeit. *Zeitschrift für ausländisches öffentliches Recht und Völkerrecht* 72:353–393.

Arendt, Hannah. 2003. *Was ist Politik? Fragmente aus dem Nachlaß, hg. von Ursula Ludz.* München: Piper.

v. Arnauld, Andreas. 2013. „Unions(ergänzungs)völkerrecht" – Zur unions- und verfassungsrechtlichen Einbindung völkerrechtlicher Instrumente differenzierter Integration. In *Der Staat im Recht. Festschrift für Eckart Klein,* Hrsg. Marten Breuer et al., 509–526. Berlin: Duncker & Humblot.

Ash, Timothy Garton. 2013. The New German Question. The New York Review of Books. 15.8.2013. http://www.nybooks.com/articles/archives/2013/aug/15/new-german-question/?pagination=false. Zugegriffen: 1. Sept. 2013.

Avbelj, Matej. 2012. Can European Integration be Constitutional and Pluralist – Both at the Same Time? In *Constitutional Pluralism in the EU and Beyond,* Hrsg. Matej Avbelj und Jan Komárek, 381–409. Oxford: Hart.

Bast, Jürgen, und Florian Rödl. 2012. Jenseits der Koordinierung? Zu den Grenzen der EU-Verträge für eine Europäische Wirtschaftsregierung. *Europäische Grundrechte Zeitschrift* 39:269–278.

Benhabib, Seyla. 2009. Menschenwürde, Kosmopolitismus und Demokratie. In *Verfassungsrecht und gesellschaftliche Realität,* Hrsg. Kritische Justiz, 24–39. Baden-Baden: Nomos.

v. Bogdandy, Armin. 2009 Grundprinzipien. In *Europäisches Verfassungsrecht.* 2. Aufl., Armin von Bogdandy und Jürgen Bast, 13–71. Berlin: Springer.

v. Bogdandy, Armin. 2012. The European lesson for international democracy: The significance of articles 9–12 EU treaty for international organizations. *European Journal of International Law* 22:315–334.

v. Bogdandy, Armin. 2013a. Grundprinzipien von Staat, supranationalen und internationalen Organisationen. In *Handbuch des Staatsrechts.* Bd. XI., Hrsg. Josef Isensee und Paul Kirchhof, Heidelberg: C.F. Müller (im Erscheinen).

v. Bogdandy, Armin. 2013b. Struktur der Staatenverbindungen. In *Leitgedanken des Rechts. Festschrift für Paul Kirchhof,* Hrsg. Hanno Kube, et al., § 95. Heidelberg: C.F. Müller.

v. Bogdandy, Armin, und Jürgen Bast. 2010. *Principles of European Constitutional Law.* 2. Aufl. München: C.H. Beck.

v. Bogdandy, Armin, und Stephan Schill. 2010. Die Achtung der nationalen Identität unter dem reformierten Unionsvertrag. *Zeitschrift für ausländisches öffentliches Recht und Völkerrecht* 70:701–734.

Dann, Philipp. 2014. Für die Direktwahl eines EU-Präsidenten: Überlegungen zur Legitimation im unionalen Institutionensystem. In *Grenzen der europäischen Integration,* Hrsg. Claudio Franzius, Franz C. Mayer, und Jürgen Neyer, 251–262. Baden-Baden: Nomos.

Dellavalle, Sergio. 2011. „Von oben" oder „von unten"? Der Schutz der Menschenrechte –
zwei Interpretationsansätze. In *Menschenrechte und Volkssouveränität in Europa,* Hrsg.
Gret Haller, Günther, Klaus, und Ulfried Neumann, 123–158. Frankfurt a. M.: Campus.

Dworkin, Ronald. 2012. *Gerechtigkeit für Igel.* Berlin: Suhrkamp.

Fischer-Lescano, Andreas. 2008. Monismus, Dualismus? Pluralismus. Selbstbestimmung
des Weltrechts bei Hans Kelsen und Niklas Luhmann. In *Rechts-Staat. Staat, Internationale Gemeinschaft und Völkerrecht bei Hans Kelsen,* Hrsg. Hauke Brunkhorst und
Rüdiger Voigt, 205–231. Baden-Baden: Nomos.

Franzius, Claudio. 2010 Europäisches Vertrauen? Eine Skizze. Humboldt Forum Recht. 12,
159–176. http://www.humboldt-forum-recht.de/english/12-2010/index.html. Zugegriffen: 1. Sept. 2013.

Franzius, Claudio. 2013a Recht und Politik in der transnationalen Konstellation. *Archiv des
öffentlichen Rechts* 138:204–288.

Franzius, Claudio. 2013b. Demokratisierung der Europäischen Union. *Europarecht* 48:655–
668.

Franzius, Claudio, und Ulrich K. Preuß. 2012. *Die Zukunft der europäischen Demokratie.*
Baden-Baden: Nomos.

Franzius, Claudio, Franz C. Mayer, und Jürgen Neyer. 2014. *Grenzen der europäischen Integration: Herausforderungen für Recht und Politik.* Baden-Baden: Nomos.

Grimm, Dieter. 2011. Verfassungsbilanz – ein Resümee. In *Der Eigenwert des Verfassungsrechts,* Hrsg. Thomas Vesting und Stefan Korioth, 379–394. Tübingen: Mohr Siebeck.

Grimm, Dieter. 2012. *Die Zukunft der Verfassung II. Auswirkungen von Europäisierung und
Globalisierung.* Berlin: Suhrkamp.

Grimm, Dieter. 2014. Die Rolle der nationalen Verfassungsgerichte in der europäischen Demokratie. In *Grenzen der europäischen Integration,* Hrsg. Claudio Franzius, Franz C.
Mayer, und Jürgen Neyer, 27–47. Baden-Baden: Nomos.

Günther, Klaus. 2001. Rechtspluralismus und universaler Code der Legalität: Globalisierung
als rechtstheoretisches Problem. In *Die Öffentlichkeit der Vernunft und die Vernunft der
Öffentlichkeit,* Hrsg. Klaus Günther und Lutz Wingert, 539–567. Berlin: Suhrkamp.

Habermas, Jürgen. 2012. Gesichtspunkte für die demokratische Legitimation einer neuen
„institutionellen Architektur" der EWU. Unveröffentlichte Stellungnahme für die EZB,
6. Okt. 2012.

Habermas, Jürgen. 2013. Im Sog der Technokratie. Ein Plädoyer für europäische Solidarität. *Im Sog der Technokratie. Kleine politische Schriften XII.* 82–111. Berlin: Suhrkamp.

Habermas, Jürgen. 2011 Die Krise der Europäischen Union im Lichte einer Konstitutionalisierung des Völkerrechts. *Zur Verfassung Europas.* 39–96. Berlin: Suhrkamp.

Hänsch, Klaus. 2012. Mehr Europa, aber wie? *Frankfurter Allgemeine Zeitung.* 10. Dec.
2012, 7.

Halberstam, Daniel. 2008. Constitutionalism and Pluralism in Marbury and van Gend. In
*The past and the future of EU law: Revisiting the classics of the 50th Anniversary of the
Rome Treaty,* Hrsg. Miguel Poiares Maduro und Luc Azoulai, 23–36. Oxford: Hart.

Isensee, Josef. 1995. *Am Ende der Demokratie – oder am Anfang.* Berlin: Duncker & Humblot.

Krisch, Nico. 2010. *Beyond constitutionalism. The pluralist structure of postnational law.*
Oxford: Oxford University Press.

Lefort, Claude. 2007. La Dissolution des repères et l'enjeu démocratique. *Le temps présent.
Écrits 1945–2005.* 551–568. Paris: Belin.

Ley, Isabelle. 2009. Verfassung ohne Grenzen? In *Europa jenseits seiner Grenzen*, Hrsg. Ingolf Pernice et al., 91–126. Baden-Baden: Nomos.

Ley, Isabelle. 2012. Opposition im Völkerrecht. Ein Beitrag zu den legitimationstheoretischen Grundlagen internationaler Rechtserzeugung und ihrer Anwendung. Diss. Berlin.

Ley, Isabelle. 2013 Die fehlende Opposition. Konzeptionelle Schwierigkeiten nicht-staatlicher Demokratietheorievorstellungen. In *Grenzen der europäischen Integration*, Hrsg. Claudio Franzius, Franz C. Mayer, und Jürgen Neyer, 197–210. Baden-Baden: Nomos.

Maduro, Miguel Poiares. 2003. Contrapunctual Law: Europe's Constitutional Pluralism in Action. In *Sovereignty in Transition*, Hrsg. Neil Walker, 501–537. Oxford: Hart.

Mayer, Franz C., und Daniel Kollmeyer. 2013. Sinnlose Gesetzgebung? Die Europäische Bankenunion im Bundestag. *Deutsches Verwaltungsblatt* 128:1158–1167.

Möllers, Christoph. 2010 Fragmentierung als Demokratieproblem. In *Strukturfragen der Europäischen Union*, Hrsg. Claudio Franzius, Franz C. Mayer, und Jürgen Neyer, 150–172. Baden-Baden: Nomos.

Möllers, Christoph. 2011a. Demokratische Ebenengliederung. In *Öffentliches Recht im offenen Staat. Festschrift für Rainer Wahl*, Hrsg. Ivo Appel, et al., 759–778. Berlin: Duncker & Humblot.

Möllers, Christoph. 2011b. Legalität, Legitimität und Legitimation des Bundesverfassungsgerichts. In *Das entgrenzte Gericht. Eine kritische Bilanz nach sechzig Jahren Bundesverfassungsgericht*, Hrsg. Matthias Jestaedt et al., 281–422. Berlin: Suhrkamp.

Mouffe, Chantal. 2005. *Über das Politische. Wider die kosmopolitische Illusion.* Berlin: Suhrkamp.

Nettesheim, Martin. 2011. „Euro-Rettung" und Grundgesetz. Verfassungsgerichtliche Vorgaben für den Umbau der Währungsunion. *Europarecht* 46:765–783.

Nettesheim, Martin. 2012. Wo „endet" das Grundgesetz? – Verfassungsgebung als grenzüberschreitender Prozess. *Der Staat* 51 (3): 313–355.

Pernice, Ingolf, et al. 2012. *Die Krise demokratisch überwinden. Reformmodell einer demokratisch fundierten Wirtschafts- und Finanzverfassung Europas.* Baden-Baden: Nomos.

Preuß, Ulrich K. 2005. Europa als politische Gemeinschaft. In *Europawissenschaft,* Hrsg. Gunnar Folke Schuppert, Ingolf Pernice, und Ulrich Haltern, 489–540. Baden-Baden: Nomos.

Preuß, Ulrich K. 2010a. Disconnecting constitutions from statehood: Is global constitutionalism a viable concept? In *The twilight of constitutionalism?* Hrsg. Petra Dobner und Martin Loughlin, 23–46. Oxford: Oxford University Press.

Preuß, Ulrich K. 2010b. Das Politische im Europarecht. In *Strukturfragen der Europäischen Union,* Hrsg. Claudio Franzius, Franz C. Mayer, und Jürgen Neyer, 325–339. Baden-Baden: Nomos.

Reding, Viviane. 2012. Europa, das Recht und die deutschen Juristen: ein luxemburgischer Zwischenruf. Rede anläßlich des 69. Deutschen Juristentags in München am 18.9.2012. http://europa.eu/rapid/press-release_SPEECH-12-614_en.htm. Zugegriffen: 1. Sept. 2013.

Rorty, Richard. 1988. Der Vorrang der Demokratie vor der Philosophie. *Zeitschrift für philosophische Forschung.* 42, 3–17.

Sassen, Saskia. 2008. *Das Paradox des Nationalen. Territorium, Autorität und Rechte im globalen Zeitalter.* Berlin: Suhrkamp.

Schäuble, Wolfgang. 2012. Rede zur Verleihung des Karlspreises am 17.5.2012. www.karlspreis.de/preistraeger/2012/rede_von_dr_wolfgang_schaeuble.html. Zugegriffen: 1. Sept. 2013).

Shaffer, Gregory. 2012. A Transnational Take on Krisch's Pluralist Postnational Law. *European Journal of International Law* 23:565–582.

Stone Sweet, Alec. 2012. A cosmopolitan legal order: Constitutional Pluralism and rights adjudication in Europe. *Global Constitutionalism* 1:53–90.

Teubner, Gunther. 2012. *Verfassungsfragmente: Gesellschaftlicher Konstitutionalismus in der Globalisierung.* Berlin: Suhrkamp.

Thiel, Thorsten. 2011. *Republikanismus und die Europäische Union. Eine Neubestimmung des Diskurses um die Legitimität europäischen Regierens.* Baden-Baden: Nomos.

Thornhill, Chris. 2011. Politische Macht und Verfassung jenseits des Nationalstaats. *Zeitschrift für Rechtssoziologie* 32:205–219.

Vesting, Thomas. 2009 Politische Verfassung? Der moderne (liberale) Verfassungsbegriff und seine systemtheoretische Rekonstruktion. In *Soziologische Jurisprudenz. Festschrift für Gunther Teubner,* Hrsg. Gralf-Peter Calliess et al., 609–626. Berlin: De Gruyter.

Voßkuhle, Andreas. 2012a. Mündliche Urteilsbegründung zum Urteil des Bundesverfassungsgerichts v. 12.9.2012 zum ESM- und Fiskalvertrag. http://www.youtube.com/ watch?v=4fGoshwfH0Y. Zugegriffen: 1. Sept. 2013.

Voßkuhle, Andreas. 2012b. Menschenrechte im europäischen Verfassungsgerichtsverbund. In *Europe at the Crossroads,* Hrsg. Andreas Kellerhals, 11–32. Zürich: Schulthess.

Waldron, Jeremy. 2006. The core of the case against judicial review. *The Yale Law Journal* 115:1346–1406.

Walker, Neil. 2002 The idea of constitutional pluralism. *The Modern Law Review* 65 (3): 317–359.

Wendel, Mattias. 2011. *Permeabilität im europäischen Verfassungsrecht.* Tübingen: Mohr Siebeck.

Zürn, Michael. 2011. Vier Modelle einer globalen Ordnung in kosmopolitischer Absicht. *Politische Vierteljahresschrift* 52 (1):78–118.

Es wächst auseinander, was zusammenzugehören schien … Demos und Identität in transnationalen Erfahrungsräumen

Claudia Ritter

Die Annahme, das Demokratiedefizit der EU resultiere letztlich aus ihrem Identitätsdefizit, wird in der Regel mit Argumenten begründet, die sich auf die Grundannahmen einer „Demos-These" sowie eines „Elite-Masse-Schemas" stützen. Diese Argumentationsstrategie lebt auch in zahlreichen jüngeren Identitätsanalysen der EU-Forschung fort, die, auf der Hut vor einem „methodologischen Nationalismus" (Beck und Grande 2004, S. 81), beanspruchen, vorsichtig mit dem demokratietheoretischen Begriffsrepertoire umzugehen. Vor diesem Hintergrund wird hier der Frage nachgegangen, inwieweit eine dominierende Denklogik in der Forschung zu europäischen Identitäten den Blick auf die Potentiale kollektiver politischer Identitäten in der EU verengt. Dazu ist es notwendig, die Anwendung einer „Demos-These" und eines „Elite-Masse-Schemas", die beide zur Analyse nationaler Identitäten lange gut geeignet schienen, in der EU-Forschung genauer zu betrachten. Die Diskrepanz, die dabei zwischen den beobachtbaren empirischen Symptomen der kollektiven Identitätsarbeit in der EU und den Erwartungen aus der EU-Forschung an die Identitätsentwicklung sichtbar wird, deutet an, dass sich die Konfiguration der kollektiven politischen Identitätskonstruktion in transnationalen politischen Entscheidungssystemen zu verändern scheint, ohne dass die EU-Forschung angemessen darauf zu reagieren weiß.

In den vertragstheoretisch ausgerichteten Varianten der Demokratietheorie gilt die Gesamtheit der politisch Entscheidungsberechtigten einer politischen Einheit als Demos, *the people* (vgl. Schmidt 1995, S. 209). Doch diese Gesamtheit wird nicht einfach als eine bloße Ansammlung verstanden. Vielmehr wird aus dieser

C. Ritter (✉)
Universität Kassel, Kassel, Deutschland
E-Mail: claudia.ritter@uni-kassel.de

© Springer Fachmedien Wiesbaden 2015
N. Abbas et al. (Hrsg.), *Supranationalität und Demokratie,*
Staat – Souveränität – Nation, DOI 10.1007/978-3-658-05335-2_9

Demos-Definition häufig die Annahme hergeleitet, mit der verfassungsmäßig
verbürgten Anerkennung als Bürger und Bürgerinnen bildeten die Entscheidungsberechtigten ein Bewusstsein von sich als Mitglieder eines demokratischen Gemeinwesens aus. Über die Frage, wie umfassend und selbstverpflichtend dieses
Selbstverständnis ausfallen soll, um die Mitglieder zu motivieren, sich aktiv in der
Politik zu engagieren und dadurch eine demokratische Konstellation zu stabilisieren, gehen die theoretischen Annahmen auseinander.

Autoren und Autorinnen, die in der Forschung zu europäischen Identitäten entlang eines „Elite-Masse-Schemas" argumentieren, gehen davon aus, dass „Massen", wenn auch langsam und wenig willig, mit der Zeit die Deutungsmuster der
EU-Eliten übernehmen und sich deren europäischer Identität anschließen werden,
wenn sie nicht den Europabildern nationaler Gegen-Eliten verhaftet bleiben. Vertreter dieser Denkrichtung beanspruchen, einen gangbaren Weg der Legitimitäts-
stiftung aufzeigen zu können, indem sie die europäische Identität der EU-Eliten als
Vorbildidentität ausweisen. Einen anderen Weg schlagen Autoren und Autorinnen
ein, die auf der Basis einer „Demos-These" argumentieren. Sie führen aus, inwiefern eine gemeinsame europäische Identität für die Legitimität der EU funktional
notwendig sei, und einige von ihnen legen dar, warum die theoretischen Erwartungen, die aus der Anwendung eines „Elite-Masse-Schemas" folgen, in der EU nicht
in Erfüllung gehen. Solange kein europäischer Demos existiere, so wiederholen sie
immer wieder, entstehe auch keine dominante europäische Identität. Gleichwohl
möchten sie die mit der „Demos-These" verbundenen normativen Standards nicht
aufgeben, auch wenn allen Beteiligten klar ist, dass die Grundannahmen dieser
These keine hinreichende Basis bilden, um das Verhältnis von Entscheidungsberechtigten und kollektiven politischen Identitäten in der EU zufriedenstellend zu
analysieren.

Beide Konzepte sortieren die Menschen in einfachen Gegensätzen entlang
eines binären Codes. Es gibt jene, die zum Demos gehören, und die übrigen, auf
die dies nicht zutrifft. Einer kleinen Elite steht eine breite, nicht weiter zu differenzierende „Masse" gegenüber. Diese analytische Schlichtheit macht es möglich,
nicht nur neue Politikformen und Institutionen, sondern auch kollektive Selbstverständnisse weiterhin wie gewohnt einschätzen zu können. Das Ergebnis ist, wenn
auch ungewollt, eine eingeschliffene Identitäts- und Legitimitätsrhetorik in der
EU-Forschung.

Die Frage, welche kollektiven politischen Selbstverständnisse die Menschen
in der EU ausbilden, welchen Sinn sie mit ihnen verbinden, und auf welche Weise
sie versuchen, mit ihren Identitätskonstruktionen eine Orientierung in der Politik
herzustellen, gerät mit der Argumentation entlang einer „Demos-These" und eines
„Elite-Masse-Schemas" aus dem Blick. Damit diffundiert auch das sozialwissen-

schaftliche Gespür für den möglichen Eigensinn, den EU-Bürger und -Bürgerinnen in der alltäglichen Identitätsarbeit entfalten. Selbst Autoren wie Habermas und Weiler, die sich der Identitätsrhetorik nie richtig unterordnen wollten, haben diese Fragen allmählich immer weniger thematisiert. Sobald jedoch herausgearbeitet werden soll, welche Kompetenzen der Orientierung und des Engagements in der Politik die Bürger und Bürgerinnen mit ihren Identitätspräferenzen gewinnen oder verlieren, ist es notwendig, ihre Identitätskonstruktionen auch als Versuche zu verstehen, Orientierung und Sinn in der Politik herzustellen. Denn es ist die Suche nach Sinn und Orientierung, die kollektive Identitätskonstruktion antreibt. So gesehen lässt sich die Persistenz nationaler Identitäten als Bestreben der Bürger und Bürgerinnen interpretieren, auf zentrale Herausforderungen in der EU-Politik zu reagieren. Erst aus diesem Blickwinkel heraus kann sichtbar gemacht werden, so lautet die hiesige These, welche Potentiale die Bürger und Bürgerinnen mit ihren Identitätskonstruktionen schaffen.

Eine Herausforderung besteht darin, mit der anhaltenden Erweiterung der EU/ EG an einer grundsätzlichen Politisierung der Frage teilzuhaben, wer zur EU/EG dazugehören soll, die an die Stelle einer relativen Stabilität nationalstaatlicher Grenzen und staatsbürgerlicher Zugehörigkeiten getreten ist. In diesem Prozess ist die Frage nach angemessenen europäischen Grenzziehungen nicht mehr von der Frage zu trennen, wer mit wem auf welche Weise auch über flexible europäische Grenzen hinweg aus Gründen der Fairness gemeinsam politisch entscheiden sollte. Europäisierung und Globalisierung der Politik gehen für die Menschen in der EU nicht erst seit den Debatten zum Beitritt der Türkei oder zur Einbindung der Ukraine spürbar ineinander über. Eine weitere Herausforderung besteht in der in den letzten Jahrzehnten deutlich gestiegenen Erfahrbarkeit der Betroffenheit von der Vertiefung der Europäischen Integration. Ihre Thematisierung in den Medien, aber auch die Möglichkeit der Teilnahme an transnationalen Politiken durch eine Mitarbeit in Netzwerken der EU-Governance und zivilgesellschaftlichen Organisationen hat zugenommen. Transnationale und EU-Politik ist damit den Menschen im Alltag ein deutliches Stück näher gerückt und strukturiert deren Erfahrungsräume.

Im Folgenden soll in einem ersten Schritt aufgezeigt werden, welchen Fokus die EU-Forschung mit ihrem Festhalten an einem „Elite-Masse-Schema" in der Analyse europäischer Identitäten setzt. Dabei gilt es herauszustellen, wie mit diesem Fokus aus dem Blick gerät, auf welche Weise sich die Bürger und Bürgerinnen in einer Politik selbst verorten, die weiterhin europäisiert und globalisiert wird. In einem zweiten Schritt sollen die impliziten Annahmen einer „Demos-These" vor dem Hintergrund transnationaler wie europäischer Erfahrungsräume betrachtet werden. Hier gilt es herauszuarbeiten, in welcher Hinsicht sich nicht nur die Voraussetzungen für die Zusammensetzung von politischen Entscheidungseinheiten verändert haben, sondern auch für die kollektive politische Identitätskonstruktion. Dabei wird zu zeigen sein, wie demokratische Entscheidungseinheiten und kollektive politische Identität zunehmend voneinander losgelöst in Erscheinung treten. Abschließend wird der Frage nachgegangen, wie kollektive Identitätsentwicklung in der EU zugespitzter als Arbeit an der Herstellung von Orientierung und Handlungskompetenz in Kontexten der Europäisierung und Globalisierung von Politik analysiert werden kann. Erst vor diesem Hintergrund lassen sich die politischen Implikationen nationaler Identitäten in der EU einschätzen.

1   Elite-Masse-Schema

In der Identitätsforschung wird bis heute gerne von einem Elite-Masse-Gegensatz gesprochen, um die signifikante Dominanz und das anachronistisch anmutende Überdauern nationaler Identitäten sowie die untergeordnete bis marginale Stellung europäischer Identitäten in der EU zu erläutern (vgl. Checkel und Katzenstein 2009, S. 3 f.; Díez Medrano 2009; Herrmann et al. 2004; Holmes 2009; Castiglione 2009; Favell 2009; Risse 2010; Wodac 2004). Regierungseliten und Intellektuelle, so lautet das Argument, haben die Europäische Integration maßgeblich entworfen und politisch durchgesetzt (Kohler-Koch et al. 2004, S. 47 ff.). Bis heute bestimmen sie die EU-Politik, während die niedrige Beteiligung an den Wahlen zum Europäischen Parlament für die Ferne zwischen den Menschen und den politischen Akteuren in der EU stehe (vgl. Kaina 2009, S. 15). Vor diesem Hintergrund scheint es nur folgerichtig zu sein, die kollektive politische Identitätsentwicklung in der EU als einen äußerst ungleichgewichtigen Gegensatz zu interpretieren, bei dem EU-Eliten eine europäische Identität ausbildeten, während die in den nationalen Erfahrungsräumen verhafteten breiten Massen weiterhin ihre nationalen Identitäten als sinnstiftende Orientierungshilfen reproduzierten (vgl. beispielsweise Haller 2009; Díez Medrano 2009; Risse 2010, S. 6 ff.). Laut Eurobarometer pendelt seit Anfang der neunziger Jahren die Anzahl derjenigen, die sich vorrangig als Europäer und Europäerinnen verstehen, um die zehn Prozent, während der ganz überwiegende Anteil der Befragten sich in erster Linie in seiner nationalen Zugehörigkeit wahrnimmt (vgl. Europäische Kommission 2012, S. 56; Risse 2010, S. 41; Kaina 2009, S. 96). Diese trotz Schwankungen über die Jahre im Schnitt konstant gebliebenen Präferenzen in der Identitätsentwicklung nährten die Interpretation, eine kleine EU-Elite stehe einer breiten Masse gegenüber, die auch in ihrer Identitätsbildung mit EU-Eliten wenig gemein habe. Verstärkt wurde dieser Eindruck durch den Umstand, dass diese Ergebnisse nicht von einer EU-kritischen Sozialforschung stammen, sondern von einem Eurobarometer, das in dem Ruf steht, viel

Mühe in die Erhebung möglichst EU-freundlicher Daten zu investieren, zuweilen auch auf methodisch umstrittene Weise (vgl. Nissen 2012, S. 5 ff.; Höppner und Jurczyk 2012, S. 327).

Von den circa neunzig Prozent der Bürger und Bürgerinnen in der EU, die sich auf Nachfrage in erster Linie in ihrer nationalen Zugehörigkeit wahrnehmen, verstehen sich wiederum mehr als die Hälfte ebenfalls als Europäer und Europäerinnen, wenn auch auf nachgeordnete Weise. Auch diese Zahlen sind bei einer Schwankungsbreite von bis zu plus/minus 5 % seit Mitte der neunziger Jahren ausgesprochen konstant geblieben (vgl. Risse 2010, S. 41; Europäische Kommission 2012, S. 56). Sie wurden lange Zeit als ein Zeichen für eine zögerlich einsetzende Bereitschaft der Menschen in der EU gewertet, dem Vorbild der EU-Eliten zu folgen und allmählich deren Identitäten zu übernehmen. Ein zentrales Argument für diese enge Sicht auf die vergleichsweise stabilen Daten des Eurobarometers boten anerkannte Identitätstheorien. Sie weisen die Initiierung und inhaltliche Ausrichtung von kollektiven Identitäten als eine Angelegenheit von Eliten und Intellektuellen aus. Der überwiegende Teil der Bevölkerung knüpfe dagegen früher oder später an öffentlich vorgegebene Interpretationen und Grundüberzeugungen an. Aus dieser Denklogik heraus ließ sich die manipulative Kraft von charismatischen Führungspersönlichkeiten ebenso erklären wie ein gangbarer politisch korrekter Weg der Durchsetzung einer legitimitätsstiftenden europäischen Identität skizzieren. Es ist dieses theoretische Verständnis von der Schaffung kollektiver Identitäten, das nur allzu gut in das vertraute Bild von der Bildung nationaler Identitäten passt und zugleich für zahlreiche Demokratietheorien lange eine brauchbare Grundlage bildete. Selten wird bei dieser Argumentation systematisch auf soziologische Elitentheorien zurückgegriffen (vgl. beispielsweise Haller 2009). Vielmehr ist es die soziologische Identitätstheorie, die auch die politikwissenschaftliche Argumentation zu europäischen und nationalen Identitäten maßgeblich bestimmt. Danach nehmen Eliten und Intellektuelle eine Schlüsselstellung in der Ausbildung gemeinsamer Selbstverständnisse ein (Giesen 1993). Diese Annahme reproduziert auch Eder, wenn er die europäische Identitätsentwicklung vor dem Hintergrund von „Elitenöffentlichkeiten" und einem „massenmedialen System" (Eder 2004, S. 66 f.) reflektiert. Der theoretische Beistand zieht sich durch bis in die Sozialphilosophie. Intellektuelle müssten sich endlich ihrer Aufgabe stellen und sich in der öffentlichen Konstruktion einer europäischen Identität engagieren. Dann wäre es nur eine Frage der Zeit, bis eine demokratieaffine europäische Identität auch für breitere Teile der Menschen in der EU eine zentrale Bedeutung erlangte (Assheuer 2011). Die Apelle von Habermas und Derrida (2003) oder der Hertie School of Governance (2012) waren von dieser Überzeugung geleitet. Aber auch mit dem jüngsten Manifest von Beck und Cohn-Bendit (2012) initiieren Intellektuelle das große Projekt der europäischen Identitätsstiftung „von unten" und geben mit ihrem Aufruf zum „praktischen Jahr in Europa" den Weg der Identitätsbildung vor.

Auch der große Rest ausnahmslos national Orientierter, der im EU-Schnitt häufig über vierzig Prozent aller Befragten ausmacht, lässt sich als von den EU-Eliten weit entrückte Großgruppe verstehen und auf diese Weise als Bestätigung der Annahme von einem Elite-Masse Gegensatz auslegen. Zufriedenstellend überzeugen konnten Interpretationen entlang des „Elite-Masse-Schemas" jedoch nie. Ohne Zweifel spielen Intellektuelle wie Eliten häufig eine Vorreiterrolle bei der Konstruktion europäischer wie nationaler Identitäten. Doch das Elite-Masse-Schema steht auch für eine gewisse Genügsamkeit auf Seiten jener sozialwissenschaftlichen Eliten, die auf diese Weise einen ganz überwiegenden Teil der Menschen in der EU zu etwas unzeitgemäß hinterherhinkenden Interpreten erklärt. Der identitätstheoretische Fokus lenkt den Blick weg von der Frage, in welche Richtung die verschiedenen Gruppen der „Masse" mit ihrer Sinnsuche die kollektiven Identitätskonstruktionen drängen. Wie begrenzt die Elite-Masse-Interpretation weiter hilft, lässt sich auch an den Reaktionsbildungen nationalistisch Überzeugter in der EU erkennen, die nicht müde werden zu betonen, dass sie weder früher noch später beabsichtigen, ins Lager der EU-aufgeschlossenen Bürger und Bürgerinnen zu wechseln. Deren eigenen „Intellektuellen" widerlegen die unter überzeugten Europäern und Europäerinnen verbreitete Annahme, transnationale Vernetzung und europäische Erfahrungsräume stifteten schon einen Beitrag zu einer moralischen Öffnung nationaler Grundüberzeugungen und forcierten eine europäische Identitätsbildung. Bisher bestätigt der Aufbau europaweiter nationalistischer Bündnisse lediglich die in der nationalen Identitätsforschung verankerte Einsicht, dass die Beteiligten relativ rasch auf die Erfahrung gesellschaftlichen Wandels mit der Bearbeitung ihrer nationalen Identitäten reagieren können.

Was bei den Daten aus der empirischen Forschung zu europäischen Identitäten besonders stutzig macht, ist ihre relative Konstanz über Jahrzehnte hinweg (vgl. Kaina 2009, S. 21). Nicht nur die Mitgliedsstaaten, Institutionen und Politiken der EU sowie ihre Thematisierung in den Medien haben erheblich zugenommen und das Leben in der EU verändert (Trenz 2008, S. 94; Risse 2010, S. 155). Auch die Anzahl der Bürger und Bürgerinnen, die als Vertreter von Verbänden und NGOs in den Gremien der EU-Governance mitarbeiten oder in Brüssel/Straßburg Lobbying betreiben und damit in die politische Willensbildung und Entscheidungsfindung der EU involviert sind, hat sich kontinuierlich erhöht. Diese Entwicklung hat den elitären Charakter der EU-Polity nicht abgeschafft. Doch sie hat das Verhältnis zwischen den Bürgern und Bürgerinnen in der EU und der politischen Ordnung der EU nicht nur in quantitativer Hinsicht verändert. Vor diesem Hintergrund wirft das in den empirischen Untersuchungen zutage geförderte, anhaltende, fast verharrend erscheinende Verhältnis von europäischen und nationalen Zugehörigkeitsgefühlen die Frage auf, inwiefern die Identitätsforschung in die richtige Richtung schaut, um mögliche Identitätsarbeit wahrzunehmen, die unter dem Label nationale Identitätskonstruktion stattfindet.

Bereits die Anfang der neunziger Jahre in zahlreichen negativen Referenden zu Vertragsentwürfen zum Ausdruck gebrachte Aufkündigung des „permissiven Konsenses" gilt als ein Indikator für eine zunehmende Aufmerksamkeit gegenüber der EU (vgl. Weiler 1999, S. 4 ff.). Anhand der Eurobarometerdaten hat Kaina aufgezeigt, wie ausgerechnet in den Gründungsstaaten zwischen 1978 und 1996 die Zustimmung zur EU/EG zurückging (vgl. Kaina 2009, S. 19). Die Erwartung, dass mit wachsender Dauer der Mitgliedschaft in der EU deren Anerkennung oder eine europäische Identitätsbildung schon zunehmen werde, hat sich nicht bestätigt (vgl. Kaina 2009, S. 21 f.).

Der Blick auf EU-Eliten versus Masse lenkt von weitergehenden Deutungen des mit den Daten sichtbar gewordenen Gegensatzes ab, der innerhalb der rund neunzig Prozent Bürger und Bürgerinnen in der EU zu beobachten ist, die sich vorranging an nationalen Deutungsmustern orientieren. Ihre Spaltung zwischen EU-aufgeschlossenen und nationalistischen Identitäten durchzieht die meisten Gesellschaften der EU und teilt diese in zwei große Lager. Sie streiten sich nicht über die Frage, auf welche Weise in der EU Entscheidungen zustande kommen sollen, sondern darüber, ob die Europäische Integration überhaupt weiter erwünscht ist. Risse kommt in seiner umfassenden Analyse zahlreicher empirischer Identitätsstudien zu dem Schluss, dass die Gruppe derjenigen, die sich in erster Linie in ihrer nationalen Identität wahrnehmen, die sich aber nachgeordnet auch europäisch verstehen, eine relevante Überschneidung mit jener Gruppe aufweist, die sich als Gewinner der Europäisierung sehen (vgl. Risse 2010, S. 47). Umgekehrt lässt sich dies ebenfalls für eine nationalistische Orientierung und das Gefühl, mit der Europäisierung verloren zu haben, feststellen.

Doch auch der Versuch von Díez Medrano (2009), Herrmann et al. (2004); Checkel und Katzenstein (2009) sowie Risse (2010, S. 63 ff.), diese die europäischen Gesellschaften spaltende Konfliktlinie maßgeblich als einen Gegensatz zu interpretieren, der von EU-Eliten beziehungsweise EU-affinen nationalen Eliten und nationalistischen Eliten im Zusammenspiel mit ihren „Massen" vorangetrieben wird, reduziert den Blick auf diesen einen Elite-Masse-Aspekt, anstatt auf die dahinter liegenden Anliegen der Beteiligten zu schauen.

Spätestens bei der Interpretation der Identitätsstrategien der größten Gruppe, der Bürger und Bürgerinnen mit EU-aufgeschlossenen Selbstverständnissen, die sich ungebrochen zuerst in ihrer nationalen Zugehörigkeit verstehen, kommen Zweifel auf, ob ihr Verhalten als eine Jahrzehnte während Langsamkeit in der

Übernahme der von Eliten vor-konstruierten europäischen Identität gewertet werden kann. Risse versucht, diese grundlegende Sicht zu retten, indem er darauf verweist, dass sich in der Forschung zu europäischen Identitäten zunehmend durchgesetzt habe, von einer „Europeanization" nationaler Identitäten zu sprechen (vgl. Risse 2010, S. 37). Er versteht darunter die Pflege und Bearbeitung der in nationalen Identitäten enthaltenen Vorstellungen von Europa und der EU durch EU-affine wie durch EU-feindliche nationale Eliten. Risse analysiert als Europäisierung nationaler Identitäten keine zunehmende Akzeptanz oder Identifikation mit Europa oder der EU. Er wertet eine wachsende Aufmerksamkeit für europäische Themen als Europäisierung. Dies gilt insbesondere auch für die Zunahme EU-feindlicher Europabilder, die mit der Auflösung des „permissiven Konsenses" entstanden ist.

In seiner Analyse ausgewählter nationaler Erzählungen arbeitet er ausgesprochen umsichtig die erheblichen und wenig miteinander versöhnlich erscheinenden Unterschiede zwischen den nationalen Narrationen zu Europa und der EU heraus. Auch Kaina geht auf der Grundlage ihrer Analyse der Eurobarometerdaten davon aus, dass die nationalen Identitäten der Mitgliedstaaten seit den neunziger Jahren eher weiter auseinander zu driften scheinen (vgl. Kaina 2009, S. 58 ff.). Risse zeigt zudem auf, wie sich die Erzählungen zu Europa innerhalb der nationalen Identitäten noch einmal in EU-freundliche wie EU-feindliche Interpretationen spalten. Grundsätzlich gesteht er ein, dass die zahlreichen Studien der empirischen Identitätsforschung keinen Hinweis auf eine Bereitschaft der Bürger und Bürgerinnen erkennen lassen, sich in absehbarer Zeit verstärkt als Europäer und Europäerinnen zu fühlen. Gleichwohl gibt er die Vorstellung nicht auf, dass sich in öffentlichen Auseinandersetzungen um Europa-Interpretationen langfristig ein Trend der Ausbildung einer gemeinsamen europäischen Identität ausbilden werde (vgl. Risse 2010, S. 232).

Um die Stagnation in den nationalen Zugehörigkeitsgefühlen zu verstehen, mag der Blick auf vermeintliche Inkonsistenzen in den empirischen Daten des Eurobarometers weiter helfen. Die zur Hochzeit der Finanzkrise durchgeführten Erhebungen des Eurobarometers zeigen, wie unter dem Eindruck der umfassenden finanzpolitischen Krisenstimmung zwischen 50–70 % der Befragten angaben, nicht nationalstaatlichen Entscheidungen, sondern der Kooperation der Mitgliedsstaaten und EU-Entscheidungen mehr Lösungskompetenzen zuzutrauen (Europäische Kommission 2009, S. 75, 2010, S. 33). Obgleich diese Daten den Eindruck erwecken, im Interesse der Auftrag gebenden Kommission EU-freundlich aufbereitet zu sein, bieten sie interessante Hinweise. Krisenstimmungen, für die äußere Feinde verantwortlich gemacht werden konnten, haben in der Geschichte häufig zur Stärkung nationaler Identitäten beigetragen, als es darum ging, zersplitterte Regionen in einer Nation zu integrieren. Doch kann für die Identitätsentwicklung in der EU nicht eine vergleichbare Dynamik beobachtet werden. Zwar wurden nicht nur globale Finanzmärkte, sondern auch europäische Entscheidungen für die Finanz- und Eurokrise verantwortlich gemacht, gleichwohl bleibt signifikant, dass die Daten des Eurobarometers bis heute keinen entsprechenden Anstieg europäischer Zugehörigkeitsgefühle anzeigen. Eher lassen sich die Ergebnisse des Eurobarometers als einen Hinweis auf eine wachsende Bereitschaft der Befragten interpretieren, politische Entscheidungen von einer Gruppe von Repräsentanten zu akzeptieren, die für verschiedene Völker und nicht nur für den eigenen nationalen Demos und dessen nationales Deutungssystem stehen.

2 Demos-These

Der demokratietheoretische Grundgedanke, jeder Demos sei auf ein eigenes Selbstverständnis angewiesen, wird in der EU-Forschung herangezogen, wenn es um die Rechtfertigung der Legitimität von Mehrheitsentscheiden geht. Erst aufgrund der Voraussetzung, dass die Entscheidungsberechtigten einer politischen Einheit und diejenigen, die sich als ein „Wir, die wir uns politisch selbstbestimmen," verstehen, ein und dieselbe Gruppe sind, kann der Mehrheitsentscheid Anerkennung finden. Da der Mehrheitsentscheid längst ein unentbehrlicher Entscheidungsmodus der EU, insbesondere von Parlament und Räten ist, werden die Debatten zum Legitimitätsdefizit der EU mit Verweis auf diese Demos-These geführt. Der zum Erhalt der Handlungsfähigkeit der EU für zwingend notwendig erachtete Mehrheitsentscheid ist ein wesentlicher Grund, warum in der EU-Forschung die Identitätsdebatte und mit ihr die Demos-These virulent geblieben sind. Der vergleichsweise voraussetzungslose Konsensentscheid gilt dagegen als Blockadeinstrument, das den europäischen Integrationsprozess aufzuhalten drohe (vgl. Kielmansegg 2003, S. 52; Scharpf 2010, S. 323; Habermas 2004, S. 69).

Diese Demos-These bereitete wenig Probleme, solange sie zur Reflexion rechtsstaatlicher Demokratien mit stabilen politischen Grenzen und vergleichsweise symmetrischen föderalen Strukturen herangezogen wurde, deren politische Entscheidungen in erster Linie, wenn auch keineswegs ausnahmslos, die Mitglieder des entscheidenden Demos betrafen. Doch die politische Entscheidungsfindung in der EU, ihre funktionale und vertikale Differenzierung der Entscheidungsforen sowie die Verzahnung von EU-Governance und EU-Organen, lässt sich nicht an der vergleichsweise einfachen Demos-Identitäts-Logik messen. In der EU-Forschung ist es eigentlich unstrittig, dass die Grundannahme zum Verhältnis von Demos und Identität zur Analyse der transnationalen Konstellationen kollektiver politischer Identitätskonstruktion in der EU nur bedingt hilfreich ist. Der Versuch, für die EU

den Mehrheitsentscheid zu retten und mit ihm den normativen Anspruch einer demokratischen Legitimation, die auf eine gemeinsame Identitätsbildung angewiesen
bleibt, hat in der normativen Demokratietheorie zu drei unterschiedlichen Strategien geführt, der argumentativen Enge einer Demos-These zu begegnen.

2.1   Starke Identität eines Demos

Die erste Variante der Auslegung der Demos-These besteht in der Annahme, eine
Demokratie könne auf Dauer nur bestehen, wenn sie von einer „starken Identität"
des Demos gestützt werde. Aufgrund des fehlenden europäischen Demos werde
auch keine entsprechend dominante europäische Identität entstehen. Die EU befän-
de sich in einem Legitimitätsdilemma, aus dem sie nicht heraus käme. Bei dieser
Argumentation bleibt ‚starke Identität' ein wenig erläuterter Begriff.

In der politischen Theorie kommt Taylors Ausarbeitung zum Self (2002) den
Annahmen zur funktionalen Notwendigkeit einer „starken Identität" im demokratischen Kontext noch am nächsten. Seine Ausführungen zur weitreichenden
Identifikation mit einer demokratischen Gemeinschaft als einer unverzichtbaren
Voraussetzung für eine vitale Demokratie ist immer wieder auf Kritik gestoßen
(Gutmann 1993). Taylors Verständnis von kollektiver politischer Identität schließt
umfassende historische Identifikationen mit ein, die aus einem gemeinsam geleb-
ten kulturellen und sprachlichen Kontext hervorgegangen sind. Damit konzipiert
er den Demos als eine Einheit, die auf eine Nation zurückgeht, und rekurriert,
wenn auch ungewollt, auf einen traditionellen Begriff von Kultur, der diese als
eine vergleichsweise abgeschlossene Einheit versteht (vgl. Benhabib 1999, S. 41).
Die kollektive Identität eines Demos nimmt hier eine Binnenperspektive ein. Das
„Wir, die wir uns politisch selbstbestimmen", ist in erster Linie auf sich selbst
konzentriert. Transnationale Politikprozesse, die in interkulturellen Sprach- und
Erfahrungskontexten entstehen, haben in dieser Argumentation wenig Platz. Auch
nimmt sie den Partikularismus nicht ins Visier, der entsteht, wenn dieses „Wir" auf
der internationalen Ebene als ein binnendemokratisch abgesicherter Egoismus in
Erscheinung tritt.

Doch Taylor reduziert Identität nicht auf ihre Funktion für Demokratie. Das
unterscheidet ihn von jenen Autoren, die eine starke europäische Identität einfordern. Er stellt den mit der kollektiven Identitätskonstruktion beabsichtigten Prozess
der Sinnstiftung in den Vordergrund, der sich aus der Bedürfniswelt der Menschen
heraus formiert. Das akademische Einfordern einer starken europäischen Identität,
die nicht aus der kollektiven Sinnsuche der Menschen in Europa erwachsen ist,
sondern lediglich als demokratietheoretisches Konstrukt existiert, wäre für Taylor

keine Option. So wundert es nicht, dass seine Theorie, obgleich sie die Annahme von der notwendig „starken Identität" einer Demokratie systematisch entwickelt, von den Vertretern einer starken europäischen Identität unberücksichtigt bleibt.

Grimm, Scharpf, aber auch Kielmansegg (2003), der, ohne von „starker Identität" zu schreiben, viele Argumente zur Identität mit Grimm und Scharpf teilt, denken in erster Linie an den Mehrheitsentscheid, wenn sie das Verhältnis von Demokratie und Identität ausführen (vgl. Scharpf 2010, S. 341). Erst das Gemeinschaftsbewusstsein einer kontinuierlich bestehenden Gruppe der politisch Entscheidungsberechtigten schaffe die Voraussetzung für die jeweils unterlegene Entscheidungsminorität, die von der Mehrheit getroffene Entscheidung mitzutragen (vgl. Grimm 1994, S. 46). Dabei schaffe eine gemeinsame Sprache die Voraussetzung für eine „starke Identität" (vgl. Grimm 1994, S. 41).

Alle drei Autoren wenden dieses Argument auf die politische Ordnung der EU an. Grimm hält ein legislatives Europäisches Parlament für unmöglich, da keine starke europäische Identität existiere. Genau aus diesem Grund könne, so Kielmansegg, auch keine föderale EU nach US-amerikanischem Vorbild entstehen (vgl. Kielmansegg 2003, S. 62). Scharpf erläutert eine „strong European identity" zumindest insofern, als er davon ausgeht, sie existiere, sobald den Menschen ihre Verbundenheit mit Bürgern und Bürgerinnen der EU wichtiger wäre als die Solidarität mit den Menschen im eigenen Mitgliedsstaat. Er spielt dabei insbesondere auf Selbstverpflichtungen an, die ein europäischer Wohlfahrtsstaat mit sich brächte (vgl. Scharpf 2010, S. 335).

Auch Kielmansegg formuliert auf der Grundlage der Demos-These ein Legitimitätsproblem der EU. Weil keine dominante gemeinsame europäische Identität möglich sei, ließe sich der dringend benötigte Mehrheitsentscheid nicht in die EU-Verfahren einführen, ohne Legitimationsprobleme hervorzurufen (vgl. Kielmansegg 2003, S. 55). Eine föderale Ordnung, die normalerweise die Abwesenheit einer gemeinsamen Identität kompensieren könne, biete für die EU ebenfalls keine Lösung, da föderale Strukturen nicht die Komplexität des politischen Entscheidungsprozesses gewährleisteten, auf die eine EU längst angewiesen sei (vgl. Kielmansegg 2003, S. 67).

Gerade Kielmanseggs Ausführungen unterstreichen indirekt, dass mit der transnationalen Politik in der EU eine Ausdifferenzierung von politischen Entscheidungsprozeduren entstanden ist, deren Konsequenzen für Prozesse der kollektiven Identitätsbildung mit den herkömmlichen politikwissenschaftlichen Annahmen zur Identität nicht zu klären sind. Während er jedoch erkennt, dass der Mix von territorialer und demokratischer Repräsentation in der Gestalt eines Zweikammerprinzips eines symmetrischen Föderalismus den Entscheidungsbedarf einer EU kaum decken kann und neue institutionelle Kompromisse fordert (vgl. Kielmansegg 2003, S. 66 ff.), argumentiert er in der Identitätsfrage klassisch. Er beruft sich auf Eastons systemtheoretischen Argumente, um die Identitätsfrage für die EU zu klären. Danach ist ein politisches System insbesondere in Krisenzeiten auf eine „Loyalität" im Sinne einer „diffusen Unterstützung" angewiesen, die langfristig bestehe und nicht, wie häufig der Zuspruch zur EU, auf aktuelle Gratifikationen angewiesen bleibe (vgl. Kielmansegg 2003, S. 50). Doch in der EU existierten weder belastbare Bindungen an ihre politische Ordnung, noch die Bedingungen, unter denen eine derartige Identität ausgebildet werden könne (vgl. Kielmansegg 2003, S. 50 ff.). Die Voraussetzungen für die Ausbildung einer europäischen Identität formulieren alle drei Autoren ähnlich wie Habermas: gemeinsame Kommunikations-, Erfahrungs- und Erinnerungsräume einer Zivilgesellschaft sowie der gemeinsame Gründungsakt (vgl. Kielmansegg 2003, S. 54 ff.; Scharpf 2010, S. 322; Grimm 1994, S. 37). Deren Entstehen halten sie jedoch mit Ausnahme von Scharpf (vgl. Scharf 2010, S. 341 f.) für unwahrscheinlich, weil sie weit mehr als Habermas das Gewicht auf eine sprachlich, kulturell wie historisch eingebettete gemeinsame Identität legen.

2.2 Demos und transnationale Solidarität

Die zweite Variante der Auslegung der Demos-These besteht in Habermas' Versuch, die Gruppe der demokratisch Entscheidungsberechtigten und das Selbstverständnis dieser Gruppe so zu konzipieren, dass an die Stelle der konventionell nationalstaatlichen Ab- und Ausgrenzung eine deliberativ vermittelte politische Entscheidung über die Frage tritt, wer mit wem über was für wen auf welcher politischen Ebene und mit welchen Prozeduren verbindliche Entscheidungen treffen darf. Ein nationalstaatliches Demos-Bewusstsein wird mit dieser Konstruktion transzendiert. Lange Zeit vertrat Habermas die These, die sich erweiternde wie vertiefende EU brauche eine gemeinsame europäische Identität im Sinne eines europäisch ausformulierten Verfassungspatriotismus, damit sie per Mehrheitsentscheid und gemeinsamer Außenpolitik handlungsfähig werde (vgl. Habermas 2004, S. 68 ff.). Doch fehlten dazu in der EU nach wie vor die Voraussetzungen. Weder existiere eine gemeinsame europäische politische Kultur und Öffentlichkeit, basierend auf einer europäischen Zivilgesellschaft, noch eine kollektive Geschichtsinterpretation. Ihre Ausbildung sollte durch einen öffentlich ausgetragenen Prozess der europäischen Verfassungsgebung angeschoben werden (vgl. Habermas 2004, S. 79). Damit entwarf Habermas eine von universalistischen demokratischen Grundannahmen getragene verfassungspatriotisch ausgerichtete europäische Identität. Ihre kontextuelle Einbettung verstand er jedoch weiterhin analog zur nationalen Identität eines demokratisch verfassten Rechtsstaats. Auch ein europäisches „Wir, die wir uns politisch selbst bestimmen" war vorranging als eine wenn auch aufgeklärte Binnenperspektive konzipiert, die aus einer deliberativ vermittelten Konfliktwelt einer um europäische Angelegenheiten ringenden und dadurch europäisch werdenden Öffentlichkeit resultiert.

In seinen jüngsten Arbeiten revidiert Habermas seine Vorstellungen zur europäischen Identität zumindest in sprachlicher Hinsicht. Nunmehr vertritt er einen demokratischen Grundsatz, der ohne komplementäre Identitätsannahmen auskommt. Danach bedeutet „Demokratische Selbstbestimmung [...], dass die Adressaten zwingender Gesetze zugleich deren Autoren sind" (vgl. Habermas 2011, S. 49). Dieser in der deliberativen Demokratietheorie übliche Grundsatz passt zu transnationalen Konstellationen von Demokratie, da er die politische Grenzziehung, die Frage, wer entscheidungsberechtigt ist und wer nicht, von nationalstaatlichen Konnotationen einer in ihren Grenzen mehr oder weniger festgelegten politischen Einheit entkoppelt und grundsätzlich offen formuliert (vgl. Abizadeh 2012, S. 876). Doch Habermas lässt ungeklärt, welche Konsequenzen dieser Grundsatz für eine kollektive Identitätsbildung haben kann, die in transnationalen Politikräumen Sinn und Orientierung herzustellen sucht. Die Frage, inwiefern ein „Wir, die wir uns politisch selbst bestimmen" noch als Selbstverständnis entstehen kann, wenn dieses Wir ausdifferenziert und ständig neu zusammengesetzt werden muss, ist mit der deliberativ ausgelegten Demos-Version keineswegs redundant geworden. Habermas verzichtet in seinen jüngsten Arbeiten auf die Begriffe „europäische Identität" oder „Verfassungspatriotismus" und fordert seither eine „staats- oder überstaatsbürgerliche Solidarität" (vgl. Habermas 2011, S. 56). Darunter versteht er eine „erweiterte, wenn auch abstraktere, also vergleichsweise weniger belastungsfähige Bürgersolidarität, die [die, C.R.] Angehörigen der jeweils anderen europäischen Völker einschließen [...]" soll (Habermas 2011, S. 76). Gleichwohl benennt er als Voraussetzungen für eine weniger belastbare „überstaatsbürgerliche" Solidarität weiterhin genau jene zivilgesellschaftlichen und politisch-kulturellen Konstellationen, die er ursprünglich für die Ausbildung einer europäischen Identität als notwendig erachtet hat: ein gemeinsamer „politisch-kultureller Hintergrund" (Habermas 2011, S. 57), ein transnationales „Netzwerk geteilter politisch-kultureller Einstellungen und Überzeugungen" (Habermas 2011, S. 76). Habermas skizziert aus diskurstheoretischer Sicht eine Solidarität mit Fremden, die aus der „gegenseitigen Perspektivübernahme" und einer „hinreichend dezentrierten Wahrnehmung des Konflikts" entstehen kann (Habermas 2011, S. 91). Sie sei für die demokratische Willensbildung und „Legitimation der Herrschaftsausübung" der EU „notwendig" (Habermas 2011, S. 56). Mit dieser Argumentation enthält kollektive Identität grundsätzlich das Potential zur Überschreitung eigener Grenzen. Gleichzeitig zieht sich Habermas mit der Betonung der Notwendigkeit gemeinsamer politisch-kultureller Hintergründe und Überzeugungen relativ rasch auf Argumente zurück, die eine neue Binnenperspektive herstellen. Auf diese Weise bleibt wenig ausgeführt, wie die Konstruktion dezentrierter kollektiver politischer Selbstverständnisse zustande kommen kann, sofern sie noch zustande kommen sollte.

2.3 „Constitutional tolerance" und kollektive Identitäten

Einen Schritt weiter geht Weiler. Er hält eine gemeinsame den europäischen Mehrheitsentscheid legitimierende Identität weder für wahrscheinlich, noch für notwendig. Vielmehr vertritt er die These, in der EU hätte sich eine „constitutional tolerance" (Weiler 2003, S. 15) als wichtige Grundnorm herausgebildet. Die Verträge schränkten die nationale Souveränität zunehmend ein, während sie gleichzeitig die nationalen Identitäten schützen sollen. In die Sprache der Demos-Identitäts-Rhetorik übersetzt, beschreibt Weiler eine von den gewählten Regierungen herbeigeführte Konstellation, in der die Entscheidungsberechtigten, der Demos, nicht mehr mit jener Gruppe übereinstimmen müssen, die von sich ein gemeinsames politisches Selbstverständnis ausgebildet hat. Die in den Verträgen festgelegte offizielle Identität der EU, die den Bürgern und Bürgerinnen zur Einarbeitung in individuelle Identitäten angeboten wird, spielt für Weiler keine nennenswerte Rolle. Eine Bestätigung findet diese Lesart in der relativen Akzeptanz der Mehrheitsentscheide der Räte, die bei aller Kritik an der EU anzutreffen ist, auch wenn sie keineswegs gesichert scheint. Auch die Daten des Eurobarometers zur Frage, auf welchen politischen Ebenen in Krisenzeiten entschieden werden soll, deuten rudimentär in die gleiche Richtung. Eine Akzeptanz des Mehrheitsentscheids haben die Verantwortlichen des Eurobarometers jedoch nie direkt abgefragt.

Mit einem dezenten Seitenhieb auf Habermas merkt Weiler ironisch an, nationale Verfassungen gelten in „postfaschistischen Staaten" als „Heiligtümer", obgleich sie in der Regel mit knappen Mehrheiten als revisionswürdige Konstrukte zustande gekommen seien. Diese Paradoxie sollten jene bedenken, die auf eine Kritik am (europäischen) Verfassungspatriotismus ähnlich sakral reagierten (vgl. ebd., S. 17). Um anzudeuten, was er stattdessen befürwortet, unterscheidet er zwei Möglichkeiten, mit Fremden umzugehen. Die erste bestünde in der Abschaffung von Grenzen. Sie fordere Fremde auf, „eine(r) von uns" zu werden und berge die Gefahr, die eigene Ordnung und Lebensweise als überlegen einzuschätzen. Eine europäische Verfassung protegiere einen derartigen Umgang mit Fremden. Weiler hält ihre Abwesenheit und damit den Status Quo der EU für eine zivilisatorische Errungenschaft, da ihre Mitgliedstaaten eine „constitutional tolerance" praktizierten, bei der sie den *aggregierten* Willen von „Anderen" beziehungsweise anderen Völkern anerkennen. Diese zweite Möglichkeit, Fremden zu begegnen, verlange eine äußerst intensive Toleranz. Sie unterscheide die EU von föderalen Staaten wie den USA oder der BRD, die eine vergleichsweise statische Ordnung und Verfassungshierarchie ausgebildet hätten (vgl. ebd., S. 21). Nur was sich hinter der Fassade einer allgemeinen Reproduktion nationaler Identitäten in der EU an Such- und Konstruktionsbewegungen abspielen kann, darüber hat auch Weiler nicht weiter nachgedacht.

3 Auseinandergehen von Demos und kollektiver politischer Identitätskonstruktion

Habermas und Weiler scheinen beide Recht und Unrecht zu haben. Habermas umgeht das Problem, das entsteht, wenn selbst Bürger und Bürgerinnen, die der EU aufgeschlossen gegenüber stehen, bis auf Weiteres keine Motivation verspüren, sich in erster Linie in europäischen Deutungskonstrukten zu orientieren, indem er keine europäische Identität, sondern nur doch die Voraussetzungen für deren Ausbildung einfordert. Weiler hingegen sieht lediglich die dauerhafte Abwesenheit einer starken europäischen oder gar EU-Identität. Er ignoriert dabei die nachgeordnete Selbstwahrnehmung als Europäer und Europäerinnen, die in relevanten Teilen der Völker in der EU vorhanden ist.

Anstatt sich normativ entweder auf Weilers oder Habermas' Seite zu schlagen, mag es hilfreich sein, erst einmal zu fragen, was sich die Bürger und Bürgerinnen von ihrem weitgehenden Verzicht auf eine vorrangige europäische Identität als europäisches „Wir, die wir uns demokratisch selbst bestimmen" versprechen. Woran arbeiten sie, wenn auch wenig bewusst, mit ihrer resistenten Identitätskonstruktion, und welche politischen Kompetenzen können sie dadurch gewinnen oder verlieren? Ein Demos, der immer weniger als eine kontinuierliche geschlossene Einheit konzipiert wird, sondern zunehmend differenziert und dadurch politisiert in Erscheinung tritt, macht die Konstruktion kollektiver politischer Selbstverständnisse nicht obsolet. Die Bürger und Bürgerinnen in der EU sind weiterhin auf kollektive Deutungssysteme angewiesen, mit denen sie sich identifizieren, um sich mit ihrer Hilfe in nationalen wie wechselnden transnationalen Politikräumen orientieren zu können.

Trotz umfassender Identitätsstudien in der EU-Forschung existiert wenig Wissen zur Frage, zu welchen generellen politischen Urteils- und Handlungskompetenzen bestehende nationale Identitäten die Menschen in der EU potentiell befähigen. Wir können jedoch erkennen, dass der überwiegende Teil der Bürger und Bürgerinnen

in der EU zu einer entschlossenen Erweiterung ihrer nationalen Binnenperspektive
zu einem „Wir Europäer und Europäerinnen, die wir uns gemeinsam demokratisch
selbstbestimmen" auch nach Jahrzehnten der Europäischen Integration nicht bereit zu sein scheint. Gleichwohl sind viele von ihnen trotz öffentlicher EU-Kritik
bereit, Mehrheitsentscheidungen zu akzeptieren, die jenseits ihres favorisierten
nationalen „Wir"-Horizonts zustande gekommen sind. Sobald diese Phänomene
als Reaktionen auf die zentralen politischen Herausforderungen betrachtet werden, mit denen sich die Bürger und Bürgerinnen in der EU konfrontiert sehen, der
Flexibilisierung der politischen Grenzziehungen und der zunehmenden Präsenz
der EU-Politik, machen die Präferenzen für nationale Identitäten, kombiniert mit
der Akzeptanz europäischer Mehrheitsentscheide, durchaus Sinn. Warum sollten
Bürger und Bürgerinnen motiviert sein, sich auf ein neues, nunmehr europäisches
politisches „Wir" festzulegen, wenn sie gerade lernen, wie groß der Bedarf geworden ist, immer wieder neu darüber zu entscheiden, mit welchen hoch aggregierten
politischen Willen künftig gemeinsam routinemäßig entschieden werden soll. Mit
ihrer Skepsis gegenüber einer dominanten europäischen oder EU-Identität kombiniert mit der Akzeptanz von europäischen Mehrheitsentscheiden verschaffen sie
sich unter der Hand eine generelle Offenheit gegenüber der Frage, wer auch über
den europäischen Kontext hinaus mit wem gemeinsam entscheiden soll. Dies setzt
freilich voraus, dass diese Frage in nationalen Öffentlichkeiten und Deutungsräumen weltaufgeschlossen erörtert werden kann und nationale Identitäten auf diese
Weise eine Bearbeitung erfahren. Mit der Tendenz, in nationalen Deutungsräumen
wenn auch weltaufgeschlossen zu verharren, während längst in transnationaler und
europäischer Formation politisch entschieden wird, bilden Bürger und Bürgerinnen in der EU potentiell eine Kompetenz aus, sich in Kontexten der europäischen
sowie der globalen Politik zu orientieren und zu engagieren.

Mit dem Unwillen, die Binnenperspektive nationaler Identitäten auf eine nunmehr europäische Wir-Perspektive zu erweitern, deutet sich eine Verschiebung
des Fokus der Aufmerksamkeit in der Konstruktion nationaler Identitäten an. Das
latente Auseinanderwachsen von Demos und kollektivem politischen Selbstverständnis setzt eine derartige Verschiebung in den nationalen Identitäten voraus. Die
Bürger und Bürgerinnen sind darauf angewiesen, nicht nur der Binnenperspektive,
sondern vor allem auch der Außenperspektive eine besondere Bedeutung beizumessen, wenn sie sich mit nationalen Interpretationsschemen in transnationalen,
europäischen oder globalen Politiken orientieren wollen. Doch zeigt gerade auch
die aktuelle Entwicklung in der EU, dass mit einer vermehrten Aufmerksamkeit
gegenüber Politikstrategien und Positionen jenseits der eigenen nationalstaatlichen
Demokratie keineswegs immer schon eine weltaufgeschlossene oder gar verfassungspatriotisch ausgerichteten nationale Identitätsarbeit verbunden ist.

Risses (2010) Unterscheidung der zwei Richtungen der Europäisierung nationaler Identitäten, die nationalistische oder liberale Bilder von Europa entwerfen, unterstreicht diese Einschätzung. Die seit langem beobachtbare Zunahme nationalistischer Orientierungen in den Mitgliedstaaten der EU lässt sich als eine Variante der verstärkten Aufmerksamkeit gegenüber Politiken außerhalb der eigenen Nation verstehen. Das von rechtspopulistischen wie rechtsextremen Parteien vertretene „Europa der Nationen" und ihre europaweiten Netzwerke scheinen ein Resultat dieser intensivierten Außenorientierung zu sein. Sie ist eng verwandt mit der konventionellen Reproduktion politisch-nationaler Grenzziehungen. Während nach innen hin demokratische Selbstbestimmung und Solidarität mit den Fremden stattfinden soll, werden Kontexte anderer Demokratien als das grundlegend Andere, wenn nicht als eine Bedrohung konzipiert, die jede Öffnung der politischen Grenzen verbietet. Diese Konstruktion nationaler Außenperspektiven zieht die Grenzen der politischen Selbstbestimmung mit vorpolitischen Argumenten (vgl. Abizadeh 2012, S. 868). Sie besteht in dem Versuch, das Zusammengehören eines geschlossenen Demos und dessen nationale Identität zu behaupten.

Den Gegenpol bietet eine Außenorientierung in der nationalen Identitätskonstruktion, die ihre Aufmerksamkeit friedlich und lernorientiert auf politische Erfahrungsbereiche und Problemlösungskulturen außerhalb des eigenen Mitgliedstaats richtet. Aus der Perspektive eines derartigen Selbstverständnisses kann die Frage, wer wie politisch einbezogen werden soll, relativ unabhängig von historisch gewachsenen nationalen Grenzen reflektiert werden. Politische Selbstbestimmung kann dabei sowohl auf ein eher liberal-repräsentatives Demokratieverständnis zugespitzt oder anthropologisch weit als Einbeziehung ausgelegt werden. Der von Tully eingeführte Begriff der „diversity awareness" steht für eine prinzipielle Offenheit gegenüber Formen der kollektiven Selbstbestimmung, die als eine Haltung in kollektive Identitäten eingelassen ist. Diese *awareness* versteht Tully normativ. Sie soll kollektive Identitäten hervorbringen, die auf ein friedliches Miteinander von sich selbstbestimmenden Gruppen und Nationen ausgerichtet sind (Tully 1999).

Doch eine weltaufgeschlossene nationale Identitätskonstruktion bietet noch keine Gewähr für die Ausbildung einer „diversity awareness". Sie kann ebenso eine Orientierung bedeuten, bei der sich die Menschen zwar in europäischen und globalen Kontexten bewegen, sich dort jedoch in erster Linie gegenüber Ihresgleichen aufgeschlossen zeigen. Gilroy (2005) hat eine Identität von Globalisierungsgewinnern skizziert, die ihre Weltoffenheit auf jene urbanen Räume reduzieren, in denen sie unter sich bleiben können, ohne dabei Fragen der globalen Solidarität oder Ungerechtigkeit vergegenwärtigen zu müssen. Die demokratische Frage wird aus dieser Perspektive nur noch thematisiert, wenn sie für die Durchsetzung eigener Interessen nützlich oder unumgänglich erscheint.

Die beharrliche Präferenz für nationale Identitäten, die in der EU zu beobachten ist, bedarf ebenso einer differenzierten Analyse ihrer normativen Implikationen, wie die Phänomene wachsender Weltaufgeschlossenheit. Die infolge der Erfahrung der EU-Politik entstandene Tendenz der Bürger und Bürgerinnen, ihr politisches Selbstverständnis als nationales Selbstverständnis zu pflegen, obgleich sie die Räte und das Parlament der EU ebenfalls als demokratische Entscheidungsforen anerkennen, lässt sich nicht überzeugend als eine Vorstufe zu einer dominanten EU-Identität interpretieren. Vielmehr deutet die empirische Identitätsentwicklung darauf hin, dass Teile der Betroffenen versuchen, sich als Bürger und Bürgerinnen in entgrenzten Politikräumen zu verstehen. Dazu scheinen sie zur Orientierung nationale Deutungssysteme zu nutzen, in denen der Aufmerksamkeit gegenüber politischen Räumen jenseits des nationalen Deutungskontextes ein besonderer Stellenwert beigemessen wird. Ob dieser Trend das Bewusstsein der Beteiligten schärft, in Fragen der legitimen politischen Einbeziehung immer schon aus der partikularen Perspektive zu argumentieren, bedarf einer gezielten empirischen Untersuchung. Doch scheint sich in der aktuellen Identitätsarbeit eine Ahnung zu entfalten, dass sich eben diese Fragen der legitimen politischen Einbeziehung weder auf europäische Entscheidungskontexte begrenzen, noch durch einen shift zur europäischen politischen Identität leichter beantworten lassen.

Dass es in der EU vor allem nationale Identitäten sind, die als weltaufgeschlossene kollektive Deutungssysteme umstrukturiert werden, ist eher ein Aspekt historischer Kontingenz. Der Versuch, Deutungs- und Orientierungshilfen für die Bewältigung von Politikprozessen in transnationalen, europäischen wie eben auch globalen Räumen zu schaffen, kann ebenso im Rahmen anderer kollektiver Identitäten unternommen werden. Nationale Identitäten konkurrieren in dieser Funktion längst nicht nur mit einer europäischen Identität, sondern ebenso mit religiösen oder beispielsweise Genderidentitäten. Für zahlreiche Menschen sind nationale Identitäten längst eine Angelegenheit der Wahl. Sie fühlen sich einem nationalen Deutungskontext zugehörig mit dem Wissen, sich ebenso im Rahmen anderer nationaler Identitäten politisch orientieren und zurechtfinden zu können. Ausschlaggebend bleibt, inwiefern in nationalen Interpretationsräumen Orientierungshilfen für ein erfolgreiches Handeln in europäisierten und globalisierten Politikräumen entstehen. Wie wenig selbstverständlich dies gelingt, lässt sich an den wachsenden nationalistischen Reaktionen auf die EU-Politik erkennen.

Motive, den Interpretations- und Deutungsbedarf zu politischen Prozessen weiterhin im Rahmen nationaler Identitäten herzustellen, existieren viele (vgl. Ritter 2012, S. 4 ff.). In der Identitätsforschung wird das Potential nationaler Identitäten, Deutungen veränderten Lebensbedingungen anzupassen, als auffällig hoch eingeschätzt (Anderson 1996). Zugleich zeichnen sich nationale Identitäten durch eine breit aufgestellte Vermittlung von historischen, zivilisatorischen und politischen Deutungsmustern aus, die in Prozessen der interkulturellen Bearbeitung und multikulturellen Anreicherung entstanden sind. Zudem verfügen nationale Identitäten in der Regel bereits über ein umfassendes Deutungsrepertoire zur normativen Frage, wer mit wem auf welche Weise politisch entscheiden soll. Damit bieten sie eine beachtliche Ressource für die Deutung ungewohnter politischer Erfahrungen, an die Bürger und Bürgerinnen anknüpfen können. Auch das Motiv der Mitgliedsländer, mit ihrem Beitritt zur EU nicht nur Frieden zu sichern, sondern auch die eigene Position in einer sich globalisierenden Welt zu stärken, bildet einen Anreiz für die Menschen in der EU, die Europäische Integration im Rahmen ihrer nationalen Identitäten zu bearbeiten und von den nationalen Bemühungen um *self-empowerment* zu profitieren. Aus eben diesem Grund bergen gerade auch EU-aufgeschlossene nationale Identitäten die Gefahr, politisch prekäre Schließungstendenzen auszubilden.

Literatur

Abizadeh, Arash. 2012. On the demos and its kin: Nationalism, democracy and the boundary problem. American *Political Science Review* 106 (4): 867–882.
Anderson, Benedict. 1996. *Die Erfindung der Nation.* Frankfurt a. M.: Campus.
Assheuer, Thomas. 2011. Kalte Liebe. Eines Tages wird man fragen: Wo waren eigentlich die Intellektuellen als Europa zu Bruch ging? ZEIT online. 11.11.2012. www.zeit. de/2011/46/Europa-Intellektuelle. Zugegriffen: 10. Feb. 2014.
Beck, Ulrich, und Daniel Cohn-Bendit. 2012. Wir sind Europa. Manifest zur Neugründung Europas von unten. http://manifest-europa.eu/allgemein/wir-sind-europa?lang=En-US. Zugegriffen: 10. Feb. 2014.
Beck, Ulrich, und Edgar Grande. 2004. *Das kosmopolitische Europa.* Frankfurt a. M.: Suhrkamp.
Benhabib, Seyla. 1999. *Kulturelle Vielfalt und demokratische Gleichheit. Politische Partizipation im Zeitalter der Globalisierung.* Frankfurt a. M.: Fischer.
Castiglione, Dario. 2009. Political identity in a community of strangers. In *European Identity,* Hrsg. Jeffrey T. Checkel und Peter J. Katzenstein, 29–51. Cambridge: Cambridge University Press.
Checkel, Jeffrey T., und Peter J. Katzenstein, Hrsg. 2009. *European identity.* Cambridge: Cambridge University Press.
Díez Medrano, Juan. 2009. The public sphere and the European Union's political identity. In *European Identity,* Hrsg. Jeffrey T. Checkel und Peter J. Katzenstein, 81–109. Cambridge: Cambridge University Press.
Eder, Klaus. 2004. Europäische Öffentlichkeit und multiple Identitäten – das Ende des Volksbegriffs. In *Europäische Öffentlichkeit,* Hrsg. Claudio Franzius und Ulrich K. Preuß, 61–80. Wiesbaden: Nomos.

Europäische Kommission. 2009. *Eurobarometer SEB 308*. Brüssel: Europäische Kommission.

Europäische Kommission. 2010. *Eurobarometer 73*. Brüssel: Europäische Kommission.

Europäische Kommission. 2012. *Eurobarometer SEB 39*. Brüssel: Europäische Kommission.

Favell, Adrian. 2009. Immigration, migration, and free movement in the making of Europe. In *European identity*, Hrsg. Jeffrey T. Checkel und Peter J. Katzenstein, 167–189. Cambridge: Cambridge University Press.

Giesen, Bernhard. 1993. *Die Intellektuellen und die Nation. Eine deutsche Achsenzeit*. Frankfurt a. M.: Suhrkamp.

Gilroy, Paul. 2005. *Postcolonial melancholia*. New York: Columbia University Press.

Grimm, Dieter. 1994. *Braucht Europa eine Verfassung?* München: Carl Friedrich von Siemens Stiftung.

Gutmann, Amy, Hrsg. 1993. *Charles Taylor: Multikulturalismus und die Politik der Anerkennung*. Frankfurt a. M.: S. Fischer.

Habermas, Jürgen. 2004. Ist die Herausbildung einer europäischen Identität nötig, und ist sie möglich? In *Der gespaltene Westen*, Hrsg. Jürgen Habermas, 68–84. Frankfurt a. M.: edition suhrkamp.

Habermas, Jürgen. 2011. *Zur Verfassung Europas. Ein Essay*. Frankfurt a. M.: edition suhrkamp.

Habermas, Jürgen, und Jacques Derrida. 2003. February 15, or what binds Europeans together: A plea for a common foreign policy, beginning in the core of Europe. *Constellations* 10 (3): 291–297.

Haller, Max. 2009. *Die Europäische Union als Elitenprozess*. Wiesbaden: Verlag für Sozialwissenschaften.

Herrmann, Richard K., Thomas Risse, und B. Marilynn Brewer, Hrsg. 2004. *Transnational identities. Becoming European in the EU*. Lanham: Rowman & Littlefield.

Hertie School of Governance. 2012. Offener Brief zur Zukunft Europas. www.hertie-school. org/fileadmin/images/Downloads/media_events/publications/Offener_Brief.pdf. Zugegriffen:15. Jan. 2014.

Holmes, Douglas R. 2009. Experimental identities (after Maastricht). In *European identity*, Hrsg. Jeffrey T. Checkel und Peter J. Katzenstein, 52–81. Cambridge: Cambridge University Press.

Höpner, Martin, und Bojan Jurczyk. 2012. Kritik des Eurobarometers. *Leviathan* 40 (3): 326–349.

Kaina, Viktoria. 2009. *Wir in Europa. Kollektive Identität und Demokratie in der Europäischen Union*. Wiesbaden: Verlag für Sozialwissenschaften.

Kielmansegg, Peter Graf. 2003. Integration und Demokratie. In *Europäische Integration*, Hrsg. Markus Jachtenfuchs und Beate Kohler-Koch, 49–83. Opladen: Leske + Budrich.

Kohler-Koch, Beate, Thomas Conzelmann, und Michèle Knodt. 2004. *Europäische Integration – Europäisches Regieren*. Wiesbaden: Verlag für Sozialwissenschaften.

Nissen, Sylke. 2012. Beobachtung oder Intervention. Das Eurobarometer im Prozess der Europäischen Integration. Universität Leipzig: Serie Europa – Europe Series 4/2012. www.uni-leipzig.de/~lews/wp-content/uploads/2012–04online-Nissen-Eurobarometer. pdf. Zugegriffen: 30. Marz 2013).

Risse, Thomas. 2010. *A community of Europeans? Transnational identities and public spheres*. Ithaca: Cornel University Press.

Ritter, Claudia. 2012. Zur Konstruktion des Nationalen in Prozessen der Europäisierung. In *Transnationale Vergesellschaftungen. Verhandlungen des 35. Kongresses der Deutschen Gesellschaft für Soziologie in Frankfurt am Main 2010, herausgegeben in deren Auftrag von H.-G. Soeffner*, Hrsg. Hans-Georg Soeffner. Wiesbaden: Verlag für Sozialwissenschaften.

Scharpf, Fritz. 2010. *Community and autonomy. Institutions, policies and legitimacy in multilevel Europe*. Frankfurt a. M.: Campus.

Schmidt, Manfred G. 1995. *Wörterbuch zur Politik*. Stuttgart: Kröner.

Taylor, Charles. 2002. *Wieviel Gemeinschaft braucht die Demokratie?* Frankfurt a. M.: suhrkamp tbw.

Trenz, Hans-Jörg. 2008. Quo vadis Europa? Quality Newspapers struggling for European unity. In *The European union and the public sphere. A communicative space in the making?*, Hrsg. John Erik Fossum und Philip Schlesinger, 89–109. London: Routledge.

Tully, James. 1999. *Strange mulitplicity. Constitutionalism in an age of diversity*. Cambridge: Cambridge University Press.

Weiler, Joseph H. H. 1999. *Introduction: „We will do, and hearken"*, in: derselbe, The Constitution of Europe. „Do the new clothes have an emperor?" And other essays on European Integration, 3–9. Cambridge: Cambridge University Press.

Weiler, Joseph H. H. 2003. In defence of the status quo: Europe's constitutional Sonderweg. In *European constitutionalism beyond the state*, Hrsg. Joseph H. H. Weiler und Marlene Wind, 7–23. Cambridge: Cambridge University Press.

Wodak, Ruth. 2004. National and transnational identities: European and other identities constructed in interviews with EU officials. In *Transnational identities. Becoming European in the EU*, Hrsg. Richard K. Herrmann, Thomas Risse, und Marilynn B. Brewer, 97–128. Lanham: Rowman & Littlefield.

Demokratische Gestaltungsmacht und europäische Integration – Die Potentiale demokratischer Einflussnahme auf die politische Ordnung der Europäischen Union

Emanuel Richter

1 Einleitung

Wenn man die demokratische Qualität politischer Systeme beurteilt, muss man erhebliche Klärungsarbeit darauf verwenden, was man unter „Demokratie" versteht. Der Begriff bleibt normativ und empirisch heftig umstritten. Das gilt umso mehr für die Europäische Union (EU), die nicht nur fundamentalen Kontroversen darüber ausgesetzt ist, inwieweit und in welcher Hinsicht sie demokratischen Ansprüchen genügt, sondern seit langem und in letzter Zeit wieder verstärkt einer Auseinandersetzung darüber, ob sie überhaupt demokratische Qualitäten aufweisen müsse. Wenn im Folgenden also eine solche Klärung des supranationalen Demokratiepotentials vollzogen werden soll, dann wird ein Teil der Ausführungen der Frage gewidmet werden müssen, welche demokratischen Standards an die EU angelegt werden. Vor diesem Hintergrund wird dieser Beitrag nur einen Ausschnitt aus den ausufernden Demokratiefragen der europäischen Integration beleuchten können, nämlich den sehr weit reichenden Anspruch, dass die Bürgerinnen und Bürger die EU als einen kohärenten *politischen* Raum begreifen, in dem sie als Legitimationsstifter, als aufeinander bezogene Akteure und als Gestalter mit umfassenden Optionen der Einflussnahme sichtbar werden.

Der Grund, eine solche anspruchsvolle Demokratiefigur überhaupt gegenüber der EU geltend zu machen, liegt in der supranationalen Gründungsdynamik und der seitdem permanent bemühten europapolitischen Einigungsrhetorik begründet. Die

E. Richter (✉)
RWTH Aachen, Aachen, Deutschland
E-Mail: richter@ipw.rwth-aachen.de

© Springer Fachmedien Wiesbaden 2015 207
N. Abbas et al. (Hrsg.), *Supranationalität und Demokratie,*
Staat – Souveränität – Nation, DOI 10.1007/978-3-658-05335-2_10

europäische Integration war in der Mitte des 20. Jahrhunderts angetreten, nationale
politische Identitäten und geschlossene Kohärenzideale aufzubrechen, unter deren
Antagonismen sich weltgeschichtlich beispiellose Katastrophen vollzogen hatten.
Als Ziel gilt seitdem, eine übergeordnete politische Einheit zu festigen, die als
staatsähnliches Gebilde Frieden stiftet, Wohlstand mehrt, demokratisch legitimierte Institutionen schafft, die Zusammengehörigkeit der europäischen Bürgerinnen
und Bürger stiftet und nicht zuletzt Europas weltpolitische und weltwirtschaftliche
Bedeutung stärkt. Insofern begleitet die supranationale europäische Integration
von Anfang an ein genuin *politisches* Anliegen, nämlich die europäischen Völker
zu einer friedfertigen Gemeinschaft zusammenzuschließen, die darauf gründet,
dass sie jenseits der nationalen Ebene im Bewusstsein ihrer Zusammengehörigkeit wesentliche Funktionsbereiche der kollektiven Lebensbewältigung kooperativ
regeln. Die EU ist in dieser Hinsicht tatsächlich enorm vorangeschritten, vor allem
in Gestalt des Ausbaus eines homogenisierten Binnenmarkts. In den öffentlichen
Europadebatten, in den Handlungsmaximen und Stellungnahmen von politischen
Eliten, in der medialen Berichterstattung und in den intellektuellen Diskursen werden die politischen Zielmarken, die sich an die erfolgreiche wirtschaftliche Integration knüpfen, immer wieder beschworen. Entsprechende Lagebeurteilungen bemühen stereotyp die Kontrastfolie kriegerisch rivalisierender Nationalstaaten auf
europäischem Boden, um die Alternativlosigkeit der zum Gründungsmythos gehö-
renden Integrationsdynamik drastisch zu veranschaulichen. Es liegt also nach wie
vor auf der Hand, die EU in ihrer heutigen Gestalt an dem Anspruch zu messen,
eine probate Neuformation für eine politische Zusammengehörigkeit anzubieten,
die natürlich auch mit einem demokratischen Anliegen einhergeht: Die wachsende
Staatsähnlichkeit soll möglichst direkt von den Bürgerinnen und Bürgern legitimiert werden, eine bewusst angenommene Solidargemeinschaft schaffen und eine
gemeinsame politische Identität hervorbringen, mit der sich das europäische Volk
interessiert und überzeugt seiner kooperativen Verflechtung zuwendet.

　　Eine solche Fragestellung, die politische und demokratische Implikationen der
europäischen Einigung in den Mittelpunkt rückt, verschiebt den Fokus der Betrachtung von der öffentlichen Akzeptanz und dem Legitimationspotential, die
aus der regulativen Wirkungsmächtigkeit, dem „output" der EU resultieren, auf
die bürgerschaftlichen Rollenverständnisse, die mit der Zugehörigkeit zu solch
einem machtvollen Gebilde einhergehen. Es soll die sehr grundsätzliche Frage erörtert werden, ob die EU insofern als Demokratie angesehen werden kann, als
sie den Raum einer konstitutiven Gestaltungsmacht der Bürgerinnen und Bürger
hinsichtlich der Ziele, Verlaufsformen, Institutionen und Politikbereiche des kooperativen Handelns bereithält – oder zumindest ein solches Angebot in Aussicht stellt. Einer solcherart zugespitzten Demokratiefrage liegt ein dezidiertes

Demokratieverständnis zugrunde. Es soll im nächsten Abschnitt umrissen werden (2). In einem weiteren Schritt wird die EU in ihrer heutigen Gestalt, insbesondere unter den Bedingungen der anhaltenden Krise daraufhin analysiert, ob und gegebenenfalls wo sich Ansatzpunkte für eine demokratische Gestaltungsoffenheit ergeben (3). Im Anschluss daran kommt eine bemerkenswerte, öffentliche Kontroverse zur Sprache, die sich – zum ersten Mal seit der Gründungsphase der EU – dezidiert auf die Vergegenwärtigung ihrer politischen Ziele, Entwicklungsdynamik und Zweckerfüllung richtet. Sie ist zumindest insofern als demokratischer Hoffnungsschimmer zu betrachten, als sie eine verstärkte bürgerschaftliche Aufmerksamkeit für die Vergegenwärtigung der genuin *politischen* Implikationen des supranationalen Einigungswerks erkennen lässt (4). Ein kurzes Schlusswort fasst die Ergebnisse zusammen (5).

2 Demokratie und Politik

Über die Frage, was Demokratie ist, herrscht in der Öffentlichkeit und in den einschlägigen akademischen Disziplinen so viel Uneinigkeit, dass man nicht einfach ein konventionelles Verständnis als Bezugspunkt veranschlagen kann. In höchst unterschiedlicher Mischung werden als Bestimmungskriterien Wahlakte, Partizipationsangebote, Konstitutionalismus und Gewaltenteilung, Repräsentationsmechanismen, öffentliche Kontrolle und Transparenz, Medien und die Systemloyalität der Bürgerinnen und Bürger angeführt (vgl. Kriesi 2013). Gerade unter den Bedingungen der Ungleichzeitigkeit der Demokratie in verschiedenen weltpolitischen Regionen und des auf den westlichen Kulturkreis gemünzten Befunds der „Postdemokratie" ergibt sich die Notwendigkeit, Begriffsinhalte zu klären und eine sorgfältige Grundbestimmung der Funktionalität von Demokratie vorzunehmen. Diese wird ohne eine Verständigung darüber, was der Sinn von „Politik" ist, nicht auskommen. Insofern müssen hinter einem sinnentleerten *Metanarrativ der Demokratie* Kerngehalte von Politik und Demokratie rekonstruiert werden, um den Gegenstandsbereich genau zu bestimmen. Dazu dienen im Folgenden knapp referierte Einsichten aus der republikanischen Theoriengeschichte, der amerikanischen Schule des „Pragmatismus" und den „radikaldemokratischen" Modellen aus dem frankophonen Raum (vgl. Richter 2013). Es soll zunächst hervorgehoben werden, welcher Status der politischen Sphäre in den modernen Formen menschlichen Koexistenz zukommt und wie sich eine unausweichliche „Intersubjektivität" in die politische Gemeinschaft eines „demos" übersetzen lässt. Am Beginn steht die zugleich schlichte wie hochkomplexe Frage, was das „Politische" ausmacht. Der Zugang zu einem plausiblen Verständnis von Politik und Demokratie lässt sich nur als

das Ergebnis einer *hermeneutischen Dynamik* gewinnen, in deren Verlauf Grund-
bestimmungen menschlicher Selbstentfaltung, die Beobachtung und Klassifikation
von Formen kollektiver Lebensbewältigung und die Prinzipien der Generierung
von schlüssigen Erkenntnissen über den Zusammenhang zwischen authentischer
menschlicher Existenz und politischer Praxis wechselseitig aufeinander bezogen
werden. Die Wurzeln einer solchen hermeneutischen Verankerung von Demokratie
und Politik zehren von den Impulsen Hegels und des jungen Marx.

Marx widmet sich in seinen Schriften aus den Jahren 1843/1844 dem Bezie-
hungsgeflecht zwischen dem Subjekt und den Formen seiner kollektiven Existenz
und unterstreicht dabei die existenzielle Bedeutung der politischen Sphäre. Er begreift die Demokratie als die „wirkliche Wahrheit der Idee" – in ständig wieder-
holter Abgrenzung gegenüber Hegel, der mit seiner Feier auf Staat und Monarch
vorschnell eine besondere „empirische Existenz" für den Ausweis der Idee gehalten habe (vgl. Marx 1961a, S. 241). Die Demokratie ist also das Mittel, „die
Wahrheit zu einer empirischen Existenz zu bringen" (Marx 1961a, S. 241). Richtiges Handeln und richtiges Erkennen werden kongruent; nur so ist die Aussage
zu verstehen, die Demokratie verwirkliche die menschliche Grundbestimmung in
einem „politischen Gemeinwesen" (Marx 1961b, S. 355). Die Demokratie vereint Inhalt und Form der Vernunft, sie verwirklicht „subjektive Freiheit" (Marx
1961a, S. 264 f.). Die Demokratie wird gleichzeitig zum authentischen Instrument
und zur Verkörperung einer „politischen Hermeneutik", die den hohen Stellenwert
des kollektiven Lebens aus einer Rekonstruktion der Relation zwischen einem zur
Selbsterkenntnis fähigen und zugleich selbstbestimmten Subjekt und der dafür notwendigen existenziellen Wechselseitigkeit und politischen Interaktion ableitet. Die
Einsicht in die Bedeutung des kollektiven Lebens wird zur Bedingung für die gat-
tungsgeschichtlich folgerichtige Selbstbestimmung des Einzelnen, das Resultat ist
das Plädoyer für eine *egalitäre* Gleichrangigkeit. Aus dem Nachdenken über den
Sinn menschlicher Existenz geht ein umfassendes republikanisches Menschenbild
und Politikverständnis hervor.

Im amerikanischen Pragmatismus wird die von Marx skizzierte Verknüpfung
von Erkenntnis- und Handlungstheorie in gesellschaftskritischer Absicht fortge-
führt. Auch die Pragmatisten betonen die Verbindung von (Selbst-)Erkenntnis,
intersubjektiver Wahrnehmung und realem kooperativem Handeln und verbinden
sie in einer Art kulturanthropologischen und sozialpsychologischen Begründungs-
figur unmittelbar mit der Demokratie als Medium. John Dewey, einer der her-
ausragenden Repräsentanten des Pragmatismus, begreift in Anlehnung an George
Herbert Mead das individuelle Selbst als Produkt einer Spiegelung der sozialen
Begegnung. Diese soziale Begegnung manifestiert sich in Form politischer Interaktion. Selbstfindung vollzieht sich damit zwangsläufig auf der Basis von realer

Kooperation. „Übertragung und Wechselverkehr sind nicht nur das *Mittel* für den Fortbestand der Gesellschaft, sondern man kann sie geradezu als das *Wesen* der Gesellschaft bezeichnen." (Dewey 1993, S. 19, vgl. auch Richter 2010, S. 102 ff.). Die Politik wird zu jenem Erfahrungsraum, in dem sich das Individuum eines ursprünglichen Bezugs jedes Subjekts auf jedes andere versichern kann. Reziprozität ist Alterität, also nicht schließend und gewissermaßen als Koexistenz monadischer Entitäten konzipiert, sondern auf die grenzenlose Erfahrung mit Andersartigkeit gerichtet, die aus der Alteritätserfahrung produktiv die Spiegelung des Eigenen ausfiltert, um ein „vernünftiges", in Deweys Semantik „authentisches" und „erfahrenes" Subjekt zu generieren – das sich seiner kooperativen Einbindung bewusst wird (vgl. Dewey 2001, S. 128). Die Demokratie verkörpert die Manifestation einer authentischen Lebensform, in der Subjekte ihre Erfahrungen untereinander austauschen und sich zu einem Kollektiv lernender und zu Selbsterkenntnis führender Begegnung formieren. Sie ist also wiederum nicht bloß oder sogar nur in zweiter Linie eine Praxis des Regierens, sondern vor allem eine Praxis der auf Inklusion gerichteten Reziprozität, die der universalen gattungsspezifischen Intersubjektivität den angemessenen konkreten Ausdruck verleiht. „Die Demokratie ist mehr als eine Regierungsform; sie ist in erster Linie eine Form des Zusammenlebens, der gemeinsamen und miteinander geteilten Erfahrung." (Dewey 1993, S. 121). Insofern erscheint Dewey die Demokratie als eine Realisierungsstufe von sozialer Integration, als „die Idee des Gemeinschaftslebens selbst" (Dewey 2001, S. 129). Die Demokratie führt immer wieder zurück zum Prinzip der gegenseitigen Wahrnehmung des Anderen und des Selbst im Wechselspiel von Verschiedenartigkeit und Gleichartigkeit, sie „organisiert" gleichzeitig deren politische Artikulationschancen.

Miguel Abensour, ein dem Lager der „Radikaldemokraten" nahestehender französischer Philosoph, beruft sich in seinem Buch „Demokratie gegen den Staat" auf die Konzeptualisierung der Demokratie bei Machiavelli und Marx und gewinnt daraus ein dezidiertes Politikverständnis. Politik wird in dieser Auffassung zu einer unablässigen, unabschließbaren und unkalkulierbaren Selbstbestimmung des Volkes – und das führt zum Kern der Demokratie. Erst der in und durch die Politik sozialisierte und darin integrierte, in der politischen Sphäre handelnde Mensch wird als Bürger zum Subjekt und zum Teil des *demos*. Dieser Prozess indiziert ein ganz fundamentales „Zu-sich-Kommen" des Menschen. Die politische Sichtbarkeit des Subjekts als Akteur im Kreis des *demos* gewinnt existenzielle Bedeutung, hier zeigt sich erneut eine genuin republikanische Grundierung (vgl. Abensour 2012, S. 139). Daraus folgt das Erfordernis fortwährenden Handelns, die permanente Veränderung vorgefundener Manifestationen von Staatlichkeit. Diese Argumentation schließt an Claude Lefort an, einstmals Lehrer und berühmter Zeitgenosse

Abensours, der die symbolische Bedeutung der Demokratie in das politische Bild vom *Ort der Macht* kleidet, der nicht einfach lokalisierbar und institutionalisierbar ist, etwa in Gestalt eines Herrschaftsverbandes oder in Gestalt eines Wahlaktes, sondern offen bleiben muss für die wechselhafte Präsenz der Bürgerinnen und Bürger. Erst an diesem Ort konstituiert sich das kollektive Leben (vgl. Lefort 1986, S. 27). Die Offenheit macht den Kern des „Politischen" („le politique") aus, das in den empirisch ausgerichteten Sozialwissenschaften allzu einseitig mit den existierenden politischen Institutionen des kooperativen Regulierens gleichgesetzt wird (Lefort 1986, S. 20). Die Demokratie wird zu einer *symbolisch* wirksamen Ausdrucksform für die öffentliche Präsenz von interagierenden Subjekten. Der ebenfalls dem radikaldemokratischen Lager zugerechnete Jacques Rancière betont: „Die Demokratie ist, im allgemeinen, die Weise der Subjektivierung der Politik – wenn man unter Politik etwas anderes versteht als die Organisation des Körpers in der Gemeinschaft und die Verwaltung der Plätze, Mächte und Funktionen." (Rancière 2002, S. 108).

Die Politik ist als eine Interaktionsform zu begreifen ist, in der die Subjekte ihrer Reziprozität in Gestalt von kooperativer Lebensbewältigung öffentlichen Ausdruck verleihen. Politik ist ein Teil der Realisierung menschlicher Intersubjektivität. Die Demokratie stellt das Mittel dazu bereit. Ihre Entfaltung sorgt – unter den Bedingungen „natürlicher" Ungleichheit unter den einzelnen Subjekten – für eine gleichrangige Inklusion all derjenigen, die in einen bestimmten Raum kollektiver Lebensbewältigung eingebunden sind, und sie sorgt für deren Präsenz als Bürgerinnen und Bürger in der entsprechenden Öffentlichkeit. Die Demokratie ist die gleichrangige Inklusion, Teilhabe und Verfügungsgewalt über die Gestaltung des gemeinsamen Lebensraums. Diese Funktionsbestimmung ist der Prüfstein für demokratische Qualität jeglicher politischer Ordnung. Mithin gilt ein solches Erfordernis der Prüfung von demokratischen und politischen Erfüllungsansprüchen auch für die EU unter der Voraussetzung, dass sie als ein politischer Raum der kollektiven Lebensbewältigung unter gleichrangigen Bürgerinnen und Bürgern ernstgenommen werden soll.

3 Die demokratischen Potentiale der Europäischen Union

Auf den ersten Blick mag es vermessen erscheinen, aus Sicht der Gegenwart, inmitten einer tief greifenden Integrationskrise, an die EU den Prüfstein eines Demokratie- und Politikverständnisses zu legen, das mit einer derart weit reichenden Funktionsbestimmungen aufwartet. Wenn schon die existierenden europäischen Nationalstaaten entsprechende Standards unterschreiten, wird ein solch komplexes, weiträumiges Funktionssystem wie die EU entsprechenden Maßstäben kaum genügen können. Ungeachtet der vorfindbaren demokratischen Defizite auf verschiedenen Ebenen politischer Räume und Herrschaftssysteme muss aber die grundsätzliche Frage geklärt werden, welche politischen und demokratischen Implikationen überhaupt mit einem Gebilde wie der EU einhergehen *können*. Das oben umrissene Demokratieverständnis verhilft dazu, die europäische Integration als „politisches Projekt" zu analysieren, also festzustellen, ob und inwieweit das supranationale System grundsätzlich den Ansprüchen einer bürgerschaftlichen, politischen Verfügungsgewalt nahekommen kann. Gibt es begründete Anhaltspunkte, die Bürgerinnen und Bürger Europas als konstitutive Legitimationsstifter des Gebildes betrachten zu können? Verfügen sie über fundamentale Gestaltungsoptionen hinsichtlich des europäischen Raums, in dem sie sich offenbar zur kooperativen Lebensbewältigung zusammengefunden haben? Sind sie die Souveräne von Funktionsabläufen, Dynamiken und Zielbestimmungen der europäischen Integration?

Im Lager der „Radikaldemokraten" stehen als Antworten auf diese Fragen knappe, abschlägige Bescheide bereit: Die EU sei weit davon entfernt, der Demokratie Entfaltungsmöglichkeiten zu verschaffen, weil sie deterministisch den Raum der bürgerschaftlichen Interaktionen besetze sowie steuere und damit jegliche Offenheit und Disponibilität, die im Bild der Zugänglichkeit des Ortes der Macht zum Ausdruck komme, annulliere (vgl. Rancière 2002, S. 86). Etienne Balibar attestiert der EU eine „Schließung" von bürgerschaftlichen Verfügungsoptionen und die Ersetzung von Volkssouveränität durch regulativen Zentralismus, was mit dem supranationalen Anspruch korrespondiere, ein machtvolles internationales Regime zu etablieren. Demokratischer Voluntarismus finde in solch einem Apparat zur wirtschaftspolitischen Konsolidierung eines weltpolitischen Mitspielers keinen Platz (vgl. Balibar 2005, S. 101, 152).

Aus einer umgekehrten Argumentationslinie heraus kommt Andrew Moravcsik zu den gleichen Schlussfolgerungen hinsichtlich der demokratischen Qualitäten der EU: Sie besitze schlicht keine. Aber das erscheint ihm nicht als Desiderat, weil sie gar keine demokratischen Qualitäten brauche. Seiner Einschätzung nach dient die EU vornehmlich einer technokratisch-kooperativen Zweckerfüllung in Politikfeldern, die alle demokratisch „sensiblen" Bereiche wie innere und äußere Sicherheit, große wirtschaftliche Fragen, Steuern, Soziales, Arbeitslosigkeit, Gesundheit, Renten und Erziehung ausspare und in den Händen nationaler Verfügungsgewalt belasse; in diesem Fall richten sich überhaupt keine demokratischen Erwartungen an dieses, jenseits des bürgerschaftlichen Wahrnehmungshorizonts wirkende, vornehmlich „administrative" Funktionssystem (vgl. Moravcsik 1998, 2002, 2006). Moravcsik eliminiert die demokratische Frage mit einem lakonischen Urteil über die EU, das bis jetzt, trotz der Vorschläge zu einer umfassenden „Transferunion"

mit weit reichenden wirtschaftspolitischen Kompetenzen, immer noch Geltung beansprucht: „[…] it is simply specializing in those functions of modern democratic government that tend to involve less direct political participation." (Moravcsik 2002, S. 606). Die Befunde aus der integrationspolitischen Policy-Forschung
scheinen Moravsciks Thesen zu bestätigen. Es gibt keine, von breitem bürgerschaftlichem Engagement getragenen Interventionen in die Dynamik supranationaler Integration (Knodt 2013).

Dennoch gibt es Ansätze zu Integrationsdynamiken, die Politisierungspotentiale aufscheinen lassen. Zunächst enthält die aktuelle krisenhafte Entwicklung,
auf die ich noch zu sprechen kommen werde, ein über Moravsciks Annahmen hinausweisendes Element, weil jetzt ein Streit „um's Ganze" entfacht wird: Soll ein
Schub in Richtung starke supranationale Staatsqualität oder die strikte Restriktion
auf intergouvernementales Verhandeln stattfinden? Andererseits lassen sich im
Rückblick auf das bisherige Integrationsgeschehen durchaus Anhaltspunkte dafür
ausfindig machen, dass das europäische „Volk" eine Ahnung von seiner möglichen konstitutiven Rolle in Hinblick auf das Integrationsgeschehen erlangen kann
und insofern punktuell genuin demokratische Ansprüche an die EU richtet. Es haben nämlich einige *Referenda* zur einstmals geplanten „europäischen Verfassung"
stattgefunden und es sind erstaunliche bürgerschaftliche Erwartungen an die im
Lissabon-Vertrag festgeschriebene „*Europäische Bürgerinitiative*" gerichtet worden, die weit reichende demokratische Optionen in Hinblick auf die supranationale
Integration erkennbar werden lassen. Ich will mich mit beiden Bereichen knapp
auseinandersetzen.

3.1   Das demokratische Potential von EU-Referenda

Den ersten Anlass für eine kurzfristig aufscheinende Politisierung der EU lieferte
die EU-interne und öffentliche Diskussion über die konstitutionelle Fortentwicklung der EU, die zuletzt zwischen 2005 und 2007 intensiv geführt wurde – und mit
der Ablehnung einer staatsähnlichen Verfassung endete. Ausgangspunkt war die
angezielte Zusammenführung der zahlreichen Vertragsdokumente, die in der supranationalen Integration bis dahin nebeneinander existierten und intern wie öffentlich den Eindruck bestärkten, man habe es mit einer Fülle multilateraler Vereinbarungen, aber nicht mit einem politischen Gebilde auf das Basis einer kohärenten
Rechtsurkunde zu tun, die als supranationaler Konstitutionalismus gewertet werden
könne. Zum Zweck der Vertragsrevisionen war im März 2002 ein „Europäischer
Konvent" einberufen worden, eine semantisch irreführende Umschreibung für eine
Gruppe von nationalen und europäischen Abgeordneten, Regierungsvertretern und

Experten, die von den Staats- und Regierungschefs der EU bestimmt worden waren. Dieser Konvent erweiterte seinen ursprünglichen Auftrag in Richtung der Ausarbeitung einer „Europäischen Verfassung" (die später in verquerer Semantik zum „Vertrag über eine Verfassung für Europa" zurückgestuft wurde). Deren angestrebte Ratifikation musste in einigen Mitgliedstaaten einem nationalen Referendum unterstellt werden.

Referenda spielen in einer großen Anzahl von EU-Mitgliedstaaten seit längerem eine Rolle bei der Legitimation integrationspolitischer Entscheidungen von großer Tragweite. Es sind bereits zahlreiche Referenda in Beitritts- oder Mitgliedstaaten der EU durchgeführt worden. Sie bezogen sich auf die Optionen einer Vollmitgliedschaft in der EU, auf die Einführung der gemeinsamen europäischen Währung sowie auf die Befürwortung oder Ablehnung einer Konstitutionalisierung der EU durch eine umfassende Vertragsrevision. Nur 7 von 27 Mitgliedstaaten haben noch keinerlei EU-Referenda durchgeführt (darunter die Bundesrepublik Deutschland); manche Staaten haben schon zwei oder gar drei Referenda zu EU-Themen veranstaltet, wie beispielsweise Frankreich (Hug 2003; De Vries 2009; Hobolt 2009). EU-Referenda eröffnen mithin ein Fenster auf eine integrationspolitische Verfügungsgewalt, die von den Bürgerinnen und Bürgern ausgeht und die sich üblicher Weise auf politisch bedeutsame Fragen wie die Aufnahme neuer Mitgliedstaaten erstreckt. Freilich ergibt sich hinsichtlich aller bereits durchgeführten EU-Referenda in einzelnen Mitgliedstaaten der Verdacht, dass sie sich in „second order"-Entscheidungen erschöpfen: Sowohl in der Vorbereitungsphase wie auch im Wahlverhalten haben vermutlich nationalspezifische Themen, Probleme und Personen dominiert, die sich als sublimer *nationaler Fokus* in die vermeintlich supranationalen Entscheidungsmaterie eingenistet haben (Ivaldi 2006; Morel 2007; Saurugger 2007).

In der Entscheidungsphase über den „Vertrag über eine Verfassung für Europa" waren jedoch geradezu einmalige Bedingungen für eine genuin europapolitische Willensbekundung gegeben: Jetzt stand tatsächlich eine *politische Grundsatzfrage* im Raum, nämlich die Entscheidung für oder gegen die Konstitutionalisierung und damit die Entscheidung über das Ausmaß der kompensatorischen, die Nationalstaaten erheblich schwächenden Staatsähnlichkeit der EU. Diese Entscheidungsmaterie ließ den Nimbus eines möglichen Gründungsaktes erkennen, in dem immerhin ein Teil des europäischen Volkes über seine politische Ordnung inaugurativ entscheidet. Die entsprechenden Referenda in Frankreich und in den Niederlanden im Mai 2005 und ein erstes in Irland im Juni 2008 führten, zur großen Überraschung der europäischen Öffentlichkeit, mehrheitlich zu einer Ablehnung des Verfassungsvertrags. Zweifellos waren auch diese Referenda teilweise „second order elections". Aber die genuin europapolitischen Anteile in der vorausgehenden

Informations- und Diskussionsphase waren beträchtlich und bislang ohne Beispiel (Lieb 2008). Die Vehemenz der ablehnenden Stellungnahmen kam überraschend, in Frankreich votierten 54,6 % gegen die Annahme, in den Niederlanden 61,6 %, in Irland 53,4 %. Die Bürgerinnen und Bürger erschraken offenbar über das bereits etablierte regulative Potenzial und die Eigendynamik supranationaler Integration in dem Moment, in dem sie zum ersten Mal deren Ausmaß realisierten und zur Zustimmung gegenüber noch erheblich weiter reichenden Integrationsschritten aufgerufen waren. In den Aufrufen zum Referendum und in den Kampagnen trat einerseits die regulative Reichweite der EU erstmalig deutlich ins öffentliche Bewusstsein, während andererseits gleichzeitig die politische Unverfügbarkeit der Bürgerinnen und Bürger gegenüber dem bereits staatsähnlichen Gebilde prägnant hervortrat. Die EU wurde als überraschend machtvolles Institutionengefüge erkannt, dem die voluntaristische Grundlage im Sinne eines konstitutiven Einverständnisses der Bürgerinnen und Bürger ganz offenkundig fehlte. Diese nun erstaunt zur Kenntnis genommene Lücke führte erstmalig zu skeptischen Nachfragen und in Gestalt der Ergebnisse der Referenda zu einer mehrheitlichen demokratischen *Verweigerung* gegenüber dem umfassenden regulativen Potential der EU. Es schien für einen kurzen Moment eine *genuin politische Option* der Entscheidungsvollmacht von Bürgerinnen und Bürgern über ihre – supranationale – politische Ordnung auf, und sie führte prompt zu deren Ablehnung. In dem Moment, in dem die integrationspolitische „Logik der effektiven Problemlösung" durch die angezielte Einführung des Konstitutionalismus auf die „Logik des legitimen Regierens" (Zürn 2006, S. 244) umgeschaltet werden sollte, kam das ganze Ausmaß der bislang fehlenden politischen Gestaltungsoptionen hinsichtlich des supranationalen Gebildes ans Tageslicht. Weil bislang keine Verfügungsgewalt über die politische Gestalt von supranationaler gemeinsamer Lebensbewältigung bestand, provozierte der von Exekutivorganen betriebene Ruf nach Zustimmung zu einer noch intensiveren Stufe von Staatsähnlichkeit eine Art Hypertrophie, die sich in Gestalt eines demokratischen Grundsatzzweifels artikulierte. Die Eliten glaubten, die Referenda seien eine Abstimmung über die gewohnte Einverständniserklärung mit politischer Führung – die befragten Bürgerinnen und Bürger aber betrachtete die Abstimmung als „echte" Willenserklärung des Volkes gegenüber supranationalen Grundsatzfragen (Rancière 2014, S. 79). Die dabei entlarvte Suggestion bereits vorhandener und nur noch zustimmend zur Kenntnis zu nehmender politischer Qualitäten der EU richtete sich unvermittelt *gegen* das scheinpolitische System als Ganzem. Die Referenda über die umfassende Neugestaltung der supranationalen Integration waren mithin als eine „Falle" für die Fortführung der bisherigen, auf „permissive consensus" und bereitwilliger Akzeptanz gegründeten Legitimation der EU anzusehen und wiesen mithin durchaus einen genuin europapolitischen Bezug auf (Hobolt

2009, S. 4, 227). Da den Bürgerinnen und Bürgern bislang eine kontinuierliche Praxis der Verfügbarkeit über grundsätzliche europapolitische Gestaltungsoptionen gefehlt hatte, fiel die plötzlich zugestandene Positionierung umso drastischer aus. Anstatt Zustimmung oder Opposition gegen einzelne Integrationsschritte oder „policies" ausüben zu können, blieb den Bürgerinnen und Bürgern nur die Stellungnahme zur gesamten „polity" (Mair 2007, S. 7).

Der über die ablehnenden Referenda erteilte Bescheid ist als ein reflexartiger Ausdruck einer dezidierten „politischen" Positionierung zu werten, weil er eine Art spontanes demokratisches Gespür für die Problematik der Legitimationsschwächen des EU-Systems zum Ausdruck brachte. Solche überraschenden Reaktionen der Bürgerschaft, die dementsprechend mit erheblicher Irritation auf Seiten der europäischen Organe und Exekutiven zur Kenntnis genommen worden sind, lassen etwas von den „radikalen" Implikationen aufscheinen, die in einem umfassenden Verständnis von Demokratie angelegt sind. Tritt der politische Wille des Volkes in der EU als Verfügungsgewalt mit umfassenden Optionen auf, dann kann er, wie die Referenda zeigen, unversehens als Grundsatzopposition gegenüber supranationaler Integration schlechthin enden. Das ist auch einer der Gründe, warum manche Regierungen von EU-Mitgliedstaaten die Durchführung von europapolitischen Referenda scheuen. Die ablehnenden Referenda vermitteln eine Vorstellung von der enormen Reichweite einer demokratischen Willensbekundung, die sich auf das Ganze eines Herrschaftssystems bezieht. Die Unberechenbarkeit und Spontaneität, die sich in den ablehnenden Voten einiger EU-Bürgerinnen und -Bürger ausgedrückt hat, bleibt in diesem Sinne als *hoch politisch* einzustufen und als dezidiert *demokratischer Akt* zu bewerten. Sie war konzeptionell viel produktiver, als ihr die offiziell politischen und allgemein öffentlichen Reaktionen zugestanden haben.

Die demokratischen Signale, die aus den ablehnenden Referenda hervorgingen, deuten darauf hin, dass sich Supranationalität und Demokratie nicht zwangsläufig affirmativ zu einer stetig wachsenden öffentlichen Akzeptanz der europäischen Integration verbinden müssen. Demokratie kann vielmehr gegenüber der Supranationalität eine Skepsis hervorbringen, die sich bis zur subversiven politischen Gestaltungsoption erstreckt. Das ist eine beunruhigende Erkenntnis für die Legitimationsgrundlage der EU in ihrer heutigen Gestalt, aber eine begrüßenswerte Bestätigung für das dynamische Potential einer umfassend modellierten Vorstellung von Demokratie. Gerade eine solche, sehr grundsätzliche Auffassung von der demokratischen Ausgestaltung politischer Räume greift umfassend auf die Funktionalität von Demokratie zu, weil die Option einer grundsätzlichen Verfügbarkeit der Bürgerinnen und Bürger über die Politikgestaltung erkennbar wird. Insbesondere die Zurückweisung einer bestehenden – oder intendierten – Ordnung kann *Politik* sein in dem Sinne, dass sie eine Selbstvergewisserung des Volkes über die Art und Intensität vorhandener oder erwünschter Ordnungen darstellt.

Die genuin politischen Vorbehalte, die in den Referenda zum Ausdruck gekommen sind, scheinen sich in der Gegenwart fortzusetzen. Im Rahmen der Eurokrise artikulieren sich ebenfalls wachsende Ressentiments der europäischen Bürgerinnen und Bürger gegen die eklatante Überregulierung auf europäischer Ebene. Zivilgesellschaftliche Gruppen und eine kritische Medien-Öffentlichkeit begehren verstärkt gegen das wachsende regulative Potential der EU auf. Solche Ressentiments indizieren demokratisch authentische Wahrnehmungen der supranationalen Interaktionszumutungen. Sie bringen eine demokratische Intuition über die Relevanz jener supranationalen Ordnung gegenüber den angestammten nationalstaatlichen Räumen politischer Herrschaft zum Ausdruck, die zu konkretem partizipatorischem Engagement im Rahmen der EU führen kann – freilich kaum mit dem erwartbaren Ergebnis ihrer Akzeptanz, sondern durchaus mit der Möglichkeit eines gravierenden Vorbehalts, der das bestehende institutionelle Arrangement und die Dynamik der supranationalen Politikgestaltung in ungeahnter Vehemenz in seine Schranken zu verweisen versucht. Demokratie kann sich als voluntaristische Abwehrhaltung artikulieren und unverblümt gegen demokratieferne Ordnungen richten. Es könnte im Rahmen der supranationalen europäischen Integration zur Konstituierung eines *demos* kommen, dem im Moment seiner Formation die geeignete *polity* abhanden kommt – und darin käme genau jene „Offenheit" des Ortes der Macht, die Lefort beschwört, zum Ausdruck. Der sich verstärkende „Eurorealismus" oder „Euroskeptizismus" kann als eine voluntaristische, systemkritische Form der Identitätsbildung verstanden werden, die nicht mit einer klaren Akzeptanz des ihr eigentlich zugewiesenen ordnungspolitischen Rahmens einhergeht (Trenz und de Wilde 2009, S. 12). Sie äußert sich als eine „Radikalisierung" der Dynamik einer „deterritorialized democracy" (Besson 2006). Mit einem „demos" ohne „polity" würde ein Bewusstsein der diffusen Zusammengehörigkeit unter denjenigen erzeugt, die mit der gegebenen Rahmenordnung ihrer Kooperation unzufrieden sind. So ergibt sich das Profil genuin *politischer* Intentionen, die sich aber in einer Haltung der Verweigerung gegenüber der Akzeptanz bestehender politischer Ordnungen und Herrschaftsräume niederschlagen.

Nicht alle Protestformen, die sich auf die Europapolitik richten, sind freilich von vornherein als Strategie einer „Politisierung" zu bewerten. Die europäische Integration wird seit langem von gruppenspezifischem Protestverhalten begleitet, ohne dass ihre Politisierung zunimmt. Es gibt eine Reihe von europapolitischen Demonstrationen und Protestkundgebungen, die auf bestimmte Politikfelder und interessenspezifische Anliegen zielen und überwiegend von Lobby-Organisationen betrieben werden. Die Bauern sind die in der EU als die protestfreudigsten, aber eindeutig partikularistisch in Erscheinung tretenden Akteure zu werten (vgl. Chabanet 2011, S. 9). Selbst eine Gruppe mit dem vielversprechenden Namen „ALTER-EU" kämpft nicht für umfassende Gestaltungsoptionen, sondern im Rahmen der supranationalen Entscheidungsprozesse lediglich für faire Standards im Bereich des Lobbying (vgl. Chabanet 2011, S. 106).

3.2   Die Dynamik der Europäischen Bürgerinitiative

Auch die so genannte „*Europäische Bürgerinitiative*" birgt eine aufschlussreiche demokratische Option, zumal sich ihre Entstehung selbst teilweise einem basisdemokratischen Impuls verdankt. Aufgrund der Dynamik, die durch die Einrichtung eines Europäischen Konvents 2002 ausgelöst worden war, wurde intensiver denn je die Etablierung direktdemokratischer Elemente auf supranationaler Ebene erwogen. Der Lissabon-Vertrag von 2009 hat die Option einer „Volksinitiative" erstmalig supranational festgeschrieben, indem er in Art. 11 festlegt, dass mindestens eine Million EU-Bürgerinnen und -Bürger aus einer „erheblichen Anzahl von Mitgliedstaaten" die Europäische Kommission auffordern können, einen supranationalen Rechtsakt in Gang zu setzen. Weil in den entsprechenden Vertragsformulierungen eine exakte Terminologie fehlt, hat sich begrifflich mittlerweile die – missverständliche – Bezeichnung „Europäische Bürgerinitiative" durchgesetzt. Die Kommission hat die vagen, klärungsbedürftigen Vorgaben in Artikel 11 durch eine im Februar 2011 nachgereichte „Verordnung" unter anderem insofern spezifiziert, als dass Unterschriften aus mindestens einem Viertel der Mitgliedstaaten (derzeit sieben) vorliegen müssen (vgl. Hrbek 2012, S. 41). Auf den ersten Blick erscheint das Instrument der „Bürgerinitiative" wenig Erfolg versprechend für Schritte zu einer umfassenden Demokratisierung: Die formellen Hürden sind hoch, dem bloßen Aufforderungscharakter fehlen Zwangsinstrumente, und selbst bei einem erfolgreichem Verlauf und der dadurch erzwungenen „Befassung" durch die Kommission ist keinerlei spürbare Veränderung und Befolgung garantiert. Die Bürgerinitiative ist bestenfalls ein Instrument des „agenda setting", nicht der direktdemokratischen Partizipation (vgl. Plottka et al. 2012, S. 21). Freilich bleibt hervorzuheben: Dieses Instrument der Bürgerinitiative setzt einen Impuls der intensivierten Präsenz der Bürgerinnen und Bürger in der Europapolitik in Gang, indem es offenkundig erhebliche Anreize zur Initialisierung entsprechender Verfahren schafft und gewissermaßen zielgerichtete Netzwerke eines transnationalen Bürgerengagements etabliert. Allein dadurch entsteht ein bislang unerreichter „europäischer öffentlicher Raum" (Hrbek 2012, S. 43).

Bemerkenswert ist jedenfalls, dass trotz der strukturellen Hemmnisse diese erstmalige Ermöglichung einer direktdemokratischen Intervention eine auffällige Bewegung unter europäischen Gruppen für ein bürgerschaftliches Engagements angestoßen hat, die sich von diesem Instrument offenkundig eine innovative, bislang unerreichte supranationale Artikulation des europäischen Bürgerwillens versprechen. Schon während der Beratungen über die Einrichtung und Ausgestaltung der Bürgerinitiative im Europäischen Konvent hatte sich eine vor allem aus jungen Europa-Aktivisten bestehende „Initiative and Referendum Institute Europe" (IRI) gegründet, die öffentlich für eine Aufnahme entsprechender Bestimmungen in den Verfassungstext eintrat. Die Initiative schreibt sich selbst das Verdienst zu, in Gestalt ihrer Europäischen Bürgerinitiative „Eurotopia" die Idee der direkten Demokratie im europäischen Verfassungskonvent lanciert und damit entscheidend zu ihrem Erfolg beigetragen zu haben. Nach erfolgter Einfügung des direktdemokratischen Elements in den Lissabon-Vertrag bemüht sie sich darum, dieses Instrument so rasch und intensiv wie möglich anzuwenden (vgl. Hrbek 2012, S. 46; Plottka et al. 2012, S. 19). Es gibt bereits einen mehrsprachig erscheinenden „Leitfaden zur europäischen Bürgerinitiative", der alle notwendigen Schritte zur Sammlung der erforderlichen Unterschriften detailliert erläutert (Leitfaden 2012). Das zeigt, dass sich nicht unversehens Parteien dieses direktdemokratischen Instruments bemächtigen, sondern durchaus zivilgesellschaftliche Gruppen in Erscheinung treten, die darauf ausgerichtet sind, „einen transnationalen Kommunikationsprozess" in Gang zu setzen (Hrbek 2012, S. 45 f.). Das „Initiative and Referendum Institute Europe" hebt in einer seiner Publikationen hervor, dass die Europäische Bürgerinitiative „das erste transnationale direktdemokratische Bürgerrecht in der Geschichte der Demokratie sei" und damit zeige, dass es wirksame „echte Utopien" in der europäischen Politik der Gegenwart gebe, die die Ordnung der EU partizipativ aufbrechen würden (Initiative and Referendum Institute Europe 2008, S. 2).

Bereits vor der Entscheidung über den Erfolg oder Misserfolg einer Volksinitiative kommen also europaweite bürgerschaftliche Bewegungen in Gang, die eine kritische Beobachtung und Einflussnahme auf das Integrationsgeschehen anzielen. Insofern verdienen Bewegungen wie „Citizens for Europe", die ihrerseits die Einflussnahme über die Ausweitung von Art. 11 des Lissabon-Vertrags anstreben, große Aufmerksamkeit als Betreiber einer genuin „politischen" Gestaltungsoption für die europapolitischen Entwicklungen. Ihr Ziel ist: „developing and promoting a new form of European citizenship that is independent of national and cultural attributes and empowers citizens in the EU with more political participation opportunities" (Citizens for Europe 2013). Die Homepage der Europäischen Kommission verzeichnet zehn laufende und sechs „abgeschlossene" Bürgerinitiativen, von denen drei die erforderlichen formalen Bedingungen erfüllen: eine zur verbesserten

Mobilität in Europa, eine zum Thema „Recht auf Wasser", das sich gegen die Privatisierung der Wasserversorgung richtet, und eine, von katholischen Gruppen lancierte gegen Embryonengebrauch in der Stammzellenforschung und gegen In-Vitro-Fertilisation, wobei die Initiative zum „Recht auf Wasser" die größte Anzahl an Unterstützern vorzuweisen hat und der Europäischen Kommission zur Behandlung vorliegt (Europäische Kommission 2013; Knaut und Keller 2012). Anfang Februar wurden der Kommission zur Bürgerinitiative „Right2Water" 1.680.172 Unterschriften aus 13 Ländern überreicht (Cáceres 2014). Diese Bürgerinitiative liefert jetzt schon das Symbol für die bürgerschaftliche Einflussnahme auf die europäische Ordnung mit einem Thema, das Gleichheitsfragen aller Bürgerinnen und Bürger in einem basalen Bereich der Lebensversorgung zum öffentlichen Anliegen auf supranationaler Ebene erhebt. Unabhängig davon, wie die Europäische Kommission mit dieser Bürgerinitiative umgeht, steht sie für eine partizipatorisch beachtliche „Politisierung" des Integrationsgeschehens.

4 Kontroversen um die europäischen Narrative

Wo immer eine öffentliche Rekapitulation von und Auseinandersetzung mit den tatsächlichen oder vorgeblichen politischen Qualitäten der EU stattfindet, vollziehen sich Annäherungen an eine demokratische Verfügungsgewalt über dieses Herrschaftssystem. Denn die Öffentlichkeit reflektiert darin die Relationen zwischen Bürgerinnen und Bürgern und ihrer regulativen Ordnung und prüft die politischen Erfüllungsansprüche, die sich mit dem System der kooperativen Lebensbewältigung verbinden. Im Sinne dieser „Prüfungen" sind im Rahmen der Euro- und Europakrise auffällige Entwicklungen zu verzeichnen – nämlich öffentliche Kontroversen darüber, aus welchen Impulsen und Dynamiken sich die gegenwärtige, eher erbärmliche Gestalt der supranationalen Integration speist, welchen Zielen sie genügt und welche demokratischen Ansprüche sich damit verbinden.[1]

Bemerkenswerterweise wird die gegenwärtige Europakrise von vermehrt artikulierten, öffentlichen Zweifeln an der Zweckerfüllung der bestehenden Ordnung begleitet. Sie äußern sich als – höchst unterschiedlich ausfallende – Rekapitulationen der Triebkräfte, die überhaupt in der supranationalen Entwicklung zur Geltung gelangen. Es handelt sich dabei zumeist nicht um akribische Versuche einer historisch authentischen Rekonstruktion der EU-Genese und ihrer Dynamik, sondern

---

[1] Bemerkenswerter Weise erstreckt sich der Trend zur historischen Vergewisserung der Integrationsentwicklung auch auf die einschlägigen Wissenschaftsdisziplinen, insbesondere die Geschichtswissenschaft, die neuerdings ihre eigene Geschichtsschreibung der europäischen Integration disziplingeschichtlich rekapituliert, vgl. Kaiser und Varsori 2010.

vielmehr um *Interpretationen*, die hinter dem realen Geschehen die internen Defekte und Ursachen für das gegenwärtig krisenhafte Erscheinungsbild ausfindig zu machen versuchen. Es findet kein Streit um die authentische Erklärung der integrationspolitischen Verlaufsformen statt, sondern eine öffentliche, kontroverse Präsentation von *Narrativen*, die die Genese und Dynamik der supranationalen Integration als Problemgeschichte neu rekapitulieren und *erklären*. Bisher waren die dichotomischen Narrative des „Europa-rechnet-sich" gegen die Aufrechnung des „Cost-of-Non-Europe" vorherrschend (Göler 2012, S. 130). Nunmehr werden die Narrative präziser, auch kritischer. Sie bleiben so antagonistisch, dass sie nicht gleichermaßen Anspruch auf eine authentische Rekonstruktion des Geschehens reklamieren können. Solche Interpretationen lassen jedenfalls Anteile jenes hermeneutischen Deutens und Verstehens erkennen, das im zweiten Abschnitt dieses Beitrags als tragender Bestandteil eines plausiblen Demokratieverständnisses hervorgehoben worden ist.

Im Moment lassen sich mindestens drei, kaum untereinander anschlussfähige Erklärungsmuster für die Verlaufsformen supranationaler Ordnung ausfindig machen: *erstens* der Impuls zu verfasster Staatlichkeit nach dem Muster der USA, bei dem die Rechtsetzung durch Verträge politisch-demokratische Aushandlungsprozesse ersetzen soll; *zweitens* die von allen Bürgerinnen und Bürgern Opfer verlangende, Demokratie vermindernde Verarbeitung einer Krise der zweiten industriellen Revolution, in deren Rahmen eine übermäßige staatliche Ausgabenpolitik in den 70er-Jahren mit hoher Überschuldung der öffentlichen Haushalte stattgefunden hat, was den einheitlichen Binnenmarkt als Instrument der Krisenbewältigung durch Austeritätspolitik erscheinen lässt, aber mit starker Ungleichheit zwischen Nord- und Südländern und ihren unterschiedlichen Wirtschaftsniveaus und Staatsverständnissen einhergeht; *drittens* der konkurrierende Geltungsdrang rivalisierender europäischer Kulturverständnisse und der Versuch, legitimatorische Einverständnisse von Bürgerinnen und Bürgern mit partikularen politischen Ordnungen (Nationalstaaten) imperial auf ganz Europa zu transferieren, etwa dadurch zum Ausdruck gebracht, dass man sehnsuchtsvoll nach einem „Europe latin" ruft, das verstärkt gegen das „protestantische" Europa unter der Dominanz Deutschlands in Anschlag zu bringen sei.

Die Ursprünge des *ersten Narrativs*, nämlich des Impulses, in Europa eine verfasste Staatlichkeit nach dem Muster der USA zu etablieren, lassen sich bis zu einem Zeitpunkt zurückverfolgen, zu dem die supranationale Integration noch gar nicht in Gang gekommen war. Bereits im Verlauf des 19. Jahrhunderts standen aus europäischer Perspektive die USA für erfolgreichen Konstitutionalismus und Föderalismus auf großräumigem Gebiet, zugleich für eine politische Kohärenz, für Modernisierung und für wirtschaftlichen Fortschritt. Europa stand dagegen erst einmal für Zersplitterung, für die napoléonischen Kriege mit kontinentalen Ausmaßen, für wechselnde Konstellationen brisanter nationaler Rivalitäten unter Preußen, Russland, dem Habsburger Reich, Frankreich und Großbritannien, sowie für mühselige, blutige und diskontinuierliche Prozesse der nationalen Selbstfindung. Die europäische Friedenssehnsucht führte konsequenter Weise zu zahlreichen Einheitsvisionen nach Art der amerikanischen Revolution (Richter 1983). Das Arsenal an ausgearbeiteten, aber nicht realisierten Ordnungsmodellen nach dem Muster der amerikanischen, konstitutionellen Staatlichkeit in der gesamten Geschichte europäischer Einigungsideale und späterer Reformvorstellungen ist legendär (Hüttenberger 1991; Loth 2002). Es zieht sich seit entsprechenden Einigungsplänen im 19. Jahrhundert über die europäischen Widerstandskämpfer und ihre auf einen supranationalen Föderalismus fixierten Friedensvisionen bis zur bundesstaatlichen Gestaltungsvision des damaligen deutschen Außenministers Joschka Fischer in seiner berühmten „Humboldt-Rede" aus dem Jahr 2000 (Fischer 2000) und bis zu Stellungnahmen aus dem Kreis nationalstaatlicher Exekutiven unter dem Druck der anhaltenden Eurokrise.

Es liegt nahe, dieses Narrativ der europäischen Nachahmung von großräumigem Föderalismus als Folge einer europapolitischen Fixierung auf eine den USA nachempfundene Staatsähnlichkeit zu betrachten. In der Tat sind bis in die neunziger Jahre hinein zahlreiche Stellungnahmen zu verzeichnen, die eine klare Finalitätsvision zum Ausdruck bringen: die Etablierung eines europäischen Bundesstaats auf der Grundlage einer verfassungsähnlichen Rechtsordnung. Mit dem konstitutionellen Leitbild verbindet sich ein machtpolitisches Leitbild: Europa muss so stark werden können wie die USA – der historische Topos einer Konkurrenz zwischen der alten und der neuen Welt macht sich bemerkbar. Die USA, die durch ihre Form der konstitutionellen Staatlichkeit und ihre wirtschaftlichen Erfolge zu Beginn des 20. Jahrhunderts zur führenden Weltmacht aufgestiegen sind, müssen einen Gegenpart in Gestalt eines vereinten Europas erhalten. Das lässt sich auch in den EU-Präambeln, in der Rhetorik auf den Gipfelkonferenzen und besonders in den ehrgeizigen Projekten einer europäischen Außen- und Sicherheitspolitik nachweisen. Alle Appelle der politischen Eliten, Europa müsse angesichts der weltpolitischen Konfliktlagen und angesichts neuer hegemonialer Tendenzen der Großmacht USA außenpolitisches Profil gewinnen und in den zahllosen Konflikten der Welt „mit einer Stimme sprechen", bringen entsprechende Einheitsvisionen zum Ausdruck (Merkel 2013; Glienicker Gruppe 2013, S. 30).

In der seit Jahren schwelenden Euro-Krise erhält die Vision der staatlichen Einheit zusätzlichen Auftrieb. Einer der Wege zur Lösung scheint in einer resoluten, einem Bundesstaat nachempfundenen supranationalen Zentralisierung zu liegen, die schließlich auch das Steuerrecht und damit Finanzhoheit, Haushaltskontrolle und soziale Regulierung einschließt (vgl. Glienicker Gruppe 2013, S. 30 f.). Schon zum gegenwärtigen Zeitpunkt sind angesichts der Hilfsbedürftigkeit einzelner Staaten regional die Einflüsse von exekutiven Kontrollorganen im Auftrag der EU beträchtlich angewachsen. Schaut man auf Griechenland, dann trifft die Aussage zu: „Stärker kann das Gewaltmonopol eines Nationalstaates gar nicht demoliert werden." (Hank 2013, S. 17). Supranationale Zentralisierungstendenzen unterhalb der Veränderung des Vertragswerks schleichen sich in die Integrationsdynamik ein, weshalb es angemessen erscheint, von einem „Krisenkonstitutionalismus" zu sprechen (Bieling 2013, S. 51). Diese Konstitutionalisierung dient freilich in erster Linie gar nicht der Etablierung demokratisch verfasster Staatlichkeit, sondern den wirtschaftlichen Bedürfnissen eines in die Krise geratenen transnationalen Finanz- und Produktionskapitals (vgl. Bieling 2013, S. 52; Offe 2013, S. 71).

Vor diesem Hintergrund wirkt das Plädoyer, die europäischen Bürgerinnen und Bürger sollten sich verstärkt ihrer doppelten Rolle als nationale Souveräne und als supranationale Unionsbürger bewusst werden, wie ein verzweifelter Aufruf zur Föderalisierung des regulativen Superstaats auf europäischer Ebene. Jürgen Habermas tritt in diesem Sinne als prominentester Verfechter einer in seinen Augen konsequenten Demokratisierung im Rahmen der europäischen Krise in Erscheinung (Habermas 2011, Habermas 2013a, Habermas 2013b). Er sieht die Chance und dringende Notwendigkeit, aus der Perspektive der Bürgerinnen und Bürger Europas die Wirren der Krise gewissermaßen dazu zu nutzen, die „Konstituierung eines höherstufigen Gemeinwesens" zu betreiben, in dem sich – das ist der Unterschied zu den konventionellen Vorstellungen eines europäischen Bundesstaats – zugleich als „künftige Unionsbürger und als Angehörige eines der Staatsvölker" begreifen (Habermas 2011, S. 67). Sie sollen sich in einer „geteilten Souveränität" üben (Habermas 2011, S. 73). Zur Zielmarke dieses Prozesses erhebt aber auch Habermas einen supranationalen „verfassungsgebenden Prozess", also die Konstitutionalisierung der EU (Habermas 2011, S. 68). Im „Manifest für die Begründung einer Europäischen Republik" der europapolitischen Aktivistin Ulrike Guérot und des Schriftstellers Robert Menasse aus dem Jahr 2013 wird seinerseits eine Rückbesinnung auf die Gründungsimpulse der europäischen Integration empfohlen, um das Ziel des europäischen Zusammenwachsens zu einer „europäischen Republik" zu vergegenwärtigen – gerade als Lösung für die Eurokrise und den drohenden Rückfall in eine Renationalisierung (Guérot und Menasse 2013). Die europäische Republik sei die „Rekonstruktion der Idee, mit der das Europäische Projekt begann" (Guérot und Menasse 2013, S. 2). Sie wird als ein Zusammenschluss betrachtet, in dem es keine „nationalen Interessen" mehr gibt, sondern „gleiche politische, wirtschaftliche und soziale Rechte und Regeln für alle" (Guérot und Menasse 2013, S. 2). Sie soll Staatsqualität, konstitutionelle Rechtseinheit und

„fiscal capacity" aufweisen und subsidiär die Autonomie der Regionen unterhalb der Nationalstaaten stärken. Obwohl das Modell des „europäischen Bundesstaats" als schlechte Parallele zu den USA abgelehnt wird, weil sie dort zu gewaltsamer Landnahme, Einigung durch Bürgerkrieg und hegemonialen Bestrebungen geführt hätten, erweist sich die ersehnte „europäische Republik" in der Substanz doch als ein föderaler Gesamtstaat mit unitarischen Tendenzen. Die demokratische Pointe des Republikanismus fällt in diesem Modell eher schwach aus: Die Beiden erwarten von einem „neu gestalteten Parlamentarismus", der ein Gesetzgebungs-Initiativrecht und ein einheitliches Wahlrecht aufweist, den erwünschten partizipativen Schub (vgl. Guérot und Menasse 2013, S. 3). Insofern herrscht ein konventionelles Institutionenverständnis vor, das dem Streben nach föderalistischer Staatlichkeit entspricht.

Alle Varianten dieses Narrativs erstrebter Staatlichkeit zeigen jedenfalls, dass die EU nicht nur als technokratisches Gebilde zum Zwecke effektiver Problemlösung auf europäischer Ebene betrachtet werden soll, sondern als das Versprechen einer Einheit mit politischen Qualitäten, die vom föderalistisch institutionalisierten Einverständnis der Bürgerinnen und Bürger mit ihrem Herrschaftsverband getragen wird. Die entsprechende supranationale Staatlichkeit sei der angemessene Ausdruck für die internen regulativen Bedürfnisse, aber eben auch für die weltpolitischen Rollenerwartungen, deren Erfüllung man diesem Narrativ eines geeinten Europa unversehens zuschreibt.

Die *zweite Variante eines supranationalen Narrativs* geht aus den historischen Rekapitulationen hervor, die sich angesichts der anhaltenden Krise der supranationalen Integration aufdrängen. Sie ist die „historische Narration" einer europäischen Krise des Kapitalismus, mit der die Entwicklung der EU als Instrument einer „neoliberalen" Dynamik eng verwoben ist (vgl. Streeck 2013a, S. 26). Um den Bedürfnissen des Kapitals nach günstigen Produktionsbedingungen, Absatzmärkten und Investitionsmitteln genügen zu können, tendierten die öffentliche Haushalte in den europäischen Nationalstaaten seit der zweiten Hälfte des 20. Jahrhunderts zu einer fatalen Politik der Verschuldung – die zunächst einmal die erforderlichen Rahmenbedingungen für eine marktgerechte Wirtschaftsdynamik bereitstellte, aber langfristig die politischen Steuerungspotentiale der wirtschaftlichen Entwicklung verminderte. Die unumgängliche Internationalisierung der Märkte macht verstärkt grenzüberschreitende Regulierung, Einlagensicherung und Schuldeneintreibung erforderlich – wie sich anhand der Krisen in der Eurozone deutlich zeigt (vgl. Streeck 2013a, S. 139). Das vollzieht sich in Gestalt neoliberaler Arrangements, verbunden mit Opfern der Bevölkerung involvierter Staaten. Streeck sieht einen Vormarsch „demokratisch gehörloser supranationaler Disziplinierungsagenturen" in Gang (Streeck 2013a, S. 139).

Insofern lässt sich die Entwicklung der supranationalen Integration, insbesondere das seit Jahrzehnten dominante Projekt des „Europäischen Binnenmarkts", auch als Geschichte einer wachsenden „Abtretung von Allokationsentscheidungen an freie Märkte" lesen (Streeck 2013a, S. 146). Wo aber diese Dynamik dominiert, droht die „Diktatur einer vor demokratischer Korrektur geschützten kapitalistischen Marktwirtschaft" (Streeck 2013b, S. 62). Die nationalen Regierungen werden in der Semantik der „Alternativlosigkeit" zur vorherrschenden Dynamik dazu gezwungen, ihre Wirtschafts-, Sozial- und Rechtsordnungen den neoliberalen Maximen auf höherer Ebene anzupassen, und die supranationalen Institutionen wachsen zu demokratiefernen Erfüllungsgehilfen des Marktkonformismus empor (vgl. Streeck 2013a, S. 153). Am Ende ist ein von wirtschaftlichen Zwängen bestimmter „internationaler Superstaat ohne Demokratie" zu erwarten – ein „marktwirtschaftliches Imperium" (Streeck 2013a, S. 161, 202). Eine Demokratisierung im umfassenden Sinne müsste dem europäischen Binnenmarkt in seiner gegenwärtigen Gestalt entgegenarbeiten: „Demokratisierung heute müsste heißen, Institutionen aufzubauen, mit denen Märkte wieder unter soziale Kontrolle gebracht werden können [...]." (Streeck 2013b, S. 63). Die in der Eurokrise erwogene Stärkung supranationaler Regulierungsgewalt oder gar die Perspektive eines europäischen Bundesstaats markiere unter dem Gesichtspunkt der Demokratie die völlig falsche Richtung. Ein authentisches „Demokratieprojekt für Europa" müsste „sich scharf von Projekten für eine ,politische Union' absetzen [...]." (Streeck 2013b, S. 64). Stattdessen sei den unterschiedlichen ökonomischen Strukturen und Entwicklungen in den EU-Mitgliedstaaten in aller Deutlichkeit Rechnung zu tragen und eine „Entschleunigung der rasch voranschreitenden kapitalistischen Landnahme" einzuleiten (Streeck 2013b, S. 68) – was unausgesprochen einem Rückbau der EU gleichkäme.

Dieses Narrativ lässt sich ergänzen um eine verwandte Argumentation, die auf die gegenwärtig krude technokratische, von Exekutiven gelenkte Gestalt der europäischen Integration verweist, der massiv demokratischen Qualitäten verloren gehen. Diese Variante erinnert zunächst an die Gründungsimpulse der supranationalen Integration: Es ging um die effizienzorientierte und kontrollierte Nutzung der Stahlindustrie auf beiden Seiten des Rheins in der Nachkriegsphase und um die Bezähmung und Kontrolle Deutschlands durch die Einbindung in eine supranationale Regulierungsbehörde (Loth 2010). Das von französischen Politikern, vor allem von Jean Monnet und Robert Schuman entworfene und von konservativen Politikern wie Konrad Adenauer und Alcide de Gasperi lancierte Projekt entsprach einerseits einer französischen Tradition der technokratischen Lösung für konkrete politische Sachfragen. Es folgte der Tradition einer staatszentrischen „planification" (Schneider 1978). Die europäische Integration genügt in ihren Verlaufsformen andererseits gleichzeitig den Impulsen eines „technokratischen Funktionalismus" in großräumigen Zusammenhängen, weshalb Elemente einer ordoliberalen, „autoritär-obrigkeitsstaatlichen" und sogar nationalsozialistischen Ideologie in der Gründungsdynamik der EU ausfindig gemacht werden können (vgl. Haller 2003, S. 352; Preuß 2005, S. 495).

Im Rahmen der Eurokrise lebt diese technokratische Dynamik supranationaler Integration auf eigentümliche Weise neu auf – nämlich als intergouvernementale Krisenpolitik, die gleichzeitig nach erhöhter supranationaler Regulierungskapazität und nach nationalstaatlicher Kontrolle unter Dominanz der finanzwirtschaftlich stärksten EU-Mitgliedstaaten strebt (Puetter 2012). Eine technokratische Expertenherrschaft scheint die EU-Dynamik zu bestimmen und rückt damit von demokratischer Verfügungsgewalt weit ab, was sich beispielsweise in der wachsenden Macht eines Organs außerhalb jeglicher demokratischer Legitimation ausdrückt – der Rolle der Europäischen Zentralbank. Bemerkenswerterweise treten verstärkt intergouvernementale Vereinbarungen zur Krisenbewältigung, wie etwa „European Financial Stability Facility (EFSF)", „European Stability Mechanism (ESM)" an die Stelle supranationaler Verträge – womit die exekutive Steuerung durch politische Eliten außerhalb des EU-Vertragswerks in den Vordergrund tritt.

Solche Tendenzen lösen Volkssouveränität durch einen undemokratischen „Souverän in Krisenzeiten" ab (vgl. Guérot 2013, S. 6) und scheinen gar einen europapolitischen „autoritären Schwenk" einzuleiten (vgl. Vogel 2013, S. 11). Der auch als EU-Kritiker auf die aktuelle Lage blickende Jürgen Habermas sieht sarkastisch eine „Expertokratie für Maßnahmen mit aufschiebender Wirkung" in Gang (vgl. Habermas 2013b, S. 62). Fritz W. Scharpf klassifiziert den gegenwärtigen Zustand in der Eurokrise dementsprechend als „Notstandsregime", dem auf nationaler Ebene und erst recht auf europäischer Ebene die demokratische Legitimation abhanden komme (vgl. Scharpf 2012, S. 60). Die europäische Integration scheint einem „postdemokratischen" Trend zu folgen, in dessen Verlauf sich die Elitenherrschaft festigt und umfassende demokratische Legitimationsansprüche einem partizipationsfernen öffentlichen Einverständnis mit exekutiven Notmaßnahmen weichen. Entschieden benennt Wolfgang Merkel die daraus resultierenden Vorbehalte gegen die supranationale Integration in ihrer gegenwärtigen Dynamik: „Das Demokratiedefizit der Europäischen Union wird sich vergrößern und weitere positive Integrationsschritte in der Zukunft verhindern. Einer Europäischen Union, die mit exekutiven Notstandsverfahren regiert, sollten keine weiteren Kompetenzen gegeben werden. […] Die Europäische Union ist aber als technokratische Gemeinschaft unter einem deutschen *Praeceptor Europae* weder überlebensfähig noch überlebenswert" (Merkel 2013, S. 2, 3).

Die *dritte Variante eines supranationalen Narrativs* verdankt sich einer Debatte, die jüngst vom italienischen Philosophen Giorgio Agamben angezettelt worden ist. Agamben beruft sich auf einen Text des russisch-französischen Philosophen Alexandre Kojève, der in Deutschland studiert hatte, zeitlebens als Hegel-Kenner galt und dazu publizierte, als Widerstandskämpfer gegen den Faschismus wirkte, aber auch als Bediensteter im französischen Wirtschaftsministerium und im OEEC-Sekretariat als französischer Experte für den Bereich der Europapolitik tätig war. In einem auf den 27. August 1945 datierten Text „Esquisse d'une doctrine de la politique française", eine Art Memorandum für die provisorische Regierung unter Charles de Gaulle, spricht Kojève von den „civilisations latines", zu denen er in erster Linie die großen romanischen Staaten in Europa zählt – Frankreich, Italien, Spanien. Sie seien geeint durch eine „mentalité latine", die vor allem aus einer Art ungezwungenem Lebensstil und einer kreativen Lebenslust in Verbindung mit dem Desinteresse am materiellen Komfort bestehe. Zu ihr gehörten die Wertetrias der Freiheit, Gleichheit und Brüderlichkeit – und daraus folgend die Demokratie. Sie erwachse teilweise aus dem Katholizismus dieser Kulturen (vgl. Kojève 1945, S. 94). Im Gegenzug dazu gebe es den Kulturraum mit den Attributen „germano-anglo-saxon", der von protestantischen Einflüssen zehre und kapitalistisch ausgerichtet sei. Gerade das protestantische Deutschland tendiere zur europäischen Dominanz auf der Basis wirtschaftlicher Stärke. Kojève fordert demgegenüber nicht nur ein lockere Zusammengehörigkeit unter den „civilisations latines", sondern deren politische Union, eine Art „Empire", das gleichrangig neben den British Commonwealth und die Sowjetunion trete – und übrigens durchaus in Afrika weiterhin als starke Kolonialmacht wirken solle (vgl. Kojève 1945, S. 96).

Agamben greift einige Stichworte daraus auf, die freilich aus dem historischen Zusammenhang gerissen werden und damit nur als plakative Belegstellen für seine eigene europapolitische Lageeinschätzung dienen sollen. Die Mutmaßungen Kojèves, die Symbiose von Protestantismus und Kapitalismus könne Deutschland in die Position einer hegemonialen europäischen Großmacht hieven und sich über das „Europe latin" erheben, sieht er durch die aktuelle deutsche Dominanz im Rahmen der Euro-Krise bestätigt (vgl. Agamben 2013). Soweit handelt es sich um einen authentischen Rückgriff auf Kojève. Die Interessen der wenigen Reichen in Europa dominierten die Mehrheit der Ärmsten (vgl. Agamben 2013, S. 1). Agamben geht aber über Kojève hinaus und entfernt sich von dessen Argumentation, indem er das Ökonomische als untauglichen transnationalen Einigungsimpuls klassifiziert und die Partikularität der Kultur- und Lebensformen in Europa als Hindernis einer europäischen Einigungsidee schlechthin interpretiert. „Und eine politische Einheit, die es bevorzugt, unterschiedliche Lebensformen zu ignorieren, ist nicht nur zur Kurzlebigkeit verdammt, sondern schafft es auch nicht, wie es Europa gerade sehr beredt demonstriert, sich in dieser Art zu konstituieren" (Agamben 2013, S. 1).[2] Die Empfehlung Agambens ist es, das „Empire latin" an die Stelle des von Deutschland dominierten Europas zu setzen – gewissermaßen die Hegemonie der kompetitiv und ökonomistisch ausgerichteten deutschen Kultur durch die Hegemonie der integrativ und auf Gemeinschaftlichkeit ausgerichteten romanischen Kultur abzulösen – also nicht den Modus zu ändern, sondern nur die beherrschenden Mitspieler. Insofern bedient diese Ordnungsvision zunächst einmal „alte Klischees" von „den Deutschen als lebensfeindlichen Zuchtmeistern" (Streeck 2013c, S. 77). Agamben betrachtet aber nicht nur das gegenwärtige Erscheinungsbild als Ausgeburt eines antagonistischen Dominanzverhältnisses, sondern auch dessen Ursachen: in die deutsche Kultur sei gewissermaßen die hegemoniale Dynamik eingeschrieben, und die gegenwärtige Krisenentwicklung sei nicht der Auslöser des Kulturimperialismus, sondern dessen Folge.

Die Diskussion um Agambens medienwirksam verbreitete These hat ein intensives, kontroverses Echo hervorgerufen. Der erste Vorwurf lautet, er habe die gegenwärtige wirtschaftliche Lage historisch-kulturalistisch umgedeutet: „Agambens Idee ist die kulturgeschichtliche Mythologisierung eines wirtschaftlichen Streits" (Ash 2013, S. 11; vgl. auch Assmann und Giesen 2013). Einen widersprüchlichen Gegenspieler findet Agamben in dem in Italien und Belgien lehrenden Sozialwissenschaftler Mario Telò, der den Begriff der „Hegemonie" seiner pejorativen, auf Unterdrückung fixierten Gehalte entkleiden möchte und in diesem Sinne eine „wohlwollende und konstruktive Hegemonie" und eine „verantwortliche deutsche Hegemonie" fordert – verstanden als eine Macht, die „Kollektivgüter für die gesamte Völkergemeinschaft" bereitstellt (Telò 2013, S. 4). Die provokanten Formulierungen entschärft er dadurch, dass ihm eigentlich ein Art „Marshall-Plan für den Süden Europas" vorschwebt, bei dessen Initialisierung und finanzieller Ausstattung Deutschland eine führende Rolle einnehmen solle. Eine solche Hegemonie-Diskussion beruht zweifelsohne auf einer Überschätzung jener nationalspezifischen Spielräume, die im Geflecht der integrationspolitischen Kooperationszwänge zur Geltung gelangen können. Sie ist auch nicht in erster Linie als empirisch triftiger Diskurs über real aufkommende Asymmetrien im Rahmen der EU aufschlussreich – solche Befunde sind der Europaforschung längst vertraut. Vielmehr bleibt sie als bemerkenswertes Signal einer Rekonstruktion der europäischen Integrationsgeschichte als Kampf rivalisierender Kulturen mit konkurrierendem Geltungsdrang aufschlussreich.

---

[2] Im französischen Original heißt es: „Et une unité politique qui préfère ignorer les formes de vie n'est pas seulement condamnée à ne pas durer, mais, comme l'Europe le montre avec éloquence, elle ne réussit pas même à se constituer comme telle." (Agamben 2013, S. 1).

Die in den skizzierten Narrativen zum Ausdruck kommende Art der öffentlichen Auseinandersetzung mit grundlegenden Dynamiken europapolitischer Entwicklungen bleibt zwar inhaltlich unterkomplex und verläuft strategisch vordergründig. Sie verdeutlicht aber doch die Interpretationsbedürftigkeit der Genese, Dynamik und Wirkungen supranationaler Entwicklungen. Sie steht für eine kontroverse Rekapitulation der politischen Gehalte und Implikationen und entsprechender Akteure, die sich hinter der scheinbaren Eigengesetzlichkeit des supranationalen Geschehens verbergen. Insofern sind sie eine erste, vorerst nur als Konfrontation von Narrationen durchgespielte Metapher für eine auf Alternativen gerichtete Konfiguration des supranationalen Gesamtgefüges. Solche kontroversen Narrative stellen zwar noch keine demokratische Gestaltungsmacht dar, aber sie sind ein Indikator für einen neuen Grad an Reflexion über die Integrationsdynamik, der zum ersten Mal in der Geschichte der europäischen Einigung den trüben öffentlichen Konsens, den desinteressierten „permissive consensus" mit der bestehenden Ordnung durchbricht. Sie verdanken sich vor allem den skeptischen Fragen nach der Legitimation der wechselseitigen Solidaritätszwänge, die mit der EU-Mitgliedschaft in der gegenwärtigen Krise einhergehen, und leiten daraus einander entgegengesetzte Rekapitulationen der Antriebe und Dynamiken supranationaler Integration ab.

Die als Narrationen präsentierten Infragestellungen und Kontroversen um die Entwicklung der supranationalen Integration bleiben inhaltlich kursorisch, in ihrem Erklärungswert selektiv und als Interpretationsangebote umstritten. Aber sie sind doch als Impuls für die Proklamation demokratischer Gestaltungsmacht zu werten, weil sie den Sinn und die Zweckerfüllung der supranationalen politischen Ordnung als Kontroverse ins öffentliche Bewusstsein rücken und damit die Bürgerinnen und Bürger ermuntern, sich kritisch mit der vorgeblichen oder tatsächlichen Entwicklung und Legitimation des massiv auf sie einwirkenden Herrschaftsverbandes auseinanderzusetzen. „Es vollzieht sich ein Deutungswettkampf, in dem die beteiligten Akteure ihre jeweilige Sichtweise auf die EU begründen und durchzusetzen versuchen" (Lichtenstein 2012, S. 4). Die „Politisierung" des Integrationsgeschehens zehrt von einer „polarisation of opinions and viewpoints" (de Wilde et al. 2014). Die Rekonstruktion der Realgeschichte in Gestalt von divergierenden Narrativen markiert den Anfang einer Suche nach passenden Erklärungen, in denen das problematische Verhältnis zwischen den Bürgerinnen und Bürgern und der Dynamik des EU-Systems zu einem reflexionsbedürftigen Gegenstandsbereich erhoben wird. Die Narrative signalisieren den Beginn eines kontroversen öffentlichen Diskurses über die politischen und demokratischen Desiderate und Errungenschaften europäischer Integration.

5　Fazit

Die Prüfung der demokratischen Potentiale und des politischen Charakters der supranationalen europäischen Integration hat sich als berechtigt herausgestellt, weil die EU nicht unversehens als selbstgenügsames, bürgerfernes Elitenprojekt oder als Regulationsinstanz, die gar keinen Demokratiebedarf aufwirft, abklassifiziert werden kann. In Gestalt der EU-Referenda über eine weitreichende verfassungspolitische Aufwertung der EU und in Gestalt der bürgerschaftlichen Aktivitäten rund um die im Lissabon-Vertrag etablierte Europäische Bürgerinitiative hatten sich politische Anspruchshaltungen gegenüber der EU artikuliert, die wenigstens die Frage nach dem Potential der EU als demokratisch legitimierte „polity" aufwerfen. Die divergierenden Narrative über die Genese und Dynamik der supranationalen Integration haben schließlich gezeigt, dass kontroverse politische Substanzprüfungen stattfinden, die das Integrationsgeschehen auf der Basis von politischen und demokratischen Klassifikationen bewerten.

Keine dieser Substanzprüfungen hat freilich im gegenwärtigen Integrationsgeschehen einen Ansatzpunkt ermitteln können, der als viel versprechende Ausgangsbasis für eine Demokratisierung der EU im umfassenden Sinne des in diesem Beitrag reklamierten Verständnisses zu betrachten ist. Somit gibt es Demokratisierungsbestrebungen und Politisierungswünsche, die sich im Moment und auf absehbare Zeit nicht plausibel auf die supranationale Integration projizieren lassen. Es könnte sein, dass aus den geschilderten direktdemokratischen Legitimationsprüfungen, aus den bürgerschaftlichen Initiativen und aus der Präsentation von kontroversen Narrativen die Einsicht hervorgeht, dass die EU gar nicht den probaten Rahmen für die demokratische Konstituierung einer den transnationalen Dynamiken entsprechenden „polity" zu liefern vermag. Vielleicht indiziert die Kluft zwischen den demokratischen Ansprüchen und der bestehenden europäischen Ordnung den Wunsch nach einer Herrschaftsform, die entweder einen flexibleren, die EU unterschreitenden Interaktionsraum etabliert, oder den Wunsch nach einem institutionell schwächeren System, das entschieden mehr politische Gestaltungsoffenheit aufweist – oder das im Moment überhaupt nicht plausibel zu konfigurieren ist. Wolfgang Streeck hat aus seinem bitteren europapolitischen Resümee zur Anpassung der Demokratie an die Direktiven der Marktwirtschaft den Schluss gezogen, dass eine „demokratische Wende" nicht im Rahmen des von der neoliberalen Dynamik vereinnahmten EU-Institutionengefüges eingeleitet werden könne, sondern eine Art alternativen „Gründungsakt" erfordere, „eine Neugründung mehr oder weniger *ab ovo*", einen auf Dezentralisierung gerichteten „Sprung aus der Geschichte der letzten drei Jahrzehnte, der die in Europa gewachsenen

supranationalen Institutionen durch revolutionären Beschluss innerhalb derselben
fundamental umkrempeln würde [...]." (Streeck 2013c, S. 87).

Unter diesem Blickwinkel erscheint bemerkenswert, dass die bürgerschaftlichen Protestwellen, die sich den am heftigsten krisengeschüttelten Staaten der
EU in beeindruckender Intensität ausgebreitet haben, ihrerseits eine transnationale
Dynamik entfalten, die genau diese – zunächst einmal nur spontan artikulierte –
Verweigerung zum Ausdruck bringen, die bestehenden Formgebung der EU als
geeigneten Rahmen für Demokratisierungsbestrebungen anzuerkennen. Wenn es,
wie im November 2012 geschehen, zum „ersten grenzüberschreitenden südeuro-
päischen Massenstreik" (Offe 2013, S. 69) gekommen ist, dann sind darin genau
jene Erscheinungsformen eines „demos" zu erkennen, der zumindest in der bestehenden EU nicht mehr die ihm angemessene „polity" zu identifizieren vermag
– wenn er überhaupt eine zu erkennen vermag.

Im Zuge der geschilderten Anfragen an die demokratischen und politischen Gehalte supranationaler Integration bestärken sich die Zweifel, ob die EU in ihrer
gegenwärtigen Dynamik den geeigneten Rahmen dafür abgibt, demokratische
Versprechen einzulösen. Gleichwohl erscheint sie in ihrer regulativen Gestalt wir-
kungsvoll genug, um sich über genau diese Qualitätsstandards sorgenvolle Gedanken zu machen. Wie aber ein Politisierungspotential außerhalb der EU Gestalt
gewinnen könnte, bleibt unklar. Insofern ergeben sich aus der Prüfung der demokratischen und politischen Gehalte supranationaler Integration in Europa einige
ermutigende Befunde hinsichtlich der demokratischen Regungen im Kreise der
europäischen Bürgerschaft, aber ratlos machende Ausblicke auf mögliche Formen
einer Instituierung von Demokratie und geeigneten politischen Interaktionsräumen
innerhalb und außerhalb des etablierten Ordnungsgefüges.

Literatur

Abensour, Miguel. 2012. *Demokratie gegen den Staat. Marx und das machiavellistische
    Moment.* Berlin: Suhrkamp.
Agamben, Giorgio. 2013. Que l'Empire latin contre-attaque! Libération, 24.03.2013. www.
    liberation.fr/monde/2013/03/24. Zugegriffen: 21. April 2013.
Ash, Timothy Garton. 2013. Nirgendwo hat es etwas Vergleichbares gegeben. Die Zukunft
    Europas, das lateinische Imperium und Deutschlands Aufgabe: Ein Gespräch zur Lage
    mit dem britischen Historiker Timothy Garton Ash. Interview: Stephan Speicher. *Süd-
    deutsche Zeitung,* 4. Juli, 11.
Assmann, Aleida, und Bernhard Giesen. 2013. Dieser Philosoph will der Chirurg Europas
    sein. *Süddeutsche Zeitung,* 11. Juni, 11.
Balibar, Etienne. 2005. Europe, Constitution, Frontière. Bègles: Éditions du Passant.

Besson, Samantha. 2006. Deliberative *Demoi*-cracy in the European Union. Towards the Deterritorialization of Democracy, In *Deliberative Democracy and its Discontents*, Hrsg. Samantha Besson und José Luis Marti, 181–214. Aldershot: Ashgate.

Bieling, Hans-Jürgen. 2013. Zum gesellschafts- und integrationspolitischen Charakter des europäischen Krisenkonstitutionalismus. *Forschungsjournal Soziale Bewegungen* 26 (1): 51–60.

Cáceres, Javier. 2014. Brüsseler Graswurzeln. Die EU freut sich über eine neue Form der Basisdemokratie. *Süddeutsche Zeitung*, 18. Feb., 6.

Chabanet, Didier. 2011 Protest in the EU: A Path toward Democracy? In *Transnational Europe. Promise, Paradox, Limit*, Hrsg. Joan De Bardeleben und Achim Hurrelmann, 95–112. Basingstoke: Palgrave MacMillan.

Citizens for Europe (2013): Homepage des Vereins. http://citizensforeurope.org. zugegriffen: 24. Okt. 2013.

De Vries, Catherine E. 2009. The impact of EU referenda on national electoral politics: The Dutch case. *West European Politics* 32 (1): 142–171.

De Wilde, Pieter, Asimina Michailidou, und Hans-Jörg Trenz. 2014. Converging on euroscepticism: Online polity contestation during European Parliament elections. *European Journal of Political Research*. Online Ausgabe, Januar.

Dewey, John. 1993. *Demokratie und Erziehung. Eine Einleitung in die philosophische Pädagogik. Herausgegeben und mit einem Nachwort von Jürgen Oelkers*. Weinheim: Beltz.

Dewey, John. 2001. *Die Öffentlichkeit und ihre Probleme, hg. und mit einem Nachwort versehen von Hans-Peter Krüger*. Berlin: Philo Verlag.

Europäische Kommission. 2013. Die Europäische Bürgerinitiative. ec.europa.eu/citizens-initiative/public/initiatives. Zugegriffen: 27. Nov. 2013.

Fischer, Joschka. 2000. *Vom Staatenverbund zur Föderation. Gedanken über die Finalität der europäischen Integration*. Frankfurt a. M.: Suhrkamp.

Glienicker Gruppe. 2013. Mobil, gerecht, einig. Die Glienicker Gruppe – elf deutsche Ökonomen, Politologen und Juristen – entwerfen ein neues Europa. *Die Zeit* 43:30–31.

Göler, Daniel. 2012 Die Grenzen des „Cost-of-Non-Europe"-Narrativs: Anmerkungen zur Sinnstiftung der Europäischen Integration. *Integration* 2:129–135.

Guérot, Ulrike. 2013. Zur Zukunft der europäischen Demokratie. *Aus Politik und Zeitgeschichte* 63 (6–7): 3–10.

Guérot, Ulrike, und Robert Menasse. 2013 Manifest für die Begründung einer Europäischen Republik Die Presse. Wien. http://diepresse.com/home/presseamsonntag. Zugegriffen: 27. März 2013, 1–4.

Habermas, Jürgen. 2013a. *Im Sog der Technokratie. Kleine Politische Schriften XII*. Berlin: Suhrkamp.

Habermas, Jürgen. 2013b. Demokratie ohne Kapitalismus? Vom Elend der nationalstaatlichen Fragmentierung in einer kapitalistisch integrierten Weltgesellschaft. *Blätter für deutsche und internationale Politik* 5:59–70.

Habermas, Jürgen. 2011. *Zur Verfassung Europas. Ein Essay*. Berlin: Suhrkamp.

Haller, Max. 2003. Die Europäische Einigung als Elitenprozess. In *Oberschichten – Eliten – Herrschende Klasse*, Hrsg. Stefan Hradil und Peter Imbusch, 337–365. Opladen: Leske + Budrich.

Hank, Rainer. 2013 Solidaritätsverbot. Zur Theorie nationalstaatlicher Souveränität in Europa *Merkur – Deutsche Zeitschrift für europäisches Denken* 67 (1): 14–24.

Hobolt, Sara Binzer. 2009. *Europe in Question. Referendums on European Integration.* Oxford: Oxford University Press.

Hrbek, Rudolf. 2012. Die Europäische Bürgerinitiative: Möglichkeiten und Grenzen eines neuen Elements im EU-Entscheidungssystems. *Integration* 1:35–50.

Hüttenberger, Peter. 1991. Die Gründung der Europäischen Gemeinschaft In *Europa – Begriff und Idee. Historische Streiflichter,* Hrsg. Hans Hecker, 123–137. Bonn: Bouvier Verlag.

Hug, Simon. 2003. *Voices of Europe. Citizens, referendums, and European integration.* Lanham: Rowman & Littlefield.

Initiative and Referendum Institute Europe. 2008. Unsere Volksrechte in Europa. Das Werkstattheft zum konstruktiven Dialog. Bern: IRI-Europe. www.unsere-volksrechte.ch. Zugegriffen: 12. Nov. 2013.

Ivaldi, Gilles. 2006. Beyond France's 2005 Referendum on the European Constitutional Treaty: Second-Order Model, Anti-Establishment Attitudes and the End of the Alternative European Utopia. *West European Politics* 29 (1): 47–69.

Kaiser, Wolfram, und Antonio Varsori, Hrsg. 2010. *European union history. Themes and debates.* London: Palgrave Macmillan.

Knaut, Annette, und Reiner Keller. 2012. Die Entstehung transnationaler Diskussionsräume durch die Europäische Bürgerinitiative. *Forschungsjournal Soziale Bewegungen* 25 (4): 37–46.

Knodt, Michèle. 2013. Semi-permeable Verwaltung im postdemokratischen europäischen Mehrebenensystem. *Politische Vierteljahresschrift* 54 (3): 534–557.

Kojève, Alexandre. 1945. Esquisse d'une doctrine de la politique française. *La Règle du jeu* 1:87–103.

Kriesi, Hanspeter. 2013. Democratic legitimacy: Is there a legitimacy crisis in contemporary politics? *Politische Vierteljahresschrift* 54 (4): 609–638.

Lefort, Claude. 1986. *Essai sur le politique. XIXe – Xxe siècles.* Paris: Éditions du Seuil.

Leitfaden. 2012. Leitfaden zur europäischen Bürgerinitiative. Erstellt von Bruno Kaufmann. 2. Aufl. Europäischer Wirtschafts- und Sozialausschuss. Brüssel.

Lichtenstein, Dennis. 2012. Auf der Suche nach Europa: Identitätskonstruktionen und das integrative Potenzial von Identitätskrisen. *Aus Politik und Zeitgeschichte* 4:3–7.

Lieb, Julia. 2008. Die französische Kampagne zum Referendum über den Vertrag über eine Verfassung für Europa – Probleme mit der europäischen Wirklichkeit. In *Von welchem Europa reden wir? Reichweiten nationaler Europadiskurse,* Hrsg. Frank Baasner, 55–75. Baden-Baden: Nomos.

Loth, Wilfried. 2002. *Entwürfe einer europäischen Verfassung. Eine historische Bilanz.* Bonn: Europa Union Verlag.

Loth, Wilfried. 2010. Der Schuman-Plan und die Zukunft er Europäischen Union. *Integration* 4:350–357.

Mair, Peter. 2007. Political Opposition and the European Union. *Government and Opposition* 42 (1): 1–17.

Marx, Karl. 1961a. Aus der Kritik der Hegelschen Rechtsphilosophie. Kritik des Hegelschen Staatsrechts. In *Werke.* Bd. 1., Hrsg. Karl Marx und Friedrich Engels, 201–333. Berlin: Dietz Verlag.

Marx, Karl. 1961b. Zur Judenfrage. In *Werke.* Bd. 1., Hrsg. Karl Marx und Friedrich Engels, 347–377. Berlin: Dietz.

Merkel, Wolfgang. 2013. Ein technokratisches Europa ist nicht überlebensfähig. Cicero. http://www.cicero.de/berliner-republik/demokratieverlust-postdemokratie-so-ist-es-europa-nicht-mehr-wert. zugegriffen: 8. April 2013.

Moravcsik, Andrew. 1998. *The choice for Europe. Social purpose and state power from Messina to Maastricht.* Ithaca: Cornell University Press.

Moravcsik, Andrew. 2002. In defence of the „Democratic Deficit": Reassessing legitimacy in the European Union. *Journal of Common Market Studies* 40 (4): 603–624.

Moravcsik, Andrew. 2006. What can we learn from the collapse of the European Constitutional Project? *Politische Vierteljahresschrift* 47 (2): 219–241.

Morel, Laurence. 2007. The rise of "Politically Obligatory" referendums: The 2005 French referendum in comparative perspective. *West European Politics* 30 (5): 1041–1067.

Offe, Claus. 2013. Europa in der Falle. *Blätter für deutsche und internationale Politik* 1:67–80.

Plottka, Julian, Katrin Böttger, und Annette Knaut. 2012. Bürgerbeteiligung gegen die Krise? Möglichkeiten und Grenzen der Europäischen Bürgerinitiative. *Forschungsjournal soziale Bewegungen* 25 (4): 17–28.

Preuß, Ulrich K. 2005. Europa als politische Gemeinschaft. In *Europawissenschaft,* Hrsg. Gunnar Folke Schuppert, Ingo Pernice, und Ulrich Haltern, 489–539. Baden-Baden: Nomos.

Puetter, Uwe. 2012 The new intergovernmentalism in EU governance In *Key Controversies in European Integration,* Hrsg. Hubert Zimmermann und Andreas Dür, 56–62. London: Palgrave Macmillan.

Rancière, Jacques. 2002. *Das Unvernehmen. Politik und Philosophie.* Frankfurt a. M.: Suhrkamp Verlag.

Rancière, Jacques. 2014. *Hatred of democracy.* London: Verso.

Richter, Emanuel. 1983 *Leitbilder des europäischen Föderalismus. Die Entwicklungsgeschichte der Idee eines europäischen Bundesstaats bis zum Beginn des 20. Jahrhunderts.* Bonn: Dissertation.

Richter, Emanuel. 2010. Dewey, John In *Handbuch Staatsdenker,* Hrsg. Rüdiger Voigt und Ulrich Weiß, 102–106. Stuttgart: Franz Steiner.

Richter, Emanuel. 2013. Demokratischer Symbolismus. Ein Instrument zur Kritik der Erscheinungsformen von Demokratie. *Forschungsjournal Soziale Bewegungen* 26 (1): 19–32.

Saurugger, Sabine. 2007. Democratic „Misfit"? conceptions of civil society participation in France and the European Union. *Political Studies* 55 (2): 384–404.

Scharpf, Fritz W. 2012. Rettet Europa vor dem Euro. *Berliner Republik* 2:53–61.

Schneider, Heinrich. 1978 Integration – gestern, heute, morgen. *Integration* 1:3–16.

Streeck, Wolfgang. 2013a. *Gekaufte Zeit. Die vertagte Krise des demokratischen Kapitalismus.* Berlin: Suhrkamp.

Streeck, Wolfgang. 2013b. Was nun, Europa? Kapitalismus ohne Demokratie oder Demokratie ohne Kapitalismus. *Blätter für deutsche und internationale Politik* 4:57–68.

Streeck, Wolfgang. 2013c. Vom DM-Nationalismus zum Euro-Patriotismus? Eine Replik auf Jürgen Habermas. *Blätter für deutsche und internationale Politik* 9:75–92.

Telò, Mario. 2013. Für eine verantwortliche deutsche Hegemonie in Europa. Neue *Gesellschaft/Frankfurter Hefte* 9:4–8.

Trenz, Hans-Jörg, und Pieter de Wilde. 2009 Denouncing European Integration. Euroscepticism as Reactive Identity Formation. Oslo: RECON Working Paper 2009/10.

Vogel, Steffen. 2013. *Europas Revolution von oben. Sparpolitik und Demokratieabbau in der Eurokrise.* Hamburg: Laika Verlag.

Zürn, Michael. 2006. Zur Politisierung der Europäischen Union. *Politische Vierteljahresschrift* 47 (2): 242–251.

The manufacturer's authorised representative in the EU is Springer
Nature Customer Service Centre GmbH, Europaplatz 3, 69115 Heidelberg,
Germany. If you have any concerns regarding our products, please
contact ProductSafety@springernature.com

Printed and bound by CPI Group (UK) Ltd, Croydon, CR0 4YY
27/04/2026
02097610-0002